慶應義塾大学
東アジア研究所叢書
KEIO INSTITUTE OF EAST ASIAN STUDIES
KIEAS

近代中国 その表象と現実

【女性・戦争・民俗文化】

関根謙［編］

平凡社

近代中国　その表象と現実✣目次

序　近代中国——広がる表象

関根謙

「近代中国」という考え方は一般的に言って、学問分野の古くから確定している基礎的領域で、誰もが了解している不変の概念であるかのように受けとめられている。しかしこの用語の背景には、かなり複雑な因子が絡みついていて、実際に近代中国を論ずる際にはその前提がいかなるものであるのか、はっきりとさせておくことがつねに求められる。それは、西欧に発する「近代」の意義が「中国」という空間領域と時間概念と結びついた時、明快な形での基本的認識が必ずしも共有されていないからに違いない。

人民共和国においては一般的常識として「近代」をアヘン戦争から五四運動までとし、五四時期以降現在までを「現代」、またそのなかでも人民共和国建国後を「当代」と呼んでいる。この区分は共産党的な発展史観によるもので、封建制社会の崩壊をアヘン戦争に象徴させ、共産党創立前夜となる五四運動を現代の開始としているのである。それを意識した上で、「近現代」や「近現当代」という括り方もある一方、台湾では基本的にアヘン戦争以降、特に清末から現在までを「近代」としていて、「現代」の概念と重ねている。いずれも日本での歴史区分における「近世」「近代」とは一致していない。

産業革命期を経て形成されてきた西欧発の「modern」に「近代」という訳語をつけたのは日本である。この訳語は、経済体制としての資本主義、政治体制としての民主主義、そして社会的には都市に集約される体制を構成要素とする概念だった。新しき時代である近代の精神として、西欧の先駆者は宗教的権威の否定と人間主義、自然を征服する科学的合理主義、自律的人格による自由と平等を掲げたのである。しかしこうした西欧的近代がアジアに対する収奪と支配の上に成立していることに気づかされる時、近代の構成要素と近代的精神の間に、妥協不能の断裂が鋭く広がっていく。アジア、特に中国は列強諸国が新時代経済の発展のために合理的科学主義で征服する対象であり、政治的抑圧と人格の無視、圧倒的不平等が帝国主義時代の植民地経営の本質となった。軽快な響きと輝くような色彩を持って使われる「近代」は、「中国」と複合された途端に、暗い淀みに沈んでいくようにさえ感じてしまうのである。

戦時中の日本で語られた「近代の超克」は当時多くの共感を呼んでいた。たしかに日本の戦争遂行を支える理論となっていったという政治的欺瞞が批判されるのではあるが、西欧的近代に呑み込まれまいとする内省的な思潮が流れていたことは事実であろう。我々中国研究者の先達である竹内好は、戦中から戦後にわたる価値転換の時代において、アジア的近代の意義を必死に追い求めた。そして西欧的近代に対するアンチテーゼ的な思潮は、サイードの『オリエンタリズム』において全く斬新な角度からアジアを捉え直すことになる。世界は西欧近代を支える学問体系によって説明されるが、アジアはその体系における負の一因子としてしか機能せず、西欧的価値に包括される必要で十分な源泉でありつづけなければならなかった。サイードによって描かれたこうしたアジアの見取り図は、実に衝撃的な姿で西欧の虚像を暴《あば》き、アジア自身の価値の覚醒を刺激した。

西欧的価値によって規定されただけの「近代」ではなく、アジアに生きた人々にとっての自覚的な「近代」の姿を広範な領域で鮮明にしていく作業は、今なお確かに求められているのではないだろうか。

中国と名づけられる空間と時間をいかに捉えるのか、これも複雑な問題をはらむ課題である。例えば「中国語」、この一番わかりやすそうな語にも、普段我々が「日本語」と言う時の明快な常識では、とても押し切ることのできない混沌状態が秘められている。東西南北各地方に存在する地方語は日本でいう訛りとは違い、広東語、上海語、閩南《びんなん》語、福建《ふっけん》語、温州語などそれぞれ異なる発音体系となっており、音のみでは全く通じないし、公式には五五種族を数える「少数民族」の人々の言語は、チベット語、ウイグル語、満州語、モンゴル語、彝《い》族《ぞく》語を筆頭に、完全に別個の語体系となっているのだ。中国語は理屈から言えばこれらの言語の総称ということになってしまう。大学で教えているのは北方漢族の言語を基準とした「普通話（標準語）」で、文字表記は簡体字、発音表記はローマ字を使ったピンインとなっているのだが、同じ漢族の言語といっても、台湾と香港および海外華人の世界では旧字体である繁体字を使用して、発音表記には注音字母という記号を使うことになっている。もちろん発音にもいくつもの相違が認められる。こうした言語を使う人々の暮らす空間をひとまとめに「中国」と言ってしまっていいのだろうか。そもそもアイデンティティーとしての「中国人」は時間的にはいつ頃から認められ、そして空間的にはどれだけの人々が共有する概念なのだろうか。少数民族の人々の間に中国アイデンティティーとの距離感にかなりの違いが認められるのは想定内のこととしても、昨今の「台湾人」「香港人」としての主張は、時に自らを「中国人」の範疇に含めないという強烈さも持っているように思える。

中国という概念は、不可避的に国家とは何かという命題に直面することになろう。ベネディクト・アンダーソンの明示した想像の共同体としての国家は、非西欧の後発地域における国民国家成立の過程を、限定された領域に生きる人々のナショナリティー共有によって結びつけられる壮大な工程として捉えた。常識としてのナショナリティーは共有されることによって共同体を形成し、やがて国家の一員としての自覚と誇りを準備し、いくつもの戦闘を超えて国民国家の建設へと導かれていく。これはそのまま中国大陸を中心に展開した近代国家の姿を彷《ほう》佛《ふつ》とさせるイメージなのである。

こうした問題を提起しながら、あらかじめお断りしておかなければならないのは、本書が「近代中国」の正確な概念規定の共有を意図したものではないということである。本書は時間的には西欧近代が押し寄せた時代以降、空間的には中国大陸とその周辺において、人々はどのようにして生きようとしてきたか、何を追い求めてきたか、その真実について彼らの作り上げた表象を通して考察していこうとするものである。表象は確かに実際の政治の動きや経済活動などではなく、実社会から浮かび上がるイメージの世界に過ぎないかもしれない。しかし表象が、その時代に生きた人々の現実を踏まえてはじめて形成される世界であることは否定できない。現実の近代中国がきわめて複雑な状況を経て変化を続けている以上、ある特定の傾向性から概念を紡《つむ》ぐのではなく、そこに現存した表象を通して分析を試みることも一定の意義があることに違いない。

本書の執筆陣は、慶應義塾大学文学部東洋史学専攻と中国文学専攻に連なる中国研究者たちで、近代中国の表象を追究する共同研究プロジェクトのメンバーである。この共同研究において我々は、歴史学・文学の領域分野の境界を超え、近代中国が文学、文芸、芸能、宗教など文化の諸相における表現を通して、さまざまなメディアにいかにその真実の姿を反映してきたか、そしてまたその過程において旧来の伝統や習慣がいかに打破され、あるいはいかに吸収されて新たな変貌を遂げてきたかを検証してきた。

本書には近代史研究の領域から、山本英史、山本真、佐藤仁史、岩間一弘が執筆し、文化・文学研究の領域から、長堀祐造、杉野元子、櫻庭ゆみ子、吉川龍生、橋本陽介、松倉梨恵、そして関根謙が執筆している。本書は近代中国における表象の世界を「女性」、「戦争」、「民俗文化」という三つの分野から追求している。

第1部では近代性の試金石とも言える「女性」の表象を四つの視点から検討する。巻頭の論考として山本英史が近代中国における陋習・陋俗の分析を試み、「溺女《できじょ》」と呼ばれる当時の女児の「間引き」について、政策から報道に至るまで詳細に検討した。伝統中国の残滓ともいうべき陋習が近代中国にいかなる影を落としているか、そしてその意味するところは何か、近代を考える上での重要な問いかけが行われている。第2章では櫻庭ゆみ子の女子教育に関する論考を載せる。櫻庭は林徽因《りんきいん》と培華女学校に関する英国での実地調査を基に、近代中国における教会学校の役割について新たな分析を行い、近代女子教育の実態の一端を明らかにし、同時に文学研究における伝記研究の意義を再確認している。次に第3章で松倉梨恵は、女性作家廬隠《ろいん》の日記体小説作品の具体的分析を進め、当時のメディアが掲載した読者の投稿原稿に見られる同性への感情を踏まえながら、中国社会における女性同士の愛の表象を明らかにした。そして第4章で杉野元子が、ある意味で最も有名な中国女性となった川島芳子の表象を検討する。杉野は中国語圏映画における川島芳子をテーマとした具体的な作品群の解析を詳細かつ網羅的に行っている。この過程で、川島芳子のイメージの時間的空間的変容が、戦争の時代から現代への表象の変遷に直結していることが証明されていく。

第2部の「戦争」は前章で検討した映画における表象から考察を進める。第5章では吉川龍生が中国国産映画の代表的監督とされる孫瑜《そんゆ》の手がけた、いわゆる「左翼映画」の代表作『おもちゃ』について詳細な検討を行い、そこに現れる近代的な女性表象について、西洋モダニズムとの関連性など多岐にわたる問題提起を行った。次に第6章として山本真の論考を載せる。山本真は東マレーシア・サラワクにおける華僑社会の形成に関して、徹底的な聞き取りを柱とする現地調査を実施し、彼らの社会に見る「中華」の表象について、日中戦争時期の祖国難民籌賑《ちゅうしん》運動および日本軍のサラワク占領と関連付けながら分析している。続いて第7章で長堀祐造は、近代文学の代表的な表象である魯迅をゾルゲとの関連性において把握し、抗日戦争時期におけるコミンテルンと中国の複雑なつながりを見据えながら、ゾルゲとそのグループの魯迅との距離について、長堀の発見した新たな資料を基に説得力ある推論を展開している。第2部の最後、第8章で、関根謙は内戦時期の南京において上演された意欲的演劇作品の解析を中心に、作品に秘められた原作者路翎《ろれい》とその友人で南京虐殺を中国人として最初に小説化した阿壠《あろう》のイメージを明らかにし、ヒロインとなる阿壠夫人の自殺を通して、苦悩する近代女性の愛と自我の表象を解明している。

第7、8章で戦争の時代の文化的な分野での表象が検討されてきたが、第3部では「民俗文化」に現れる表象に関して考察を進める。第9章において橋本陽介は比較詩学の立場から、物語における叙述言語の諸相について考察し、特に魔術的リアリズムの中国における受容と展開の実態に関して詳細な解析を行った。これによって中国語の物語叙述の特異な表象が明らかとなり、チベット文学などへの視野も提示されている。次に第10章において岩間一弘は民国期に「食の都」として隆盛を極めた上海の大衆文化に注目し、有名なレストランを中心に据えるフードツーリズムの表象に焦点を当て、日中間の大衆文化を比較分析した。本章におびただしく登場する料理群はまさに近代を代表する大都会の表象であろう。本書の最後となる第11章で佐藤仁史は、急速な経済発展の中で見直される都市と農村の関係を、伝統文化の無形文化財としてもてはやされはじめた「迷信」と民間信仰の表象に注目して、歴史学的視野からの解析を試みた。前近代的民間宗教が現代に展開する極めて中国的イメージが本章によって提示される。

近代中国研究はこれまで特に政治史的観点や、思想的価値観によって把捉され、こういう領域からのみ評価が下される傾向があったし、またこれとは逆に現象的な文化表層の紹介を狭いジャンルから行う趨勢も見られた。これに対して本書においては、近代中国に生きる人々が己の真の姿を注ぎ込んだ表象の世界を広く捉えて、その変遷から総合的に近代中国像を再考するよう努めてきた。因習に固まる閉鎖社会からハイクラスの階層のハイセンスな近代教育、個性の解放をめぐる停滞と飛躍、土着的世俗宗教から啓蒙的基督教、言語と習俗の壁、そして宗族の壁と狭隘な民族意識、革命と反革命、スパイと愛国、国民国家の夢と現実……表象はまさに近代中国の史実と文化芸術との結節点なのである。本書において展開される個々の表象は、やがて有機的な広がりをもって近代中国の姿を描き出していくだろう。そこからは単に時間的空間的に中国に結び付けられた状況だけではなく、境界を超えて繋がってゆく現代的課題がくっきりと現れてくるはずである。本書がそうした新たな地平の開拓の一助になれば、望外の幸せである。

第1部　女性

第1章　近代中国と溺女問題

山本英史

はじめに

中国では一九八〇年代後半から九〇年代にかけて地方志と呼ばれるそれぞれの地方レベルの歴史・地理情報を編纂してきた伝統を継承し、改めて郷土のあり方を問い直して現代の需要に応える新編地方志なるものが刊行された。その一つが『上海通志』である。言うまでもなく上海は経済的に恵まれた江南デルタの一角に位置し、かつ西洋近代文化の影響をいち早く受けてきた地域であったと見られている。にもかかわらず『上海通志』は「解放」前、すなわち一九四九年以前のその地域にあってなお存在した陋習（古くて卑しい習俗）として、①巫術、②算命求籤（占い）、③疾病迷信、④婚葬生育迷信、⑤悪習、の五つを挙げている。さらに五つ目の「悪習」についての説明として、「旧時、上海には溺嬰《できえい》、納妾《のうしょう》（蓄妾）、搶親《そうしん》（略奪婚）、抱牌成親《ほうはいせいしん》（死亡した婚約者の位牌を抱いて未婚のまま寡婦になること）、吸毒（アヘン吸引）、賭博、勒索《ろくさく》（ゆすり）、綁票《ほうひょう》（ひとさらい）、排老頭子《はいろうとうつ》（人身売買？）、喫花酒（妓女遊び）、選花榜《せんかぼう》（妓女の品評）などの醜悪な現象があった」と述べ、その筆頭に「溺嬰」、つまり生まれたばかりの嬰児を溺殺する行為があったことを指摘している。[1]

これについては上海近郊の新編地方志にもほぼ同じような表現が見られる。たとえば、『嘉定県志』には「悪習陋俗」として、①煙・賭、②纏足《てんそく》、③溺嬰、④搶親・納妾、⑤占卜《せんぼく》、⑥訪行《ほうこう》・打行《だこう》（やくざ行為）、⑦捉野花《そくやか》（買春）の七つを挙げ、「溺嬰」については、「旧時避妊の方法がなく、貧困家庭は生計を維持するため、子供を多く産んだ場合は嬰児を溺死させることがあった。犠牲になる嬰児は女児が多かった」とある。[2]また『宝山県志』には「陳陋習俗」として、①吸毒、②賭博、③溺嬰、④纏足、⑤納妾、⑥封建迷信、の六つを挙げ、「溺嬰」については、「旧時生育に計画はなく、男尊女卑の封建意識が強く、貧困家庭で子供が増えると新生の女児に対し往々にして育てることを望まず、生まれたらすぐに溺殺し、あるいは夜陰に乗じて道端に遺棄した」と記されている。[3]このように中国の特殊な社会背景から女児が犠牲になる傾向が強かったため、「溺嬰」はしばしば「溺女《できじょ》」と称された。

ところで、以上の新編地方志は同時に、「これらの悪習は一九五〇年代には消滅した」（『上海通志』）、「解放初めに政府が厳禁し、一九六〇年代に計画生育が実行されてからはなくなった」（『嘉定県志』）といい、さらに同じく上海地区の一県志である『奉賢県志』には、「解放後生活状況が好転すると、こうした観念もようやく変化し、この陋習は基本的に消滅した。児童は法の保護を受け、違反者は法による制裁を受けなければならなくなった。一人っ子政策では夫婦に子供が生まれれば、男女に関わりなく均しく「掌中の珠」と見なされるようになった」[4]とあり、共産党が政権を掌握するようになってからは従来の封建的な悪習が徐々に克服されたという文脈でそれが語られている。だが、『上海通志』はまた「一九八〇年代後期から吸毒、賭博、嫖娼（女郎買い）、綁架（拉致）などの悪弊が現れはじめている」[5]と記し、また『上海県志』には、「各種の陋習は民国時期に盛んであった。一九五〇年代後半に大部分消滅したが、一九八〇年代には一部がまた行われた」[6]とあるように、一九八〇年代の改革開放政策の開始とともに、それらの弊害がまたもや復活したことを指摘している。伝統中国において問題視され、禁止が叫ばれつづけたにもかかわらず、廃《すた》れることなく存続した「陋習」の一つであった溺女もまた現代中国において固有の社会問題として再生していることが推測される。

そこで本稿では、帝政時代から現在に至るまでの中国においてこの溺女と呼ばれる「陋習」がどのように認識され、それがいかなる方法によって改革されようとしたのかという問題について検討し、それを通して近代中国における社会変革の固有のあり方の一端を明らかにしたいと思う。

なお、帝政時代における溺女認識、とりわけ清代のそのあり方についてはすでに別稿で論じており(7)、本稿はその後の近代における展開、すなわち南京国民政府時期ならびに中華人民共和国成立後のあり方について主として述べるものである。溺女に関する先行研究については別稿を参照されたい。

一 帝政中国における溺女問題

まず近代の溺女問題について論じる前提として、別稿で明らかにしえた清代の溺女問題に対する地域指導者たちの認識について以下にその概要を述べておきたい。

中国では溺女の習俗は戦国時代においてすでに存在していたことが確認されるが、それが「改革すべき問題」として論議に挙がるのは、経済的原因による行為が顕著となる宋代からである。ただこの段階ではとくに女児がその対象として意識されたわけではなかった。

ところが明清時代になると、人口が増加していく一方で、農業生産の不均等発展や停滞による農村の貧困化が顕著となり、女児が犠牲となる傾向が強まったため「溺女」という名称が一般化した。それは将来、農業労働力として劣り、祖先を祀ることができないとの思惑から女児が軽んじられたためである。

こうした溺女の習俗は一般に南方の諸省で多く見られ、とりわけ江西、福建、浙江は全国的にも有名であったとされるが、明代の一五世紀末にはすでに北方をも含めて多くの地方で盛んになっていたことが知られる。

溺女する主な理由として、①親が貧乏で子を養育できないため、②厚嫁と呼ばれる将来に発生する多額の嫁入り費用負担を免れるため、の二点が挙げられる。女児が犠牲になりやすい背景には「重男軽女」の観念があった。

また伝統中国には子が女児の場合、成長して嫁に出す際に高価な持参品を必要とする固有の慣習があり、女児を苦労して育てても将来なお多額の金がかかるのであれば、いまのうちに処分してしまおうとする意識が働くのだとされた。それゆえ、これはむしろ裕福な者たちが溺女する大きな理由になった。

清朝においては順治一六年（一六五九）に勅命にて溺女が厳禁されたのを最初に、一七世紀後半、康熙年間になると、地方官僚たちが溺女問題に対して告示によって対応することが多くなってくる。そうした告示の文言中に頻繁に現れる一節として、その行為の残忍さが「天地の生を好む徳を傷つけている」というものがあった。彼らは、親が子を育てるのは「天地の秩序」、すなわち自然の摂理であるが、溺女は「倫理道徳にもとる行為」であるため、自然の摂理を乱すことになり、その結果、天災や人災を招くと考えた。また、「虎狼は悪だが子を食わない」などの例を挙げ、ましてや万物の霊長たる人間が溺女のような非行をするのであれば、それは禽獣にも劣るという表現もしばしば登場した。これらは明代の地方官僚たちによってすでに使い古されてきた文言であったが、清代の儒教エリートでもあった地方官僚たちにとってもまた溺女は社会問題というよりもなによりも人倫の問題として認識されていたのである。

溺女を防止するにあたって、法で厳しく罰するというのが地方官僚のさしあたっての対策だったが、法が実際にかつ具体的に適用された例はほとんどなかった。地方官僚たちは溺女を法で厳しく罰すると声高《こわだか》に叫ぶものの、それを実行することはまずなかった。民衆もまたその警告をあくまで〝お題目〟として受け取るにすぎなかった。

溺女防止のもう一つの方法として説得によるものがあった。それにはまず女児が無益でないことが強調され、伝説の孝女、木蘭《もくらん》がしばしば引き合いに出された。成長した娘の嫁入りに多くの持参品が要るのは不合理であり、そんな風習は止めれば済むと官僚たちは言いつづけたが、これがなかなか簡単には改まらなかった。そこでこのたぐいの説得には後漢の梁鴻《りょうこう》の妻、孟光《もうこう》の故事が引き合いに出された。しかし、告示に頻見するこのような陳腐な引例が溺女防止に説得力を持つはずはなかった。

地方官僚たちは告示の中で唯一現実的な溺女防止対策として嬰児養育施設である育嬰堂の利用を挙げた。事実、育嬰堂は清初においてすでに普及していた。しかし、こうした施設のほとんどは郷紳《きょうしん》と呼ばれる地元士大夫や裕福な商人などの城内に居住する篤志家たちが誰からの命令をも受けることなく自発的に設置したものだった。また、その目的は、死ぬ運命にある嬰児たちを救うことで善行を積み、ひいては来世でのみずからの幸せを確保することにあり、それは現代でいう社会福祉事業とは位相を異《こと》にするものだった。さらに城居者が主導したため、育嬰堂の設置場所も多くは城内に限られていたことから、郷村に居住する多くの民衆にとってそれを利用する環境はさほど整っていたわけではなかった。これらの結果、溺女の習俗は一向に廃れることなく、清一代にわたって存続していった。

一九世紀に入ると、顕著な人口増加と国力の衰退による全国的な貧困化が再び溺女問題にも大きな影響を与えることになった。江蘇省無錫《むしゃく》県城北門外の青城郷浮舟村に住む一生員、余治《よち》（一八〇九—七四）は科挙への挑戦を断念した後、従来から関心のあった慈善活動に専念した。当時無錫の農村社会は太平天国軍の占領下にあって荒廃し、さらに悲惨な状況になっていた。それを目の当たりにした彼は『得一録《とくいつろく》』という善書、つまり善行を勧める書を著し、慈善活動の教本を提供した。これより先の道光二三年（一八四三）以来、余治は郷里の無錫で保嬰会を始めていた。保嬰会とは、その趣旨に賛同する同志から寄付を募り、半径一〇里以内で対象となる母親に養育費を支給して嬰児を自分で育てさせる組織であった。従来の育嬰堂の保育環境には、そこに収養された嬰児の死亡率が高いという欠点があった。保嬰会はそうした育嬰堂の欠点を補い、実父母に資金を提供して親が自分で育てるのを助けることに重点を置くものだった。そしてこれは以後多くの人々から賛同を受け、一九世紀後半の江蘇・浙江を中心に普及していった。

ただ保嬰会もまた溺女の習俗そのものを抜本的に撲滅することはできなかった。なぜならば、その中心が大都市に置かれたか、あるいは大都市を資金源として運営されたため、本当に救済を必要とした郷村に置かれた保嬰会は経営困難に陥っていたことなどの制度上の〝落とし穴〟が存在した。郷紳たちは善挙の実践のために資金を提供する関係から、自分たちの生活圏から外れた郷村には無関心であった。

保嬰会の根本的な欠陥は、第一に、これが政府の公共福祉政策には昇華せず、原資がなお寄付金や義捐金《ぎえんきん》に依拠していたために組織としての安定を欠いたこと、第二に、育児資金の提供によって貧民の溺女はいくらか防げたとしても、溺女問題に潜むもう一つの問題、すなわち厚嫁の問題は実父母が女児を育てるかぎり、依然として解決を見ないものだった。

かくして溺女問題は解決の糸口を見出せぬまま、したがって溺女の習俗は存続したまま二〇世紀を迎えることになったが、辛亥革命を経て中華民国が成立してもこの基本構造にほとんど大きな変化はなかったのである。

二　南京国民政府による溺女改革

一九二七年四月に南京国民政府が成立すると、翌年一九二八年四月には北伐を宣言し、さらに同年一〇月には蔣介石が国民政府の主席に就任し、中国において統一された国民国家の建設を標榜する新政権がスタートした。伝統社会にはびこってきた「陋習」をいかにして克服していくか、それは国民政府にとってきわめて重要な課題であった。その一つとして溺女問題にも当然関心を傾注することになる。

一九二七年八月には国民政府行政院公益・公安両局長からの布告として次のような通達がなされた。(8)

我が国には古来重男軽女の陋習があり、女性は男性に頼って生きると考えられてきた。その結果、女性への蔑視が生まれ、男女の待遇に不平等が起こった。往々にして貧家が女児を産むと、軽ければ収生堂に送り、重ければ溺死させた。このような陋習の厳禁を通達しなければ、総理が唱える三民主義の本義に背くことになる。現在の国民政府の政治綱領によれば、男女共有の参政権は政治上においてすでに差別なく、かつ現在女権運動はすでに目的を達成しており、女性は男性と同じく公民権を得て、自立できている。これは社会において男女はすでに平等な立場にあることを意味している。もしまだ重男軽女の陋習が残り、女児を溺殺することがあれば、天道に背くこと、これよりひどいものはない。そこで我が国民政府は各地に通令して溺女を厳禁し、人道を重んじ、悪俗がはびこればただちに禁じることを願う次第である。

また、一九二八年六月には内政部の訓令で、「人の守るべき道を護持し、女権の保護を実行する」立場から、①娼婦を取り締まること、②婢女を囲うのを止めること、③誘拐を防ぐこと、④溺女を厳禁すること、の四点が命じられた(9)。

このように国民政府はすでに人権擁護の見地から溺女の厳禁を通達していたが、一九二九年一月に改めて江蘇、安徽、江西、浙江、福建の五省および北京・上海両特別市が民政会議を召集し、浙江民政庁長朱家驊《しゅかか》が提案する「禁革溺女辦法議案」を審議するよう命じた(10)。

朱家驊(一八九三―一九六三)は南京国民政府が成立すると広東省政府委員兼民政庁長に就任、同年冬には浙江省政府委員兼民政庁長を兼任し、蔣介石の腹心として政府の中枢に参画した人物であった(11)。その彼はまた溺女問題にも強い関心を持ち、次のような意見を中央政府に提出した(12)。

我が国には古くから重男軽女の陋習があります。男女の間には明確に上下の差があり、そのため男児を産めば周りはみな喜び合いますが、女児を産むと一家を挙げて落胆し、ひどい時にはそのために溺殺することもあります。その原因を考えるに、これはもとより男女不平等によるのであり、実際のところ、生活困難や環境圧迫のため、そのような状況を生み出しているのです。

そして、溺女の悪習をただちに禁止しなければならない理由は次の二点にあると説く。その一つは以下のものである。

本年の浙江省の戸口調査では、男子は計一一六〇万三八八九人、女子は計九〇二万八八一二人になります。両者を比較すると、男子が女子を八《（ママ）》パーセント上回ります。換言すれば、女子は男子より二五七万五〇七七人少ないことになります。これは生殖力の違いによるのではなく、すべて社会が男女間に与える不平等のため女子の疾病・死亡・夭折が男子より多いことによるのです。なかでも溺女の悪習はその重大な原因です。そもそも男女は同じ人類であり、人命を均しくします。女児を産み、これを溺殺することはまさしく人命を人類平等の上で考えていないことです。

さらにもう一つの理由を次のように述べている。

孫文総理は「我が国は近百年来人口の圧迫を受けてきた。アメリカ公使の調査によれば、中国の人口は最多でも三億に過ぎない」とおっしゃいました。また「大方の者は中国の人口が四億だと理解している。しかし最近の各国の科学者や宗教家が中国の人口に対して行った精確な調査によれば、二年前で三億一〇〇〇万、去年は三億に過ぎない」ともおっしゃいました。これは我が国四億の人口が現在すでに一億減少したことを意味しています。死亡を減らし生育を盛んにしなければ、人口は年々減少してしまいます。それでどうして列強の圧迫に抵抗して滅亡を免れることができましょうや。

朱家驊の意見で注目すべきは、溺女問題が一つには「男女の不平等」を招くものとして、もう一つには「人口の減少」をもたらすもの、ひいては国力が低下し、国家の独立を左右するものとして、いわば国家の存立に大きく関わる社会問題として認識されていることである。これは彼が国民国家の建設をもくろみ、半植民地状態からの独立をめざす中で「近代化」の文脈として溺女問題を捉えるようになったことを示しているように思われる。

そして朱家驊はそれを防止する具体的な対策として、①村里に保嬰会を設けること、②村里は妊婦を調べること、③嬰児を溺殺する者は法で処罰されなければならないこと、④村里の職員が相当の責任を負わねばならないこと、の四つを提案した。逆に言えば、これらの四つの対策は少なくとも南京国民政府が誕生するまでは全く機能していなかったことを物語っている。[13]

これを受けて浙江省では一九二九年二月一七日に「女嬰を溺斃する陋習を厳禁する旨」を省内各県市に通達した。[14]また江蘇省では一週間後の二月二四日に「溺女を厳禁する旨」を訓令した。[15]さらに同年三月に内政部は各省政府に対して「禁革溺女辦法」を通行するよう命じるに至った。[16]

ところで、一九三〇年の『首都市政公報』には次のような意見が載せられている。[17]

変ではないか、我が国の溺女・堕胎の風習は！　積習が伝え伝えられて恥を全く感じない。試みに問うが、嬰児はどんな罪があってこんなひどい目に遭わねばならないのか？　殺生を好まない徳や肉親を大切にする義はことごとく消え失せた。実に哀しむべきことではないか。〔……〕調べたところ、世界各国の人口増加率は近百年来、長足の進歩を遂げた。その割合は、アメリカが一〇倍、ロシアが四倍、イギリスと日本が各三倍、ドイツが二倍半、人口論学説の中毒が最も深刻で生育節制を最も厳しく実行しているフランスでも四分の一の増加を示している。現在各国はまた生育を奨励することに余念がない。数十百年の時間をとってみれば、人口の増加はおのずと同日で語れない。反対に我が国の人口を鑑みれば、乾隆時代以来すでに四億から三億五〇〇〇万に減少している。一つの民族が他の民族に影響を与えて同化させるに数の多い方が勝るという理を推し量れば、我らはすでに劣敗の位置にある。それゆえ総理は民族主義を講じる際、多方例を引いて論証し、反復して道理を明らかにし、それによって中華民族の復興はただ民族の質的改善に頼るだけでなく、とりわけ数の増加が大きな期待になることを望んで憚らなかった。しかしながら四方を見回すと、我らの居場所は一体どこにあるというのか。既にして帝国主義者に痛めつけられ、さらに国内軍閥の蹂躙に遭い、直接間接の犠牲はどれほどあるかわからない。なのに、かの何もわかっていない同胞たちはどうして残忍な手段をほしいままにして堕胎や溺女の悪習に努め、人口を減らしているのか。ああ、物と物とが互いに損なわれれば、人はこれを好ましく思わないものだ。どうして我が同胞たちは平然としてこの挙に出、民族存亡の問題を顧みないのであろうか。

さらに一九三四年一一月に広東省民政庁が出した訓令には次のような一節がある。(18)

社会は人類の集団であり、個人は社会の分子である。個人についてみれば、その増減は団体に関係することきわめて微々たるようだが、団体についてみれば、その存亡継絶が個人に頼っていることは実に甚大である。分子が増せば団体の力が大きくなるが、分子が減れば団体の力が小さくなる。それゆえ女子は家庭の一員であるとともに社会の一員でもある。もしこれを溺殺すれば、社会は一分子を減らすことになり、人口数はこれによって減少する。その国家民族の前途に影響することは実に明らかである。父母たる者はこのオギャーと泣いて生まれてきた者が自己の血統であることを思うべきであり、いかに困苦が続こうと均しくこれを育てて成人にしなければならず、みずから殺人の罪悪を犯して、その影響を国家に及ぼしてはならない。

以上のような南京国民政府期の政府指導者たちの言説をまとめると、第一に、従来溺女の原因としてウェートを占めていた「嫁入り支度費用の過重負担」の問題は後退し、貧困による養育困難がその中心になるとともに、根強く残る「重男軽女」が問題視されていることが特徴として挙げられる。朱家驊は議案の末尾に「嫁女の粧奩《しょうれん》を廃止し、女子の待遇を改良し、女子の職業を提供することは均しく溺女問題と関係するので別途分別して処理すべきです」と言いながらも、具体的な対策を提案していない。特徴の第二には、溺女問題の核心が社会問題に移っており、それ以前の言説と大きく異なることである。また国民政府による国民国家建設と連動して、孫文が提唱した三民主義からの影響が見られることである。すなわち、溺女の盛行が人口の減少を結果し、ひいては列強に対抗する国家としての体力を損ない、中華民族の復興を遠ざけるだけにとどまらず、その独立を危うくするといったものである。そして溺女防止の対策として、従来からの指摘である法による罰則の徹底強化のほか、かつて清末に余治が始めた保嬰会の村里への設置が提唱されている。ただし、朱家驊が「養育経費については本村里の募金ないし割り当て金による。溺女を救済することは本来慈善事業である」と言い、保嬰会の経費は地方組織の自弁、募金、割り当て負担によるとしている。これによれば、中央政府が予算措置を取るという発想はまだなかったといってよいだろう。

その後、詳細な調査や問題点の検討を経た結果、一九三四年一二月に中央政府による全国で統一した溺女取締法である「厳禁溺斃女嬰悪習及収養嬰孩辦法」が制定されるに至った。ここでは「各県市地方において溺嬰の悪習があれば、県市政府は厳しく禁止しなければならない」(第一条)、「嬰孩の遺棄あるいは溺殺について事実であることが判明すれば法により処罰する」(第二条)、「各県市政府は救済事業に関する施政計画の規定に基づき託嬰所を設立する」(第三条)、「貧苦あるいは遺棄された男女の嬰児は均しく託嬰所に送って収養されなければならない」(第四条)、「託嬰所の設立費用は県市政府により対策を講じて工面する」(第五条)など、一〇条に及ぶ規定が設けられた。[19] これより育嬰施設としての託嬰所の設置が約束された。また懸案だった経費は「県市政府により対策を講じて工面する」とあり、従来の地方組織の寄付金や分担金に頼らず、行政の責任によって賄うことが明文化された。かくして溺女問題は篤志家個々人の慈善活動から行政による社会福祉事業へと姿を変えることになった。

「厳禁溺斃女嬰悪習及収養嬰孩辦法」が制定された一九三四年は蔣介石が新生活運動を発動した同じ年に当たる。この運動は伝統的な道徳を基本精神として、国民生活の規律化や組織化を実現して近代国家の達成を目指そうとするものであったため、[20] 溺女問題にもまたこの一環として真剣な対応がとられたとも考えられる。刑法による処罰規定が明確にされたのもこれに連動したものであろう。すなわち、一九二八年に制定された「中華民国刑法」第二八七条にあっては、「母カ分娩ノ時又ハ分娩ノ直後ニ於テ其ノ私生子ヲ殺シタル時ハ六月以上五年以下ノ有期徒刑ニ処ス」[21]とあったものを、一九三五年に改定された「中華民国刑法」第二七四条では、「母カ分娩ノ時又ハ分娩ノ直後ニ於テ其ノ子女ヲ殺シタル時ハ六月以上五年以下ノ有期徒刑ニ処ス」に改められ、殺害対象を私生児に限定せず、子女一般に広げて均しく殺人罪とみなすようになった[22]。

ではこの結果、溺女問題は解決を見たのかといえば、実際にはそういうわけにはいかなかった。恐らくそれにはまた一九三四年という時代が大きく関係しているものと思われる。南京国民政府がこの問題の解決に真摯に取り組もうとしたことは間違いない。しかし、その三年後の一九三七年七月、日本との間に全面戦争が勃発してしまい、溺女問題の解決どころではなくなったというのが実情であろう。それゆえ以後も現実には溺女の習俗は跡を絶つことなく存続し、それが基層社会に悪弊をもたらしているという証言はその後も繰り返し生まれ[23]、伝統社会にはびこる他の「陋習」とともに、その弊害は十分認識されつつも基本的には一九四九年のいわゆる「解放」まで放置される結果となった。

三　人民政府による溺女改革

（1）「解放」直前の溺女概況

著名な教育家であり社会活動家でもあった雷潔瓊《らいけつけい》（一九〇五―二〇一一）は「解放」前の中国の農村社会状況を次のように回顧している[24]。

父母は子女に対して生殺与奪の権があった。国民党反動政府の統治下にあって、帝国主義の侵略、封建勢力と官僚資本の圧迫と搾取は人民の普遍的な貧困、飢餓、疾病・死亡を生み出していた。困窮した労働人民にあっては生活が圧迫され、子女の虐待と遺棄の事実は数えきれなかった。大都市においては、上海を例にとれば、無数の迷子や浮浪児が生まれ、同時に溺女棄嬰の現象が普遍的に存在した。それはいくつかの地方において習俗になるくらいだった。人々はそれをとりたてて珍しいものと思わず、もはや非人道的な行為とは思わなくなっていた。

これによれば、溺女という〝陋習〟は南京国民政府時代にあってもまったくといってよいほど克服されず、一九四〇年代の江南においてさえしぶとく生きつづけていたといえる。

ここでは蘇州におけるその具体的な実態を二〇一五年一二月に実施した聴き取り調査によって再現したい。[25]聴き取り対象者の一人は鄧兆銘《とうちょうめい》氏である。鄧氏は一九三二年の生まれ。蘇州呉中区横涇鎮の地主の家に育った。鄧氏の家は一九二〇—三〇年代に四〇畝余の土地を所有し、父親はその土地を「解放」時まで引き継いだ。鄧氏自身は五歳で小学校に入学、その後私塾で教育を受けた。一五歳で蘇州に行き、上塘街の酒行で見習店員、三年後に会計係に昇格、その間、新聞社で記者を兼ね、近郊農村で郷土史に関する聴き取り調査を行ったという。

聴き取り対象者のもう一人は陳俊才《ちんしゅんさい》氏である。陳氏は一九三三年に常熟で生まれ、一九四六年に蘇州呉中区臨湖鎮渡村に移住した。祖父、父とも大工であったが、一九四九年以後は石舎郷第一副郷長、横涇区党委員会文書秘書、呉県太湖人民公社秘書、太湖郷党委員会秘書などを歴任し、現在は郷土史家として執筆活動を行っている。

「解放」前の蘇州の状況として、鄧氏は「溺女は農村では習慣化していました。街でもあったかもしれませんが、多くはありませんでした」と言い、陳氏も「解放前、子供が生まれても要らない場合は溺死させることがありました。当時は科学が発達しておらず、人々もどうすれば産児制限できるかを知りませんでした。だから、たくさん産んで育てられなくなり溺女しました」と言う。

鄧氏は自分の家の経験を次のように赤裸々に語っている。

我が家は地主でしたが、六人の兄弟姉妹の中でいちばん末の妹を実際育てられなかったため、とても寒い日に野外に捨て置き、布団もかけずに凍死させようとしました。しかし妹の生命力は強く、一日二日経ってもまだ死にませんでした。そこで親たちはこの赤ん坊も自分たちの子であることに変わりがないと思い直し、乳を飲ませ、布団をかぶせました。それでも後になって他人に与えることになりましたが、その家でも養うことができず、結局は死んでしまいました。

鄧氏の父親は「解放」時において二畝八分の自耕地を除く約三八畝の土地をすべて小作に出し、収租で生計を立てていた。(26) そのため土地改革では半地主（地主に近い富農）に区分され、後に地主と認定されて財産は没収され、有期一〇年の徒刑で蘇北農場の労働改造所に送られた。(27) 鄧氏はそのような地主の家庭環境でも「実際の生活は苦しく、みな農作業をしなければなりませんでした。郷村では城内の大地主のような者は少なかったのです」と述べ、郷居の地主も溺女したことを告げている。

陳氏もまたみずからが育った常熟の目撃談として次のようなことを語っている。

子供のころに溺女を常熟の邵氏村で目撃しました。馮《ふう》という四〇歳くらいの隣人の奥さんが妊娠し、女の子が生まれましたが、馮さんは産婆を頼みませんでした。馮さんは年をとっていて娘を成人まで育てることができないのを心配したのでしょう。そのため溺死させ、穴を掘って埋めてしまいました。〔……〕以前は一家に子供が六、七人つねにいて、子供を産むのは別段どうということはなかったのです。

陳氏はさらに以下のようなことも語っている。

舟を漕いでいた時、川中に島のような墩（土手）を見かけましたが、近づくと赤ん坊がそこにうつ伏しているのを目撃しました。事実それは溺殺された赤ん坊で、川中の墩に捨てられたものでした。こんなことは当時いくらでもありました。

鄧・陳両氏の証言によれば、江南においては一九四〇年代でも依然として溺女は盛んに行われていたことが知られる。陳氏は「蘇南では「溺女」ではなく「溺嬰」というように、重男軽女ではなく、男女とも溺殺の対象となっていました」と言いながらも、溺殺されるのは女児が比較的多かったと回想している。

溺女に対する取り締まりに関しては、鄧氏は「国民党の統治時期には溺女を禁じる明文の規定はなく上層部は禁止するも、実際のところ、郷村でも街中でも現場では問題にされず、周りも非難せず、当局もまた関わりませんでした」と言い、陳氏もまた「解放前、溺女が法で罰せられたり、国が管理したりすることは聞いたことがありませんでした。村民も国が法律で禁じていることを恐らく知らなかったでしょう」と述べ、法規制が基層社会にまで浸透していなかったことを明らかにしている。

溺女の方法としては、鄧氏は「子供は馬桶で産んだため、赤子が女の子であれば、それに蓋をして窒息させました。この馬桶は、「子孫桶」という出産専用の馬桶であり、通常の便器ではありません。一般の便器に比べてやや高さがあり、その上にまたがって出産するもので、中には何も入っていません。溺死させるのであれば、川や池に行きました。時には溺死させず、ごみ箱に捨てることもありました。あるいは凍死させることもありました。凍死させるのはまだ文化的なやり方でした」と言う。

陳氏もまた「中国の農村では子供は馬桶の中で産みました。生活条件が良くない場合、子供が生まれると、その子を抱き上げずにそのまま馬桶の中に留め、母親が馬桶にまたがったまま赤子を窒息死させました」と述べ、若干の違いを語っている。陳氏はさらに、「最も多いやり方は馬桶の中で溺死させるものでした。生まれた時に羊水が馬桶の中に入りますが、赤子を抱き上げず、馬桶の中にしばらくそのまま放置しておけば溺死してしまいました。このほか布団を赤子にかぶせて窒息死させることもありました」と、溺女にはいろいろな方法があったことを紹介している。

溺女する原因として、陳氏は「一つには貧困、もう一つには科学の未発達のための子だくさん」と言い、鄧氏は「一つには経済的なこと、もう一つには養育に専念する余裕がないこと」を挙げている。農村では昼間はみな農作業に出払ってしまい、家に赤子だけを残すとネズミにかじられてしまう恐れがあったという。

溺女のもう一つの大きな理由とされてきた厚嫁に関して、鄧氏は「溺女の原因としては実際大きな問題ではありませんでした」といい、陳氏もまた「我々の地方では厚嫁が溺女の理由になることはそんなにありませんでした。準備しなければならない嫁入り支度はさほど多くなく、そのうえ結納金が先方から来ました。嫁入り支度は最も簡単で、「一担挑」といいました。その意味は一人の人間が担《かつ》げるだけのものということで、つまり便器と布団二枚でした。もう少しましな嫁入り支度でも戸棚と箪笥が加わるくらいでした」と言い、厚嫁はこの時代の蘇州では溺女の主たる理由になっていなかったとのことである。

当事者がいかなる感覚で溺女に及んだかという点については、鄧氏は「よくないことと考えていませんでした。母親は生まれたばかりの赤ん坊に特別な感情を抱かず、子犬や子猫と同じで、それを殺すことが重大事だとは思いませんでした」と言い、陳氏もまた「溺嬰は普通のことだったので、誰も詮索せず、溺女した家もそれを公言することがありませんでした。どのみち、どこかの家で赤ん坊が死んだと聞いてもその子を養えなかったのだと思うくらいで、悪いこととも大変なこととも感じませんでした」と語るように、当事者も周囲の者もそれをとやかく言うことがなかったようである。

育嬰堂については鄧・陳両氏とも蘇州城内にあったが農村には存在していなかったと言い、しかもそれは慈善事業であったため、政府は資金を出さなかったと証言する。鄧氏は、「城内では子供が生まれると捨てる場所がないため育嬰堂に送致しました。少しは惻隠の心がありました」と言い、陳氏は「郷村の人間が子供を蘇州の育嬰堂に持っていったことはあったかもしれないが、多くはなかったです」と言う。ここから城内の育嬰堂は多少利用されたものの、郷村では普及していなかったことがわかる。

保嬰会は両氏とも「聞いたことがありません」と語る。前述の清末に余治が設け、朱家驊が設立を提唱した組織は一九四〇年代にはもはや継承されず、忘れ去られていた可能性がある。

（2）「解放」後の溺女改革

それでは中華人民共和国において溺女問題はいかにして解決されたのか。共産党政権は一九五〇年代に入ると地主から土地を没収してそれを農民に分配する土地改革や在地の武装集団を一掃して治安をはかる反革命鎮圧の名の下に基層社会にまでその権力の浸透を徹底させた。それは画期的な出来事であった。その結果、アヘン吸引、賭博、纏足、売春など伝統中国の基層社会にはびこり、改革を拒んできた「陋習」が一気に撲滅されることになった。

溺女に対する具体的な対応は一九五〇年五月に施行された「中華人民共和国婚姻法」に見られる。(28) それは「強制、男尊女卑、子供の利益を軽視する封建主義婚姻制度を廃止し、男女の結婚の自由、一夫一婦制、男女の権利の平等、婦女子の合法的利益を保護する新民主主義婚姻制度を実行すること」を原則として掲げるもので、その第一三条に次のように規定された。

父母は子女に対して保護・教育の義務を有す。子女は父母に対して扶養・扶助の義務を有す。双方はいずれも虐待あるいは遺棄をしてはならない。養父母と養子女との相互関係においても前項規定を適用する。溺嬰もしくはその他類似する犯罪行為は厳禁する。

これに関して当時の司法部長であった史良《しりょう》（一九〇〇―八五）は、「この婚姻法は進歩的であるばかりか革命的なものである。基本精神は実際上積極的に婦女を扶け、児童を保護し、封建的残滓を打ち破ることにある」との談話を出し、「溺嬰を禁じることはつまり嬰児が生まれた時から法律で保護されることを意味する。しかも溺殺される嬰児はほとんどみな女児であることから、これはまた婦女に対する保護の徹底を示している」と、その意

義を語っている。(29)

聴き取り調査に応じた陳俊才氏も「解放」後に溺嬰が大幅に減少した原因として婚姻法が一九五〇年に頒布され、普及したことで、溺女が犯罪であることが自覚されたことを挙げている。陳氏はまた「問題の解決に効果があったのは、一つには生活条件の改善、もう一つは計画生育の実施です。人工的な手段をとれば、計画生育ができることを知りました」と言い、生活条件の改善として、土地改革が実施され、人々は自分の土地を持てるようになって生活が保障されたことと計画生育によって無計画に産んだ子供の養育負担を免れるようになった点を強調する。

一方、バーニス・J・リーは研究者の立場から溺女と婚姻法の関係について、「一九四九年以来、中国の経済的繁栄を高める手段として女子労働力の重要性が強調されるとともに、女性の経済的地位が著しく理解されるようになった。経済的要素は他の要素、例えば政府が一九五〇年代初めに婚姻法を実施したことなどによって強化された」と語っている。(30)

共産党政権はどのようにしてその支配を基層社会にまで浸透させることができたのであろうか。婚姻法をはじめとする法による取締りはどこまで徹底できたのであろうか。これらの詳細は現時点において史料の公開がなされていない以上、知るよしもない。しかし、中華人民共和国の時代になり、法律が整備され、郷民の生活が改善され、行政による指導と教育が徹底されたことによって、二〇世紀の中国基層社会になお根強く残っていた「陋習」の大部分はようやくにして一掃された。これは否定しようのない事実である。溺女問題もまたこの一環として解決を見るに至った。そのかぎりにおいて共産党政権はこれまで誰もなしえなかった事業に成功し、「新中国」を実現したとひとまずは言ってよいだろう。

おわりに

以上、中国にあっては帝政時代から連綿として継続され、かつ問題とされてきた溺女という「陋習」が近代においてさまざまな試みにより克服されるに至った過程を概観した。

ところが冒頭で触れたように、一九八〇年代に改革開放政策が進むにつれ、新たな文脈からこの問題が再び注目されるようになった。それはほぼ時期を同じくして実施された人口増加抑制措置である、いわゆる一人っ子政策により子供が一人しか持てなくなってしまったことと無縁ではない。厳格な一人っ子政策にあっては、女児を儲けた夫婦は以後男児を持つことが許されなかった。それゆえ、それでもなお男児を切望する者たちが溺女をあえて犯すことは大いにあり得ることだった。また、二人目の妊娠が明らかになった時、堕胎することは普遍的に行われるようになった。スーザン・マンはこの背景として、「まず第一に、一九八〇年にはじまった新しい経済政策により、世帯単位の農業請負がみとめられるようになったため、家庭内の農業労働力、すなわち男の働き手に突如として新たな高価値が付加されたことが挙げられる（なぜなら女は結婚によって生家を出てゆくのだから）。第二に、中国の農村では住居は公共家屋ではなく、各家庭が自前で用意するものなので、夫婦は結婚した後も夫の両親と同居しつづけることになり、息子を産めというプレッシャーが強くなるのである。最後に、農村では年金を受けられないため、年配の人々は老後の支えとして息子を頼りにしつづけることが挙げられる。結果として一人っ子政策は、改革開放期に農村部で施行された諸法令との衝突が必至となり、生殖年齢の女性たちはその中心に投げ込まれた」ことを指摘している。[31] 溺女問題が再び俎上にのぼったのは現実にこうした事情が底流にあったためである。

その結果、「目下、溺嬰の事件が時々発生するのは、これが普通の違法行為であって、犯罪を構成するものではないと認識されているためである」として、その理由が「婚姻法に溺嬰を禁止する規定があるものの、刑法中には溺嬰に関する罪名がないことによる」とされ、刑法第一三二条の故意殺人罪を適用すべきとの主張がなされた。[32]また、一九九二年には「中華人民共和国未成年人保護法」が成立し、第八条で溺嬰・棄嬰が禁止され、第二五条で溺嬰は刑法第一三二条の規定に基づいて刑事責任を追及する旨が明記された。[33]

このような法律のさらなる整備に加えて、計画生育の普及と定着、さらには経済改革による生活水準の飛躍的な向上は溺女防止にいくぶんかは効果があったかもしれない。だが、一人っ子政策が続くかぎり、新たな文脈で生じた溺女問題は容易に解決されるものではなかったのも事実である。

こうしたなか、二〇一五年一〇月二九日、中国共産党第一八期中央委員会第五総会において習近平政権は長年にわたって続けてきた一人っ子政策を改め、子供を二人まで持つことを認める方針を打ち出した。今後これによって溺女問題はいろいろな意味で本当に解消されるのか否か、それは大変興味深い問題である。

ところで、『朝日新聞』は、罰金を払って産んだ第二子も女児であったたため、みずからは不妊手術を受けながらも村内の独身男性に妻を差し出してまで戸籍のない男児をあえて儲けた山東省の農民の話に対して「子どもをほしがる中国の農民の気持ちは、外国人だけでなく都会の中国人にも分からない」ことを痛感した人口学者梁中堂の発言を紹介している。[34]「一人っ子政策」といえども計画生育に変わりはなく、子供を持つことを制限する政策を堅持するかぎり中国の基層農村社会にあっては溺女の習俗がなお生きつづける可能性を示唆している。中国の古来から続く伝統習俗の存在が現在においてさえなおホットな〝時事問題〟として扱われていることを知るにつけ、そこには日本とは大きく異なる社会とその変革の難しさがあると思われてならない。

（1）上海通志編纂委員会編『上海通志』（上海人民出版社、二〇〇五年）四三巻、社会生活、禁忌・陋習。
（2）上海市嘉定県志編纂委員会編・楊于白主編『上海市嘉定県志』（上海人民出版社、一九九二年）三三巻、風俗宗教、悪習陋俗。

（3）上海市宝山区地方志編纂委員会編・朱保和主編『上海市宝山県志』（上海人民出版社、一九九二年）三〇巻、社会志、陳陋習俗。
（4）上海市奉賢県志編纂委員会編『上海市奉賢県志』（上海人民出版社、一九八七年）三〇巻、風俗志、陋俗。
（5）前掲『上海通志』四三巻、社会生活、禁忌・陋習。
（6）上海市上海県志編纂委員会編・王孝倹主編『上海市上海県志』（上海人民出版社、一九九三年）三〇篇、社会、習俗・陋習。
（7）山本英史「清代の溺女問題認識」（北海道大学東洋史研究室編『宋―清代中国の政治と社会（仮題）』汲古書院、二〇一七年刊行予定）。
（8）『申報』一九二七年八月二〇日。
（9）『申報』一九二八年六月一七日。
（10）『河北省政府公報』一九二九年二一一期。
（11）中国社会科学院近代史研究所編『民国人物伝』第四巻（北京、中華書局、一九八四年）一三一頁。
（12）『河北省政府公報』一九二九年二一一期。なお『申報』一九三〇年五月一二日に掲載された浙江民政庁による一九三〇年五月一〇日の浙江省二市七五県の調査結果によれば、浙江省の女子は男子の七六・六パーセントにすぎず、数としては約二五〇万人少ないとして、朱家驊の発言を裏づけている。
（13）四つの提案については、Bernice J. Lee, "Female Infanticide in China," in Richard W. Guisso and Stanley Johannesen eds., *Women in China: Current Directions in Historical Scholarship*, New York: Philo Press, 1981, p. 171 にも触れている。
（14）『時報』一九二九年二月一八日。
（15）『申報』一九二九年二月二五日。
（16）立法院編訳処編『中華民国法規彙編』第三冊（上海、中華書局、一九三四年）八〇三頁。なお、同書には、この時期、「禁蓄髪辮条例」（一九二八年五月公布）、「禁止婦女纏足条例」（一九二八年五月公布）、「厳禁蓄婢妾及虐童媳案」（一九三一年三月公布）など、近代国家建設に向けて矢継ぎ早に制定された陋習改革諸法案が掲載されている。
（17）言論「禁止溺女打胎」（『首都市政公報』一九三〇年五七期）。
（18）『広東省政府公報』一九三四年二七八期。

(19)『広州市政府市政公報』一九三四年四八八期。

(20) 新生活運動については、段瑞聡『蔣介石と新生活運動』(慶應義塾大学出版会、二〇〇六年)参照。

(21)「中華民国刑法」第二八七条〔一九二八年三月一〇日公布〕国民政府秘書処編『中華民国国民政府公報』四三期、法規、中華民国一七年三月、五〇頁(『中華民国国民政府公報』一五巻、台北、成文出版社、一九七二年所収)。また小野清一郎『中華民国刑法』分則下(中華民国法制研究会、一九三五年)一〇二頁。

(22)「中華民国刑法」第二七四条〔一九三五年一月一日公布〕国民政府文官処印鋳局編『中華民国国民政府公報』一六三〇号、法規、中華民国二四年一月四日、四四頁(『中華民国国民政府公報』八八巻、台北、成文出版社、一九七二年所収)。また、Lee, *op. cit.*, pp. 170-171. および David E. Mungello, *Drowning Girls in China: Female Infanticide Since 1650*, Lanham, Maryland: Rowman and Littlefield, 2008, p. 118 にも言及されている。

(23) 一九三五年から三七年にかけて北京、天津、上海、無錫、福建などを現地調査したオルガ・ラングによれば、「女幼児殺害は現代の中国にもある。著者は中国人や外国人からそれをいくつもきいた。この研究に利用した病院記録には、そこの社会事業部または医局に働く中国人従業員の手による幼児殺害の記録があるが、それらのいかにもめずらしくもないといった書きぶりは、幼児殺害が当然のことと考えられていることをあらわしている」(オルガ・ラング〔小川修訳〕『中国の家族と社会』I、岩波書店、一九五三年、一九五頁。Olga Lang, *Chinese Family and Society*, Yale University Press, 1946, p. 150)とある。また、一九三六年七月から八月にかけて江蘇呉江県開弦弓村を現地調査した費《ひ》孝通《こうつう》によれば、「間引きの慣行は女の子の場合に多い。父系的子孫と、聚嫁婚とが女子の社会的地位に影響してゐる。両親の見るところでは女の子は価値が少い。と云ふのは「香と火」を連続し得ず、また成長するや否や両親の下を去るであらうからである。その結果として〇—五歳の年齢分布における女子の割合が異常に低い」(費孝通〔仙波泰雄・塩谷安夫訳〕『支那の農民生活——揚子江流域における田園生活の実態調査』生活社、一九三九年、五四頁。Fei Hsiao-tung, *Peasant Life in China: A Field Study of Country Life in the Yangtze Valley*, London: George Routledge and Sons, LTD, 1939, pp. 33-34)とある。これらの証言は一九三四年以後も溺女風習が維持されていたことを明らかにしている。

(24) 雷潔瓊「婚姻法与児童保護」(『文匯報』一九五〇年六月三日)。

(25) 聴き取り調査は、二〇一五年一二月二五日、午前と午後とに分けて蘇州郊外の鄧兆銘、陳俊才両氏のそれぞれの自宅にて約一時間程度実施した。質問者は夏氷氏（政治協商会議蘇州市委員会文史委員会秘書処）と陳明華氏（上海大学）に依頼した。参加者は筆者のほか、佐藤仁史氏（一橋大学大学院）、宮原佳昭氏（南山大学）ほか四名であった。文書整理は張玥さん（東京大学大学院総合文化研究科博士課程）に依頼した。改めて協力していただいた各氏に感謝する。

（26）「懐念」（鄧兆銘『鴻雪』二〇〇七年所収）。

（27）「追憶父親」（鄧兆銘『鴻雪二集』二〇一五年所収）。なお、鄧兆銘氏は父親ばかりか自身も地主にされそうになったため、一九五一年二月二七日に劉少奇に宛てて手紙を書き、事情を説明して指示を乞うたところ、同年三月八日に劉少奇の親筆で「あなたの父君は自分で耕作することが少なく、小作地が三〇畝以上あって収租額もかなりあります。生活は中農以上であり、半地主であることは間違いありません。しかし、あなたの成分は商店の職員です。劉少奇三月五日」との回答を得たという（「我保存的劉少奇親筆信」前掲『鴻雪二集』所収）。

（28）『人民日報』一九五〇年四月一六日（中共中央文献研究室編『建国以来重要文献選編』第一冊、北京、中央文献出版社、一九九二年、所収）。また、中央人民政府法制委員会編『中央人民政府法令彙編 1949–1950』（北京、人民出版社、一九五二年）三四頁、参照。

（29）「司法部長史良解釈婚姻法、指出基本精神与要点」（『新民晩報』一九五〇年四月一七日）。

（30）Lee, *op. cit.*, pp. 176–177.

（31）スーザン・マン〔秋山洋子・板橋暁子・大橋史恵訳〕『性からよむ現代中国史――男女隔離・纏足・同性愛』（平凡社、二〇一五年）一七九頁（Susan Mann, *Gender and Sexuality in Modern Chinese History*, Cambridge University Press, 2011, pp. 131–132）。

（32）孟広偉「溺嬰是一種故意殺人的犯罪行為」（『人民司法』一九八四年三月一日）。

（33）于淑芬「論溺嬰犯罪的処罰」（『内蒙古電大学刊』〔哲学社会科学版〕一九九三年三期）。なお、二〇一三年に第二次修訂を経た現行の「未成年人保護法」では第一〇条に「未成年に対して家庭内暴力をふるうことを禁止し、虐待・遺棄することを禁止し、溺嬰その他で嬰児を殺害する行為を禁止し、未成年女性あるいは未成年障碍者を差別してはならない」と規定されている。

（34）「ふたりっ子の中国」⑬「ひそかな実験」（『朝日新聞』二〇一六年二月七日）。

第2章　林徽因と培華女学校

櫻庭ゆみ子

はじめに

林徽因《りんきいん》（一九〇四―五五）は中国文学史上、一九三〇年代の北京を中心とする文壇の一翼を担った詩人として位置づけられている。(1) また昨今の研究では、中国古代建築史家として著名な梁思成《りょうしせい》（一九〇一―七二）の研究協力者として建築学方面での功績も見直されはじめている。一般的には二〇〇〇年に台湾、続いて中国大陸、香港で放映されたテレビドラマ『人間四月天』の中で、詩人、徐志摩《じょしま》（一八九七―一九三一）が恋に落ちたモダンで可憐な女子学生としてのイメージが広くもてはやされ、ネット上に流れる中洋折衷の上品な衣装に包まれた画像とともに、その華やかさが印象づけられている。このメロドラマでは時代考証が大胆に無視され、恋物語に都合よい設定と人物像が視聴者に供されているが、「林徽因」に表象される、西洋文化の影響を色濃く受けた、民国期の、中国知識人、上流階層、といった要素は、英国ロマンチシズムを中国に紹介した徐志摩との交流を通じて詩作を始めた林徽因の、言語表出と文化環境の関係を探るうえで鍵となる点を提示していることも確かである。

林徽因自身は、一九三〇年代、親しくしていたアメリカ人の友人、のちに建築美術家となるウィルマ・フェアバンク（一九〇九―二〇〇二）へ宛てた英文での手紙で、自分を「バイカルチャーである」と形容し、(2) 自らを英語文化圏と漢字文化圏の交錯する地点に位置づけている。林徽因の文筆活動における英語の果たす役割は大きい。(3)

それは、すでにいくつかの論文で指摘されていることではあるが、彼女が「バイカルチャー」に至る過程は明らかではない。筆者は中等教育の場が林徽因の言語形成に寄与したであろうと考え、まず彼女が七年間身を置いた培華女学校(4)および英国滞在中に通ったセント・メリーズ・カレッジ(St. Mary's College)(5)に注目した。

培華女学校についてはこれまで詳細が不明であったが(6)、幸いにも英国オックスフォード大学ボドリアン図書館所蔵の英国海外福音伝道会(略称SPG)(7)アーカイブに関連資料が残されていることがわかった(8)。本稿は、これら及びその他の資料(9)を照らし合わせ、彼女の受けた中等教育の状況を探り、その言語教育環境を考察するものである。ただし膨大なSPGの資料から関連する箇所を選び出し限られた紙面で提示することは容易ではなく、遺漏は免れないことと思う。また一九三七年頃にパンフレットとして刊行されたという「培華女学校略史(10)」は所在不明であり、培華女学校の具体的なカリキュラムは確認できなかった。このため林徽因が受けた授業の教科内容については、培華女学校の創設者ボーデンスミスがSPGに書き送った具体的な状況報告と、セント・メリーズ・カレッジとの関連から推測するという形をとった。また今回の論考の目的は、林徽因のテクストを支える思惟形態、言語様式形成過程の考察であることから、史料の読み解きの時期を主に彼女が培華女学校に在籍した一九一六年から一九二三年前後のものに絞っている。したがって、教会学校に言及する際に避けては通れない一九二五年以降の教育権回収権運動は取り上げなかったことをお断りしておく(11)。

一　培華女学校とA・G・ボーデンスミス

林徽因の画像でよく取り上げられるのが、彼女が一六歳の時に従妹三人と一緒に培華女学校の制服姿で写っている写真(12)である。低い立襟式の短い上着に黒のプリーツスカート、絹のストッキングに黒い革靴というもので、おさげ姿の林徽因のスカートの裾を下ろしたばかりの折れしわが少女の身長の伸びを語っていてほほえましい。

当時四人の少女が仕立てのよいこの制服を着て北海公園を歩いていると人目を引いたといわれるが、上質の生地とセンスの良いデザインは「上流の女子のための学校」のイメージをよく伝えている。少女たちが通っていた培華女学校については、一九二一年に北京在住の外国婦人会編集の英文によるガイドブック『北京実用書（*Peking Utility Book*）』[13]に記載があった。それによると培華女学校（P'ei Hua School）は、一九一四年、英国国教会宣教会のもとでミス・A・G・ボーデンスミスにより上流階層の女子に特化して設立され、一九一八年に、石駙馬大街[14]、女子高等師範学校[15]の向かい側にあった元英国国教会所有の土地に新たに校舎を建築した。一名の外国籍教員の給料を除き運営基金はすべて授業料で賄われ、一九二一年当時の現職校長はミス・ボーデンスミス、中等課程（middle school grade）の生徒数四二名、教員数一六名、卒業生は五名、うち二名が清華の試験に合格し、三名が米国の高校（preparatory school）に通い、英国には二名[16]が学んでいる等となっている。学費は一ヶ月九・五〇ドル、寄宿料が一ヶ月五ドル[17]ということで、同書に掲載されている謝氷心《しゃひょうしん》（一九〇〇―一九九）が通ったアメリカ系教会学校のブリッジマン・アカデミー（貝満女学校）の年二七ドル（特別コースは四七ドル）に比してもかなり高額である。

中国語による資料としては、作家教育家である陳衡哲《ちんこうてつ》（一八八四―一九七六）の長女、任以都《じんいと》[18]が、一九九二年のインタビューで母校であるこの学校に触れている。[19]主な点をまとめてみると、まず設立者であり、任以都が入学した当時すでに校長の座から降りていたミス・ボーデンスミスは包先生（包老師）と呼ばれ、質素を重んじ誠実かつ温かい人柄で学生から慕われていた。彼女は教育と学校運営に全精力を注ぎ、中国語の運用能力も高く、『紅楼夢』等の小説を原文で読み朝礼の訓話を中国語で行うほどだった。聖書クラスが毎週あり、寄宿生は毎日朝と夕食前に礼拝の義務があったが、総じて宗教への態度は寛容で強制はなかった。一クラス二〇名程度の少人数クラス制をとり、生徒には大学教授の娘[20]や、北京以外の地域、マレーシア等から来た華僑、貧しいために授業料が免除された白ロシア人等がいた。カリキュラム自体は他の学校と大差なく、商務印書館、中華書局の教科書を使い[21]、国民党政府による中国統一以降は、同じく毎週月曜日に「総理記念週」の行事と「国民党義」への出席が義務づけられていた。他校と大きく違ったのは学生の理解度によってクラスや学年を変更することができ、融通が利く授業形態だったことである。英語には重点が置かれ、小学一年次（カリキュラム変更後初等教育段階が設置）から始まり、初回から人名・単語が現れ、すぐに簡単な文、続いて短い文章へと速いテンポで進められた。音楽も重視され、授業は毎週二時間あり、米国コロンビア大学で音楽修士号をとった許瑞珪《きよすいけい》校長[22]自らが教壇に立ち、五線譜の読み方、基本的な楽典を教えた。必修選択として中国の民謡と西洋の歌曲があり歌劇団を組織して公演したり、コンテストに参加することもあったという。

任以都が在学したのは、一九二五年一月の北京政府による「外国捐資設立学校請求認可辦法」、一九二六年南方国民政府による「取締私立学校通令」、そして北伐完成後の一九二九年八月に公布される「私立学校規定」等により、一九二〇年代初頭までは比較的緩かった教会学校への管理が強められた時期にあたる。[23]すなわち一九一六年に入学した林徽因の在籍時とは異なり、培華女学校が教会学校として登録を行い、校長を中国人とする規定を受け入れ、カリキュラムも国民党の指針に合うよう変更を余儀なくされた時期にあたる。それでも少人数制を採ったこと、融通の利く授業形態、特色ある英語教育、活発な課外活動等この学校独自の特色はうかがい知ることができるだろう。

ここで語られる培華女学校の創立者、ミス・ボーデンスミスだが、中国側の最も早い紹介は北洋軍閥政府国務院で秘書等も務めた施景琛（一八七三—一九五五）による一九二三年の紹介に遡る。[24]そこでは、ミス・ボーデンスミスは、英国の海軍大佐を父に持ち、清国宣統年間に中国に来たのち、三姉妹で等分した財産の自分の持ち分を使って北京に女学校を創設した等と紹介され、清廉潔白で信仰篤く、質素に甘んじて女子教育のために身を捧げ独身を貫き、北京の外国人社交界でその名を知らぬものはない奇特な人物であると称えられている。培華創設以前の具体的な状況は次のように記述されている。

〔宣統三年（一九一〇）に太原で知り合った〕当時女学校は一クラスしかなく、部屋および施設はすべて坊橋の英国聖公会（安立甘会）が供給していたようである。民国後は自分の力で旧簾子胡同の民間の部屋を借りて女学校とし、二、三クラスほど設置したようであるが設備は粗末なものだった。民国四、五年に絨線胡の某高官の邸宅を借りて校舎とし、事業を拡大し、受け入れた女学生もかなり多くなった。さらに民国二年〔実際は一九一九年〕にロンドンに帰国し大がかりな募金で資金を集めた。両親より譲られた財産を携えて北京に来ると大金を払って石駙馬大街の空き地を購入した。北京駐在の英国大使および中国滞在の英国商人たちも支援した。中国人の黎黄陂〔黎元洪〕、徐東海〔徐世昌〕、梁燕孫〔総統府秘書長兼交通部次長〕も校舎の建設のために大金を寄付していた。その校舎が現在、石駙馬大街の女子高等師範学校の向かい側に位置した培華女学校である。(25)

また、ボーデンスミスの母校であるケンブリッジ・ニューナム・カレッジ・アーカイブには初期の代表的卒業生の一人として彼女の人となりを記した九頁にわたる紹介(26)と次のような *The Times* 一九四五年一〇月一〇日付の死亡記事が残っている。

ロンドンで最近亡くなったミス・アリス・ジョージエッタ・ボーデンスミス女史は、故海軍司令長官、バス勲章、サー・ナタニエル・ボーデンスミスとレディ・ボーデンスミスの長女である。彼女は聡明で、ケンブリッジ・ニューナム・カレッジの最優秀賞をとっている。歴史学コース、一九〇六年 Part I、一九〇七年 Part II でそれぞれ最高の成績をおさめ，引き続き米国コーネル大学で心理学の修士号（A.M.）をとり、教員資格をロンドン、パディントンのセント・メリーズ・カレッジ（St. Mary's College）でとった。一九一〇年に北京に行き上流階級の女子のための学校、培華（Pei Hwa）を設立した。この学校は中国では著名で、近年中国の教育、社会各方面で指導的役割を果たす能力あるよく教育された女性を生み出した。一九三八年、彼女は北京の白ロシア社会の女性の支援活動に方向を転換した。彼女は本国〔英国〕に一九四二年帰国し、中国とその希望ある未来について講演を行った。適応力、ユーモアのセンス、計り知れない深い友情、これらによって、三〇年以上にわたって北京の西城区（West City）で熱心に働き、重要な役割を果たした。[27]
ボーデンスミスは、培華女学校を拠点に北京における西欧社会と中国社会の橋渡し的存在として政界、教育界で幅ひろい人脈を築き、[28]日本軍侵攻以前の北京の社交界において知らぬ者はいない著名人だったというわけである。そして中国教育界において影響力を持った教会学校の多くが経営主体を母体組織の宣教会に依っていたのに対して、培華女学校は、ボーデンスミスの個人経営に近い、それだけ彼女の教育理念・経営方針が強く反映された特異な性格を持つ女学校であった点を注意しておく必要がある。

二　培華女学校設立のいきさつ

培華女学校は組織としては、篤志女中（St. Faith Girl's School）とともに英国聖公会イギリス海外福音伝道会[29]（以下ＳＰＧと表記する）に属する女学校である。ＳＰＧはこのほか北京に梁思成も一時通った男子校の崇徳学校（Ch'ung Te）を有し、三校が時に講師を融通しあうなどして連携して中等教育を行っていた。それぞれの教育対象、目的は異なり、崇徳学校が当初主に牧師養成機関として、篤志女中が貧しい層の女子を対象とした宗教・職業訓練予備校としての性格を持っていた点で二校は従来の教会学校の特徴を有していたが、培華女学校は教会学校としては珍しく設立当初より上流階層の女子を高等教育機関に送り込む教育を目指していた。

ボーデンスミスがＳＰＧの正式メンバーになるのは一九一三年で、[30]記録を見ると中国到着は一九一〇年になっている。[31]彼女は一九一〇年、中国に到着してから五ヶ月後に母校ニューナム・カレッジに手紙を送り、そこで次のように述べている。

ここ〔北京〕では皇族（nobles' families）の間で個人教授への要請がとても高い。私はすでに皇族の一人の妻に毎日英語を教えているが、つい昨日、ひょんなことから前内閣大学士（Grand Councillor）の息子と現内閣大学士の妻と娘たちの個人教授も頼まれた。さらに一週間に一度、午前中、一人の興味深い満洲族の女性が経営する小さな私立学校で英語の授業を担当している。(32)

実は、ボーデンスミスを中国に呼んだのは、彼女のケンブリッジ時代の同級生で、メソジスト会牧師W・E・スットヒル(33)の娘であるドロシア・スットヒル(34)だった。ドロシア・スットヒルはその著書『中国の二人の紳士（*Two Gentlemen of China*）』(35)で、培華女学校の創設のいきさつを紹介し、女学校設立には中国の温州、山西で宣教活動をしていたスットヒル一家の考えが反映されていること、一九一一年の辛亥革命によって女学校設立の夢がいったん挫折した後、協力者であったミス・ボーデンスミスが引き継いでSPGの協力のもとに実現させたとし、その状況を次のように語っている。

当時父〔W・E・スットヒル〕は北京から南西に三〇〇から四〇〇マイル離れた山西地区の首府である太原府〔現在の山西省〕にある中国の大学の校長だった。父は全面的に私を支持し支援してくれ良き相談役ともなった。当時、私の見たところ、必要だと考えられたのが、日本の華族の子女のための女学校やインドの貴族の子弟のための学校に倣った、北京における貴族の子女のための学校だった。中間層や貧しい層の中国の少女たちは、次第にまずは宣教会によって、のちに中国政府によって学校教育がなされるようになってきたと思われた。唯一、その閉鎖的な制度により、近代的な教育を受ける機会から取り残されていたのが、もっとも玉座に近い権力のある階層だった。〔……〕私たちは、宮廷の中の若い女性たちや少女のうち幾人かを私たちの学校に引き入れることができないかと願った。中国の少女たちが学びに充足を感じ、恐れずに真実を直視することを学び、そして数代にわたる学者の血筋を引く彼女たちが「新学」（New Learning）を喜んで吸収し、ニューナムを母体とする多数の中心にやがては加わることを夢見ていた。

たいへん幸運なことに、私たちはこの夢の一部を、ニューナムの仲間であるミス・ボーデンスミスに何とか伝えることができた。彼女は傑出した提督の娘である。提督は、かつて海軍士官としてタークーの戦いに参加し、望まれもしないのに無理やり英国の要求を中国側に押し付けたときから英国は中国に何らかの負債があるという、当時英国側から強く非難された考えを常々口にしていた。英国側は、ひどい侮辱と中国官僚たちの一貫した不誠実さを被った後では戦う以外にはないと主張していたのである。冒険的な一握りの塩がミス・ボーデンスミスの血液の中に間違いなく入り込んだのだろう。というのは、最優秀の卒業証書を取りながら、彼女は英国の大学での容易で心地よい人生を断り、私たちの共同企画の年上の協力者になること——それは、すでに多くの先例があるように、かなり大変なことだった——に同意したのであるから。

この後辛亥革命の混乱で女学校開設の計画がいったん挫折し、さらに、ドロシア・スットヒルがホージー卿と結婚して身を引くことになるが、ボーデンスミスは初心を貫き、ケンブリッジの学友（出身はガートン・カレッジ）を誘いSPGのメンバーとなって英国聖公会との提携のもとに[36]女学校経営に邁進する。そして女子師範学校や篤志女学校、崇徳男子学校でクラスを受け持つ傍ら、北京の皇族や政権の有力者にコネをつけつつ開設した私塾の女学校の体裁を少しずつ整え拡充していくのである。

注目したいのは、培華女学校設立の目的が「数代にわたる学者の血筋を引く彼女（中国の少女）たちが、「新学」〔すなわち伝統的な学問に代わる、自然科学や社会科学を含む新しい学問〕を喜んで吸収し、ニューナムを母体とする多数の中心にやがては加わることを夢見ていた」とあることである。女性教育に保守的だった英国で、一九世紀末いち早く女性のアカデミックな教育機関としてケンブリッジに設立されたニューナム校は、男性と同等に専門知識を身につけ、それを武器に経済的にも自立した社会のリーダーとなるべき女性の育成を目指した。そこでの教育は、中産階級に属する女性の社会進出の潮流に合致した新たな時代精神を体現するものであった。中国の伝統文化を引き継いだ知識人階層に属する少女たちに、キリスト教精神のもと西欧の学問体系および新たな人文学精神を教え社会に貢献する女性の一員を育成するという培華女学校の教育目的は、アカデミックな近代的女性教育を目指したという点で英国の女子教育運動に連なるものだったことがうかがえる。この点で布教強化のため宣教師の妻育成を第一義とした従来の教会女学校設立初期の教育目的とは当初から性格を異にしていた。ボーデンスミスは数学と自然科学を教えられる質の高い教員を終始求めつづけたが、そこには生徒たちをスムースに高等教育機関に移行させる配慮があったのである。

しかし、理想が高いゆえに女学校経営は困難を極め、彼女は資金繰りと教員探しに奔走する。その苦労はまた、常に北京の政治的混乱と背中合わせだった。校舎を石駙馬大街に移し、モダンな校舎を建築して新たな一歩を踏み出す前の一九一六年から、生徒数が増加し評判も高まって大きな発展を見た一九二四年まで、培華女学校は不安定な政治状況に常に翻弄されつづけた。その中で、布教事業の一環としての被災地への義援金支援、難民支援も学校をあげて行い、支援活動を通じての共同体意識のようなものが生まれていたのも確かなようである。困難な中での少数の学生への個人的指導が教師と学生との密な関係を生じさせた可能性は否定できない。米国系の教会学校が宣教会からの豊かな財源を基に発展していったのとは違って、逆に教育の対象を上流階層に限定して少数精鋭を目指したゆえに、英国中産階級の女子教育に向けての理想が凝縮した形である程度実現した、特殊な空間だったように思われる。そしてこの一九一六年から一九二四年までの、培華女学校の理想がその教育に最もよく反映されたと思われる時期が、林徽因の在校期間と重なっていた。

三　培華女学校と林徽因

ボーデンスミスは一九一六年夏「北京の培華女学校」と題した長めの報告で、次のように中国における女学校の設立趣旨を述べている。

培華は新しいタイプの中国における英国国教会学校（Anglo-Chinese Schools）の一つで、学校の経営目標は現存の中国のカリキュラム（existing national curriculum）に「西洋の」科目を加え、より高レベルのクラスにおいては知識・学問（instruction）の媒介として英語を使っている。生徒たちに、近代の科学や人文学（letters）の世界が与え得る最高のものを共有させることのできるこの言葉（tongue）の基礎知識（working knowledge）を与えることを期待しているからである。中国人の学生にとって、西洋の言葉の知識（the knowledge of a Western tongue）は、その便益性の高い表現と世界にわたる豊かな文芸とともに、屈折のない漢字や中国語の文章における伝統的な決まり文句においてのみ示されるそれよりも、より解放された個の実現（realisation of a free self）とともに、新たな世界を開かせるものである。若き中国にとって、英語をビジネス用のコミュニケーションやあるいはラブレターに使うことは、単なる「ポーズ」ではないのである。(37)

ここでの「西洋の言葉（a Western tongue）」とは主に英語を指すとしていいだろう。ボーデンスミスは、満洲貴族の学者の末裔の女性のもとで中国の古典を学び中国文化に敬意を払っていたのだが、当時の中国の書き言葉が近代科学および「個」の独立した思考を表現するのに必要な柔軟性を欠くとみなし、英語における直接の知識の伝授およびそれに伴う思考形態の変容を重視したことは注目に値する。報告は続いて、培華の設立過程と一九一六年九月の新学期前、すなわち林徽因が入学する直前の状況も説明している。

培華は二年前に全日制（full course）の生徒七名で始まり、昨年の冬は二〇名以上になった。そして帝政（Monarchy）の強力な推進――それは共和制支持側の生徒たちを南方へと吹き飛ばしたのだが――という政治的指標の変化が起きた。数ヶ月後には強力な反帝政の嵐によって帝政側の生徒たちは、前官僚の楽園である香港と、天津、上海の租界へと吸い込まれていった。培華の教員たちは空っぽの机と、首都以外の中国の各地域に向けた気遣いとともに取り残されたのである。個人教授をしている二人の生徒の父親が副総統から総統へ昇格したことですら、それは確かに政治的状況の緩和にはなったが、ほとんど慰めをもたらさなかった。実際、わが校の正門の白い板には、袁世凱につぶされたものより新しい真なる共和国の総統であり、深く尊敬され愛されている黎元洪の栄えある封印が、匿名を希望する他の生徒たちの父親の助けをかりて、掛けられている。(38)

この報告は培華女学校が黎元洪およびその他政府高官の支援を受けていたことを示唆する。ここで言及されているのは、「二十一ヶ条の要求」を受け入れた袁世凱が、一二月に共和制を廃して帝政をしいたこと。その後各地で反帝政の独立宣言が相次ぎ帝政が取り消され、袁世凱が一九一六年六月に病死した後、黎元洪が大総統に就任した状況である。この後、黎元洪は部下にあたる直隷派(河北軍閥)の馮国章と安徽派の段祺瑞の抗争が激化したため、国会を解散し、張勲を呼び寄せ安徽派を北京から追い出すのだが、一九一七年の六月に張勲が清朝復活のクーデターを起こしたため、段祺瑞がこれを鎮圧し、第二次段祺瑞内閣を発足させるも、黎元洪は大総統辞職を余儀なくされる。(39)

林徽因は、一九一四年に祖父とともに上海から北京に移動し、袁世凱臨時参政院の秘書長に任命された父親林長民(一八七六―一九二五)と合流した後いったん天津に移るが、その後また北京に戻り、一二歳になった一九一六年の秋に培華女学校に入学する。しかし翌年一九一七年六月の張勲復辟により再び天津に避難し、騒ぎがおさまった八月に一家で北京に戻る。これ以降は、途中一九二〇年三月から翌年一一月までの英国留学を挟んで、一九二三年の卒業までこの女学校で学ぶことになるのである。

清朝と共和国双方の高官の娘を生徒とする培華女学校が当時の二転三転する政変に巻き込まれるのは必然だったが、ボーデンスミスは双方にコネのあることで逆に経営危機を何とか切り抜けていく。先の報告に先立つ一九一六年には米国への政府派遣女子学生枠を受験した二人の生徒がそれぞれ四等と十等で合格してノース・チャイナ（North China）を管轄するノリス主教を喜ばせていたが、[40]英国人の少女が、数学と歴史地理の授業を受けるために入学を希望する等に見られるように学校への評価も高まっていた。前述したように一九一七年二月には、聖公会本部移転に伴う跡地、すなわち石駙馬大街に面した女子師範学校向かい側に新校舎を建設する許可を主教から得て、いよいよ女子教育の理想的な場を中国に実現する夢を現実に近づけていく。[41]この間ボーデンスミス自らが英語、歴史、地理、宗教の授業を週合計二三時間こなし、[42]また学校設立時からの片腕ミス・ワラーが数学全般を担当し、[43]授業の質を高いレベルで保つ努力が続けられていた。ただし資金繰りは容易ではなく、一九一七年から一九一八年にかけて教員の募集と同時に、資金不足の窮状と寄付を募る訴えが多くなされている。幸い英国と中国各界から支援を受け、また生徒たちの寄付活動も功を奏して一九一七年春には校舎着工の運びとなる。一九一七年の秋学期の始まりに際しては「生徒たちはとても少ないのですが、清華学校の校長である周詒春（Mr. Tsur）が一二歳の娘を入学させます。これはいい予兆です」[44]と希望ものぞかせている。翌一九一八年の夏には「湿った汚いレンガの代わりに心地のよい板張りの乾いた床、紙の代わりにガラスの窓、狭い部屋ではなく通気性のよい大きな部屋、使いがっての良い実験用棚と配膳室と倉庫、遊び場を備え」「参観に来た誰もが感嘆する」新校舎の完成を見る。[45]そして、一九一八年九月四日に正規の寄宿生五十数名および貧しい子供たちのための半日学校生合わせて百名を超える少女たちを迎え、ノリス主教の説教でめでたく新校舎での始業式を迎える運びとなる。ちなみに説教を聞く少女たちの中に一五歳の林徽因がいたはずである。新校舎での活況は次の手紙からうかがい知ることができる。

校舎はとても満足のいくものとなった。教室は、外国人の生徒を受け入れ可能かを問い合わせてきたあるカナダ人の婦人より「理想的」と形容された。その生徒の父親は、娘が中国人の少女と平等な関係を持つことを望んでいた。大教室は一方の端がアコーディオンドアを境にした礼拝堂に続き、もう一方が少女たちの食堂につながっており、コンサートや講演会の会場として重宝されている。ほぼ毎週のように、数名から八、九十人規模の様々な集会や視察会が開かれ、また年に一度二日間にわたる演芸会が開かれ、それぞれ二五〇名ほどの観客が集まった。中国の楽器、琵琶（old and modern lutes）、笛（flute）、琴（zither）と魅惑的な南方の歌による素敵なコンサートも開催した。一回は生徒たちの演奏で、もう一回は音楽教員のミス・ヘイマンスとその友人たちによるものだった。中国、英国、米国、日本の友人による中国芸術、英国とフランス・ロシアにおける赤十字の活動、日本の女性たちの現状と進歩、国際連盟、アジア的なトルコ、海域の自由といったテーマの講演が行われた。中国語か英語で、通訳がつくこともあった。ある講演は日本語で行われ通訳がついた。培華女学と通りを隔てた北京女子高等師範学校（Women's Normal College）からかなりの学生と教員たちが私たちの学校の講演を聞きに来た。ＹＷＣＡは私たちの校舎を冬季の会合に使用し、それ以降、師範学校の学生向けの聖書クラスが週一回開かれることになった。[46]

ボーデンスミスは、校舎の完成及び学校運営が軌道に乗るのを確認してから二年間延期していた休暇を取ることに決め、翌年一九一九年春、英国に向けて出発する。彼女が翌年一九二〇年の三月に中国に戻るまでの間、片腕のミス・ワラーが培華女学校を運営することになる。一九二〇年春に書かれたと思われるミス・ワラーによる報告[47]では「一九一九年の九月は、この学校の歴史の中で最も成功裏に始まった」として生徒数の劇的な増加を喜んでいる。一九一九年といえばいうまでもなく五四運動が起きた年であるが、ミス・ワラーの報告には関連する記述はなく、ただ五十数名という寄宿生の数に「愛校心や団結心（esprit de corps）を打ち立てるのは容易ではない」と大規模化を懸念する言葉が見えるのみである。ボーデンスミス不在によって困難が予想された学校運営も、ミス・ワラーの妹やボーデンスミスの米国の友人、カナダから応募してきた教員そして米国留学を経験した中国人たちが臨時の教員として手伝いに来てくれたことで問題なく行われるようになったようで、報告を読む限り培華女学校においては五四運動の影響は感じられない。[48]ところでこのミス・ワラー報告だが、留学に発った生徒について以下のような興味深い記述がある。

私たちの生徒のうち二人が今英国にいる。一人は一四歳の生徒（Child）で彼女の父親と一緒に〔英国に〕行ったが、おそらく二年間滞在するだろう。彼女はセント・メリーズ・カレッジの通いの生徒となり、第五フォーム（the fifth form）に編入した。であるから〔わが培華は〕とても誇りに思う。もう一人は一七歳になったばかりで、もう一年後にはオックスフォードかケンブリッジに入ることを希望している。培華のスタッフを代表して、この二人の英国にいる少女とそれから中国にいてちょうど洗礼を受けた少女たちのために祈りをささげてほしいと思う。

ここで言及された「一四歳の生徒」が林徽因である。林徽因の父親の林長民は、第二次段祺瑞内閣で司法総長に任命されたものの四ヶ月後に辞任し、その後、国際連盟同志会の一員として、第一次世界大戦終結直後の一九二〇年春、欧州視察に赴くことになった。このとき林長民は、海外体験によって視野を広げ見識を積ませようと、愛娘である長女の林徽因を連れていくことにしたのである。一九一六年に一二歳で培華に入学した彼女は、一九二〇年の六月に一六歳になっているはずだが誤認があったと思われる。(49) セント・メリーズ・カレッジの第五フォームの平均年齢は一六歳であるため、年齢からいえば飛び級で入ったわけではない。それにしても英語を母語とする同年代の少女たちと同じクラスに編入できたというのは、英語その他で問題がなかったわけで、その点からいえば培華女学校の「誇りに思う」べき成果といえる。

林徽因は一九一六年に培華女学校に入学したものの一九二〇年三月に英国に発つまでの間、これまで見たように政治不安のために授業が寸断されている。それでも英国の現地校にすぐ入学できるだけの英語力をつけることができたのは、ボーデンスミス、ミス・ワラーといった教授法に長け学識を備えた優れた教師と生活空間を共にし、少人数クラスにおける融通の利いた個別指導を受ける機会がおそらく多々あり、それが功を奏したと考えられる。培華女学校のカリキュラムが不明なために具体的な教科については確定できないが、上級英語はボーデンスミスが担当し、その他「アメリカの発展と世界的な地位」がテーマの（歴史の）授業、上級デッサンコースがあったということである[50]。また、例えば、ボーデンスミスとミス・ワラーがそれぞれ歴史と数学を担当していた崇徳男子校では「初等クラスで英語が始まり、最初の一年が過ぎると代数と幾何が算術と並行して教えられる。これは北京では珍しい。ほかはアメリカ方式に従っている。上級クラスでは、引き続き英語と数学、数学は、ほぼ英国のグラマースクール六級の基準に限りなく近づけている。二つのトップクラスでは数学、地学、自然科学、西洋史が英語で教えられる。とても難しいが、college の入学試験で要求されるので必要である。中国古典・作文は全学を通じて教えられる。作文は毎日課題とされる[51]」というもので、当初より高等教育に備えた授業がなされていた。培華女学校でも類似の教え方がなされていたことは想像できる[52]。

また、教会学校の常として音楽教育には力点が置かれ、五感を通じての語学センスを磨くのにも大いに貢献したと思われる。ボーデンスミスが最も重視する聖書講読クラスでは、英語および中国語での翻訳も試みられており、語彙の意味、文の構造をつかむ訓練が効果的に行われる結果になったと考えられる。ボーデンスミスは、当初は自分も含めた教員が中国語で聖書クラスおよびその他の科目を教えることを目指したようだが、英語圏の教員に中国語を訓練させるよりは、中国人を育成して彼女たちが英語で教えるよう訓練することのほうが布教と教学双方に効果的であると考えたようである。いずれにしろ、英語一辺倒ではなく中国語と英語双方で補佐しあうあり方を奨励しており、これが中国語を母語とする少女たちの英語力の向上に寄与したとは十分考えられる。また多数の学内外の講演や演奏活動、その他の文化活動による刺激が、英語圏文化の理解の向上にもつながったであろう[53]。もちろん幼い頃から聡明さを発揮していた林徽因個人の資質が大きいことは確かであるが、その資質を発展させる刺激的な場を培華女学校が提供していたといえる。

こうして一六歳になった林徽因は、人生の最も多感な時期に、愛娘の教育にも気を配った父親とともに西欧諸国を視察し、近代制度の要請に合致した女子校で学ぶという機会に恵まれることになったわけである。それは一年間余りの限られた期間だったが、この英国体験は、彼女の人格形成に少なからぬ影響を与え、人生の一つの転換点になったと思われる。

四　林徽因とセント・メリーズ・カレッジ

一九二〇年、林長民は九月二〇日の日記に次のように記している。

> 午後三時に徽女〔林徽因のこと〕と一緒にセント・メリーズ・カレッジに行く。徽女はこの学校に受かったのである。校長のミス・パウエルに面会する。七〇歳余りの未婚女性で誠実かつ健康的〔健行〕である。校舎を参観したが素晴らしい。徽女は英語とその他の試験を受けた。学校は住まいから二キロ余り、バスに乗ってハイドパークまで行き、徒歩で公園を横切ると到着する。[54]
>
> 二十三日は徽女の登校初日である。早めに起床し朝食後、徽女と一緒に学校に向かう。ミス・フィリップス〔英語の家庭教師〕も徽女を送る。三人でスローンコートまで歩き、バスに乗り、ハイドパーク入り口で降りると再び歩いて公園を横切り北門まで行き、門を出たところが学校である。礼拝堂に一緒に入り祈りと説教が終わったところで講堂に入る。校長のミス・パウエルが生徒のクラスと在校生の成績を発表した後しばし講話を行う。列席者は女子学生以外は付き添いの家族であるが、皆女性で、私一人が例外であった。（同九月二三日）[55]

林長民と林徽因は一九二〇年の春から夏にかけて一ヶ月余りの欧州視察を経たのち、ロンドン南西にあるオーモンドゲイト二七号の寓居に戻り英国での生活を始める。[56] 先のＳＰＧの報告にあったように林徽因は一九二〇年の九月二〇日にロンドンのハイドパーク北門向かいに位置していたセント・メリーズ・カレッジ[57]の第五フォームに編入し、以降、平日の午前中は学校に通い、午後に帰宅して過ごすという一年間を送ることになる。後に新月派詩人として中国文学の近代化に貢献することになる徐志摩と出会うのは入学してからひと月ほど後のことである。

セント・メリーズ・カレッジは、一八七二年に比較的裕福な階層を対象とした女子寄宿学校（St. Mary's School）として発足し、当初は英国国教会のシスターたちによって管理運営されていたが、一九〇一年に校長に就任したジェーン・ラダムが、オックスフォードやケンブリッジ等高等教育への進学を目指すアカデミックな教育機関へと改革し、教員養成コースも充実させる。その結果、卒業生の多くが高等教育機関に進学し、教育や社会事業分野における多くのパイオニアを生み出す母体となった。聖公会の婦人部の活動も時々行われ、一九〇八年に校長職を引き継いだヘレン・パウエル（すなわち林長民、林徽因父娘が面会した校長）は、婦人会執行部の幹事でもあった。前述したように培華女学校の設立者、ボーデンスミスが教員養成コースをとったのもこの女学校である。ボーデンスミスはロンドン南西部の富裕層地区にある女学校（Madam Olivs's School）で学んだあとセント・メリーズ・カレッジで引き続き学び、その時にラダム校長から勧められてケンブリッジのニューナム女子カレッジに進学、そして前述のようにニューナムを優等で卒業してからアメリカ東海岸コーネル大学で一年学んだあと、学友ドロシア・スットヒルから中国での女子校設立に誘われ、母校セント・メリーズ・カレッジで一年間の教員研修を受けて北京に赴くわけである。

ところで、堀内真由美『大英帝国の女教師』[58]等によると女性が男性と同じく高等教育を受ける機会を持つようになったのは、英国でも一九世紀後半からであるという。それによると、大土地所有者である王侯・貴族と違って、父親が聖職者、弁護士、医者、陸海軍士官などを含むミドルクラスの女性は、当時財産権がなく、父や夫が破産した場合には苦境に追いやられる可能性を抱えた不安定な存在だった。この階層の娘たちが、体面を保ちつつ何とか自活できる職業が家庭教師であったが、一九世紀後半から住み込み家庭教師（ガヴァナス）が供給過剰となり、自らの「教養」の質を高める必要が出てきた。こうして教員養成の女子教育の要請が高まり、「淑女」の範囲を超えた男性の教養人と同等の教養が求められるようになり、それまでの音楽、美術、国語（英語）、フランス語重視から、大学入試に必要な数学とラテン語、生物、化学、物理の科目重視へと女子教育の質が変化したということである。この状況は確かにセント・メリーズ・カレッジの教育方針、課程に反映されていたといえる。このセント・メリーズ・カレッジで教職訓練を受けたボーデンスミス(59)が培華女学校を設立して校長となった際、自らが受けた教育内容、方針、学校経営のあり方をそこに反映させるのは自然な流れであると思われる。

さて林徽因が学んだ一九二〇年当時のセント・メリーズ・カレッジだが、ロンドンの教育委員会が一九二二年三月に行った学校視察報告(60)からその教育内容をある程度知ることができる。それによると、セント・メリーズ・カレッジは幼稚園と教員養成課程を付設した初等・中等教育機関で、視察が行われた時点では一四名の寄宿生のほか、一九六名の通学生（九歳以下のプレスクールが七六名、小学校以上が一二〇名）が在籍していた。生徒たちはほとんどが近隣のアッパーミドルクラス階層に属し(61)五パーセントを占める寄宿生がロンドン以外から、四パーセントが英国植民地から、林徽因のように英国以外の地域（place of outside England）からの生徒は二パーセントを占めた。この二パーセント、すなわち三、四名の「外国人」の一人が林徽因だったわけである。

林長民が素晴らしいと感嘆した校舎は、ハイド・パーク北門外、ランカスターゲイトに位置した建物の一角にあり、教員養成コースの学生たちが使う建物と隣り合った建物に教室が設けられ、広場を挟んで向かい側に幼稚園と寄宿生用の建物があった。このほかに礼拝堂、集会やダンスに使う講堂、体育館、六〇名から七〇名収容できる食堂、小型の実験室、美術室、図書館用の二部屋などがあった。授業の引けた午後に競技（クリケットか？）を楽しみたい学生のために、ハイドパーク西に位置するケンジントンパレスの前がセント・メリーズ・カレッジ専用の一角となっていた。また夏には学校から北東に位置するリージェンツ・パークのテニスコートが貸し出され、多くの少女たちが順番待ちをしたという。ちなみに培華女学校でも、一九一七年の新校舎改築に際してテニスコートが作られ、少女たちが積極的に楽しんだという。入学に際しては、正式な入学試験というものはなく、個別に試験を受けてふさわしいフォームが決められた。平日の授業は、朝、学校の礼拝堂で校長による短いミサが行われた後に始まり、午前中で終了した。午後は希望者が家庭科の授業を受けるか、あるいは競技の時間に当てられた。女性教育のパイオニアたちの、高等教育機関進学のための科目強化の目論見とは裏腹に、世間一般でまだ重視されていた家庭での躾の必要性との妥協が午前中のみの授業形態をとらせたようだが、セント・メリーズ・カレッジもこの例にもれなかったようである。[62]

第三フォーム（一〇歳から一一歳）以上で教えられた科目は、従来女性の教養として不可欠の英語および英文学、フランス語にラテン語といった語学、音楽、美術のほか、歴史、地理、そして数学、科学、芸術、家庭科（希望者のみ午後を使って）である。大学入試に必要な数学と自然科学には重点が置かれた。幾何の初歩が第三学年（平均一〇歳）あたりから始まり、第四フォーム（平均一三歳）からグラフを使っての代数、最終フォームでは三角法、微積分まで教えられた。サイエンスコースは第三フォームで植物学の初歩から始められ、物理、生物へと進んだ。母校培華女学校で、ボーデンスミスが数学と自然科学の質の高い教員を喉から手が出るほど欲しがっていたのは、母校セント・メリーズ・カレッジで行われていたように、男子に伍していける学問基礎を身に着けさせたいという考えがあったことが見て取れる。それでも伝統的に女性の教養分野だった音楽、美術が軽視されたわけではなく、セント・メリーズ・カレッジでは音楽の専門家が、楽典、器楽、声楽ともに質の高い指導をしたようである。

普通の授業のほかに特別コースとして、ピアノ、声楽、バイオリン、体操、ダンス、その他一般科目の補講授業コースも設けられ、それぞれ特別に授業料を払って受講することができた。林徽因が入った第五フォームだが、翌年のカリキュラムでは、英語・英文学の授業でシェイクスピアのマクベス講読、[63]歴史でギリシャ・ローマ史およびヨーロッパ史、[64]このほか、地理、フランス語、ラテン語、数学では幾何と代数、自然科学では植物学が教えられている。音楽のほかに美術では本格的なデッサン指導もあり、毎日一五分程度の体操時間も設けられた。時間と体力があれば午後にケンジントンガーデンでテニスをすることも可能であった。

林長民が英語とピアノの家庭教師をつけたということからして、[65]聡明な林徽因でもそれなりの努力が必要だったわけだが、大家族の紛糾から離れて初めて自分自身のことに集中できるこの理想的な環境で、一六歳の少女が英語力とそれを用いての対象への理解力を飛躍的に伸ばしたことは容易に予測される。そして授業は午前中のみであるから、林徽因は、午後には、林長民のもとに集うオックスフォードやケンブリッジの中国人留学生たちの才気活発な議論を耳にし、そして、バートランド・ラッセルに師事するために米国からケンブリッジにやって来た徐志摩から、当時徐志摩が傾倒していた英国ロマン主義および同時代の文学を紹介される時間を持つこともできた。[66]さらにまた父親についてロンドン社交界で、H・G・ウェルズ、トーマス・ハーディ、マンスフィールド、E・M・フォースター、アーサー・ウェイリー等と面識を得るなど同時代のいわゆるリベラル個人主義および前衛的な文学の息吹に触れてもいる。[67]つまり林徽因は、高等教育を志向する女学校に身を置きながらも社会規範には依然縛られる女子学生とはやや異なる経験をしているといえる。本稿では紙面の関係で議論をする余地はないが、林徽因が、制度に従順な「英国式近代女子学生」の枠を超える、より開かれた視座を得るきっかけを持ったのではないかという点は指摘しておきたい。

史料からは、セント・メリーズ・カレッジへの入学にはボーデンスミスの配慮があり、聡明さを示すこの少女への彼女の期待があったことがそれとなくうかがわれる。しかし奇妙なことに、翌年北京に戻り培華に復学した林徽因についてボーデンスミス側からの特別な扱いは感じられない。また林徽因のその後の文章にも培華女学校あるいはボーデンスミスに言及したものは今のところみられない。現段階の断片的な資料からは憶測の域を出ないが、一年間の英国滞在によって林徽因は、近代的知識への鍵を渡してくれた英国文化にあこがれる「子供」から、英国の政治体制、文化施策に対する批判の視点の存在を知る娘へと成長し、ボーデンスミスが目標に置く教会組織と連携した英国女性知識階層との連帯に方向づけられることへ違和感をもつようになった、つまりこの時期に、唯一絶対の神の存在を前提とした平等観と、組織としては中国における支配者側に属する教会学校の存在の矛盾を問わないボーデンスミスをはじめとする女性教師たちを客観視し、自らを中国側の立場に置く意識をより明確に持つようになったのではないかということである。林徽因が建築学を志すようになったのは英国留学時代だといわれるが、建築学の志向には、自ら校舎の建築デザインにかかわったボーデンスミスの影響がなかったとも言い切れない(68)。けれども彼女は後に梁思成とともに中国の古代建築の研究に従事し、実際の建築物設計までを手がけるようになった際、外国人研究者側からの中国建築へのアプローチに対して常に批判的であり、中国独自の建築様式を模索しつづけた。そういった姿勢の萌芽はこの時期に出てきたのではないかとも思われるのである。

五　培華女学校の発展、その後

一九二一年一一月中旬、林徽因は北京に戻り培華女学校に復学する(69)。

ボーデンスミスは、これより一年半ほど前の一九二〇年三月、林徽因が英国に発つのと入れ違いに一年間の休暇を終え北京に戻っている。そして林徽因が英国滞在中の一九二〇年末の報告(70)では、七月の政治的混乱(71)にもかかわらず生徒数が増加したこと、生徒たちが飢饉のための救援活動を行ったこと、二クラスの中国語の語学の授業以外はすべて英語で行っていること、英語で学びはじめたばかりのクラスでは従来の中国語の地理の教科書に代わって使いはじめた英語の教科書が挿絵と例がスリリングだととても人気を呼んでいること、自然科学が弱いので、米国の女子大学での同窓に働きかけて教師を斡旋してもらう考えであること等、さらなる発展の兆《きざ》しを見せる学校の状況を具体的に語っている。

翌一九二一年七月、すなわち林徽因が帰国する四ヶ月前の報告(72)では、校舎の建築のための負債を完済し、新たに二つの教室を増築し、新たに家具や設備を整え、ピアノもさらに二台購入したこと、それらは生徒からの学費、様々な寄付、そして英国婦人会のクリスマスバザーの売り上げが貢献していること、生徒たちのピアノの演奏会開催でもお金を集めるつもりであること等が述べられるとともに、二人の生徒が清華学校の留学試験を受けている最中で不安な気持ちで「合格者リスト」の発表を待っていると述べ(73)、苦労して育成した少女たちの成長と発展に女子教育成功の期待をのぞかせている。林徽因も含め海外に送り出した学生たちについても次のように誇らしげに言及している。

私たちの二人の清華大学の学生は今年アメリカから帰国する。一人は医者、一人は教育者として。グレイス・クアイはオックスフォードに進む予定、フィリス・リン（Phyllis Lin，すなわち林徽因）は九月に英国から帰国する予定(74)、リャン・シーイ（Liang Shih Yii，すなわち梁士詒）の二人の娘はボストン郊外にいるがこの夏に英国に行く予定。コーラ・ジャンはアメリカに、ルシル・チャンはオランダにおり、ドクター・コーは来月アメリカに向けて発つ。私たちの人員は世界各地に飛び立っている。

力を入れている宗教教育も比較的順調で、金曜日の聖書勉強会の参加者が二〇名とかつてないほど増え、「宗教への強い関心は社会サービスの努力の結果である」と喜びを伝えている(75)。授業のほうは、篤志女学校の高学年クラスの一時受け入れの調整で苦労したものの、友人の支援や生徒たちの頑張りで、「かつてないほど幸せな学期」を終えることができたとする。片腕のミス・ワラーの休暇のために人員不足の自然科学の授業は、「ミス・シェベアが中国語の植物学を飢饉救済活動で忙しくなるまで代講し、その後彼女の女子師範学校の実験助手（demonstrator）であった以前の生徒が代わりをつとめ、化学も担当し、ミス・ウィリスが清華大学受験クラス（the Ch'ing Hua Class）の物理と生理学を、ミス・ベアダーが生理学と衛生学を二番目の英語使用のクラスで教え、生徒たちはロックフェラーの看護婦長の好意で貸してもらった特別な顕微鏡を使っての実験授業を効果的に行った」と述べている。このほかいくつかの興味深い講演会や集会も主催し、そのなかには中国の文学革命（ルネッサンス）の指導者の一人である胡適博士が、「三千年前の現代詩」と題した賦についての「もっとも面白く刺激的な講演(76)」も含まれ、その他ディベートを二、三回、生徒のコンサートを二回主催する等報告している。総じて、資金難、政局の不安定さにもかかわらず、最良の女子教育を目指す女学校として基礎固めができつつあるという感覚を持った一年であったようである。

林徽因が復学して半年ほどたった一九二二年春、ボーデンスミスは、「今年の学校の状況はとても満足のいくもの。上級の少女たちは積極的で自信を持ち、一般的な物事に対する好奇心はますます鋭く知的になってきている。中国のルネッサンスの満ち潮(ある歴史家が宣言する長らく遅れた動き、長い引き潮の後に続いた一三世紀のモンゴル侵入と征服による破壊的で抑圧的な損失)がようやく動き出して私たちの少女に届いたかのような気がする。彼女たちの身体も変化している。テニスコートは空いていることがほとんどない。コンサートや講演に参加するために少女たちは城内に繰り出すことができる」[77]とこれまでになく希望に満ちた言葉で報告している。[78]海外でアカデミックな専門教育を受ける培華の少女たちの情報も嬉しそうに綴っている。また問題だったスタッフ不足も、女性教育者のネットワークを通じて、高い資質を備えた若手を推薦してもらうことができるようになったことをこう伝えている。

ミス・ゲッジのおかげで音楽の授業が大いに進歩した。少女たちは秋〔一九二一年〕にコンサートを行い最初の新しいピアノを購入する資金を集めた。〔……〕ミス・ミッチェル(Mitchell)を心待ちにしている。彼女は、カナダ人、ミス・ウィリスの友人、家政学専攻、コロンビア師範学校(Teacher's College Columbia)特別コースをとったので、培華の生徒に、試験で要求される物理の基準に見合った授業をできる。一年のみのトライアルだが、培華での教育に面白みを感じて延長するだろうと思う。〔……〕ミス・ゲッジの昔の教え子であるミス・エセル・ブラウンが英語での授業の補佐に来てくれる幸運に恵まれた。彼女は他の仕事が見つかるまでの間だけ教えるが、彼女に代わってミス・プリマーが来てくれることになっている。ミス・プリマーは高い資質の大学卒業生で、ニュージーランド出身。フランス語と歴史、英語のより高いレベルのクラスすべてを担当してくれる。このほか崇徳とアメリカンスクールでも授業を担当する。[79]

また主教より校舎西ウィングの増築が認められて融資が行われ、六〇〇〇〇ドルの見積もりに頭を痛めながらも、自然科学教室、図書館、ピアノ教室、cloak room（控室）、新しい教室、九人用の個室設備（仕切りの付いた寝室の設備）、もう二つの洗面室（bathroom）、屋根裏、正式の応接室、セントラルヒーティング、と夢を膨らませている。[80]

この年、一九二二年の四月四日から五日間、清華学校で世界基督教学生同盟第一一回大会（The Students' World Conference）が開催され、培華女学校も二人の代表を送り、ボーデンスミスも六〇〇人の招待客の一人として開催初日の祝賀会に招かれている。[81] 一九二二年の四月はまた、北方軍閥の奉天派と直隷派の衝突、いわゆる奉直戦争が発生し、[82] 生徒離散による人数の激減の憂き目を見るが、培華はこの時も危機を乗り越え、西ウィングも無事完成の運びとなる。それを伝える次の手紙には状況の深刻さにもかかわらず希望が感じられる。

建築材料を運び始めたとき、呉佩孚と張作霖の銃撃戦が両方の鉄道をブロックし、三つのクラスをそっくり空っぽにし、校舎は城内の混乱が起きた場合の避難所としてまたリスト入りした。しかし、「前の革命〔一九一七年を指す〕の時に、軍隊に徴発される恐れのない夜間にレンガを搬入した勇敢な御者を遣わしてくれた建築請負人が、新しい西ウィングは九月四日には用意できると請け合い、そしてほぼそのとおりになった。そしてともかくもスチームヒーターは首尾よく動き出し、宣教会が誇らしく思うに違いない最新の設備を備えつつある。〔……〕入学希望者のリストを作ったが、ほとんどは断らざるを得ない。というのは西ウィングに収容できる寄宿生は九名のみだから。けれども〔西ウィングは〕よく設計された自然科学教室と主要図書室、小さな実験室、新しい待合室、そして予備の教室を備えている。これまで食堂を使っていた教員や生徒たちはそこで指導をしたり宿題をしたりすることができる。新しい寄宿部屋は個室に仕切られているが、この個室は私が北京で唯一夢見ていたものである。年長の少女たちがプライバシーを楽しみ、その価値を知り、また同時に小さなスペースを整理整頓することを誇ることができるのは、何よりも貴重なことだと私は強く思うので。生徒たちは組織だって学校施設の寄付を募る努力をし、ドクター・W・W・イン〔Dr. W. W. Yin, すなわち顔慶恵〕はたいへん親切にも徐世昌総統から一〇〇〇ドルを、他の中国人官僚たちから一五〇ドルを調達してくれた。一人の生徒の両親は一〇〇ドルを寄付し、他の少女は五〇ドルを寄付してくれた。(83)

大部屋ではなく個室が与えられた年長の少女たちの中には、培華での最終学年を迎えた林徽因も入っていたはずである。新しい校舎は参観者の注目を浴びたというが、充実した設備とともに、当時需要の高まっていた質の高い語学教育、音楽教育への評判がよかったのか、九月の新学期には「過去のどの年よりも多くの新たな入学申請があり」、通りを隔てた反対側の女子師範学校を卒業した学生が、わざわざ英語と音楽の授業を受けに来たという。(84)

一九二〇年代は他の教会学校および海外の高等教育機関で学問的基礎を積み専門訓練を受けた女子学生が帰国し、大学その他の教育機関で働きはじめた時期である。(85)ボーデンスミスは留学帰りの中国人の若い女性教師と英米の女性教員が助け合って授業を行うことを期待しており、林徽因が卒業してからの秋学期になるが、自然科学の授業でそれが実現する。(86)

一九二三年の培華女学校最大のニュースだが、なんといっても「一人の少女が清華学校〔義和団事変賠償金奨学生〕試験で第一等をとり、アメリカのカレッジに派遣される幸運な五名のうちの一人となったこと、ほかに二人の少女が合格者のリストの九位と十位を占め、清華学校の学長が彼女たちの答案の素晴らしさに感銘を受け、培華に特別に祝賀の手紙をよこし、そして答案をドクター・W・W・イン、ドクター・ウェリントン〔Dr. Wellington Ku, すなわち顧維鈞〕にみせ、自分の姪を「学費はとても高いが」(87)この学校に入学させたこと。またほかにもひとりが医学カレッジ予科〔ロックフェラー〕に合格し、ほか数名が北京や他の場所のカレッジに合格するなど、教育面で大きな成果を上げたことであろう。(88)

そして報告にあるこの九位と一〇位の学生のどちらかが林徽因だと考えられる。(89)つまり林徽因は米国留学の切符を手にして一九二三年七月に培華女学校を卒業することになったといえる。彼女が実際に出発するのは一年後の一九二四年六月である。その間の状況は陳学勇『蓮灯微光里的夢』に詳細を譲るが、整理のために培華女学校卒業前後から米国出発までを駆け足でまとめておく。

まず一九二三年春、培華最終学年在籍時から父の林長民と徐志摩、胡適、凌叔華等の加わった文芸活動に顔を見せるようになり、(90)同年五月には徐志摩とともにバイオリニストのクライスラーを北京に迎える。(91)このコンサートの少し前に、後に婚約者となる梁思成が交通事故で右足骨折の重傷を負ったため、病院での治療に付き添いながらオスカー・ワイルドの作品翻訳を試み、(92)『晨報五周年紀念増刊』の表紙のデザインなども手がける。(93)翌年一九二四年四月末から五月初めにかけてはインドの詩人タゴールを迎えた記念行事で徐志摩と共に通訳を務め、タゴール作英語劇「チットラ（chitra）」のヒロインを演じて(94)北京文芸界で話題となる。こうした活発な文芸活動をおこなっての準備期間を経て同年一九二四年六月、歩行可能になった梁思成とともに建築学を学ぶ夢を抱いて米国に出発する。培華女学校の栄えある卒業生の一人として、十分な英語運用能力と近代科学の基礎を身につけさらなる発展を期待されて海外留学に旅立ったわけである。

一方、ボーデンスミスであるが、培華女学校が名実ともに開花した一九二三年の学期終了時、積年の心労と身体の疲労が極限に達して体調を崩し休養を余儀なくされる。そして夏を挟んだ一ヶ月半の療養を経て、一九二九年秋、職務に復帰する。「私はここ（北京）で人々にチャンスをつくることが英国にいるよりも、私の義務ではないかと思う」と二五コマを担当する激務をこなし、(95)生徒の中で信者が思うように増えない状況に困惑と失望を覚えつつも、中国の女子教育に貢献し成果が上がっていることへの歓びと達成感を感じながら、林徽因らが米国に発ったほぼ同じ時期に一年間の休暇で英国に向けて発つ。そして、英国到着後には「次年度（一九二四年九月―）が最も繁栄を迎える展望のもとに培華を去ることができたことに感謝」(96)しつつ一九二三年九月からの一年間を振り返った長い報告をしている。その中で、（一九二三年）九月に日本の地震のために二回寄付を募ったこと、冬の間、極貧の女性たちにいくらか金銭的支援をしたこと、女子師範大学の初めての女性の校長であるミス・ヤン（Yang，楊蔭楡のこと）が培華に来て、外国の研究から最大の利益を確保する方法について話をしたこと[97]、タゴールが培華の学生たちに講演をする約束をしたものの病気のため取りやめになり、かわりに北京でのもてなし役を務めた卒業生フィリス・リン（Phillis Lin，林徽因のこと）の親切な申し出で、一二名の学生たちが茶会に招かれたこと、生徒たちはこの栄誉にひるんでいたもののとても喜んでいたこと等の活動報告を伝え、「たくさんの種類の奨学金によって、中国の少女たちがアメリカで学ぶことを可能にしている。それでも英国文化の特別な優位性と英国での訓練への高い評価がある。義和団事変賠償金奨学金が本当に中国の教育に支払われるならば、女性の英国のカレッジへの奨学金も含まれるべきだと望まざるを得ない。」と英国文化へのゆるぎない自信をにじませた言葉も述べている。ただし、布教活動は依然思うようにいかず、「今年一人も洗礼の申し込みに来なかった」ことを嘆いてもいる。教育の成果については次のように誇らしげに生徒たちの状況を報告している。

私たちの外国にいる生徒たちが楽しそうな手紙をよこした。グレイス・クアイとはすでに会った。一〇月に彼女と一緒にサマービル（Somerville，オックスフォードの女子カレッジ）で過ごすことにしている。彼女はとても進歩し私は誇らしく思っている。イェールの医学校にいるドクター・ソフィア・コーは公衆衛生と幼児の病気を専門としている。ベアトリス・リンとワン・チーイーとミセス・P・M・スコットの昔の生徒である三人目の少女は、ハーバードのサマースクールのためにケンブリッジで居住を共にし、関心を持っていた生物学の特別な領域の研究をしている。フィリス・リンは私の母校、コーネルに行きそこで建築学を学ぶ予定だ。ワン・チーイーはマウントホリヨークでとても幸福であり、美しい環境を楽しんでいる。彼女とベアトリスは二人とも今後は医学を学ぶつもりである。

この時のボーデンスミスは、前途洋々たるはずだった中国女子教育の現場が一年間の英国滞在の間に激変することを知る由もなかった。

以上、林徽因と培華女学校の関係を中心に主に教育状況に焦点を当ててみてきた。現段階では、林徽因が母校を離れた後の培華女学校との関係を示す資料が見つかっていないため、本稿の主旨としてはここでいったん筆をおくべきであろうが、最後に培華女学校のその後について補足をしておく。

一九二五年、ボーデンスミスが休暇から中国に戻る直前の五月三〇日、上海にて労働者学生のデモに英国憲兵が発砲して死傷者を出す「五・三〇事件」が起こり、これをきっかけに外国製品のボイコット運動が広まる。そしてそれまで沈静化していた教会学校への批判が一気に高まり、各地で学生の授業ボイコットが展開される。北京の聖公会所属の三つの学校でも例外ではなく、ノース・チャイナ管轄のノリス主教が、学校の対応を明らかにする書簡をSPG本部に送る事態となっている。そしてこれ以降、教会学校への批判と攻撃は強まり、さらに第一節の任以都の回想録であげたように、一九二六年の「私立学校規定」、一九二八年に公布される「私立学校董会条例」、翌一九二九年教育部の「宗教団体興辨教育事業辨法」等々、国民党政権による教会学校への支配が強化され、登録制の徹底、学長を中国人にする規定、中国人によって構成される理事会の設置が強制される。これによってボーデンスミスは校長の職を降り、理事会で財務担当となる。カリキュラムも統一化が図られ、政治授業が組み込まれ、宗教教育も普通科目から排除され、培華女学校も従来の比較的自由な独自の授業が行えない状況に追い込まれることになる。任以都の回想録には、授業ボイコットをやめるよう他の学生を説得するように言われ、任が断るくだりがあるが、ボーデンスミスは、この前後からすでに学校経営への失望と不満を感じていた。特に宗教教育への学生の不熱心さに以前から危惧の念を持つようになっており、培華女学校の前途に絶望感すら漂わせている。特にこたえたのは、国民党の政治教育の強制や、教科書の暗記式を旨とするカリキュラムの強要であったようである。学生それぞれのレベルに合わせて細やかな指導を行い、情操教育をとりいれた全感覚的な授業を旨とするボーデンスミス式培華教育の理念からそれらはほど遠く、課外授業に回さざるを得なかった聖書クラスの参加者が状況の悪化に伴ってますます減少する中で、聖書講読、討論によって教える喜びを得ていた彼女の根本的支柱が崩され、失望とやるせなさは限界に来ていた。さらに一九三一年の満洲事変に引き続く日本軍の東北侵攻とともに学生の多くが北京を去り、そのため生徒の学費に財源を依っていた培華女学校は大きな打撃を受ける。財源確保の困難さと政治情勢は悪化の一途をたどり、一九三六年、ボーデンスミスはついに培華女学校を離れる決意をする。一九三六年ノリス主教はこう書いている。

この夏の重要な出来事は、ミス・ボーデンスミスの培華女学校辞任である。この学校は女史が基盤を作り、築き上げ、そしてそのたゆまぬ勇気と惜しみない寛容さで長年運営されてきたものである。女史自身の報告の中での「経済的に受け入れがたく、教育的に望ましからず、個人的に耐えがたい状況を終わりにする時がきました」という言葉が状況を簡潔に物語っている。われわれは、教科書どおりの機械的な授業（"mechanical text-book study"）の流れを食い止めようというのは果敢な試みだと感じずにはいられないだろう。けれどもこの流れはあまりに強すぎた。ミス・ボーデンスミスが私たちから完全に離れるのではなく、北京にとどまり、情熱と天分を、これまでわずかな支援しか施されていない白ロシア難民のための活動に注ぐことは大きな慰めである。(98)

こうして培華女学校は、中国のアカデミズム、医学界、教育界で活躍すべき多数の優れた女性を育てながら、二二年にわたる教学の場を閉じ、以降中国現代教育界の表舞台から去ることになるのである。(99)

ボーデンスミスは培華女学校での職を辞した後も中国にとどまり、ロシア難民の救済に尽力し、精神を病んだ女性を一時引き取って一緒に暮らしてもいる。戦況が切迫した一九四二年に本位に染まぬままヨーロッパへの引き揚げ船で本国に送還されるが、講演等を精力的に行い、一九四四年には『中国、私たちの同胞』と題する小冊子(100)を出版し、中国の目下の状況を報告している。そして一九四五年九月一三日、第二次世界大戦終結直後に英国で亡くなる。ボーデンスミスが自らの財産をつぎ込み心血を注いで築き上げた培華女学校は、彼女が去ると同時に教会学校から宗教色を排した一般の女学校へと移行し、そして戦争の混乱の中で廃校となったようである。ノリス主教は先ほどの報告に続き、培華女学校が、ほぼ中国人によって構成された理事会による、中国側の資金でほぼ純粋な中国人教員によって運営されることになったこと、要請により校舎を二年間無償に近い形で貸与するが、それはもはや聖公会には所属せず、教会学校としての成功もあるようには思えない等と述べ、最後にそれでもミス・ボーデンスミスの業績と価値は多数の卒業生に認められている事実は慰めとなると結んでいる。(101)

おわりに

本稿は、英語に長けた林徽因の言語教育環境を探るという目的のもとに、培華女学校の創立から林徽因が米国に発つまでの期間に焦点を当ててみてきた。偶然にも一九一六年から一九二四年までの培華女学校は、設立者ボーデンスミス個人の教育思想、理念が学校経営に色濃く反映され、政変に翻弄されながらも少人数の共同体としてのまとまりを保ち、その二十数年の短い歴史のなかでも最も活気がありかつ成果を出した時期だったといえる。英国聖公会の会員である信仰心篤いボーデンスミスは、教学の基本精神を神の前での人格の陶冶に置き、英国のアッパーミドルクラスを対象とする女子教育が目指したように、専門知識や技能と教養を備えた「自立した中国女性」の教育を目指した。歴史学を専門とし、ギリシャ語、ラテン語も自由に操ったというボーデンスミスは、言葉の持つ意味機能と記号性に敏感であった。彼女は中国語も堪能で、中国の生活様式を取り入れる努力を積極的に行ったが、近代科学の精神を十分伝えうる言語としては英語を選び、それを培華女学校の重点科目とし、近代科学を表現する概念用語が英語を通じて直接吸収されるような教育方針をとった。そして宗教教育を通じて、自分の内心の声に従って行動することを推奨し、同時に社会への奉仕の精神に目を向けさせる努力をした。彼女が寄宿制に提供したプライバシーを重視した近代的な居住空間は、集団ではなく「個」としてのあり方を意識させることを目的としていた。こういった培華女学校の教育環境と、信仰を支えに「自立した思考へのこだわり」をもって行動したボーデンスミスの生き方がどの程度林徽因に影響を与えたかについては、目下の限られた資料では判断し難い。ただ少なくとも、人生のもっとも多感な時期に培華女学校とセント・メリーズ・カレッジで学んだ林徽因は、ボーデンスミスを通じて人生態度、立ち居振る舞い、美意識に示される英国アッパーミドルクラスの「教養」に触れ、そこで使用されるリズム、イントネーション、意味内容の総体としての英語という言葉を言語の深い層で体得したことは確かであろう。同時に、英国で徐志摩および父親の交友関係を通じてリベラルな自由主義ともいうべき気風に触れたことは、ボーデンスミスをはじめとする宣教師たちの宗教観から距離をおかせる契機になったと思われる。こういった「異文化体験」は彼女が後に中国の知識人としての生き方を迫られる際にどのように作用するのか、また、培華女学校卒業後およそ一〇年を経て発表される詩、散文、小説、論文等にどう反映されるのか等の問題提起も含めて、今回言語獲得の過程を探った試みは、林徽因の言葉に凝縮された各テクストの折り重なる層を可視化する際の一つのヒントになるのではないかと考えている。

(1) 日本に於ける最初の林徽因紹介としては、主に彼女の詩作を論じた松浦恒雄「旋回する詩情」(『太田進先生退休記念中国文学論集』中国文芸研究会、一九九五年、一四五—一七一頁)が挙げられる。

(2) "I was bi-culturally brought up, and there is no denying in that, the bi-cultural contact and activity is essential to me." 一九三六年一月四日付フェアバンク夫婦への手紙(梁従誠編『林徽因集 小説・戯劇・翻訳・書信』、北京、人民文学出版社、二〇一四年)一八八頁。ウィルマ・フェアバンクは著書に *Liang and Lin:perthers in exploring China's architectural Past*, University of Pennsylvania Press, 1994 がある。

(3) 梁思成の同僚であった陳占祥によると、林徽因は英語に長《た》け、晩年でもその博覧強記ぶりは驚嘆すべきもので「キーツ、シェリー、E・ブラウニング、セルゲイ・エセーニン、ペテーフィ、ホイットマン……誰の詩が口ずさまれようと、口ずさんだ者が詩句を忘れて詰まった際には、林徽因が一句違わず的確にそらんじて見せた」という。陳愉慶

著『多少往時煙雨中：和梁思成並肩守護北京城的父親』修訂版（北京、人民文学出版社、二〇一五年）一七一頁。

（4） 英文表記の初出では Pay Hwah School, のち P'ei Hua Girls' School, または P'ei Hua School と表記。

（5） ここでの College は中等教育機関および教員養成機関のレベルの学校を指す。

（6） 中国における教会学校研究は高等教育については蓄積があるが中等教育については少ない。参考として高時良主編『中国教会学校史』（湖南、湖南教育出版社、一九九四年）のほか、伊文涓編『基督教与中国近代中等教育』（上海、人民出版社、二〇〇七年）が挙げられる。後者所収の伊文涓論文「歴史・性別・社会：北京市基督教女子中学初考——以貝満女中為中心」では、英国聖公会の篤志女中（St. Feith Girl's School）、英国倫敦会の培華女子中学（Pei Hwa Girls Middle School）を表一に挙げているが詳細な記述はない。その後、『近代中学校史資料叢編集編』（全三六冊、江沛主编、広陵書社、二〇一六年四月）が刊行されたというが未見のため、どの程度教会学校に触れているかは不明。

（7） 英文正式名称は The Society for the Propagation of the Gospel in Foreign Parts, 中国語名は、大英安立甘会、中華聖公会。以上 R. G. Tiedemann, *Reference Guide to Christian Missionary Societies in China : From the Sixteenth to the Twentieth Century*, Armonk, N.Y. : M.E. Sharpe, 2009, p. 214 参照。

（8） Oxford, Bodleian Library of Commonwealth & African Studies at Rhodes House 所蔵の Archives of the United Society for the Propagation of the Gospel. うち特に北京を含む North China の報告、書簡（Letters Received）、婦人部（Women's Work）の報告。

（9） 英国国立公文書館（The National Archives United Kingdom）所蔵のセント・メリーズ・カレッジ視察報告（注60参照）、Newnham College Archives の Roll Letter, ロンドン大学東洋アフリカ研究学院（the School of Oriental and African Studies）所蔵の *North China and Shantung Mission Quarterly Paper* として刊行された季刊 *The Eano of Sinim*, その他 *The Chinese Recorder* 等。

（10） ニューナム・カレッジ学籍記録で著書の一つに一九三七年刊行の Chief Points in the History of P'ei Hua を挙げている。Bowden-Smith, Alice Grorgette, Newnham College Roll Letter 1946, p. 47.

（11） このほかSPG所属で主に貧困層の少女たちの教育を担った篤志女学校については教会学校による女子教育に関して重要かつ興味深い記述があるが割愛した。

（12） 梁従誡『林徽因文集・文学巻』（天津、百花文藝出版社、一九九九年）掲載写真。

(13) *Peking Utility Book*, Peking: Mothers' Club of Peking and the Peking Friday Study Club and The Peking American College Women's Club, 1921, p. 42. 二〇一三年一一月五日、http://beijing.virtualcities.fr/Texts/E-Library?ID=146/ よりダウンロード。

(14) 石駙馬大通は現在の新文化街。培華女学校のあったあたりは現在は住宅地区となり当時の面影はない。なお、『旧北京市街地図』（一九三九年の影印、中国書店、一九八〇年）には培華女校所在地が記載されている。

(15) 北京女子高等師範学校のこと。前身である旧京師女子師範学堂の校舎は現在北京市魯迅中学校校舎として使われ重要文化財に指定されている。一九二五年に北京女子師範大学と改名。中国国立大学初の女性校長楊蔭楡が反動化したとして魯迅を巻き込む「女師大事件」が起こったのち、北平女子師範大学に変わり、のち北平師範大学に合併される。

(16) このうちの一人が林徽因である。

(17) 注19後掲『任以都先生訪問記録』によると、一九二〇年代後半の北京で五人家族一ヶ月分の衣食住が数十元で済んだ時期に一学期四〇元ほどの学費だった、とあることからかなり高額といえる。

(18) 任以都（一九二一― ）は作家で北京大学初の女性教授となった陳衡哲の長女。元ペンシルバニア州立大学歴史学教授。

(19) 張朋園・楊翠華・沈松僑・潘光哲採録『任以都先生訪問記録』（台北、中央研究院近代史研究所、一九九三年）一三―二三頁。

(20) 清華大学英文系主任の王文顕の娘の王希瑫、燕京大学の洪煨蓮の長女と次女、一時的だが梅貽琦の長女も学んでいたという。

(21) 教科書については近年、李良佑・張日昇・劉犂著『中国英語教学史』（上海外語教育出版社、二〇〇四年）、呉馳著『清末民国中小学英語教科書研究』（湖南師範大学出版社、二〇〇四年）、王倫信他著『中国近代中小学科学教育史』（北京、科学普及出版社、二〇〇七年）、石鷗・呉小鷗編著『百年中国教科書図説』（長沙、湖南教育出版社、二〇〇九年）、王有朋主編『中国近代中小学教科書総目』（上海辞書出版、二〇一〇年）等々史料集、研究書が多数刊行されている。ただし、培華女学校が草創期に何をどう使用したのか不明なため、本稿ではこれらを比較検討しての具体的な教科書の論考は行っていない。

（22） 一九三六年ミス・ボーデンスミスが培華女学校を辞職した後を継いで校長を務めた。『実報半月刊』一九三七年に「許瑞珪女士在培華」という文章で彼女についてとボーデンスミスが去った後の培華の状況とが紹介されている。

（23） 平塚益徳『近代支那教育文化史』（目黒書店、一九四二年）三〇三—三〇五頁。

（24） 「一髪厂随筆」（『互助』一巻二期、一九二三年）一—二頁。目次に施景琛の名が見える。ボーデンスミスについてはこの他、中国社会科学院近代史研究所翻訳室『近代来華外国人名辞典』北京、中国社会科学出版社、一九八一年）にも「Bowden-Smith, A. G. (–1945) 包哲潔（鮑哲潔）女士　鮑登—史密潔，埃・格。英国人，中華聖公会（Society for the Propagation of the Gospel in Foreign Parts）教士。一九一〇年来華，在北京創辦培華女学校，自任校長」と記載。

（25） 「一髪厂随筆」（『互助』一巻二期、一九二三年）一—二頁。

（26） E. J. L. “Alice Grorgette Bowden-Smith,” Newnham College Roll Letter 1912, pp. 47–55.

（27） Newnham College Archives 所蔵。

（28） 林徽因が一九二四年四—五月、タゴール訪中で徐志摩と通訳を務めた際の写真に、顔恵慶、庄士敦（宣統帝溥儀の英語教師）、潤麒（溥儀の妻、婉容の弟）とともに写っている一枚があるが、これは、培華女学校と高官たちとの関係を示唆するものといえるだろう。写真は梁従誡編『林徽因集　詩歌・散文』（北京、人民文学出版社、二〇一四年）二七頁。

（29） SPGの成立過程など以下に記載。The Rev. H. J. Benham Brown, “Annual Report 1911,” *Report of the Year 1911 of S. P. G.* (May, 1912), pp. 39–41.

（30） 原文は “Miss Brown Smith, who had for some time worked in Peking has now become an honorary member of the Mission and has many opportunities in her own house for getting in touch with Chinese ladies of position and education.” “Annual report: Women’s Work,” *Report of the Year 1913 of S. P. G.* (May, 1914), p. 106. また翌年には「培華学校（Pei Hua School）はミス・ボーデンスミスの主導のもとに伝道会に不可欠な部署となり、彼女とミス・ワラー（Miss Waller）、そして最近加わったミス・モア（Miss Moor）によって精力的で高い資質の働き手を得ることになった」とある。*Report of the year 1914 of S. P. G.* (May, 1915), p. 88.

（31） *Report of the year 1914 of S. P. G.* (May, 1914, (1915), p. 201, h 表より。

(32) Bowden-Smith, "First impressions of China," Newnham College Roll Letter, 1910, p. 36, Newnham College Archives. この「満洲族の女性」について Lady Hosie, *Portrate of a Chinese Lady and Certain of Her Contemporaries*, Hodder and Toughton, 1929, p. 231 にも記述がある。

(33) W. E. Soothill (1861-1935)、中国名、蘇慧廉。宣教師、のちオックスフォード大学で中国学の教授となる。伝記に沈迦『尋找蘇慧廉』（北京、新星出版社、二〇一三年）がある。

(34) Dorothea Soothill (1885-1959)、中国名謝福芸。のち清国から民国期にかけてチャイナハンドであった Sir Alexander Hosie (1853-1925) と結婚して Lady Hosie と名乗り、一九二〇年代から一九五〇年代にかけて自らの中国体験を基にした多数の著作、講演活動を行った。Newnham College Roll Letter にも詳細な記載あり。

(35) Lady Hosie, *Two Gentlemen of China*, 3rd ed., London: Seeley, Service & Co. Limited, 1924. 訳出した箇所は pp. 31-33.

(36) Lady Hosie, ibid., p. 300.

(37) A. Bowden-Smith, "The P'ei Hua Girls' School in Peking," *The Eamo of Sinim North China and Shantung Mission Quarterly Paper*（以下 *The Eamo of Sinim*）, vol. 24 (Oct., 1916), pp. 87-88.

(38) 注37前掲ボーデンスミス "The P'ei Hua Girls' School in Peking,"

(39) 以下を参照。濱下武志他編『中国史5　清末—現在』（山川出版社、二〇〇二年）一四一頁。

(40) "The P'ei Hua School," *The Eamo of Sinim*, vol. 24 (Oct., 1916), p. 75.

(41) 一九一七年六月一八日付ミス・ソンダーズ（Miss Saunders）への自筆の手紙では、主教から聖公会領地に学校を建てる許可を得たので、二〇〇〇ポンドを自分の蓄えから出し、父兄にも募金を募り、SPGの後押しを受けた今、首都の役人階級に向けての、英国国教会を代表するに値する学校を建てる夢を思い切って実行に移すつもりだと述べている。「私たちはかなりの数に上る指導者たちの妻や娘たち、姪たちを教えてきた。だからどちらの側かにかかわらず関係《コネ》ができている」と地盤固めの自信をのぞかせている。

(42) 一九一七年五月八日付ミス・ソンダーズ宛自筆書簡。Oxford, Rhodes House Library 所蔵。以下書簡はすべて Oxford, Rhodes House Library 所蔵のもの。翌年一九一八年一月一日付の同じくミス・ソンダーズ宛書簡では、担当授業は三〇時間になっている。

(43) 注42前掲ボーデンスミス一九一七年五月八日付自筆書簡。
(44) 一九一七年八月二七日付ミス・ソンダーズ宛自筆書簡。
(45) 一九一八年八月の Circular Letter。ボーデンスミスはこのような形式で全組織へ向けた数頁にわたる報告を何回か送っている。入手できた Circular Letter は、この一九一八年と一九二一年のもの。
(46) 一九一九年六月一一日付書簡(タイプ打ち)。これはボーデンスミスが休暇で英国に戻ってから年度初め(一九一八年九月始業の学期)からの状況を報告したもの。
(47) R. M. Waller, "P'ei Hua School," *North China and Shantung Mission Quarterly Paper*, vol. 28 (Oct., 1920), p. 13.
(48) 目下の資料では英国に戻ったボーデンスミスも言及はない。五四運動と教会学校の関係については今後各宣教会の地域ごとの状況に応じた丁寧な分析が必要になると思われる。
(49) この手紙が書かれたと思われる一九二〇年三月か四月の時点では満年齢で十五歳であるので、これを数えで申告されたと勘違いして一歳引いた可能性はある。いずれにしろ、一九一九年に St. Mary's College に入学したのは林徽因しかおらず、林長民の日記その他の資料を突き合わせてみてもこの少女が林徽因を指すことは間違いないと思われる。
(50) 注46前掲ボーデンスミス一九一九年六月一一日付書簡(タイプ打ち)。
(51) T. A. Scott, "Chu'ng Te School, Peking," *The Eano of Sinim*, vol. 26 (July, 1918), pp. 9-11.
(52) 一九一八年一月一日付ミス・ソンダーズ宛自筆書簡で、ボーデンスミスは「他校の数学の教え方がアメリカ式に「教科書にしがみつく」のとは違って「ワラー女史の幾何の授業はよく練られていて素晴らしい」と評価している。
(53) 注46前掲一九一九年六月一一日付書簡に以下のように述べている。「私たちは天文台や、盲学校、中国の孤児院への視察を行った。シカゴの自然科学専攻の大学院出の中国人教師の一人が、女性養老院(Old Women's Home)と孤児院の運営に携わっているという事実によって、年長の少女たちがもっと社会奉仕について考え、さらには彼女たち自身で貢献する助けになるだろうと思われる」。
(54) 梁再氷「我的妈妈林徽因」(清華大学建築学院編『建築師林徽因』精華大学出版社、二〇〇四年)四六頁に祖父の日記として引用。林長民の日記は現在公開されていない。
(55) 梁再氷前掲文、四六頁に引用。
(56) 同、四三頁。

(57) セント・メリーズ・カレッジはその後ロンドン中心地区から西へ三〇キロほど行った地域に移転し、St. Mary's School for Girls(幼稚園から高校までを備えた女子校)となっている。本稿の紹介は二〇一三年八月三〇日に閲読したホームページ掲載の校史を参考にした。ただしその後形式が変わり、以下のホームページでは筆者が閲読した詳細な学校史は簡略化されている。http://www.stmarysschool.co.uk/school-history/

(58) 堀内真由美『大英帝国の女教師――イギリス女子教育と植民地』(白澤社、二〇〇八年)、J・パーヴィス〔香川せつ子訳〕『ヴィクトリア時代の女性と教育』(ミネルヴァ書房、一九九九年)第四、五章。

(59) ボーデンスミスは、幼い頃より教職を天職とする志を持ち、女性が高等教育機関でより専門的な教育を受け社会に貢献するという当時のミドルクラスの先覚者たちの意志を受け継ぐのにふさわしい地位、天分を持ち合わせていた。中国での女子教育の機会を申しだされた時、信仰篤い家族の支えもあっただろうが、提案を進んで受け入れたのは偶然ではない。E. J. L., "Alice Grorgette Bowden-Smith," Newnham College Roll Letter 1912, p. 48.

(60) ロンドン教育部(Board of Education)が一九二二年三月二九日から三一日まで行った視察記録"Full inspection report of London Paddington St. Mary's College."本稿で使ったのは英国国立公文書館に所蔵されていたコピーである。林徽因がセント・メリーズ・カレッジに在籍したのは一九二〇年九月から一九二一年七月までだが、視察が組織形態については一九一九年から報告しているところから基本的な授業形態、教員の大幅な異動はなかったと思われる。

(61) 学費五一ポンド等が支払える経済力のある階層。

(62) ただし、視察報告では、パウエル校長を「女性の高等教育獲得運動のパイオニアの一人である」と紹介し、一五名の常勤の教員と七名の優等の卒業生からなるスタッフについて、アカデミックな成績と教育のスキルの双方で卓越しており、教授法について教職課程のコースの学生にも指導をおこない、また他の学校の教授法も取り入れたえず現代的な指導法を取り入れていると評価している。

(63) 報告では、英語・英文学について「的確な読みをするためにキーセンテンスをきちんと理解させることが重要で、生徒の興味を抱かせるのに長けたベテランの教師が適切に指導している」と評価し、例としてVbクラスの「マクベス」の授業を挙げている。

(64) 校長の専門領域である歴史の教育はかなり充実していたようであるが、学年によって時代区分していたため、編入した生徒は断片的に教わるかたちになった。林徽因のクラスVはたまたまギリシャ・ローマ史になっており、その後彼女が研究専門領域にする古代建築と偶然にも合致する。

(65) 注54前掲梁再氷文記載の林長民の日記より。林徽因の英国での状況は陳学勇後掲書も参考にした。それによると英語の家庭教師は Miss Betty Phillips という住み込みの女性で、実家がキャンディ工場を経営していたという。

(66) 陳学勇『蓮灯微光里的夢――林徽因的一生』(北京、人民文学出版社、二〇〇八年) 二六一―二六二頁。林徽因と徐志摩の関係については多数の論文が書かれている。本稿では二人の関係は論じず、徐志摩によって林徽因が英文学に深く触れるようになったという点を指摘するにとどめる。

(67) 陳学勇前掲書、二六一頁。

(68) ボーデンスミスは Osvald Siren と親交があった。O. Siren, *The Walls and Gates of Peking*, London: John lane the vodley head, 1924 の序文には、中国語の歴史的記述に関する部分の翻訳をボーデンスミスと培華の学生たちに手伝ってもらったとある。すでに建築学を学ぶことを決めていた林徽因がこの学生の中にいたとは十分考えられる。ただし、のちに林徽因は Siren の著作に不満を述べている。

(69) 林徽因は八月を林長民の友人である英国人医者「柏列特」一家と英国の南海岸で過ごした後ロンドンに戻り、一〇月一四日に父とともに英国を発ち帰国の途に就く。以上、陳学勇前掲書、二六二頁より。

(70) 一九二〇年一二月二日付自筆書簡。

(71) 安直戦争を指す。

(72) 一九二一年七月七日付 Circular Letter. 以下注76を含む引用はすべてここから。

(73) 義和団事変賠償金奨学生を指す。女子学生に対しては一九一四年より始まり、隔年で募集が行われた。女子学生第一期生に陳衡哲がいる。一九二三年では一〇名の枠に四〇名以上が申請した。奨学金制度はこのほかにも多数設けられていた。報告には「受験準備をしている三名の生徒の指導をしている」とあり、海外留学を含めた大学入試に備えた特別指導を行っていたようである。

(74) 林長民と林徽因が実際に帰国するのは一一月。

(75) 例えば一九二〇年の八月に起きた大飢饉に対し、救済基金を募《つの》り、生徒たちにも、資金源となるキルト作りを教え、北京郊外の村へ教員と一緒に視察にも行かせている。また生徒のチャリティコンサートで集めた四五〇ドルを被害がひどい地域に届け、孤児となった赤ん坊を信者の母親に養子として引き取ってもらったりしている。

(76)『胡適日記』の欠落時期に当たるため、詳細は不明。

(77) ラケットを持って走り回るという従来とは違った体の動かし方を少女たちが取り入れ、知的刺激を求めて社会的活動に参加するということは、健康な体で社会進出を行うという英国の新しい女性像とも重なる。

(78) "From Miss G. Bowden-Smith, "P'ei Hua School," *The Eano of Sinim*, vol. 30 (July, 1922), pp. 10–11.

(79) A. G. Bowden-Smith, "Report of P'ei Hua School," *The Eano of Sinim*, vol. 30 (Oct., 1922), pp. 10–12. 報告の書かれたのは七月と考えられる。

(80) 注79前掲ボーデンスミス "Report of Pei Hua School."

(81) この大会が約一年後より強まる反キリスト教運動、教育権回収運動への導火線となるのだが、中国教育界人士とも関係の深かったボーデンスミスの報告には、中国側知識人層を取り巻く複雑な社会情勢およびその思想の動きに対する言及はない。中国に対する英米各国の優位性の上に存在していた教会学校は、ボーデンスミスが思い描いていた「ニューナムの絆」に向けての女子教育を土台から揺り動かす矛盾を抱えていたのではあるが。

(82) 第一次奉直戦争。一九二二年四月二八日―五月五日。

(83) 一九二二年一二月二五日付自筆書簡。二枚目以降が欠落。

(84) 一九二二年一二月三一日付自筆書簡。

(85) 米国ヴァサー大学とシカゴ大学に留学した陳衡哲が国立大学女性教授第一号として北京大学に迎えられたのが一九二一年。

(86) ニュージーランドから来たミス・プリマーとカナダからのミス・ミッチェルが最上級の英語（Top English）とその他の科目および自然科学の授業、さらに図書館および寄宿生の生活管理を担当、またブリストルで理学博士号をとったミス・ジェフェリスが、自然科学の最上級と学校の自然科学の教育環境を整えに来ることになり、上海で最良のアメリカンガールズスクールの卒業生も来ることになり、ボーデンスミスは、自然科学を教える十分な資格のある中国人教師を初めて迎えられると喜びを伝えている。A. G. Bowden-Smith, "Report of P'ei Hua Girls' School," *The Eano of Sinim*, vol. 31 (Oct., 1923), pp. 8–9.

(87) "being $ 21.5. withboard and music = $ 43/a month"（寄宿制学費二一・五ドル、音楽の授業と合わせてひと月四三ドル）。

(88)　一九二四年一月一日付、自筆書簡。

(89)　三名がトップテンに入ったこの快挙について注86前掲"Report of P'ei Hua Girls' School"に一九二四年一月一日までの培華女学校の状況を記したボーデンスミスの以下のより詳しい報告記載がある。「清華学校の試験を受ける準備をしている四名の学生がいるが、不幸なことに最もよくできる学生が体調をくずし、完全な休養が必要となった。試験の三ヶ月前に教育庁の試験官が、一般地理（general geography）を自然地理学（physiography）に変更し、さらに五つ目の選択科目――芸術か音楽――を追加する通告を出した。こういった文言が一般に何を意味するのかもちろん何の手がかりも与えられなかった。しばらくして奨学金貸与の人数が五人に減らされた。三〇〇名の申請者の中から五名であるため、私たちの学生は少なくともほかのふたつの試験を同じように受けた。保障のためである。結果が公表されると、一人の候補者が全リストの一位を占め、教育庁の秘書が、私たちが五つの奨学金枠の中で第一等を獲得しただけでなく、ほかの二人もトップテンの中に入ったと特別に祝賀の手紙をよこした。学校にとって三人がすべて名誉あるリストに入ったことは素晴らしいことである」。『近代中国留学史』（舒新城編、上海文化出版社影印出版一九八九年、二五二頁）によると、義和団事変賠償金奨学金を使った女子留学生は一九二三年に五名、一九二四、二五年はゼロである。経費削減のためか、合格レベルに達するものがいなかったか定かではない。したがって一九二三年に一〇名枠の定員削減をした代わりに、本来支給対象である五位から一〇位までの学生に半額が支給された可能性を考えている。前掲陳学勇『蓮灯微光里的夢』五二頁によると、この年卒業予定の林徽因は半額の奨学金を得たという。これらのことから第九位と一〇位のうちの一人が林徽因の可能性は高いと思われる。試験が行われる直前の五月に林徽因の婚約者である梁思成がバイクで事故に遭い、梁啓超の妻が黎元洪に謝罪を要求する騒ぎになっており、清華学堂を卒業し留学を予定していた息子のために、梁啓超が何らかの交渉をした可能性も否定できない。梁啓超の梁思順宛一九二三年五月一一日付書簡参照。

(90)　陳学勇前掲書、二六三頁。

(91)　ルイス・P・ロックナー〔中村稔訳〕『フリッツ・クライスラー』（白水社、一九七五年）二三四―二三七頁では、徐志摩は「若い中国人の知識人代表」と形容され、林徽因は「西洋式の音楽界に於ける心得や賛同の気持ちの表し方などについて、中国人たちに説明」した「ロンドンで教育を受けた、孫文の姪にあたる若い婦人」と誤認されている。クライスラーの北京での中国人観衆に向けての演奏会予告は『晨報』一九二三年五月二三日に掲載。

(92) 林徽因訳「夜鶯与玫瑰――奥司克魏爾徳神話」(『晨報五周年紀念増刊』所収)。署名は「尺棰」。この翻訳は入院中の梁思成との共同作業だったともいう。

(93) 一九二三年一二月一日刊行。注92前掲雑誌。

(94) 陳学勇前掲書、二六四頁。一九二四年五月八日、北京協和大学講堂にて、タゴール生誕六四年の祝賀会にての催し物。林長民が春の神を、張歆海が王子を、徐志摩が愛の神を演じ、梁思成が舞台美術を担当した。魯迅も観劇している。

(95) 一九二四年二月四日付ミス・ソンダーズ宛書簡(署名はPei Hua School. 北京1月三日)「私は授業の四分の一を今は中国語で行っている。二五コマの授業のうち二つは英語で行っている。仕事に戻れるのは素晴らしいこと」。

(96) A. G. Bowden-Smith, "Report of P'ei Hua Girls' School," *The Eano of Sinim*, vol. 32 (Oct, 1924), pp. 36–39. 国に戻ってから培華について書いた報告。

(97) 楊蔭楡(一八八四―一九三八)。中国人女性初の国立大学の学長として一九二四年に国立北京女子師範大学校長に任命されるが、段祺瑞政府の内政、教育政策に対する学生、教員の反対運動に高圧的な態度をとったことから学生側と衝突し学校閉鎖を強行したいわゆる「女師大事件」の中心人物。魯迅からも批判される。楊蔭楡については以下参照。「叔母の思い出」(楊絳〔中島みどり訳〕『お茶をどうぞ』平凡社、一九九二年所収)、櫻庭ゆみ子「「彼女たち」の近代・「彼女たち」のことば その1 ニューヨークの楊蔭楡」(『慶應義塾大学日吉紀要 中国研究』二号、二〇〇九年三月、一―四〇頁)。

(98) Frank L. Norris, "From the Bishop of North China," *The Eano of Sinim*, vol. 44 (Oct., 1924), pp. 5–6. 報告の日付は一九三六年八月二七日。

(99) 一九三六年七月二日、培華を去るにあたって彼女は次のように書いている。「私のプロフェッショナルの生活は終わりました。これが培華からの私の最後の手紙です。私はこの地の古くからの友人と生徒たちの近くにいますし、実際、大きな負担を抱えていた最後の数年に比べてもっと親しく振舞えるだろうと思います。私は正しいことをしたと思っています」E. J. L. "Alice Grorgette Bowden-Smith," Newnham College Roll Letter 1912, pp. 52-53.

(100) A. G. Bowden-Smith, *China: Our Ally* (London: S. P. G., 1944), Oxford, Rhodes House Library 所蔵。

(101) 注98前掲 Frank L. Norris 報告、pp. 5–6.

第3章　日記体小説に描かれる女性同士の愛
——廬隠「麗石の日記」論

松倉梨恵

はじめに

中国では、一九二〇年代から三〇年代にかけて、複数の女性作家が女性同士の恋愛を主題とする作品を書いたが、なかでも廬隠《ろいん》の「麗石の日記」(1)は中国現代文学で初めて女性同士の愛を描いた作品として、(2)近年、フェミニズム文学の視点から注目されている。

廬隠は一八九九年、福建省に生まれた。北京女子師範卒業後、小学校や中学校の教師を務めた後、北京女子高等師範学校に入学。在学中の一九二一年に、中国初の近代的文学団体である文学研究会の会員となり、文学研究会の拠点となった『小説月報』に数々の作品を発表し、五四時期を代表する女性作家となった。その作品の多くは、五四新文化運動で新しい思想に目覚めた若者が、旧態依然とした現実を前に苦悩する姿を描いたものであった。

私生活では一九二三年、周囲の反対を押し切って既婚者だった郭夢良《かくぼうりょう》と結婚、その後長女を出産したが、郭は子供が一歳になる前に病死。一九三〇年には八歳年下の李唯建《りいけん》と再婚し、その後次女を出産したが、一九三四年、難産により三五歳の若さで亡くなった。

「麗石の日記」は、北京の学校に通う女学生の麗石が記した日記という形式をとった小説である。麗石は、同じ学校に通う女学生・沅青《げんせい》と恋愛関係にある。ある日、沅青は母親から従兄との結婚を勧められる。最初は嫌がっていた沅青だが、母の命で従兄のいる天津へ行き半月を過ごすうちに従兄のことを好きになり、やがて二人の結婚が決まる。そして、手紙で麗石に「同性の恋は社会に認められないのだから、あなたもそのことを早く自覚すべきよ」と書いて寄こし、さらに、知り合いの男性を麗石と結びつけようと膳立てする。麗石は心を痛め、憂鬱のうちに病で死んでいく。

この小説について書かれた論文は多くはないが、それらは主に日記体という形式に注目したものと、女性同性愛という主題に注目したものとに分けられる。廬隠の日記体の作品についての主な論文としては、中本百合枝、奉仁英《ほうじんえい》の論文が挙げられる。中本は廬隠が日記体の小説を多く書いた理由として「否定的な母親コンプレックス」を挙げる。廬隠は生まれたその日に母方の祖母が亡くなったことから、縁起の悪い子供だと見なされ、幼い頃に母親から忌み嫌われて育った。中本はベアトリス・ディディエの『日記論』(3)を引きつつ、「廬隠はその不幸な幼時体験から大きな喪失感をもっており、その意味では彼女もまた絶望からの回復のために作品を書き続けた」「日記体を用いた小説がすべて愛情喪失の物語になっているということは、廬隠にとっても日記という形が自らの悲しみを語るのに都合がよいということであろう」と論じた(4)。

奉仁英は陳平原《ちんへいげん》の『中国小説の語りスタイルの転換』(5)を引きつつ、伝統中国では手紙・日記は多くの人に見られることが想定された公共の領域に属するものであったが、五四作家らはこれを個人の内面という私的な領域を描くために用いるようになったと述べ、一九二〇年代前半に書簡体・日記体小説が多く書かれた理由を「自我の覚醒という内なる要求による」とし、廬隠が書簡体・日記体の小説を多く書いたのも同様の理由からだと論じた(6)。

中本は、廬隠が日記体の作品を書いた理由を作家の個人的な経歴から論じ明らかにしたが、個々の作品に即した考察はなされていない。また、奉仁英は廬隠が日記体小説を書いた理由を同時期の他の作家たちと同じ「個人の内面を描く」ためだとしているが、他の作家とは異なる廬隠の小説の特徴については深く論じられていない。そのため、作品に即した分析が必要である。

一方、この小説を女性同性愛の視点から論じた主な論文として、簡瑛瑛《かんえいえい》、張莉《ちょうれい》、桑梓蘭《そうしらん》によるものが挙げられる。簡瑛瑛は「廬隠の「麗石の日記」は中国現代小説で初めて女性同性愛者の視点で正面から女性間の恋愛感情や性別の越境を表現し、伝統的な異性愛結婚を批判した作品だと言える(7)」と述べ、この作品を女性同性愛を描いた最初の小説として位置づけた。

張莉は、この小説を同じく女学生同士の愛を描いた凌叔華《ほうしゅくか》(8)の小説「こんなことがあったとか(9)」と比較して「沅青と麗石の同性愛は男性主導の穢れた世界における清らかな部分として、また未来の理想として存在しており、身体的欲望はなく、ただ人生の悲しみの表象として存在している(10)」と、身体的欲望の欠如を強調する。こうした見方は、孟悦《もうえつ》・戴錦華《たいきんか》が『歴史の地表に浮かび上がる(11)』において、五四時期の女性作家たちの描いた女性同士の愛について「これらの物語は、当時の愛と感情が奏でる和音の一部にすぎず、「同性愛」とは無関係である(12)」と述べたのと同様の見方である。

これとは反対に、桑梓蘭は麗石の見た夢から、「その生き生きとした形象——小さな船を漕いで葦原に入って行き、水中の伝説の竜宮城を探す——というのは、女性の性衝動や女性の性感帯——湿った膣、陰毛、クリトリス、子宮への探求を想起させずにはいられない(13)」と、麗石の隠された性的欲望を読み取った。

だが、そもそも女性同士の関係においては、性的欲望によって友情と同性愛とをはっきり線引きしうるものではない。イヴ・K・セジウィック(14)は近代のイギリスにおける男性同士の絆を「ホモソーシャル」「ホモフォビア」という言葉によって分析し、男性同士の関係は、女性を媒介として同性間の社会的結びつき（ホモソーシャル）が強化されると同時に、同性愛はその秩序を乱すものとして嫌悪される（ホモフォビア）と論じたが、女性同士の関係については「私たちの社会では、男性に比べて女性の場合、「ホモソーシャル」対「ホモセクシュアル」という弁別的対立は、遥かに不完全であるし二項対立的でもない。今というまさしくこの歴史的瞬間、女性同性愛とそれ以外の女性同士の絆——たとえば母娘の絆、姉妹の絆、女同士の友情、「ネットワークづくり」、フェミニズムの活発な闘争など——は、目的・感情・価値観を軸にして明らかに連続体を形成している(15)」と述べ、「ホモソーシャル」と「ホモセクシュアル」の対立は見られないと論じた。

またアドリエンヌ・リッチ[16]も、女性同士の結びつきを「レズビアン連続体」という言葉を用い、「レズビアン連続体という用語には、女への自己同定の経験の大きなひろがり――一人一人の女の生活をつらぬくひろがりをふくみこむ意味がこめてあって、たんに女性が他の女性との生殖器的性経験をもち、もしくは意識的にそういう欲望をいだくという事実だけをさしているのではない。それをひろげて、女同士のもっと多くのかたちの一時的な強い結びつきを包みこんで、ゆたかな内面生活の共有、男の専制に対抗する絆、実践的で政治的な支持の与えあいを包摂してみよう[17]」と定義した。

本稿では、女性同士の関係については、同性に性的欲望を抱くという意味での「同性愛」だけでなく、それをも含めた広い意味での女性同士の連帯という点から論じていきたい。

さて、「麗石の日記」を女性同性愛の視点から論じた論文のうち、張莉、桑梓蘭は日記体という形式には注目していないが、簡瑛瑛は小説の冒頭と末尾に登場する日記を公開する人物に注目し、次のように述べている。

注目すべきは、作者が女性主人公たちの独白式の私的な文章による交流の他に、小説の最初と最後にサブ・テキストを加え、語り手兼麗石の女友達である人物が、当事者／部外者という二重の身分で、もとは女性の私的な空間に属していた物語を公共の領域に発表し、悲劇の真相を世の人に公表する点である。[18]

簡瑛瑛はまた、廬隠が女学校の仲間たちの友情を描いた自伝的小説『海辺の友』[19]の文体について「伝統的な単一の叙述スタイルを打破し、書簡体や日記体、詩や歌、口述や会話等、複数の異質の文体を織り交ぜ、テキスト間の緊張感を生み出す」「こうした、一人を中心とするのではない、より民主的で多様な閑談式の感情と流動的な叙述は、廬隠の作品における女性の特殊な友情の表現であり、男性の自伝的文体の特徴とは異なる[20]」と述べ、これらの小説の形式が女性同士の愛という主題と深く関係することを指摘した。

本稿では、これらの観点を踏まえたうえで、この小説を女性同士の愛という主題と日記体という形式の両面に注目し、近代中国の表象として、女性同士の愛を読み解いていきたい。

一　一九二〇年代における女性同士の愛をめぐる言説

一九二〇年代は中国に性科学とともに「同性愛」という概念が紹介されはじめた時期であり、それと同時に、女学校という新しく生まれた場において女学生同士の恋愛が広まった時期でもある。そこで作品分析の前に、作品が書かれた当時、女性同士の愛がどのようにとらえられていたのか、時代背景を確認しておきたい。ここでは、一九一五年から一九三一年までの長期間にわたって発行され、中国各地で多くの読者を持った『婦女雑誌』[21]に掲載された文章を見ることとする。

『婦女雑誌』には婦人問題に関する論説文や家政知識の紹介、小説、読者からの投稿欄等、様々な文章が掲載されていたが、同性愛について言及された論説文としては、エドワード・カーペンター著[22]、正声《せいせい》訳「中性論」[23]、田中香涯著[24]、幼雄《ようゆう》訳[25]「男性的な女性と女性的な男性」[26]、米田庄太郎著[27]、資輝華《しきか》訳「現代結婚の要素――恋愛と文化」[28]、晏始《あんし》[29]「男女の隔離と同性愛」[30]、潘光旦《はんこうたん》[31]「馮小青《ふうしょうせい》考」[32]、慨士《がいし》[33]「同性愛と婚姻問題」[34]、古屋登代子著[35]、薇生《びせい》訳「同性愛の女子教育における新しい意義」[36]等が挙げられる。

これらの論説における「同性愛」の定義は様々であるが、当時の性科学に基づいて、田中香涯、米田庄太郎、晏始、潘光旦は同性愛を「変態」、慨士は同性愛を「性的転倒」と述べ、いずれも女性の同性愛に対する強い懸念が示されていた[37]。

また『婦女雑誌』には、論説文とは別に、当事者たちが女学生の生活を描いた文章が掲載されていたが、そこにも女性同士の恋愛が描かれている。一九二五年六月号「女学生号」の「女学生時代の思い出」[38]というコーナーでは、女学校出身の筆者たちが当時を回想する文章が掲載されており、女学生同士の愛について書かれた文章がいくつかある。

SYという署名で書かれた「一年前の生活」という文章では、女学校で流行した「仲良し作り」[39]という行為について紹介されている。SYのいた女学校では、それまで親しくなかった二人を周囲がくっつけて仲良しにさせることが流行しており、彼女も四川から来たある新入生とくっつけられそうになったが、SYが話す上海語と四川語では言葉が通じず、親しくなれなかったという[40]。

孫薆絲《そんあいし》という人物による「往事を振り返る」という文章でも、女学生同士の恋愛の模様が描かれている。明《めい》と倩《せい》の二人は親友同士で、胸にもたれ合ったり、腕枕をしたり、キスをしたりしていた。クラスメイトたちは二人の様子を見慣れており、二人も恥ずかしがることはなかった。だがある時、倩が学校に来なくなった。その後、明に倩から手紙があり、手紙を読んだ明は、一晩じゅう泣き明かした。筆者の孫薆絲は、明が泣いた理由は分からないが、こうしたことはよくあったと述べている[41]。

また同じ号の「女学生生活のスケッチ」[42]というコーナーでも、親密な女学生二人のうちの一人が学校を離れることになり、残された一人が悲しむ様子を描いた文章[43]や、親密な女学生二人のうち一人が結婚して女学校を離れ、少し後に再び戻ってきたものの以前のような親しさは失われ、やはり残された一人が落胆する様子を描いた文章[44]がある。

さらに他の号でも、女学生同士の恋愛を書いた文章が掲載されている。一九三一年五月号の読者からの投稿コーナーに掲載された、蔡成玉《さいせいぎょく》という読者による「学校生活の一ページ」という文章では、「男子校ではきれいな男子生徒がいると他の生徒から女性として見られることがあるが、女学校ではそのような悪習はない。男子学生は二人以上の親友を持つことができるが、女学生は二人以上の友人を持つことは少ない」と述べ、「私」もかつて一級上の友人がいて、毎晩部屋を移って一緒に寝ていたが、友人は「私」と親しくなったために以前の親友とは疎遠になったという話が紹介されている[45]。

一九二六年七月号に掲載された惜秋《せきしゅう》という人物による「女学生の友人付き合い」では、女学校で数年を過ごしたという筆者が、女性間の友情について考察を加えている。ここでは、上級生が気に入った下級生に手紙を出したり話しかけたり、周囲が引き合わせたりして深い愛情が生まれることがあると紹介されているが、筆者は親しすぎる関係について「手を携え肩を並べ、片時も離れず、大いに同性愛が疑われる」と述べる等、「純粋な友愛」ではないとして嫌悪感を示している。(46)

これらの文章を見てみると、論説文では女性同士の愛が当時の性科学に基づき「性的転倒」「変態」「恋愛の異常事態」であるとして強く否定されていたのに対し、女性自身による体験談において、そうした認識が見られるのは最後に挙げた「女学生の友人付き合い」のみで、総じて美しい思い出として語られていると言える。当時、性科学的な認識は、女学生のあいだにさほど広まってはいなかったのであろう。

だが、当事者たちが語る女性同士の愛がいずれも終わってしまった過去の思い出としてしか描かれないということは、一考を要する。同性の恋のさなかにある人物が、その関係を文章に書いてもよさそうなものだが、そうした文章は見られない。女性同士の愛が書かれる時、最後に終わりを迎えるというパターンばかりが書かれたということは、何を意味するのだろう。それは、異性愛主義の社会において、同性愛の表現が異性愛規範と抵触することを避けた結果だと考えられよう。

これらの文章と比べてみると、「麗石の日記」も、やはり最後は恋人同士の女性が離別し、主人公が病に伏して終わるという点では、同じパターンのように思われる。では、この作品も先に挙げた体験談のように、異性愛規範との抵触を避けたのだということになるのだろうか。だとすれば、この作品は、異性愛規範への挑戦とはなりえなかったのだろうか。この点を踏まえ、盧隠がどのような思いでこの小説を記したのかを、読み解いていく必要があるだろう。

二　日記に書かれる同性の愛

ここから、先に述べた問題意識に基づいて、女性同士の愛という主題と日記体という形式に注目しながら作品の内容について検討してみたい。まずは、この作品で同性の愛が具体的にどのように描かれているのかについて見てみよう。作品中で具体的なエピソードが語られるのは、以下の三ヶ所である。

小川のほとりに風雅なわらぶき家がある。家の前には柳の木が二本植えられており、柳の枝がわらぶき家の屋根の上をたなびく。木の下には一艘の小舟が繋がれている。その時ちょうど夕陽が窓を照らし、白い雲がかかる。私と沅青は小舟に乗る。清らかな波の中を漕いで、少しずつ葦原の中へと入って行く。その時、急に小雨が降ってくる。けれども、雨は葦に遮られて見えず、ただしとしと雨音だけが聞こえる。長い時間が過ぎて夜になり、私たちは急いで船を漕いで戻る。その時、月の光が涼やかな薄雲のあいだから姿を出し、湖の水を翡翠色に照らす。沅青が竜宮城へ行こうと誘うので、私はそれを真に受けて水中に飛び込む。そこで、ふとびっくりして目が覚めた(47)。

私はひとり葡萄棚の下に座り、沅青と一緒に遊んだ昔のことを思い出していた。薔薇の花は笑みを浮かべ、私たちの甘い語らいを聞いていた。ウグイスは葉の陰に隠れ、楽しそうに踊る私たちをのぞき見ていた。私たちがおそろいの服を着て手を携えて公園の大通りから歩いて来るのを見て、人々はどれだけ注目したことだろう(48)。

あの年の夏、ちょうど雨が上がって、涙を浮かべた柳の枝が力なく揺れ動き、石段の前のコオロギが寂しげに語り合うなか、私と沅青は水色の欄干に寄り添い腰かけていた。沅青は私にはっきりとこう言った。「私は魂の慰めさえあればいいの。恐ろしい結婚だなんて、絶対にしない」。今となっては、この言葉も過去の古い記憶となってしまった。(49)

これらのうち一つ目は、麗石が沅青と将来について語り合った晩に見た幸せな夢、二つ目は、いつも会う場所に沅青が現れず、寂しい思いをしながら昔を思い出す場面、三つ目は、沅青が母親の命で従兄のいる天津へ発《た》ってしまったと知って、麗石が昔を回想する場面である。これらはいずれも、日記が書かれた日の出来事ではない。だが、日記が書かれているあいだも、麗石は沅青と会っている。ただ実際に沅青に会った日の日記には「私たちは部屋で暖炉を囲んで一日じゅう話をした(50)」、「昨夜、二人で将来の共同生活の楽しみについて話した時には、本当にワクワクした(51)」、「昨夜、沅青とたくさんお喋りしすぎて、あまり眠れなかった(52)」と記されるだけで、何をどのように話したのかについて具体的な様子は書かれない。麗石と沅青の関係は日記が書かれているあいだも続いているにもかかわらず、幸せな出来事は夢や回憶の中の美しい物語としてのみ描かれるのである。

このことは、『婦女雑誌』に掲載された体験談で、女学生同士の愛が美しい思い出としてばかり描かれたことよく似ていると言えよう。男女の恋愛であれば、結婚制度の中で存続させていくことができるため、その関係における葛藤や対立も容易に想像できる。しかし、女学生同士の恋愛は、女学校を出た後も継続させていくことは容易ではなかった。そのため、恋愛関係の中で生まれる対立等は描かれることなく、ひたすら美しい夢のような物語として描かれた。では、「麗石の日記」も『婦女雑誌』の体験談のように、異性愛規範への挑戦は回避されていたと言えるのだろうか。

三　日記に書かれる出来事と、書かれない出来事

麗石が日記に書く沅青との出来事は夢や過去の思い出ばかりで、実際に会っていた時の記述は逆にひどくあっさりしたものであった。このことから考えると、麗石の日記は全体的にセンチメンタルな気分に覆われているが、彼女は楽しく過ごした日にはあまり日記を書かず、主に悲しい気持ちになった時に日記を書いていたのではないかと推測することができる。

日記は「もう半年も、日記を書いていなかった[53]」という文で始まるが、半年のあいだ日記を書かずにいたのは、その間は沅青との楽しい日々が続いていたからかもしれない。沅青の縁談話が持ち上がる前から、麗石は沅青から手紙の返事がないことに対して「愛情というのは予約券を買えるようなものではないし、一度成立したからといって変わらないものでもないのだ[54]」と嘆いている。このことから、麗石が半年ぶりに日記を書き始めたのは、沅青の態度の変化等から、二人の関係に不安を抱き始めるようになったからだとも考えられる。

逆に言えば、麗石が日記に悲しい気持ちばかりを書いていたということからは、日記には書かれていないところで、麗石と沅青が幸せな時間を過ごしていた可能性を示すことになる。麗石は毎日必ず日記を書いているわけではない。この小説は、日記体であることにより、日記に書かれていないところに女性の恋人同士の幸せな時間を潜ませることができたのだと言える。

また同時にこの小説は、はたから見れば幸せそうに見える女性でも、心のうちには他人には分からない深い悲しみを抱いているのだということを示していると言える。これは、廬隠自身の姿とも重なる。『廬隠自伝[55]』において、廬隠は次のように語っている。

私の文章をたくさん読んでいるけれども、私に会ったことのない人は、たいてい私のことを元気がなくて憂

鬱そうな顔をした女性だと想像する。だから、もしある日どこかで私に会って、私の憂いなく大笑いする姿や子供っぽさの抜けない行動を見ると、必ず驚いて、陰でこう言う。「盧隠がこんな人だとは思わなかった。文章とは似ても似つかない」[56]。

盧隠の書く小説の主人公たちの多くは、恋愛や理想がかなえられないことを嘆くばかりだが、盧隠自身の印象は小説の主人公たちとは正反対で、会った人を戸惑わせていたのである。実際の盧隠の経歴も、母親の反対を押し切って自身で授業料を稼いで北京女子高等師範学校に入学したり、思想が合わないと言って自身が決めた婚約を後に破棄したり、周囲の反対を押し切って妻のある郭夢良と結婚したり、郭夢良の死後には、周囲の批判を受けながらも八歳年下の李唯建と再婚したりと、弱々しい印象を与える小説の女性主人公たちとは違い、みずからの意志を貫き通す強さを持った女性であった。

盧隠の小説には、他にもこのような主人公が登場する。自伝的小説『帰雁』[57]には、以下のような一節がある。

私と星痕《せいこん》の二人は本当に運命を同じくする哀れな者同士だと言える。世界じゅうで私以外に彼女を理解できる人はいないし、彼女以外に私を理解できる人はいない。私たちはいつも、自分を歓喜の神のように装って、大声で歌い、相手をからかい、遊び半分に人生を過ごす。しかし人陰に隠れたかと思うとすぐに涙をぬぐっているのだ[58]。

主人公の紉菁《じんせい》は、夫に死なれた後、年下の男性・剣塵《けんちん》に思いを寄せられ、自身も好意を抱くが、彼の愛を受け止める勇気がない。そんな紉菁が唯一理解し合える相手は、自分と同じく過去に愛する人を失った星痕という名の同性の友人であった。紉菁は、世界で星痕だけが自身の悲しみを理解してくれると考えており、その悲しみは相思相愛の剣塵を含めて、星痕以外の人物の前では決して見せなかった。

この星痕は、廬隠と同世代の女性作家であり、廬隠の友人でもあった石評梅《せきひょうばい》が[59]モデルであると考えられている。[60]石評梅は廬隠の北京女子高等師範学校の同級生であり、廬隠が最初の夫の郭夢良を亡くした後に教員として勤めた北京師範大学附属中学での同僚でもあった。石評梅も高君宇《こうくんう》[61]という恋人を亡くしており、同じ悲しみを持つ二人は、石評梅が一九二八年に亡くなるまで親しく付き合ったという。当時の廬隠にとって、他人には見せない悲しみを理解し合える相手は、男性ではなく女性だったのである。

四　日記を書く女性

廬隠は小説を「書く」女性であったが、麗石も日記を「書く」女性であった。このことがどのような意味を持っているかについて、考えてみたい。

高屋亜希は廬隠の『海辺の友』について、主人公の露沙《ろさ》は仲の良い学友四人でグループを作っているが、彼女たちのグループはそれ以外の「夢うつつに日々を暮らす」学友たちに対する強いエリート意識で支えられているとし、そのエリート意識は露沙の「著述家」となって「偉大な作品を書く」という将来の夢とともに、眼前の相手を超越的な「著述家」の視点で一方的に語る姿勢から生じていると論じたが、[62]「麗石の日記」においても、麗石が「書く」女性であるということは、彼女の自意識において大きな意味を持っていたと考えられる。麗石は日記に次のように書いている。

今日は、ある学校へ新劇を見に行ったけれど、ひどく嫌な気持ちになった。——劇場に着くと、彼女たちが入り口のところに立って、大きな声をあげて笑っていた。彼女たちは客が横を通り過ぎるのを見ると、つんけんした様子を装っている。そのため、何かにつけて女性を侮辱したがる青年たちに、陰であれこれと言われている。彼らの話すことといったら、当然のこと不公平なものだ。でも虚栄好きという欠点は、そしられても仕方のないものだ。[63]

麗石はモダンな場所で楽しそうに笑う女性たちに対して嫌悪感を抱くが、このことは、『海辺の友』の主人公たちが、自分たちは「夢うつつに日々を暮らす」他の学友たちとは違うのだと考えていたことと、よく似ている。日記を書くこととは、自身の内面を形作る作業である。麗石は、日記を書くことによって自身の内面を形成することに熱心な女性であった。そして自身の内面を強く意識すれば、必然的に自分は他人とは違うのだという意識も強まる。麗石が劇場入り口に立つ女性たちのことを距離を持って見ていたのは、こうした背景からだと考えられる。

「麗石の日記」は、冒頭から「学校の生活は単調で、食事、睡眠、単調な授業、先生は道徳の仮面をかぶって役者のように踊ったり歌ったりする。私たちはバカみたいにそれを見たり聞いたりする。本当につまらないったらない」[64]と、毎日の生活に対する倦怠感が書かれている。ここからも、麗石が平凡な生活には甘んじようとはしない自分を強く意識していることがうかがえる。

しかし、周囲とは異なる自分を意識すれば、孤独感は増す。『海辺の友』で、露沙は「著述家」としての自意識から、他の学友たちとは隔絶しながら「抱負」を持つ友人たちとの友情を深めたが、一方の麗石は沅青との恋愛によって「慰め」を得ていた。

麗石は日記に「寂しい長い夜、ただ梅の花だけ[65]がほのかな香りを立て、この生の漂泊者を慰めてくれる」[66]、「沅青は私を慰めてくれる人であり、同時に私を鼓舞してくれる人でもある。私は自分のためではなく、本当は彼女のために生きているのだ」[67]と記す。そして沅青が母親から従兄との結婚を勧められていると知ると、「ああ！望みは失われた！神はあまりに冷酷だ。私はただ心の慰めが欲しいだけなのに、それすらも拒むだなんて。「沅青！沅青！」[68]と嘆く。麗石は沅青との愛によって「慰め」を得ていたのである。そして、沅青も麗石に「私は魂の慰めさえあればいいの。恐ろしい結婚だなんて、絶対にしない[69]」と語っており、やはり麗石から「慰め」を得ていたことが分かる。一方、異性との関係については、麗石は「私はこれまで、異性から慰めを得ようと思ったことはない。なぜなら彼ら——異性——との交際は、いつだって不自由に感じるから[70]」と書いている。「慰め」には、その前提として悲しみや寂しさがあるものである。麗石にとって、それは周囲とは異なる自分を意識するために生まれる孤独感であったと言えよう。そして、麗石が「慰め」を求める相手は、『帰雁』の主人公の紉菁同様、男性ではありえず、女性の恋人であったのである。

五　日記の外側の物語

「麗石の日記」の冒頭と末尾には、日記を発表した麗石の友人だという人物による文章がある。冒頭ではその友人が「麗石の死は、医者は心臓の病だと言うけれど、私は体の病ではなく、心の病で死んだのだと思っている。麗石の残した日記はその証拠となるので、今ここで彼女の日記を発表しようと思う[71]」と、日記を発表する目的を語る。そして小説の最後では、「麗石の日記を読んでいると、思わず熱い涙が流れてきた。ああ、私にはこれ以上何も言うことはできない[72]」と、日記を読んだ悲しみを語る。麗石の日記に書かれた悲しみは、この日記を公開した友人を介して、多くの読者の前に示されるのである。

このことについて、簡瑛瑛は次のように指摘している。

語り手[73]は麗石を「友人」と見なしており、女性同性愛を差別し排斥する社会の圧力とは、立場を異にしている。彼女は女性主人公が「心の病」で死んだのだと考えており、医者のような父権を代表する人物が診断した単に肉体的な原因の「心臓病」——悲劇と女性主人公の性的志向、アイデンティティとは全く関係がないことを意味する――ではないと考える。こうした風刺の手法により、伝統主義の（ホモフォビアの〔原注〕）人と、いわゆる父権的な専門家が診断した意見に対する不満という形で、語り手と作者の抵抗、脱中心の姿勢を巧妙に表明しており、ここにこそ廬隠の作品における真の反逆の精神が表れている。[74]

確かに、この語り手の態度が作品に与える影響は、無視できない。廬隠の日記体の小説は多く、「麗石の日記」の他にも「父親」[75]、「藍田《らんでん》の懺悔録」[76]、「時代の犠牲者」[77]、『曼麗《まんれい》』[78]、『帰雁』、「ある情婦の日記」[79]が挙げられる。そのうち、日記だけで構成される『帰雁』「ある情婦の日記」と男性が主人公の「父親」を除いて、「藍田の懺悔録」「時代の犠牲者」『曼麗』は「麗石の日記」と同様、女性の日記を女性が読み、公開するという形式をとっている。

「藍田の懺悔録」は、婚約者の裏切りにあい、失意のあまり病にかかる女性・藍田の日記を、友人の芝姐《ししゃ》、肖圃《しょうほ》を介して隠《いん》という名の「私」が読むという形式であり、さらに日記の最後には芝姐によるコメントも書かれている。「時代の犠牲者」は、教員をしながら小説を書く隠《いん》という名の女性が、夫に裏切られて悲しみに沈む同僚・秀貞《しゅうてい》の日記を読むという形式である。『曼麗』は、理想に燃えて「某党」に入ったものの党内の腐敗した現実に幻滅して神経衰弱にかかった女性・曼麗の日記を、友人の彤芬《とうふん》を介して沙姐《さしゃ》という名の「私」が読むという形式である。これらの日記はいずれも女性から女性へと手渡され、それと同時に日記に書かれた女性の悲しみも、女性から女性へと共感を広げていく。

「時代の犠牲者」で、物語の語り手である隠は、悲しみに沈む秀貞に対して以下のように話している。

> 世の中のことをもっと単純に、最高の文芸作品として考えてみて！　どんなに悲しい目にあっても、それは意味のないことじゃないわ。少なくとも人間の裏側を知ることができる。もし私に教えてくれたら、同情の共鳴が得られ、滞った気持ちをいくらかでも消し去ることができ、それをもっと大きな悲哀――最高の情緒にすることができるのよ。[80]

こうして、秀貞は隠に日記を見せ、隠がそれを小説にする。悲しい体験を小説にすることで、「同情の共鳴」を集めることができるというのである。廬隠の小説では、こうした日記の外側の物語が書かれることで、女性から女性へと同情の共鳴が広がっていく様を描いているのである。

同じように、日記の外側の物語を描いた「麗石の日記」にも、日記を読み、共感し、それを世に広めるという行為を通してつながる女性同士の連帯が示されていると言える。物語内で麗石と沅青の恋愛は成就せず、この点では、同性の愛と異性愛規範との対立は回避されているようであった。しかし、廬隠は日記の外側の物語に、恋愛とは異なる形での女性同士の深い絆を描いた。麗石の悲しみは日記を介して日記を公開する人物に伝わり、さらにその人物が日記を公開することで、多くの読者へと共感が広まる。作家である廬隠は、「書くこと」「読むこと」を通しての女性同士の連帯を信じていた。そのため、女性同士の恋を成就させられない悲しみを描くと同時に、別の形での女性同士の連帯を描いたのである。

おわりに

「麗石の日記」では、麗石と沅青の恋愛は過去の回想や夢の中の出来事としてのみ描かれた。これは、当時の『婦女雑誌』における女学生の体験談と同様に、当時の中国において女性同士の恋愛が女学校を出た後も存続することが難しかったという背景のためだと考えられる。だが、麗石が沅青と楽しく過ごした時の様子は日記に詳しく書いてないという事実からは、彼女にとって日記はもっぱら悲しみを書く場所であったということがうかがえる。そうであれば、日記の書かれていない時に二人が楽しく過ごしていた可能性も、多分に存在しうるということになり、ここに二人の幸せな恋愛の可能性を潜ませることができる。また、麗石が「書く」女性であったことも、重要である。日記を書くことで自身の内面を形作るのと同時に、麗石は孤独感を強め、沅青に「慰め」を求めた。麗石は「書く」ことで強い自意識を抱いたが、作者の廬隠も、「書く」女性であることに強い自負を持っていた。だからこそ、小説の最初と最後に日記を公開する人物を登場させることで「書く」「読む」ことを通じての女性同士の連帯を示したのである。物語において、麗石と沅青の恋愛は成就せずに終わったが、廬隠は「書く」「読む」ことが有効だと作品で示すことで女性同士の連帯を戦略的に書いた。廬隠にとって、日記体という形式は、そうした女性同士の連帯を描くのに適した形式だったのだと言えよう。

（1）原題「麗石的日記」（『小説月報』一四巻六号、一九二三年六月）。
（2）簡瑛瑛「何処是（女）児家？　試論中国現代女性文学中的同性情誼与書写」（『近代中国婦女史研究』五期、一九九七年八月）一四四―一四五頁。
（3）ベアトリス・ディディエ〔西川長夫・後平隆共訳〕『日記論』（松籟社、一九八七年）。原書 Beatrice Didier, *Le Journal Intime*, Presses Universitaires de France, 1976.
（4）中本百合枝「廬隠　日記体の小説が意味するもの」（『藝文研究』六〇号、一九九二年三月、三三八―三五八頁）。
（5）原題『中国小説叙事模式的転変』（上海人民出版社、一九八八年）。本書は、中国の伝統小説から清末小説を経て近代小説が生まれるまでの変遷を、小説の形式という点から示した。
（6）奉仁英「廬隠的書信体和日記体小説的叙事分析」（『中国現代文学研究叢刊』一九九九年四期、一一月、一二六―一三六頁）。
（7）簡瑛瑛前掲論文、一四四―一四五頁。松倉梨恵訳。なお、以後も注記のない限り、小説・論文等の訳は松倉訳である。
（8）一九〇〇―九〇年、女性作家。一九二六年、燕京大学卒。一九二五年、『現代評論』に「酒後」を発表して注目を浴び、その後『晨報』副刊、『燕大週刊』、『新月』等に作品を発表。代表作に、短編小説集『花之寺』、『女人』、英文の自伝的小説 *Ancient Melodies*（古韻）等。

(9) 原題「説有這麼一回事」(『晨報』副刊、一三八六号、一九二六年五月三日)。
(10) 張莉『浮出歴史地表之前：中国現代女性写作的発生』(天津、南開大学出版社、二〇一〇年)二〇九頁。
(11) 原題『浮出歴史地表 現代婦女文学研究』(河南人民出版社、一九八九年)。この本は、現代文学をフェミニズムの視点から研究した先駆的著書として高い評価を受けた。
(12) 孟悦・戴錦華『浮出歴史地表 現代婦女文学研究』(中国人民大学出版、二〇一〇年)二六頁。
(13) 桑梓蘭〔王晴鋒訳〕『浮現中的女同性恋 現代中国的女同性愛欲』(国立台湾大学出版中心、二〇一四年)一五三頁。原書 Tze-Lan D. Sang, *The Emerging Lesbian: Female Same-Sex Desire in Modern China*, The Unibersity of Chicago Press, 2003.
(14) 一九五〇―二〇〇九年。デューク大学教授、ニューヨーク市立大学大学院教授(英文学)。著書『男同士の絆』(原書 *Between Men: English Literature and Male Homosocial Desire*, Columbia University Press, 1985)でホモソーシャル理論を打ち出し、国際的に高い評価を得た。
(15) イヴ・K・セジウィック〔上原早苗・亀澤美由紀訳〕『男同士の絆――イギリス文学とホモソーシャルな欲望』(名古屋大学出版会、二〇〇一年)三頁。
(16) 一九二九―八二年。アメリカの詩人・フェミニスト批評家。六〇年代から公民権運動、反戦運動、フェミニズム運動に積極的にかかわり、ラディカルな女性論を展開した。
(17) アドリエンヌ・リッチ〔大島かおり訳〕「強制的異性愛とレズビアン存在」(『アドリエンヌ・リッチ女性論――血、パン、詩。』晶文社、一九八九年)八七頁。原書 *Blood, Bread, and Poetry: Selected Prose 1979-1985*, New York, W. W. Norton & Company, 1986.
(18) 簡瑛瑛前掲論文、一四五頁。
(19) 原題『海浜故人』、初出は『小説月報』一四巻一〇号・一二号、一九二三年一〇月一〇日・一二月一〇日。
(20) 簡瑛瑛前掲論文、一四八頁。
(21) 上海・商務院書館発行。一九一五年一月―一九三一年一二月。上海の他、北京、天津、保定、奉天、吉林、龍江、済南、太原、開封、鄭州、西安、南京、杭州、蘭谿、安慶、蕪湖、南昌、漢口の商務院書館および長沙、常徳、衡州、成都、重慶、濾県、福州、広州、潮州、香港、梧州、雲南、貴陽、張家口、シンガポールの商務院書館分館で発売。

当時の女性向け刊行物としては最大の影響力を持った。

(22) 一八四四―一九二九年。イギリスの詩人・思想家。社会主義復興に尽力。「成年の愛」、「中性論」等、性解放に関する著作も残した。

(23) 『婦女雑誌』六巻八号、一九二〇年八月。原題 *The Intermediate Sex*, 1908.

(24) 一八七四―一九四四年。医師・性研究家。府立高等医学校等で病理学の教授を務めたが、一九一四年辞職、在野の性研究家、執筆家となった。一九二三年、性欲学の普及を目指した雑誌『変態性欲』を主幹。

(25) 陳姃湲「女性に語りかける雑誌、女性を語りあう雑誌――『婦女雑誌』一七年史略」(村田雄二郎編『『婦女雑誌』からみる近代中国女性』研文出版、二〇〇五年、一七―四七頁)では、幼雄は『婦女雑誌』編集長の章錫琛のペンネームではないかと推論している。なお、その他の論説文の訳者である正声、資輝華、薇生については、不詳。

(26) 原題「男性的女子和女性的男子」(『婦女雑誌』八巻二号、一九二二年二月)。なお、著者名は「中田香涯」と書かれているが、田中香涯の誤植と思われる。

(27) 一八七三―一九四五年。社会学者。同志社大学教授、京都帝国大学教授。日本の社会学界にタルド、ジンメル等を紹介。

(28) 原題「現代結婚之要素 恋愛与文化」(『婦女雑誌』八巻五号、一九二二年五月)。

(29) 不詳。『婦女雑誌』に多くの婦人問題に関する評論を書いている。

(30) 原題「男女的隔離与同性愛」(『婦女雑誌』九巻五号、一九二三年五月)。

(31) 一八九九―一九六七年。中国の社会学者・優生学者・民族学者および教育者。一九二二年に清華大学を卒業後、アメリカへ留学して生物学・遺伝学・優生学等を学び、一九二六年に帰国後は大学で教鞭をとりながら多くの著書・訳書を残した。

(32) 『婦女雑誌』一〇巻一一号、一九二四年一一月。

(33) 不詳。

(34) 原題「同性愛和婚姻問題」(『婦女雑誌』一一巻五号、一九二五年五月)。

(35) 一八八〇―一九七〇年。古屋女子英学塾塾長。

(36) 原題「同性愛在女子教育上的新意義」(『婦女雑誌』一一巻六号、一九二五年六月)。

(37) 古屋登代子は女学校における女学生の同性愛に対して肯定的ではあるが、それは女学生の同性愛を「肉体的感情とは全く方向を異にするもの」と見なしているためで、肉欲を伴う同性愛についてはやはり否定的である。
(38) 原題「女学生時代的回憶」。
(39) 原題「拖朋友」。
(40) SY「一年前的生活」(『婦女雑誌』一一巻六号、一九二五年六月)九四二―九四五頁。
(41) 孫夔絲「往事一瞥」(『婦女雑誌』一一巻六号、一九二五年六月)九六八―九六九頁。
(42) 原題「女学生生活写真」。
(43) 海波「女学生的写真 一」(『婦女雑誌』一一巻六号、一九二五年六月)八八九―八九六頁。
(44) 素涯「女学生的写真 二」(『婦女雑誌』一一巻六号、一九二五年六月)八九六―九〇〇頁。
(45) 蔡成玉「学校生活的一段」(『婦女雑誌』一七巻五号、一九三一年五月)一〇〇―一〇一頁。
(46) 惜秋「女学生的結交」(『婦女雑誌』一二巻七号、一九二六年七月)九五―九六頁。
(47) 『小説月報』一四巻六号、一一頁。
(48) 『小説月報』一四巻六号、一二頁。
(49) 『小説月報』一四巻六号、一三頁。
(50) 『小説月報』一四巻六号、一一頁。
(51) 『小説月報』一四巻六号、一一頁。
(52) 『小説月報』一四巻六号、一二頁。
(53) 『小説月報』一四巻六号、七頁。
(54) 『小説月報』一四巻六号、八頁。
(55) 『廬隠自伝』(上海第一出版社、一九三四年初版)。
(56) 「廬隠自伝」(『廬隠選集』上冊)六〇二頁。
(57) 初出『華厳月刊』一巻一―八期、一九二九年一―八月。一九三〇年三月、神州国光社出版より単行本刊行。
(58) 銭虹編『廬隠集外集』(書目文献出版社、一九八九年)一四〇頁。
(59) 一九〇二―二八年。作家。一九一九―二三年、北京女子高等師範学校で学び、在学中から執筆活動を始める。卒業後は北京師範大学附属中学の女子学生部主任兼体育教師となる。一九二八年、脳膜炎で亡くなる。死後、廬隠らによって小説・散文集が出版された。

(60) 肖鳳『廬隠評伝』(中国社会出版社、二〇〇七年) 六三—六五頁。

(61) 一八九六—一九二五年。中国共産党初期の活動家。北京大学在学中の一九一九年、五四運動に参加し、北京大学学生会の代表の一人に選ばれる。一九二〇年、鄧中夏らとマルクス学説研究会を組織。一九二三年、中国共産党第二次全国代表大会で中央委員に選出。一九二五年、北京で病気により逝去。

(62) 高屋亜希「廬隠『海辺故人』試論——「著述家」というセルフイメージ」(『中国文学研究』第二六号、二〇〇〇年一二月) 七〇—八五頁。

(63) 『小説月報』一四巻六号、九頁。

(64) 『小説月報』一四巻六号、七頁。

(65) この梅の花は、沅青から贈られたものである。

(66) 『小説月報』一四巻六号、八頁。

(67) 『小説月報』一四巻六号、一二頁。

(68) 『小説月報』一四巻六号、一三頁。

(69) 『小説月報』一四巻六号、一三頁。

(70) 『小説月報』一四巻六号、一一頁。

(71) 『小説月報』一四巻六号、七頁。

(72) 『小説月報』一四巻六号、一四頁。

(73) 日記を公表した人物を指す。

(74) 簡瑛瑛前掲論文、一四五頁。

(75) 原題「父親」(『小説月報』一六巻一号、一九二五年一月)。

(76) 原題「藍田的懺悔録」(『小説月報』一八巻一号、一九二七年一月)。

(77) 原題「時代的犠牲者」(小説集『曼麗』北京古城書社、一九二八年一月、所収)。

(78) 小説集『曼麗』所収。

（79）原題「一個情婦的日記」（『申江日報』副刊『海潮』一八・一九・二〇・二二・二三号、一九三三年一月一五日・一月二二日・二月五日・二月一九日・二月二六日）。
（80）「時代的犠牲者」（『廬隠全集』上冊）三一七頁。

第4章　中国語圏映画における川島芳子の表象

杉野元子

はじめに

川島芳子といえば、「男装の麗人」、「東洋のマタ・ハリ」、「満洲のジャンヌ・ダルク」などの言葉が思い浮かぶが、その実際の姿は虚像の奥に隠れてしまい、見極めることが容易ではない。日本で出版された川島芳子に関する伝記や評伝の中でもっとも知名度が高いのは、上坂冬子『男装の麗人・川島芳子伝』（文藝春秋、一九八四年）である。上坂は「デマやゴシップに屋上屋を架してつくりあげられた川島芳子像が、処刑三十余年後の今日もなお、そのまま日中両国の間に亡霊の如く存在している(1)」という問題意識を起点として、芳子の実像に近づくべく、関連文献を博捜するとともに、芳子と関わりのあった人々を尋ね歩き、貴重な証言を引き出した。また近年出版された寺尾紗穂『評伝川島芳子——男装のエトランゼ』（文藝春秋、二〇〇八年）は、上坂冬子の研究を踏まえたうえで、上坂が言及していない新資料も組み込んで、詳細な事実を丹念に一つ一つほりおこした。寺尾紗穂の評伝をもとに、芳子の生涯を大づかみにたどると次のようになる。

川島芳子は一九〇七年、清朝王族・粛親王の第一四王女として北京で生まれた。幼くして川島浪速の養女となり、一五年来日、豊島師範附属小学校に入学する。二一年、松本に転居。二二年、松本高等女学校中退。

二五年断髪、男装となる。二七年旅順でモンゴル族の将軍パプチャップの二男カンジュルジャップと結婚するが、三〇年、別れる。三一年、溥儀の皇后婉容《えんよう》の天津脱出に付き添う。三二年、上海事変勃発に上海公使館付陸軍武官補佐官田中隆吉とともに関与する。三三年、定国軍総司令官として熱河作戦に参加する。三七年、天津で中華料理店・東興楼を経営する。四五年一一月北平で捕らえられ、四八年三月二五日銃殺刑に処せられた。

日本では前述した上坂冬子や寺尾紗穂などの地道な調査研究の積み重ねにより、川島芳子像は格段に鮮明なものとなってきているが、特殊な家庭環境の中で育ち、日中両国を股にかけながら、型破りな人生を歩んだ芳子には、依然として謎に包まれた部分が少なからず残っている。たとえば二〇〇八年に中国では、芳子が処刑を免れ、吉林省長春市で隠遁生活を送り、一九七九年に死去したと証言する女性が現れるが、相馬勝はこの証言の信憑性がきわめて高いと判断し、長春で処刑を免れた芳子の世話をしていた段連祥という人物の問わず語りというスタイルを用いたノンフィクション・ノベル『川島芳子　知られざるさすらいの愛』（講談社、二〇一二年）を上梓した。

いっぽう中国でも川島芳子に関する伝記、評伝、ノンフィクション・ノベルなどが数多く出版されている。たとえば近年出版されたものとして、寧国仕『諜海女梟川島芳子』（瀋陽、白山出版社、二〇〇八年）、李一鳴主編『川島芳子伝』（長春、吉林大学出版社、二〇一〇年）、友子『諜海之花：川島芳子』（長沙、湖南師範大学出版社、二〇一一年）などがある。日本では清朝復辟を実現するために、日本軍による中国侵略に協力した芳子が、戦後間もなく中国側に「漢奸（売国奴）」として逮捕され刑死したことに対して同情的な立場をとる人が多いが、これら中国の出版物では、日本軍に協力した売国奴という面が強調され、厳しく断罪されている。また芳子がおこなった謀略活動についても、たとえば張作霖爆殺事件の裏で川島芳子が暗躍したという、前述した日本の出版物では触れられていないことも書かれていて、日中間の芳子像に大きなズレが生じている。

このように芳子像は日中の伝記的出版物でさえも、いまだに虚と実が複雑に入り交じり、さまざまな解釈を生み出してきているが、それが小説（フィクション）や映画となると事実の縛りがゆるくなるため、自由な想像や大胆な発想に任せることが可能になる。本稿は小説、映画、演劇、テレビドラマなどの各種媒体における川島芳子の表象という大きなテーマを視野に入れつつ、その第一歩として、中国語圏映画に絞り、中国、香港、台湾で制作された映画作品における川島芳子の表象について論じる。まず中国語圏映画において、川島芳子が主要な役柄で登場する映画にはどのようなものがあるのかを明らかにして、次に一つ一つの作品の概要を紹介したあと、各作品における芳子像について、制作された地域や時代との関連にも注意を向けながら考察を加える。また史実としての川島芳子が芳子以外の登場人物にも投影されている映画もあり、そのことについても言及する。

一　川島芳子が登場する中国語圏映画

中国、香港、台湾で制作された映画の中で、川島芳子が主要な役柄で登場する映画は、管見のかぎりでは一三作品ある。この一三作品を封切年順に並べ、それぞれタイトル、封切年、言語、制作地域、制作会社、監督、脚本家を示す。

①『76号女間諜』（一九四七年、北京語[2]、香港、大中華電影企業有限公司、任彭年、任彭年）
②『第五号情報員』（一九四八年、北京語、中国、大華電影企業公司、袁叢美、袁叢美）
③『川島芳子』（一九五五年、広東語、香港、大興影片公司、梁琛、不明）
④『第七号女間諜』（一九六四年、台湾語、台湾、台聯影業公司、金龍、金龍／劉芸）
⑤『天字第一号続集』（一九六四年、台湾語、台湾、万寿公司、張英、張英／杜雲之）
⑥『戦地奇女子』（一九六五年、広東語、香港、天星影業公司、梁琛、程剛）

⑦『黒龍会』（一九七六年、北京語、台湾、大星電影股份有限公司、丁善璽、丁善璽）
⑧『旗正飄飄』（一九八七年、北京語、台湾、中央電影公司／湯臣電影事業有限公司／嘉禾電影有限公司、丁善璽、丁善璽）
⑨『風流女諜』（一九八九年、北京語、中国、北京電影製片廠、都郁、柳渓）
⑩『川島芳子』（一九八九年、北京語、中国、西安電影製片廠、何平、竹子）
⑪『川島芳子 Kawashima Yoshiko』（一九九〇年、広東語、香港、嘉禾電影有限公司、方令正、李碧華）
⑫『財叔之横掃千軍』（一九九一年、広東語、香港、新芸城娯楽有限公司、程小東／徐克、徐克／阮継志）
⑬『賭俠Ⅱ之上海灘賭聖』（一九九一年、広東語、香港、三和電影製作有限公司／永盛電影公司、王晶、王晶）

この一三作品の中で川島芳子が主役で登場する映画は、③⑦⑨⑩⑪である。また①から⑥はモノクロ、⑦から⑬はカラーである。本稿では、これらの作品を、川島芳子裁判の渦中に作られたスパイ映画『76号女間諜』と『第五号情報員』、台湾語スパイ映画『第七号女間諜』と『天字第一号続集』、梁琛《りょうちん》監督映画『川島芳子』と『戦地奇女子』、丁善璽《ていぜんじ》監督映画『黒龍会』と『旗正飄飄』、一九八九―九〇年公開の伝記的映画『風流女諜』、『川島芳子』、『川島芳子 Kawashima Yoshiko』、一九九一年公開のアクションコメディ映画『財叔之横掃千軍』と『賭俠Ⅱ之上海灘賭聖』という六つに分けて、それぞれの作品における川島芳子の表象について考察を加える。

二 川島芳子裁判の渦中に作られたスパイ映画『76号女間諜』と『第五号情報員』

川島芳子は一九四五年一一月に逮捕されるが、その直後から中国の報道機関は、獄中や法廷での芳子の様子、裁判の経過などを競って報じるようになる。たとえば『申報』は、裁判の状況について、一九四七年一〇月八日に公開裁判を開く予定だったが、傍聴希望者が四、五千人集まり混乱状態になったため、裁判が延期されたこと、(3)

一四日に二千枚の傍聴券を配布するさい窓ガラスが割れるほどの激しい争奪戦が繰り広げられ、一枚千元で転売する人もあらわれたこと、[4]一五日に裁判所の庭を臨時法廷として裁判をおこなったが傍聴者であふれて途中で中止となったことなどを報じている。[5]このように川島芳子裁判は衆目を集め、異常な熱気に包まれていたが、ちょうどこの裁判から処刑に至る時期に、スパイ映画『76号女間諜（別名：七十六号女間諜／No.76女間諜）』（一九四七年）と『第五号情報員』（一九四八年）が制作・公開された。

『76号女間諜』（一九四七年）は香港で制作された北京語映画で、[6]太平洋戦争勃発前後の香港が舞台となっている。中国軍は七六号女性スパイを、日本軍は川島芳子をそれぞれ香港島に送り込む。七六号の仲間のスパイが芳子の部下によって捕らえられるが、七六号は川島芳子を誘拐して、人質交換によって仲間のスパイを救い出す。また七六号たちは日本軍の西江攻撃地図を盗むことに成功し、西江の戦いを中国軍の大勝利に導く。

趙衛防によると、香港で一九四六年から四九年にかけて作られた北京語のスパイ映画、アクション映画、ホラー映画の中で、比較的影響力があったのは『76号女間諜』で、「この映画は国民党の地下工作員が香港で日本のスパイとどのように闘争するかを描いている。スパイとアクションの二つの要素を備えていて、香港と内地で非常に人気があった[7]」。また余慕雲によると、この映画の広告文には、「本作は上海、広州、重慶、成都、漢口、南京、天津、台湾（ママ）の九つ（ママ）の大都市で上映したとき、チケットの売り上げが国産映画の記録を塗り替えた」と書かれていた。[8]この映画の監督は武侠映画を得意とする任彭年、女性スパイ七六号を演じたのは、「女泰山（女ターザン）」とも呼ばれていた人気アクションスター鄔麗珠《きょうれいしゅ》で、二人は夫婦だった。川島芳子を演じたのは胡珊《こさん》である。この映画の中の芳子はつねにロングヘアで、和服、チャイナドレス、女性用スーツなどを身につけ、一度も男装することがない。その替わりに、七六号は、最初はミディアムヘアで、女性用スーツやチャイナドレスを身につけていたが、香港島への派遣が決まると髪を短くして、男性用スーツや「長袍（男性用の丈の長い中国服）」を身につける。このようなミディアムヘアからショートヘア、女性の服装から男性の服装へという、七六号スパイの変貌ぶりは、まさに史実上の川島芳子を思い起こさせる。この映画では、登場人物の川島芳子だけでなく、中国側男装スパイ七六号にも、史実上の川島芳子像が投影されていると言えよう。

『第五号情報員』（一九四八年）は上海で制作された北京語映画である。この映画は未見であるため、上海の西海大劇院上映時の説明書「第五号情報員本事」[9]をもとに、内容を紹介する。映画の舞台は日本軍占領下の上海である。重慶側スパイ王克雄（第五号スパイ）と日本側スパイ川島芳子の対決が主軸となっている。川島芳子は、日本特務機関の機密文書が次々に盗まれ、自分自身も狙撃され命を失いそうになったため、王克雄にかなわないと悟り、妹分のスパイ稲田芳子を呼び寄せる。しかし王克雄の助手張国英は稲田が敵に内通しているというデマを飛ばしたため、特務機関長小林は稲田を殺す。さらに小林と川島芳子は大勢の部下を率いて、王克雄たちを捕えに行くが、王克雄と張国英は策略を用いて危機を脱する。しかし王と張の仲間は身を投げうって敵とともに絶命した。

第五号スパイ王克雄を演じたのは陳天国、川島芳子を演じたのは張琬《ちょうえん》である。この映画は仇章《きゅうしょう》の『第五号情報員』（曲江、正光書局、一九四三年）が原作となっている。許定銘によると、この小説は戦時期の中国で人気を博し、まずラジオドラマ、次に映画に改編されたため、当時「「第五号情報員」というのは誰もが知っている人物」であった[10]。また一九四八年三月九日付『申報』は、上海の黄金大戯院で連日上映されている『第五号情報員』のチケットが完売状態で、八日夜にチケットを買うことができなかった軍人グループがチケット売り場の窓ガラスを壊したため、憲兵隊によって八名が逮捕されたことを報じていることからも[11]、この映画の人気過熱ぶりを窺い知ることができる。

香港映画『76号女間諜』（一九四七年）と中国映画『第五号情報員』（一九四八年）は、当時、時の人として衆目を集めていた川島芳子の知名度を当て込んで作られたのであろうが、興行的には成功を収めた。このような「―号」というコードネームをタイトルに用いて、中国側スパイと川島芳子の対決を描く映画は、台湾でも六〇年代に登場する。

三　台湾語スパイ映画『第七号女間諜』と『天字第一号続集』

何鈺婷《かぎょくてい》によると、007シリーズ第一作『第七号情報員（原題：Dr. No）』（一九六二年）の人気に刺激され、台湾では一九六四年から六七年にかけてスパイ映画が量産されるようになる[12]。川島芳子が登場するスパイ映画『第七号女間諜（別名：女間諜／女間諜007）』（一九六四年）と『天字第一号続集』（一九六四年）は、このようなスパイ映画ブームの中で誕生した。二作品ともに、台湾語映画である。

『第七号女間諜』（一九六四年）は未見であるため、台湾の国家電影中心図書館視聴資料データベース[13]および徐叡美『製作「友達」――戦後台湾電影中的日本[14]』をもとに内容を紹介する。映画の舞台は日本軍占領下の上海である。突然一人の神秘的愛国志士が現れるが、この人物は、黒シャツ、黒ズボンを身につけ、黒布で顔を覆っているため、名前も性別も明らかでない。この謎の黒服人間は、日本軍高級将校や大物漢奸を殺害する。特務機関長山本少将は手に負えないため、川島芳子に協力を依頼、上海に到着した川島芳子は、山本少将の令嬢淑子の恋人羅振華や淑子の世話係蕭燕が中国側スパイであることを見破る。川島芳子は蕭燕を逮捕して、拷問によって黒服人間が誰なのか自白させようとしたが、黒服人間は機知を用いて、蕭燕を救い出した。また黒服人間は、国民党地下組織と連絡をとり、日本側に大打撃を与えることに成功する。

第七号スパイ（黒服人間）と山本淑子の二役を演じたのは柳青《りゅうせい》、川島芳子を演じたのは林琳《りんりん》である。第七号には複雑な家庭背景がある。第七号は台湾生まれの台湾人で、本名を林春梅といい、山本淑子（林春蘭）は双子の妹である。山本少将が台湾で憲兵隊長をしていたとき、姉妹の母親を見初《みそ》めて、強引に結婚を迫った。母親はやむなく春蘭を連れて嫁ぎ、日本で亡くなる。春梅は祖父に連れられ中国へ行き、母親と同胞のかたきを討つため、諜報員となる。

この第七号スパイ（日本植民地統治下台湾で生まれ日本国籍を有するが、中国へ渡り中国側スパイとなる）には、史実上の川島芳子（中国で生まれ中国籍を有するが、日本へ渡り日本側スパイとなる）の形象が反転した形で投影されていると言えよう。第七号スパイは日本と台湾と中国のはざまで生まれ育ち、時には双子の妹・淑子になりすまし、時には男女の区別がつかない黒服人間へと変身する。日本人なのか台湾人なのか中国人なのか、双子の姉なのか妹なのか、女なのか男なのか、落ち着き先が定まらない不安定な状態に置かれている。

台湾語映画『第七号女間諜』の主な観客は本省人（一九四五年以前から台湾に居住していた人々）の中の台湾語話者である。アイデンティティが揺れ続け、宙ぶらりんな状態に置かれている第七号スパイの姿は、日本植民地統治時期には日本人、戦後の国民党政権下では中国人としてのアイデンティティを押しつけられ、台湾人、日本人、中国人という重層的に複雑に絡み合ったアイデンティティをもつようになった台湾語話者の歴史的記憶を呼び起こすことにもなったであろう。

『天字第一号続集』（一九六四年）はフィルムが現存せず、台湾の国家電影中心図書館視聴資料データベースにもあらすじが掲載されていないため、「chiamin0513 的部落格」のサイトにアップロードされている『天字第一号続集』チラシ画像[15]をもとに、あらすじを紹介する。この映画の舞台は、太平洋戦争勃発後の香港である。重慶側は翠英（天字第一号）、日本側は川島芳子を香港に送り込む。翠英は芳子を謀殺しようとして失敗、ある別荘に逃げ込む。そこで華僑の林志成と出会い、二人は愛し合うようになる。実は、志成は日本軍スパイで、翠英に近づき、中米連合作戦の暗号電報コードを盗み取ったあと、翠英を殺すように命令されていた。しかし志成は翠英を愛してしまったため、手を下せない。このことを知った翠英は、志成に感謝のしるしとして、暗号電報コードをわたす。日本軍は志成が入手した暗号電報コードをもとに作戦を実行するが、甚大な損害を被る。翠英がわたした暗号電報コードはニセだったのである。芳子は責任を取らされ東京で取り調べを受けることとなる。志成は翠英によって日本軍スパイとして重慶に連行され、取り調べを受けることとなる。

この映画は『天字第一号』（一九六四年）の続編[16]である。翠英（天字第一号）を演じたのは白虹《はくこう》、川島芳子を演じたのは李紅《りこう》である。この映画で注目されるのは、林志成の人物設定である。林志成は中国人であるが、日本側スパイとなり、最後は中国側に逮捕され、漢奸として裁かれる。これは史実上の川島芳子の状況と酷似している。このことから『天字第一号続集』では、史実上の川島芳子の形象が、映画の中の川島芳子だけでなく、もう一人のスパイ林志成にも投影されていると思われる。またこの映画も『第七号女間諜』と同じく、台湾語映画であり、観客のほとんどは本省人の台湾語話者であった。彼らにとって、中国と日本のはざまでもがき苦しむ林志成の姿は、かつての自分たちが置かれていた境遇を思い起こさせることにもなったであろう。

四　梁琛監督映画『川島芳子』と『戦地奇女子』

香港の映画監督・梁琛[17]は、一九五五年に川島芳子が主役で登場する映画『川島芳子』を制作し、その一〇年後に川島芳子が敵役で登場する映画『戦地奇女子』を制作した。二作品とも広東語映画である。

『川島芳子』(一九五五年、以下『川島55』と呼ぶ)の舞台は日本軍占領下の上海である。一九四二年、上海では国民党地下工作員による破壊活動が続いていたため、川島芳子が上海に派遣される。芳子は学生時代の恋人鍾国雄が地下工作員の嫌疑で拘束されているのを知り、鍾国雄の釈放を命じる。その後も、鍾国雄の仲間の地下工作員たちは日本軍によって次々に逮捕されたり殺されたりするが、芳子は鍾国雄だけは特別に扱い、窮地に陥った鍾国雄をたびたび救い、愛情を一心に傾けた。抗戦勝利後、芳子はついに漢奸罪で逮捕される。処刑当日、鍾国雄が会いに来て、二人は最期の言葉を交わした。

この映画は中国語圏において川島芳子を主役に据えた最初の映画である。芳子を演じたのは白明《はくめい》、鍾国雄を演じたのは羅剣郎《らけんろう》である。映画の中の芳子は、知恵を働かせて日本軍の作戦遂行を助けたり、冷酷非情に地下工作員を毒殺したりする。しかしそのいっぽうで何度拒否されても鍾国雄を一途に愛し、鍾国雄の危機を繰り返し救う。また軍服を脱いでドレス姿となり鍾国雄の前で「思君曲」[18]を歌う場面、日本人養父に強姦された過去を鍾国雄に告白する場面、処刑当日に会いに来た鍾国雄に対して感謝の言葉を伝えて刑場へ向かう場面などもある。映画の中の芳子は日本軍の手先となって中国人に危害を加える悪人であるが、同時にまた不幸な過去を背負い、内面に孤独を抱えながら、ゆがんだ愛情表現によって相手の心を捉まえようとする哀れな人間でもある。

この作品は広東語映画で、主な観客は香港および東南アジアに暮らす華人である。彼らは、西洋列強の植民地支配や日本軍の占領支配を経験してきたため、国と国、民族と民族のはざまで生きることを余儀なくされた川島芳子に対して、その特殊な境遇に理解を示し寛大な気持ちで受け入れる素地があったと思われる。梁琛監督は、このような観客層に向けて、人間味のある芳子像を作り出したのであろう。

しかしこの映画の中の芳子像を問題視する人もいた。香港の左派系新聞『文匯報《ぶんわいほう》』は、「愛国者である中国人は、我が国を侵略した日本の軍閥および軍閥の共犯者に対して強い憤りの念をもつべきである。川島芳子のような人間は非常に憎むべき人物であり、中国人民にとって許すことのできない相手である。しかしこの映画を見ると、とまどいを覚え、まるで川島芳子が同情に値するかのように感じられる[19]」という内容の映画評を掲載して、この映画の政治姿勢を厳しく批判した。

『戦地奇女子』（一九六五年）は日本軍占領下の華南地方が舞台となっている。地下工作員程国強は、歌手白玫瑰の外見が川島芳子と酷似していることに気づき、白玫瑰に救国の大業に加わるように説得する。白玫瑰は毅然とした態度で引き受け、芳子に扮装したのち、日本軍総司令部に行き、作戦計画書をだまし取った。しかし、川島芳子が突然現れ、白玫瑰の正体が見破られる。白玫瑰は自分の母親の命、さらには自分自身の命を犠牲にしながら、作戦計画書を程国強に届ける。

川島芳子と歌手白玫瑰の二役を演じたのは白明、地下工作員程国強を演じたのは呉楚帆《ごそはん》である。この映画の中の芳子は、『川島55』とは異なり、常に軍服を着て、残虐非道を繰り返す極悪人である。いっぽう歌手白玫瑰はドレス姿から川島芳子に扮するために軍服姿になり、スパイ活動をおこなう。史実上の川島芳子の形象は、この映画では、川島芳子だけでなく白玫瑰にも投影されている。

五　丁善璽監督映画『黒龍会』と『旗正飄飄』

台湾の映画監督丁善璽[20]は、一九七六年に川島芳子が主役で登場する映画『黒龍会（別名：天津龍虎闘）』を制作し、その一一年後に川島芳子が敵役で登場する映画『旗正飄飄（別名：烽火佳人）』を制作した。二作品とも北京語映画で、脚本も丁善璽が担当した。

『黒龍会』（一九七六年）の主な舞台は、一九三二年の天津である。首相の依頼をうけた黒龍会トップ頭山満は、川島芳子を呼び出し、満洲国建国について協議するために天津にいる溥儀を日本に連れて来るように命じる。芳子は天津に赴くが、天津では日本軍特務機関が溥儀を日本に連れて行くことをもくろみ、抗日地下組織も溥儀を日本租界から連れ去ることをもくろんでいた。そこで芳子、日本軍特務機関、抗日地下組織の間で熾烈な溥儀争奪戦が繰り広げられる。芳子はいろいろ手を尽くすものの激しい妨害に遭い、やむなく日本軍と協力して、溥儀を船に乗せ、日本に向かわせた（図1）。

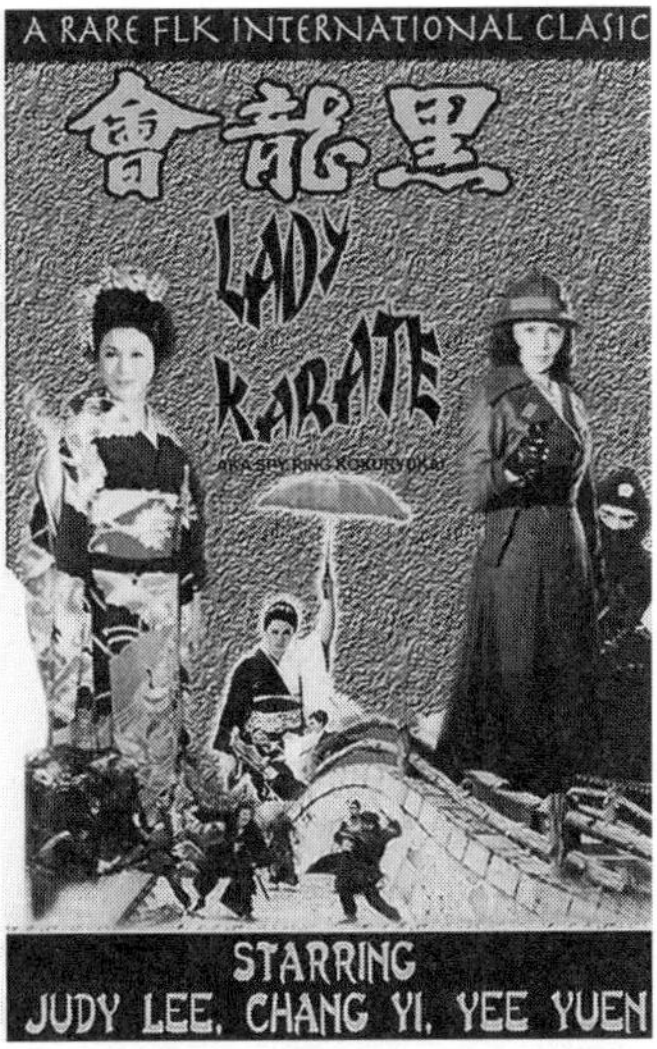

図１　『黒龍会(英語吹替え版)』のDVDジャケット。和装と洋装の女性はともに川島芳子。ジャケットデザイン：FLK Martial Arts International、2003年。

『黒龍会』は、丁善璽の代表作『八百壮士』と同時期に撮影された。黄仁は、丁善璽自身が明らかにしたこととして、「『八百壮士』は撮影に八ヶ月かかるが、スタッフは一本分の報酬しか受け取ることができず、生活がなりたたない。幸い、この期間に合間を利用して、『金色的影子』と『黒龍会』を撮影したので、一本の作品の時間で、三本の映画を撮り、スタッフは三本分の報酬を得ることができた」というエピソードを紹介している。(21)『黒龍会』の主役・川島芳子は一九七〇年代の台湾で一世を風靡したアクション女優・嘉凌《かりょう》が演じた。この映画の最大の見所は、嘉凌が和服姿で、裾の乱れも気にせず、日本刀を振り回したり、後ろ回し蹴りをしたりといった迫力のある激しいアクションを次々に繰り出すことである。映画では、天津日本租界の料亭の広間で相撲力士の試合がおこなわれたり、反日組織の中心人物が忍者のような服装で現れたり、西太后に仕えた大物宦官・李蓮英が登場したり、芳子が「大拉翅〈清朝宮廷で流行った巨大な髪飾り〉」を頭につけて宮廷服姿で溥儀の前に現れたりと不自然で奇妙な場面が多いが、これらは丁善璽が観客の目を楽しませるために、日本や清朝の伝統的要素を強引に混ぜ込んだのであろう。このようにこの映画は大作の撮影の合間を縫って慌ただしく作られた副産物で、娯楽性重視のあまり支離滅裂に陥っているが、芳子像にはこれまでの映画にはない特徴がある。

この映画の中の芳子は、明晰な頭脳、蠱惑《こわく》的な美貌、強靭な精神、並外れた身体能力をもち、清朝再興のために命がけで奮闘する。そして溥儀を日本軍の傀儡《かいらい》にしないために、中国の抗日地下組織だけでなく、日本の特務機関とも対立し、激しく争う。このようにこの映画は、満洲国建国に協力する芳子の行動の是非を棚上げにしたまま、強く賢く美しい芳子の並々ならぬ粉骨砕身ぶりを描くことに力点が置かれ、結末では、芳子を満洲国が日本軍の傀儡となることを防ぐことができなかった悲劇のヒロインに仕立てている。

『旗正飄飄』〈一九八七年〉の舞台は、一九三七年の上海である。中国側は、空軍のてこ入れのために着任するアメリカ人シェンノートの安全を守るために地下工作員秦鳳《しんほう》を上海へ派遣する。いっぽう日本側は、シェンノートを捕まえるために川島芳子を上海に派遣する。秦鳳と川島芳子はしのぎを削るが、結末では、秦鳳が芳子を追い詰め、秦鳳に諭された芳子が改悛の情を見せる。

主役の秦鳳を演じたのは林青霞、芳子を演じたのは夏文汐《かぶんせき》である。この作品は、「七七抗戦五〇周年〈盧溝橋事変五〇周年〉」を記念して作られた国策映画で、抗日戦争中に国民革命軍とその協力者たちがいかに勇猛果敢に行動したのかを描き、国民に愛国心を植え付けることを目的としている。

この映画の中の川島芳子は日本軍による中国侵略に荷担する悪人として形象されているが、結末部分で突然その態度や心境に大きな変化が生じる。秦鳳は芳子を追い詰め、ピストルを向けながら三回空砲を放ち、「川島という女大悪党はこの三発で命を落とした。いまのあなたは清朝皇室粛親王の大切な娘顕玗《けんし》なのよ」と言う。そして満洲国は日本の傀儡であり、芳子も日本軍に利用されているだけであると告げて、これからは日本軍の中に身を置きながら、中国人の命を救うために尽力するように説得する。芳子はこの言葉を聞いて大粒の涙を流し、すぐに態度を改め、秦鳳に対して協力的な行動をとる。映画ではこの結末に至るまでの過程において、清朝王族の一員という出自にまつわる芳子の葛藤がまったく触れられていないため、芳子がこのような形で急に中国人としての自覚を取り戻し、抗日陣営の側につくというのは唐突の感が否めない。

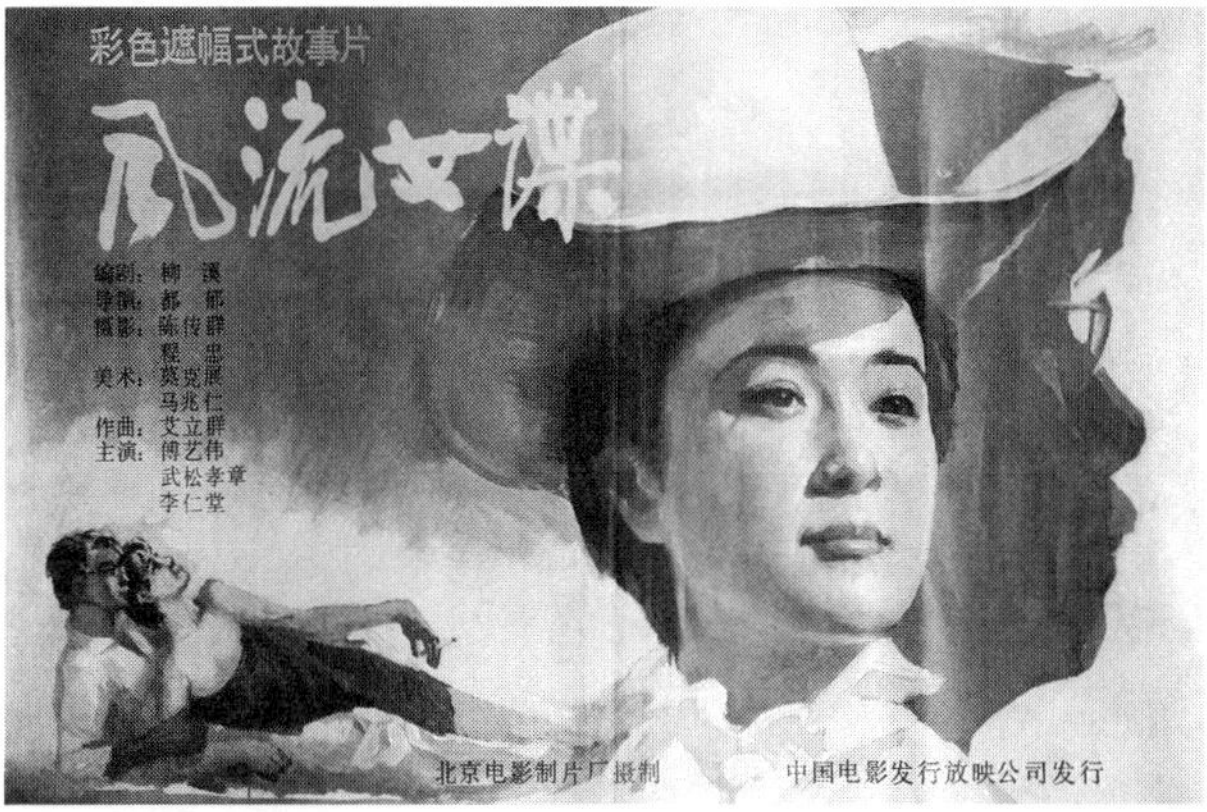

図2　『風流女諜』のポスター。メガネの男性は養父・川島浪速。

六　一九八九―九〇年公開の伝記的映画『風流女諜』、『川島芳子』、『川島芳子 Kawashima Yoshiko』

川島芳子の伝記的色彩の強い映画が、一九八九年に中国で二作品『風流女諜』、『川島芳子（邦題：女スパイ・川島芳子）』、一九九〇年に香港で一作品『川島芳子 Kawashima Yoshiko』が公開された。

『風流女諜』（一九八九年）のあらすじを紹介する。芳子は川島浪速の養女となり、美しく成長するが、浪速に貞操を奪われる。その後何人かの男性との恋愛を経験したのち、カンジュルジャップと結婚する。

図3　『川島89』のポスター。軍服姿の男性は岩原一夫中尉。芳子を抱きかかえている男性は田中隆吉少佐。

しかしすぐに不甲斐ない夫に嫌気がさし、関東軍の下で諜報活動に従事するために夫と暮らす草原を離れる。戦争終結後、獄につながれた芳子は処刑を逃れるためにあれこれ手段を講じるが、すべて失敗に終わる（図2）。

芳子を演じたのは傅《ふ》芸偉《げいい》である。この映画は旅順での幼少時代、松本での青春時代、蒙古草原での新婚生活、北京での監獄生活を描いているが、芳子が結婚生活破綻後、日本軍との関係を深め、中国各地で活動する時期のことはすっぽり抜けている。この映画の中の芳子は、周りの男を次々に手玉にとる悪女として、また獄中では処刑を逃れようと醜くあがく狡猾な犯罪者として形象されている。

次に『川島芳子』（一九八九年、以下『川島89』と呼ぶ）のあらすじを紹介する。関東軍参謀本部は、一九二八年四月、蒙古草原で新婚生活を送っている川島芳子を北京に呼び、恋人の岩原一夫とともに、張作霖の動向を探らせた。芳子は、張作霖が東北へ戻る正確な時間を聞き出すのに成功、その結果、張作霖爆殺事件がおきる。次に芳子は天津へ赴き、皇后婉容の天津脱出を成功させる。さらに芳子は上海へ赴き、日本海軍陸戦隊の出兵を促すために、田中隆吉少佐とともに裏で策動する。いっぽう関東軍は岩原に、利用価値がなくなった芳子を殺すように命令する。上海事変の最中、岩原がこの事実を芳子に告げると、芳子は茫然自失となる。岩原は芳子を手にかけることができず、自害する（図3）。

芳子を演じたのは張暁敏である。この映画の時代背景は一九二八年から三二年という短い期間であるが、その間、芳子は張作霖爆殺、婉容天津脱出、上海事変などの謀略に深く関与する。芳子は田中に対して「私は決して日本のスパイなどではない。日本人でないのだから。私は生粋の満洲人です。私の考えと利益があなたたちと一致したときに、お手伝いを少ししただけです」と言う。また結末で芳子は、日本軍が岩原に芳子殺害命令を出したことを知り、また軍と芳子との板挟みとなり岩原が自害するのを目にして、滂沱《ぼうだ》の涙を流す。このようにこの映画は、芳子を絶対悪として捉えるのではなく、日本軍を利用しようと思って謀略活動に加わるが、逆に利用されてお払い箱になるという芳子の悲劇的な面も描いている。

『風流女諜』と『川島89』は、ともに漢奸として処刑された人物を主役に据えるという、政治的に敏感な問題を内包しているが、このような映画が検閲[22]の厳しい中国において同時期に二本も制作されたのは驚きである。中国では一九八〇年代に日本語の川島芳子関連本が相次いで翻訳された（図4）。まず一九八二年、渡辺竜策『川島芳子――秘録その生涯の真相と謎』（番町書房、一九七二年）が『川島芳子』（本山・孫望訳、南京、江蘇人民出版社）というタイトルで翻訳出版された。次に一九八四年と八六年、楳本捨三『妖花川島芳子伝――銃殺こそわが誇り』（秀英書房、一九八〇年）がそれぞれ『川島芳子其人』（丹東訳、北京、世界知識出版社、内部読物）、『東洋魔女川島芳子』（趙連泰・靳桂英訳、長春、吉林文史出版社）というタイトルで翻訳出版された。さらに一九八五年、上坂冬子『男装の麗人・川島芳子伝』（文藝春秋、一九八四年）が『男装女諜：川島芳子伝』（翟長金訳、北京、解放軍出版社）というタイトルで翻訳出版された。このような相次ぐ翻訳作品出版の背景には、当時の中国における川島芳子への関心の広がりがあったのであろう。そしてこれらの翻訳作品が更なる関心の広がりをもたらし、[23]そのことが『風流女諜』と『川島89』の制作を後押ししたのかもしれない。

図4　中国語に翻訳された日本語の川島芳子関連本表紙。

『風流女諜』と『川島89』は公開後、厳しい批判にさらされる。一九八九年八月二七日付『解放軍報』には、「この二つの映画が描いているのは、悪名高い女性漢奸川島芳子（またの名を金壁輝《ママ》）の醜悪な歴史であり、角度が多少異なっているにすぎない。〔……〕川島芳子のような中国人民から唾棄されるべき人間のくずを、二つの撮影所が同時に争って撮るというのは、正常だといえるだろうか」という文章が[24]、一九八九年九月『電影評介』には、二つの映画会社が「同一の題材でそれぞれ凡庸な映画を撮影したが、そんな必要があるのだろうか。〔……〕限りある資金という条件の下で、質の高い映画をより多く制作し、社会主義精神文明の建設のために貢献しなければならない」という文章が[25]掲載された。また一九九一年二月に開催された全国電影創作会議の席上で、広播電影電視部部長・艾知《がいち》生《せい》は、「一時期、「川島芳子」の題材がぶつかり合うことが発生したが、このような現象は終わりにしなければならない」、秘密結社のボス、日本のスパイなどの「歴史のごみだめをどうして再びまぜかえす必要があるというのか」と発言した[26]。『川島89』と『風流女諜』はそれぞれ六月四日の天安門事件が起きてまもない七月と八月に公開されているが、このことも両作品への厳しい評価に影響を与えていると思われる。

次に『川島芳子 Kawashima Yoshiko』（一九九〇年、以下『川島90』と呼ぶ）のあらすじを紹介する。芳子は粛親王第一四王女であったが、幼いときに川島浪速の養女となり日本へ渡る。長じて養父に貞操を奪われ、その後蒙

図５　『川島90』の広告（『明報』1990年７月30日掲載）。芳子（梅艶芳）の顔写真には、「没有壊女人、中国太寂寞！（悪い女がいなければ、中国は寂しすぎる）」、雲開（劉徳華）の顔写真には、「没有好男人、中国就淪亡！（良い男がいなければ、中国は滅亡する）」という宣伝文句が書かれている。

古の王族に嫁ぎ、満蒙独立運動に打ち込む。結婚生活が破綻したのち、上海へ行き、偶然、劇団員雲開と出会う。芳子は美貌を頼りに、軍人宇野駿吉と親密な関係になり、安国軍総司令に取り立てられる。天津で芳子は雲開と再会、雲開は抗日革命分子で、宇野を殺そうとして失敗、逮捕される。芳子はひそかに雲開を逃がしたため、日本軍側は不満に思い、元恋人の山家亨に暗殺を命じるが、山家は手を下せない。やがて日本は敗戦、芳子は逮捕され、処刑される（図5）。

この映画の原作は香港の人気作家・李碧華《りへきか》が書いた小説『川島芳子：満洲国妖艶』（香港、天地図書有限公司、一九九〇年）で、脚本も李碧華が担当した。芳子は梅艶芳《ばいえんほう》、雲開は劉徳華《りゅうとくか》が演じた。香港での興行成績は一九九〇年度第二二位である。この香港映画における川島芳子の形象は、ほぼ同時期に制作された中国映画『風流女諜』、『川島89』と比べていくつかの点で違いが見られる。

一点目として、『川島芳子：満洲国妖艶』およびこの小説を原作とする『川島90』の芳子像は、『風流女諜』、『川島89』と異なり、残忍酷薄な対日協力者という側面よりも孤独で哀れな対日協力者という側面に圧倒的な量の光が当てられている。ダン・シャオも『川島90』について「この映画の中で顕玗は、驚くべき共感をもって描かれている。つまり、この映画の顕玗はふてぶてしく残忍な裏切り者のスパイではなく、変わり行く歴史の流れにあらがうべくもない犠牲者なのである」[27]と指摘している。このような芳子像は、日本における一般的な芳子像と重なる部分が多いが、それは京都大学での留学経験もある李碧華が上坂冬子や梾本捨三の評伝を参照したことも関連しているであろう。李碧華『川島芳子：満洲国妖艶』の巻末には参考文献一覧があり、その冒頭に上坂冬子『男装の麗人・川島芳子伝』の原著と翻訳本、梾本捨三『妖花川島芳子伝：銃殺こそわが誇り』の原著と翻訳本の名前が列挙されている。

二点目として、『川島90』は、『風流女諜』、『川島89』と比べて、芳子のアイデンティティの問題がより前面に大きく押し出されている。映画冒頭、終戦後の法廷場面で芳子は「私は中国人ではなく、日本人だ」と言い、すぐそのあとで場面が一九一三年北京に切り替わり、日本人の養女になることが決まり和服を着せられた芳子が

「私は日本人ではなく、中国人よ」と言う。また小学生だったときに同級生にあなたの故郷は中国なのかそれとも日本なのかと尋ねられ、とっさに母親のお腹の中だと答えるという場面もある。この映画が公開された当時、香港の人々には前年におきた天安門事件の記憶が生々しく残り、一九九七年の中国返還も迫ってきていた。石琪は一九九〇年七月三〇日付『明報』に映画評を書き、中国人でもあり、満洲人でもあり、日本人でもある芳子、愛国者でもあり売国奴でもある芳子を描く『川島90』を「借古諷今」（古に借りて今を諷刺する）映画であると見なした。そしてその理由として、「目下のところ、少なからぬ香港人も身分不明の事態に陥っている。香港人、中国人、英国籍やその他の外国籍のはざまで途方に暮れている。国を愛することと香港を愛することには常に矛盾があり、反共と反中のレッテルが乱れ飛んでいる」と述べている。[28] 石琪が指摘するように、映画公開当時の香港人の多くは、根無し草のような状態に置かれていて、映画の芳子との間には通底するものがあった。したがって、清朝再興を実現するために、日本と中国の板挟みになり、もがき苦しむ芳子の姿は、香港の人々にとって共感を呼ぶものだったに違いない。

三点目として、『風流女諜』、『川島89』の芳子は異性愛者であるのに対して、『川島90』の芳子は両性愛者であることがほのめかされている。『The Last Emperor（邦題：ラストエンペラー）』（一九八七年、イタリア・中国・イギリス合作、ベルナルド・ベルトルッチ監督）には、芳子が溥儀の皇后婉容の足の指にキスするシーンがあるが、『川島90』にも芳子が婉容のうなじや口にキスするという、きわめて似たシーンがある。

四点目として、『風流女諜』、『川島89』の芳子が愛する男性は日本人だけであるのに対して、『川島90』の芳子が愛する男性には中国人男性も含まれる。芳子は、劇団員で抗日革命分子の雲開を一方的に好きになり、雲開がテロ事件を起こし、日本軍に逮捕されたときには、危険を冒して命を救う。そして戦後、雲開は収監されている芳子に会いに来る。このような芳子と雲開の関係は、香港映画『川島55』における芳子と鍾国雄の関係に酷似している。李碧華はおそらくこの映画からヒントを得て架空の人物・雲開を作り出したのであろう。『川島90』は、芳子が抗日活動家を愛し、その命を救ったという設定になっているため、中国人観客の芳子に対する憎しみや反発が弱まり、芳子の特殊な生い立ちや時代状況に目を向け、その心の闇に感情移入させることが可能となった。

七　一九九一年公開のアクションコメディ映画『財叔之横掃千軍』と『賭俠Ⅱ之上海灘賭聖』

一九八九年から九〇年にかけて中国と香港で、川島芳子が主役として登場する伝記的映画が相次いで公開されたが、九一年には香港で、川島芳子が敵役として登場するアクションとコメディの要素が入り混じった映画『財叔之横掃千軍』と『賭俠Ⅱ之上海灘賭聖』が公開される。

『財叔之横掃千軍』（一九九一年）の舞台は満洲国である。板垣正と川島芳子は秘密裏に毒ガス製造基地を設けて、中国人を人体実験に使い、化学兵器を開発していた。退役軍人財叔は、義憤に駆られ従軍を決意する。少女スパイ長江一号が皇宮に潜入して、毒ガス製造基地の地図を入手する。財叔や長江一号たちは毒ガス製造基地に乗り込み、激戦の末に製造基地は破壊され、板垣と芳子も命を落とす（図6）。

図6　『財叔之横掃千軍』の DVD ジャケット。左端の女性が川島芳子（金璧輝）。発売：美亜娯楽。

この映画は、一九五〇―六〇年代の香港で人気を博した許冠文の抗日漫画『財叔』がひな形となっている。財叔を演じたのは石天、芳子を演じたのは高麗虹《こうれいこう》である。毒ガス製造基地というのは、七三一部隊の秘密基地を意識して設定されたのであろう。一九八一年に森村誠一『悪魔の飽食』（光文社）が出版され、七三一部隊の存在が国内外に広く知られるようになるが、香港では、『悪魔の飽食』を元にして、『黒太陽731（邦題：黒い太陽七三一　戦慄！石井七三一細菌部隊の全貌）』（一九八八年）という映画も制作されている。

『財叔之横掃千軍』に登場する川島芳子（金璧輝）は、秘密基地では軍服姿で川島芳子と名乗り、皇宮ではドレス姿で金璧輝と名乗る。川島芳子は、中国人を実験材料にして化学兵器を開発する悪魔のような女性であり、また化学兵器完成後は溥儀を追い出し、板垣が皇帝、自分が皇后の座につくことをもくろむ野心の塊のような女性である。いっぽう金璧輝は女優である。映画の中には満洲国の街角にある金璧輝の巨大な広告看板が映し出される場面があり、「満洲国の聖女で映画界の女王・ミス金璧輝は今月末、大総統の随行員として前線を訪れ、慰問公演をおこなう。ミス金璧輝は映画界に入ってから、幾千万のファンに熱く支持されている。満洲国の宝であり、満洲国の名声を高めてくれた」という街頭放送が流れる。また皇宮に各国大使を招いた宴席では、金璧輝が「我が国の著名なスーパースター」と紹介され、黒いミリタリーコスチュームの女性たちを従えて、ダンスを披露する。

金璧輝を演じた高麗虹はオーストラリア人の父親と中国人の母親の間に生まれ、一九八四年度のミス香港に選ばれた。エキゾチックな顔立ちの美女である高麗虹が扮する金璧輝は、満洲国映画界のトップスターという設定になっているが、この金璧輝には川島芳子というより、むしろ李香蘭の形象が投影されていると言ってよいであろう。史実上の李香蘭は女優として、川島芳子はスパイとして日本の戦争遂行に協力した。李香蘭は国籍が日本であったため漢奸として断罪されず、川島芳子は国籍が中国であったため漢奸として処刑された。日本の小説、ドラマ、ミュージカルなどでは、この二人がともに登場して、その対照的な運命が描かれることが多いが、『財叔之横掃千軍』では登場人物の川島芳子に史実上の川島芳子、登場人物の金璧輝に史実上の李香蘭の形象が重ね合わされている。そして史実上の川島芳子と李香蘭の合わせ鏡のような関係に呼応するかのように、映画の中の川島芳子と金璧輝は表裏一体の同一人物として設定されている。

『賭俠Ⅱ之上海灘賭聖（邦題：ゴッドギャンブラー3）』（一九九一年）の舞台は香港と上海である。香港のゴッドギャンブラー阿星は突然、一九三七年の上海へとタイムスリップする。阿星は上海の顔役・丁力と親しくなり、丁力の経営するカジノで、日本軍特務機関トップ川島芳子が雇った超能力ギャンブラーたちと勝負をする。阿星は辛くも勝ちを得て、現在へ再びタイムスリップすることになるが、それは丁力の娘で恋人の如夢《じょむ》との別れの瞬間でもあった。

この映画は、『賭神』(一九八九年)、『賭俠』(一九九一年)に続く、「ゴッドギャンブラー」第三作である。同年に封切られた『財叔之横掃千軍』は香港での興行成績が第七一位だったのに対して、この映画は第六位で大成功を収めた。主役の阿星を演じたのは香港の人気コメディアン周星馳、芳子を演じたのは黄韻詩である。この映画の川島芳子は日本軍の力を背景に、丁力を上海から追い出し、自分が替わりに上海を牛耳《ぎゅうじ》ろうともくろむ下品で卑劣な野心家である。川島芳子は、知名度の高さから絶対悪の象徴的記号として担ぎ出されたに過ぎず、人物造形は単純で薄っぺらであるが、演技派女優黄韻詩による誇張された動作や表情が笑いを誘い、周星馳の演技ともうまくかみ合い、コメディ映画としては一定の成功を収めている。

おわりに

ここまで川島芳子が主要な役柄で登場する映画一三作品について、一つ一つ検討を加えてきた。まず香港映画『76号女間諜』と中国映画『第五号情報員』について考察した。この両作品は実在の川島芳子が裁判にかけられ、人々の注目の的となっていた時期に、話題性を狙って制作されたと思われるが、ともに多くの観客を獲得した。次に台湾映画『第七号女間諜』と『天字第一号続集』について考察した。この両作品は、007映画に触発されて巻き起こった台湾語スパイ映画ブームの中で作られた。『第七号女間諜』には、日本植民地統治下台湾で生まれるが中国側スパイとなる女性スパイ第七号、『天字第一号続集』には、中国人であるが日本側スパイとなる男性スパイ林志成が登場するが、史実上の川島芳子の形象がこの二人にも投影されていることを指摘した。またこの二作品は台湾語映画で、観客の多くが台湾語を母語とする人々である。台湾人、日本人、中国人というアイデンティティの揺れや重なりを経験してきた台湾語話者にとって、映画の中の第七号と林志成がおかれた境遇は自分たちの歴史的記憶と重なり合う部分があることも指摘した。

次に梁琛監督作品『川島55』と『戦地奇女子』、丁善璽監督作品『黒龍会』と『旗正飄飄』について考察した。『川島55』と『黒龍会』は川島芳子が主役、『戦地奇女子』と『旗正飄飄』は川島芳子が敵役として登場する。中国語圏映画では、川島芳子を日本軍に荷担して中国人を苦しめる、同情の余地のない悪人として描くことが多いが、梁琛監督作品『川島55』と丁善璽監督作品『黒龍会』における川島芳子の形象は、このようなステレオタイプを脱している。『川島55』の川島芳子は、抗日派中国人を一途に愛し、その命を救う。『黒龍会』の川島芳子は、溥儀来日をめぐって、中国の抗日地下組織のみならず、日本の特務機関とも激しくぶつかりあう。

次に一九八九年に中国で公開された伝記的映画『風流女諜』と『川島89』、一九九〇年に香港で公開された伝記的映画『川島90』について考察した。香港映画『川島90』は、中国映画『風流女諜』、『川島89』と比べていくつかの違いが見られる。まず一点目として、『川島90』の芳子像は、『風流女諜』、『川島89』と異なり、残忍酷薄な対日協力者という側面よりも孤独で哀れな対日協力者という側面に圧倒的な量の光が当てられていることを指摘した。『川島90』の芳子像は、日本における一般的な芳子像と重なる部分が多いが、これは李碧華が『川島90』の原作執筆時に上坂冬子や楳本捨三の評伝を参照したことも影響していると思われる。二点目として、『川島90』は、『風流女諜』、『川島89』と比べて、芳子のアイデンティティの問題がより前面に大きく押し出されていることを指摘した。清朝再興を実現するために、日本と中国の板挟みになり、もがき苦しむ芳子の姿は、一九九七年の中国返還が近づきつつあった『川島90』公開当時の香港人にとって共感を呼ぶものだったと思われる。三点目として、『風流女諜』、『川島89』の芳子は異性愛者であるのに対して、『川島90』の芳子は両性愛者であること、四点目として、『風流女諜』、『川島89』の芳子が愛する男性は日本人だけであるのに対して、『川島90』の芳子が愛する男性には中国人男性も含まれることを指摘した。『川島90』は、芳子が抗日活動家を愛し、その命を救ったという設定になっているため、中国人観客の芳子に対する憎しみや反発が弱まり、芳子の特殊な生い立ちや時代状況に目を向け、その心の闇に感情移入させることが可能となった。

次に一九九一年公開の香港アクションコメディ映画『財叔之横掃千軍』と『賭俠Ⅱ之上海灘賭聖』について考察した。『財叔之横掃千軍』と『賭俠Ⅱ之上海灘賭聖』に登場する川島芳子はともに日本人と結託して中国人を苦しめる悪女として形象されている。また『財叔之横掃千軍』の川島芳子はもう一つ、満洲国の人気映画女優・金璧輝という顔を持っているが、この金璧輝には、李香蘭の形象が重ね合わせられていることを指摘した。

一九九〇年代後半以降、中国ではテレビ文化が浸透して活気づく。それにともない川島芳子も舞台を映画からテレビドラマへと移し、量産される抗日ドラマの中でしばしば姿を現すようになる。また劉文兵は近年の中国抗日ドラマに多く登場する謎めいた軍服姿の美人将校に注目して、この美人将校は「直接戦闘に参加するだけではなく、表情を変えずに人を殺す凶女として描かれている」ことを指摘したうえで、「このような非現実的なキャラクターが生まれた原因は、おそらく「男装の麗人」として知られる川島芳子の軍服姿に由来しているように思われる」と述べている。[29]今後はこのような中国語圏テレビドラマにおける川島芳子の表象について稿を改めて考察する予定である。

(1) 上坂冬子『男装の麗人・川島芳子伝』(文藝春秋、一九八四年)一六頁。
(2) 中国語の「国語」「普通話」は、「標準中国語」を意味するが、本稿では便宜上、「北京語」と訳す。
(3) 「川島芳子公審延期/昨傍聴擁擠無法開庭」(『申報』一九四七年一〇月九日)。
(4) 「故都誌異/審金璧輝傍聴証売銭/怪女人遍登徴婚広告」(『申報』一九四七年一〇月一五日)。
(5) 「公審金璧輝/秩序混乱中途停止」(『申報』一九四七年一〇月一六日)。
(6) 趙衛防『香港電影史(1897-2006)』(北京、中国広播電視出版社、二〇〇七年)七八頁によると、終戦後まもない時期の香港では、北京語映画が盛んに制作された。国民党政府が方言映画公開を禁止したため、広東語映画の内地での市場が失われたこと、終戦後香港の撮影所不足により、撮影所の使用料が高騰したため、内地と香港の両方を市場とする北京語映画は持ちこたえることができたが、内地市場を失った広東語映画は困難に陥ったこと、戦後、内地から映画関係者や一般人が大勢南下したことにより、北京語映画の制作陣営が厚みを増し、観客も増えたことなどを理由として挙げている。広東語映画は一九四七年に戦後第一作『郎帰晩』が制作され、その後は広東語が次第に優勢となる。

(7) 趙衛防前掲書、一〇五頁。

(8) 余慕雲『香港電影史話（巻三）——四十年代』（香港、次文化堂有限公司、一九九八年）一一四頁。

(9) 西海大劇院説明書「第五号情報員本事」（http://www.kongfz.cn/16273776/pic/　最終アクセス二〇一六年七月一八日）。

(10) 許定銘「第五号情報員」（『大公報』、二〇一三年五月一三日、http://news.takungpao.com/paper/q/2013/0513/1604031.html　最終アクセス二〇一六年七月一八日）。

(11) 「観電影引起糾紛／黄金戯院毀櫃台」（『申報』一九四八年三月九日）。

(12) 何鈺婷「台語間諜片中的多重身分顕影：『第七号女間諜』」（『放映週報』四二九期、二〇一三年一〇月一四日、http://www.funscreen.com.tw/review.asp?RV_id=828　最終アクセス二〇一六年七月一八日）。

(13) 国家電影中心図書館視聴資料「第七号女間諜」（http://lib.tfi.org.tw/mediainfo.asp?L_ID=5385&keywords=%u7B2C%u4E03%u865F%u5973%u9593%u8ADC　最終アクセス二〇一六年七月一八日）。

(14) 徐叡美『製作「友達」——戦後台湾電影中的日本』（新北、稲郷出版社、二〇一二年）一六五—一六七頁。

(15) chiamin0513 的部落格「天字第1号続集」（http://chiamin0513.pixnet.net/blog/post/39220864-%E5%A4%A9%E5%AD%97%E7%AC%AC%E4%B8%80%E8%99%9F-%E7%BA%8C%E9%9B%86　最終アクセス二〇一六年七月一八日）。

(16) 『天字第一号』はシリーズ化され、合計五作品作られた。『天字第一号』（一九六四年四月）、『天字第一号続集』（一九六四年八月）、『天字第一号第三集金鶏心』（一九六五年八月）、『天字第一号第四集仮鴛鴦』（一九六六年一月）、『天字第一号第五集大色芸妲』（一九六六年九月）。

(17) 梁琛（一九三六—七八）は香港映画界で監督、脚本家、俳優として活躍した。監督作品は二九本、脚本作品は三七本、出演作品は一三本ある。
(18)「思君曲」の作曲者は梁楽音、作詞者は巣昭豪である。ハーモニカ楽団が哀愁を帯びたメロディーを奏で、俳優でもあり歌手でもある白明が低音で語りかけるようにしみじみと歌うこの曲は、聴く人にある種の凄みさえ感じさせる。
(19)鄒芷臨「川島芳子」(『文匯報』一九五五年三月三〇日)。
(20)丁善璽(一九三五―二〇〇九)は台湾の著名な映画監督で、監督作品は六九本に及ぶ。この他に、映画やテレビドラマの脚本も数多く手がけた。その仕事量の多さから「超人導演(スーパーマン監督)」とも呼ばれている。一九七六年には、丁善璽が監督と脚本家を兼ねた映画が『黒龍会』を含めて一〇本も公開された。
(21)黄仁『国片電影史話――跨世紀華語電影創意的先行者』(台湾商務印書館、二〇一〇年)二五四―二五五頁。
(22)一九八〇年代中国映画検閲の実態については、劉文兵「可変的なボーダー・ライン――一九八〇年代中国映画検閲の実態」(『中国語中国文化』九号、二〇一二年三月、一三九―一六一頁)が詳しい。
(23)劉耘「銀屏短波」(『電影評介』一九八五年六期、三七頁)は、「著名な日本の女性スパイ川島芳子の一生が八回連続テレビドラマになる」と報じているが、実際には制作されなかった。
(24)高峰「応当尊重歴史真実」(『解放軍報』一九八九年八月二七日)。
(25)施殿華「同様平庸――『風流女諜』、『川島芳子』二題」(『電影評介』一九八九年九期)一七頁。
(26)艾知生「創作出更多無愧於時代的優秀電影」(『電影通訊』一九九一年四・五期)五頁。
(27)ダン・シャオ「皇女、反逆者、兵士、スパイ」(『満洲――交錯する歴史』、藤原書店、二〇〇八年)一八二頁。
(28)石琪「奇女子的身分之謎/川島芳子」(『明報』一九九〇年七月三〇日)。
(29)劉文兵『中国抗日映画・ドラマの世界』(祥伝社、二〇一三年)一七八―一七九頁。

第2部　戦争

第5章　孫瑜映画のモダニティ
――『おもちゃ』をめぐる、農村・女性・メロドラマ

吉川龍生

はじめに

映画監督・孫瑜《そんゆ》（一九〇〇―九〇）は、その監督作品の特徴から「詩人」監督と称されることがある。左翼作家聯盟の発起人にも名を連ねる映画監督・沈西苓（一九〇四―四〇）が、一九三三年一〇月一〇日の『申報』「本埠増刊・電影専刊」紙上の映画批評で用いた表現である。沈西苓が批評の対象としたのは孫瑜の『おもちゃ（原題：小玩意）』（一九三三年）であり、静かに思索にふける詩人・孫瑜の姿と、底流するユーモアを見出している。[1] のちに、孫瑜は『時報』に「人々の心に向上心を植え付けるような「理想詩人」の称号であれば、喜んで引き受けよう」[2] という趣旨の一文を発表して「詩人」という評価を受け入れ、その評価が定着していくことになる。孫瑜と沈西苓とは一九三七年に聯華影業公司で同僚となって意気投合し、ともに疎開した重慶で沈西苓が日本軍による重慶爆撃の犠牲となるまでその友情が続く。いずれにしても、「詩人」監督という評価を導き出したのが『おもちゃ』であり、孫瑜の代表作の一つと言ってよい。本稿では、『おもちゃ』を中心に孫瑜監督作品に見られる近代の表象について検討を加えていく。ただし、本作を中心に考察するのは、「詩人」という孫瑜評価が生まれるきっかけになったからというだけでは、もちろんない。

先に言及した一九三三年一〇月一〇日の『申報』「本埠増刊・電影専刊」の映画広告欄には、『おもちゃ』と並

んで、程歩高（一八九三―一九六六）監督の『春蚕（原題同じ）』（一九三三年）の広告が出ており、同時期に上海で劇場公開されていたことが分かる。『春蚕』は、ハリウッド映画をはじめとする外国映画を好んで鑑賞し中国国産映画にあまり好意的な印象を持っていなかったと言われる魯迅が評価した数少ない国産映画として知られ、当時の左翼映画評論の中心人物である蔡叔声《さいしゅくせい》こと夏衍《かえん》（一九〇〇―九五）が脚本を担当していることもあり、左翼陣営からの評価も高かった作品である。[3] 両作はともにいわゆる「左翼映画」作品と考えられてきたにもかかわらず、その農村描写においてきわめて対照的な性格を持っており、劇場公開のタイミングも重なっていることから、近代中国農村の表象がどのようなバリエーションを持っていたのかを考察する上で、非常に有用な組み合わせと言える。同時期に公開されていた重要作品である『春蚕』の評価を参照しつつ、本稿で主な検討の対象とする『おもちゃ』の農村表象を分析していくことができるわけだ。

さらに、一九三三年一〇月一〇日の『申報』一面には、首都・南京で開催中だった全国運動会の特集が大々的に掲載されている。すでに別稿で言及したが、[4] 孫瑜映画には身体表象において一連の独特な特徴がある。もともと沈西苓の記事と全国運動会の記事は何の関係もないが、『おもちゃ』における近代的な身体性を考察しようとする際に、全国運動会というきわめて近代的な身体性が発揮されるイベントの記事が同じ紙面に並んでいる、すなわち時間的に同時期に起こっているということは、何とも象徴的なことではある。『おもちゃ』には子どもたちが広場に整列して体操をする場面があり、体操や体育、スポーツを通じて涵養された身体能力を同一の条件下で競うのが全国運動会と考えるならば、身体の近代化という面で、『おもちゃ』の身体表象と全国運動会は密接に関連していると言えよう。『おもちゃ』においては、他の孫瑜作品に共通する身体表象の特徴の他に、旧来の女性の身ぶりをとどめる母親役の阮玲玉（一九一〇―三五）ときわめて近代的な身ぶりで登場する黎莉莉（一九一九―二〇〇五）という二大スターが共演しており、同じ作品内でその身ぶりの対照を検討することもできる。これまで行ってきた孫瑜の複数作品の特徴の検討では置き去りになっていた、女性の身体表象に関する比較対照を含むより詳細な検討を行うことができ、身ぶりの変化という形で孫瑜映画の身体表象の特徴を指摘することにもつながっていく。

このように、農村や身体（とりわけ女性）の表象において、どのような近代性が見いだせるのかを検討する際に、『おもちゃ』は一つの特徴的な作品であると言える。

中国伝媒大学の崔永元口述歴史研究センターに収蔵されている孫瑜の日記を見ると、孫瑜は一時期英語で日記を書いていたことが分かる。(5) アメリカで本場の映画を学んで帰国した孫瑜は、いわば近代の化身のような存在であったとも言えるだろう。また、そもそも映画というメディア自体がきわめて近代的なものである。しかし、映画で表現されている内容については、近代的なものもあれば前近代的なものもあり得るわけで、その意味で映画におけるモダニティはさまざまな層でそれぞれの表象のされ方があり、いわば複層的なものであることは確認しておきたい。本稿では、『おもちゃ』を中心とする孫瑜映画において、農村・女性・物語の構造の面において、どのように近代が表象されているのかを検討していく。それによって、近代というキーワードを軸に、孫瑜映画の新たな側面からの評価の可能性について検討していくことになる。

なお、検討していく上で、ミリアム・ブラトゥ・ハンセンらのヴァナキュラー・モダニズム、ピーター・ブルックスらのメロドラマ論、ローラ・マルヴィらのフェミニズム論を参照していることを確認しておきたい。とりわけヴァナキュラー・モダニズムは、映画における近代中国の表象とその「可能性」まで検討する際に有用であると考えられるが、その定義には曖昧な面が存在しており、本稿では次のような理解に基づいている。少し長くなるが、ハンセンの論文を解説した滝浪佑紀の解説を引用したい。


「ヴァナキュラー・モダニズム」とは、〔……〕ハリウッド映画の先進的話法や技術の、ナショナル・シネマによる再構成・我有化のことではない〔……〕単なる近代化ではない「モダニズム」という語に担保されているのは、ハンセンも書いている通り、「再帰性」の次元なのであり、こうした観点からいえば、ハリウッド映画の影響とは何よりもまずインパクトとして、「ヴァナキュラー」な次元で経験されるものである。要するに、受容コンテクストの精査に賭けられているものとは、ハリウッド映画が衝撃としていかにローカルなコンテクスト――それはさまざまに異なりながら、さまざまな度合いですでに近代化されているだろう――を粉砕することで解放したかを見極めることであり、さらには、その解放のなかでどのような可能性が照らしだされたのかを明らかにすることである。(6)

ハンセンらの議論では、ヴァナキュラーな存在がハリウッド映画にどれだけ影響を与え得たかという「再帰性(原語：reflexive)」が強調されているのだが、要するにハリウッドの絶対化でも、それを受容する周縁の優位ばかりを強調するのでもなく、ハリウッド的モダニティの浸透における作用と反作用をつぶさに観察することに価値を見出そうとするものと理解できる。(7)

ローラ・マルヴィらの議論は、性の商品化という側面は孫瑜映画においても容易に指摘することが可能であるし説得力もあるが、それだけでは『おもちゃ』を中心とした孫瑜作品の魅力を伝えるには不充分な面もあり、全体的な考察の枠組みとしてではなく、女性の身体表象を捉える際の参照事項の一つとして考察したい。

一　農村表象――『春蚕』との比較に見る『おもちゃ』の特徴

フランスのヴェルサイユ宮殿にプチ・トリアノンという離宮がある。ぜいたくな暮らしに飽きたマリー・アントワネットが田舎風の村落を作らせ、好んでそこで過ごしたという。(8) 孫瑜映画における農村の表象には、どこかマリー・アントワネットにおけるプチ・トリアノンと共通するものが感じられる。すなわち、豊かさや先進性の裏でけがれに満ちた都会に対し、イノセントで「プリミティブ」(9) な存在としての農村である。孫瑜映画の背景としては、都会とは具体的には上海のことになるだろうが、上海の繁栄とその陰の部分、さらには上海をめぐるきな臭い国際情勢などが、一切のしがらみから解放されたような理想郷的な農村という存在を成立させる根拠になっているように見える。飽き飽きするほど豪華絢爛なヴェルサイユの他の宮殿やそこでの生活があってはじめてプチ・トリアノンが精彩を放つように、上海という清濁併せ呑んで繁栄を極める存在あっての美しき農村なのである。その対比がなければ、農村それ自体で、現実には厳しい現状に直面している農村を美しく描くことは難しい。そのことを示しているのが『おもちゃ』と『春蚕』の関係であると言えよう。本節では、両作品における農村表象の比較を通して、否応なく近代化と向き合わざるを得ない中国の農村がどのように孫瑜映画において表象されているか、またその意義について考察していきたい。「不健康・不健全がなければ、健康・健全は出てこない」[10]との指摘もあるように、清と濁が一対になって存在している様子は、身体性の問題にも共通する問題意識であり、後段での考察にも密接に関わってくる内容である。

(1)『春蚕』の映画言語とその限界

映画『春蚕』は、茅盾原作の同名小説(一九三二年[11])を原作としている。「新文芸作品を初めてスクリーンに持ち込んだものであり、新たな映画文化運動の始まりであるとも言える」[12]と語る監督の程歩高は、本作の撮影について「原作に対しては、とても忠実であると自信を持って言える」[13]と自己評価している。そして、撮影段階で統計資料を補ったことや浙江の農村から養蚕に熟練した農民を招聘して顧問としたこと、映画会社に実際に養蚕室を作ったことを挙げ、映画に真実味を持たせていることを強調している。[14]原作にも現実にも忠実な映像作りが目指されたわけだ。

程歩高の撮影方針は、良くも悪くもかなりの程度実現されているように見える。全体の構成が原作小説をなぞるようにできているのは明らかであるし、映画のために追加された情報やシーンも、原作の流れを補強こそすれ、阻害するようなところは感じられない。それは、映画が公開された当時の反応を見ても明らかである。例えば、席耐芳こと鄭伯奇(一八九五—一九七九)は「歩高氏の原作に対する忠実な態度は賞賛に値する」[15]と評しているし、陽翰笙（一九〇二―九三）は「『春蚕』を見たあと、映画の芸術と文学の芸術では観客に与えるイメージが前者のほうが後者よりも形成されやすいと思った」[16]と述べ、原作小説に現実のイメージを与える上で、映画『春蚕』が貢献していることを指摘している。

その反面、『春蚕』が背負うことになった問題点も、公開当初から指摘されている。さまざまに挙げられている問題点の中で特に注意を引くのは、次の二点である。一つは、張鳳吾こと銭杏邨（阿英とも。一九〇〇―七七）の指摘する「一部のカットが長すぎる」[17]問題である。もう一つは、鄭伯奇（席耐芳）の指摘する「盛り上がりが最高潮に達したときに往々にして充分に作り込まれていない」[18]、つまり盛り上がりを充分に活かし抑揚をつけることができていないという指摘である。カットの長さと抑制的なストーリー展開が指摘されているわけだが、この点は作品を鑑賞した際に多くの人が感じる点ではあると考えられる。しかし、誇張され定式化された文化大革命期の映像表現と、それに対するアンチテーゼとして登場したインディペンデント映画の映像世界を知る我々からすると、カットの長さと抑制的なストーリー展開こそが『春蚕』のリアリティを担保する要素であるようにも思われる。[19]例えば、初期の賈樟柯作品を思い出してみれば容易に理解できるだろう。人が歩いてくるシーンを、ロングショットの長廻しで追うような画面作りには、類似性を指摘することができる。頻繁に画面を切り替えたりクローズアップを多用したりしないことで、安定した視点から物事を客観的かつ冷静に見ている雰囲気が作り出されている。しかし、当時の左翼映画人が強い関心を持ち、影響も受けていたロシア映画は、まさにモンタージュの時代であり、『春蚕』のリアリティは現在と同じようには評価されえなかった。しばしば『春蚕』の評価に登場する「重い（原語は「沉重」）」という評価も、カットの長さと抑制的なストーリー展開に由来する部分が大きく、重厚感とも言うべき肯定的評価がなされてもいい部分ではあるが、「娯楽のために撮ったのではないから仕方がない」[20]というような消極的な扱いを受けている。『春蚕』は、時代の遥か先を行く映画言語を作り出していたとも言えるわけだが[21]、公開当初の左翼映画評論においては、その長廻しの芸術性は理解されていなかった。それは『春蚕』の限界というより、鑑賞し評価するほうの限界であったわけだ。

いずれにしても、そのような映画言語で表現された当時の農村の姿は、きわめてリアルなものであったと言える。経済面で困難に直面する農民の姿から、養蚕の具体的な作業風景まで、過不足なく当時の農村の姿が表象され、あれこれと問題を指摘する当時の映画批評においても、『春蚕』における農村表象のリアリティ不足を指摘するものはほとんどない。当時の農村のおかれた悲劇的な状況もそのまま悲劇として描かれ、主人公・老通宝の一家の悲劇にも何の救いや光明も与えられていない。それは現実であり、農村の現実を知らない都会人に農村の現状を知らしめる効果は期待できたと思われる一方、直接的に前向きなメッセージを発するようなものではなかった。この映画に農民たちの目覚めや農村変革への期待といったメッセージを付与しようとすれば、映画を評し意味づけしていく「評論」が不可欠であり、その役割を左翼映画評論が担っていたということができる。

(2) 『春蚕』と『おもちゃ』の共通点と相違点

『春蚕』と『おもちゃ』では、近代的な産業に対する感情という面では、ともに抵抗感や警戒感が表現されている。『春蚕』においては、列強の近代的な製糸業が中国農村の養蚕業に致命的な悪影響を及ぼしていることが批判的に表現され、『おもちゃ』では工場で大量生産されたおもちゃが伝統的な手工業のおもちゃ生産を圧迫していることが主人公・葉大嫂の口を通して語られる。清末や五四時期の小説ならば、近代的な価値観があこがれとして描かれただろうと思われるが、一九三〇年代を代表すると言ってもよい映画作品では、産業における近代性が警戒すべきものとして描かれているわけだ。両作品の製作された前年の一九三二年には第一次上海事変（一・二八事変）が起こり、それも作品の背景となっているが、近代化の先行者である日本による脅威の顕在化という時代の文脈が、近代化のある部分に対しての抵抗感となって表象されているとも言える。

ただし、『おもちゃ』では、葉大嫂が袁璞にドイツに留学して近代的なおもちゃ生産を学んでくるように論《さと》すシーンもあり、ただ単に近代的な産業を警戒すべき対象として描き出すだけでなく、どう折り合いをつけていくかというところまで言及している。つまり、産業としての近代をどう受容していくかまで言及しているのが『おもちゃ』の特徴であり、ほぼ同時期に公開された両作品の相違点の一つでもある。

その他の相違点としては、作品の持つリアリティの違いが挙げられる。前述の『春蚕』の現実に忠実であろうとする農村表象に対して、『おもちゃ』の農村表象については、公開当初からリアリティの不足を指摘する批判的な意見が寄せられていることが分かる。孫瑜を「詩人」と評した沈西苓からして、次のような指摘を行っている。

> 我々は彼〔孫瑜〕の知力にきわめて感服する。同時に、我々は彼の空想をきわめて惜しく思う。――美化された桃葉村、美化された桃葉村の人物はこの半植民地の中国では見つけることはできないのだ。[22]

沈西苓のような見方に対して、孫瑜の作品にあるのは「空想」ではなく「理想」であると孫瑜を擁護した柯霊《かれい》（一九〇九―二〇〇〇）も、「一般的な評論の孫瑜に対しての意見はだいたい一致しており、それは「空想」ということだ」[23]との前置きをしている。疲れて朝遅くまで寝ている主人公を足音で起こさないようにと、犬まで靴下を穿《は》かされているようなシーンもあり、とりわけ公開当初の段階において、孫瑜の農村表象を現実にはあり得ないものと捉えた観客が多かったと見て間違いないだろう。「空想」は現実の農村の状況には基づかない想像のたまもの、「理想」は農村の現状に基づきつつ創作者の想像力を加えたものというような意味合いになるが、どちらにしても孫瑜独自のイマジネーションが大きく作用し、リアリティの面において劣っていると考えられていたわけだ。

物語の舞台設定においても、農村だけで完結してしまっている『春蚕』に対して、『おもちゃ』では都市を舞台にした場面も登場する。前述したヴェルサイユ宮殿のたとえのように、『春蚕』のように農村を農村だけで捉えようとすると、農村の相対的な価値を表現しづらい面があると言える。『春蚕』が農村の悲劇的な状況を描いて、リアルな悲劇になっているのはそのためである。一方、『おもちゃ』では、問題を抱える都市の現実を象徴的に描き込むことにより、孫瑜独自のイマジネーションと併せて農村の持つ意味や将来性を表現することに成功している。実際には近代化から取り残された農村が、都市との対比において、近代における希望の地として立ち現れてきている点は強調しておきたい。

この舞台設定の違いは、映画を誰がどう観るかという受容の問題にもつながってくることは指摘しておく必要があろう。つまり、『おもちゃ』の農村表象を受け入れるには、都市の現実に晒された観客の目が必要になり、そうであってはじめて孫瑜のイマジネーションにあふれた農村を理解し、その希望に満ちたメッセージに共感することができるのである。想定されるのはすでに一定のモダニティを身につけた観客と言うこともできよう。それに対して、『春蚕』では、現実に農村で苦しんでいる人や、現状を理解しようという関心を持った観客であれば共感を持つことが可能であるとも言えるが、その反面、将来に対する希望やこれから進むべき方向性などについて分かりやすい答えを示してはくれないのである。『春蚕』から将来に対する何らかの方向性を引き出すためには、それを解釈するための言説が必要となるが、逆に解釈の仕方次第では『おもちゃ』よりもはるかに具体的な将来変革に向けた主張を引き出すこともできる。『春蚕』も『おもちゃ』も、いわゆる「左翼映画」としてジャンル分けされることが多いが、作品自体が発するメッセージにおいては『おもちゃ』のほうがより過激であり、『春蚕』のほうが、解釈次第でより強いメッセージを持ちうるという意味で、統治者にとってより潜在的な脅威となり得た、と言うこともできよう。

さらに、画面作りにおいて、『春蚕』では長いカットと抑制的なストーリーで、農村が近代的な製糸業の前に衰退を余儀なくされるリアルな悲劇として農村だけを舞台にして描かれている。一方、『おもちゃ』では、短いカットをつないだり、女性の身体性を強調するようなショットを使用したり、感情的に盛り上がるシーンでクローズアップを多用したりと、積極的に抑揚をつける工夫がなされている。都市との関係性の中で農村表象において孫瑜独自のイマジネーションが加えられ、テンポよくつながれた短いカットと特徴的なショットで抑揚をつけられたストーリー展開が、『おもちゃ』の特徴となっていることが分かる。

以上のような、『春蚕』と比較して明らかな『おもちゃ』の農村表象の特徴は、女性の身体性をどう表象するかという点や、物語構造の持つ特徴といった面での、近代の表象と相互に関連しているとも考えられ、それらについては次節以降で詳述していきたい。

二　女性表象——黎莉莉の健康美

リアリティを追求した『春蚕』とイマジネーションにあふれた『おもちゃ』という違いは、登場人物の身体、とりわけ女性の身体をどう表象するかという点とも密接に関連している。実際のところは、『春蚕』での身体表象云々というよりも、『おもちゃ』の女性表象があまりにもイマジネーションにあふれているというのが適切かもしれない。すでに別の機会に指摘したとおり[24]、一九三〇年代の孫瑜監督作品には、健康的な身体性を強調し、場合によっては身体の特定部位、とりわけ脚に焦点を当てたきわめてフェティッシュな映像作りがなされている。『おもちゃ』もそうした作品の一つであり、孫瑜監督作品のなかで比較した場合はそれほど驚くようなものでもないが、『春蚕』のようなリアリティを追求した作品と比較すると、両作の身体表象においてかなりの開きがあることに気づかされる。とりわけ表現として突出しているのは、一九三〇年代の孫瑜映画のミューズともいうべき黎莉莉の健康的な肉体に与えられている、女性の身体性を強調するようないくつかのショットである。以下では、特に印象的な場面を取り上げ、そこで表象されているモダニティについて検討したい。

(1)　体操をする黎莉莉

ここで検討の対象とするのは、『おもちゃ』の五一分すぎから始まる、黎莉莉演じる珠児が家の前の空き地に子どもたちを集めて体操を行う場面である。手押し車のようなものを台にして、子どもたちの前に立った珠児が体操の見本を見せ、子どもたちがそれを真似るという場面である。半袖のシャツ一枚に短パンを穿いた黎莉莉が、まずは背後から撮《うつ》され、空き地に子どもたちが並んでいる様子とともに、均整のとれた肉付きの良い黎莉莉の全身が映し出される。続くショットでは、開脚しながら屈伸動作をする黎莉莉が台の下に置かれたカメラから撮される（図1参照）。特定のシーンの受け止め方には個人差があるとはいえ、現在的な視点から見てもかなり「きわどい」撮り方がされていると感じる人が多いのではないかと思われる。それが健康美を強調するものなのか、エロティシズムを喚起するものなのかという意味においてである。その後に続く身体を反《そ》らす運動では、黎莉莉の驚異的な柔軟性が存分に映し出されていることも特記に値する。黎莉莉の真似をしようとした子どものズボンが脱げてしまったり、ほとんどの子どもがうまく身体を反らすことができずにひっくり返ってしまったりと、孫瑜らしいユーモアのあるシーンも収められている。

図1　『おもちゃ』で体操をする黎莉莉。

一つ注目に値することは、台の下から黎莉莉を撮ったショットについて、公開当時の批評では卑猥な感じを与えるので好ましくないというような否定的評価が、管見の限り見られないということだ[25]。そうした反応には、およそ次のような三つの要因が想定されよう。まず、一つめは、後年のフェミニズム批評の立場からすると批判の対象となるような女性の身体表象の商品化ということが、何の問題意識もなく受け入れられていたということである。当時の上海映画においても、女優優位という状況が現れていて[26]、女優の身体を鑑賞することが映画鑑賞の楽しみの一つとなっていたということが指摘できよう。二つめは、『良友』画報など雑誌メディア等を通じて、健康な肉体美というような観念が、きわめて近代的な思想として、映画批評を書くような知識人の間に定着していたのではないかという点である。この場面は戦火に焼け出されて上海に出て来た後の場面であり、厳密な意味での農村の場面ではないが、近代化された上海中心部とは異なる未開発な雰囲気が濃厚な場所を背景に、過度な装飾を一切身に纏わない健康な肉体が躍動する様子は、纏足をした前近代的な女性や都市の不健康な生活を送る女性よりも、好ましいものに見えたはずだ。「不健康・不健全がなければ、健康・健全は出てこない[27]」と言われるように、すでに指摘した都市と農村の場面設定なども背景に、健康・健全な近代的な身体性としてこの場面が理解されていたとも考えられよう[28]。三つめは、二つめの理由とも関連するが、この場面が体操の場面であったということである。ただいたずらに身体性を誇示するような場面ではなく、リーダーの動きに従って子どもたちが規律に則った身体の動きをするという、きわめて近代的な身ぶりがそこに示されている。もちろん、前述のような子どもならではの失敗をさりげなく描き込むことで場を和ませる孫瑜独特のユーモアが加えられてはいるが、体操という活動自体は非難されるようなものではない。

これらの要因は、農村表象を考える際に指摘したどのような観客が作品を見るのかという受容の問題とも関わってくることは間違いない。見た目も美しい珠児の身ぶりを近代的で健康的、場合によっては都市の生活に汚染されていない純粋なものとして、多くの観客が理解し得たということは重要である。そして、そうした身ぶりを発揮する珠児が、日本と容易に推測できる敵との戦いの中で命を落としてしまうという点は、きわめて重要なプロットと言っていい。守るべきけがれなき美しいものが失われてしまうという残念さや無念さが、娘を失った葉大嫂への感情移入を促すわけだ。

(2) 体操から軍隊へ

さらに注目すべきは、この体操のシーンが、後の軍隊のシーンにつながっていくということである。近代において、健全な身体を涵養することが、「競争の非暴力モデル[29]」としてのスポーツに向かう流れと、ナチス・ドイツのように規格化された戦闘要員を養成する方向に向かったのは周知のとおりである。『おもちゃ』の体操シーンでは、珠児が子どもたちのいわば「司令官」であったものが、後の戦争のシーンでは本物の軍隊の司令官の下に珠児たちが参加していくことになっており、ほほえましい子どもたちの体操が実際の兵士の訓練へと連続していっているとも読み取れる。ほほえましいシーンや楽しげなやりとりに隠されているが、『おもちゃ』における身体表象の裏には、近代国家における戦える国民を作り上げるための養成過程が表されているとも言える。そこには、はじめ農村に存在していたイノセントな身体が、都会を経由して訓練されていき最後は戦場へと向かうという流れが、さりげなく示されてもいる。『春蚕』が農村のリアルな描写に徹してそこに留まっているのに対し、『おもちゃ』は農村発、都市経由、戦場行きという、近代中国が直面している構造的な問題を象徴的に示している。そこでは、農村が近代的な身体をもつ若者の供給源としても考えられている。

したがって、体操をする美しく健康的な珠児の命が失われるということは、葉大嫂への感情移入を促すのみならず、中国に芽生えつつあった近代の芽を摘み取るものとしても表象されていることになる。『春蚕』に描かれるようなリアルな農村は近代に侵食される対象であるが、『おもちゃ』での農村は近代が萌芽する地であり、近代的で健康・健全な身ぶりをする若者が存在する保護されるべきユートピアであることが、女性表象を通して強調されていると言えよう。そして、女性表象を通して、近代化に伴って問題を抱える農村を理想郷として描き換えている点が、孫瑜のイマジネーションの真骨頂であり、次節で詳述する『おもちゃ』の物語構造を支える柱にもなっているのである。

三　メロドラマ

『おもちゃ』における身体表象、とりわけ女性の身体性の扱い方に特徴があることはすでに述べた。その特徴を主に担っているのは、珠児を演じた黎莉莉であった。しかし、『おもちゃ』の主人公は阮玲玉演じる葉大嫂であることを忘れてはならない。身体表象においては珠児に押されがちな葉大嫂だが、物語全体の構造から見れば間違いなく主人公である。『おもちゃ』公開から二年足らず後の一九三五年三月八日に自ら命を絶ってしまった阮玲玉と、二〇〇五年まで長寿をまっとうした黎莉莉という、実人生でも対照的な生き方をした二大スターを比較しつつ、主人公・葉大嫂が物語構造の上で果たしている役割を検討していく。

(1) 阮玲玉のクローズアップ

葉大嫂は、桃葉村の皆から愛される女性おもちゃ職人である。次々と新しいおもちゃを作り出す発明家のような存在で、村のリーダーとして描かれる。『春蚕』に登場する迷信的で外国から押し寄せる近代的な製糸業になすすべのない受動的な農民と違い、葉大嫂は先見の明があり、自らの置かれた状況を把握し自分の運命を切り開いていけるような人物として描かれている。理知的・合理的で、いわば近代的な思考のできる人物である。例えば、次のようなセリフ（字幕）を見れば、運命を受け入れることしかできない『春蚕』の農民との違いは明らかだろう。

図2　『おもちゃ』での阮玲玉と黎莉莉の身体表象の違い。

> これらの外国のおもちゃは、大工場の機械で作られたそうよ。早く作れて、町のお金持ちの子どもらは、みなこれらの戦艦や飛行機で遊んでいるって！
> でも、私たちはあきらめてしまうの？……いいえ！……私たちは胸をはって前に進むだけよ！[30]

皆を前にこのような発言をして、次々と新しいおもちゃを生みだしていくのである。さらに自分に思いを寄せる青年からともにドイツに留学に行くことを誘われた場面では、夫や子どもがいることを理由に同行を断りながらも、ドイツに行って知識を身につけ中国のおもちゃ業のために活かす

図3　『おもちゃ』での阮玲玉のクローズアップとオーバーラップされる兵士と戦車。

ように諭したりもするのである。体型的にも細身で、もともとあまり活発なイメージを持たない阮玲玉の雰囲気と相俟って、理知的で控えめだが内に秘めた情熱を持つ女性として描かれている。それは、母を喜ばせるために調子に乗って滑り台を滑って見せて、ズボンが破れてしまって皆に笑われるような、活発でやや向こう見ずなところがある珠児（黎莉莉）とは対照的である。前線に赴く兵士たちを葉大嫂と珠児が並んで見送るシーンでは、背筋を伸ばして見事な敬礼を決める珠児に対し、力なく手をかざしまったく様《さま》になっていない葉大嫂が同じ画面で捉えられ、二人の身体性の違いが際立たされてもいる（図2参照）。

そうした葉大嫂には、健康美を強調するようなショットは与えられず、身体性が強調されることはまずない。その代わり、顔のクローズアップはもっとも多く与えられ、喜怒哀楽、とりわけ喜びと悲しみがはっきりと表現されるのである。顔の表情で役を演じていると言ってもよい。その顔のアップの中でも一番印象に残るのは、何といっても、作品の最終盤で街に響く爆竹の音に戦火を思い出して発狂してしまうシーンのアップである。爆竹を放つ男のシーンに続いて葉大嫂の発狂した顔がアップになり、その顔のアップに銃を手に進む兵士や戦車の映像がオーバーラップされる（図3参照）。さらに、それに続いて戦闘機や戦車のおもちゃの映像が続いていく。爆竹の画面から爆竹の鳴る音が想像され、それが戦場の映像と重なり、葉大嫂の叫んでいる顔のアップに葉大嫂の叫び声を聞き、サイレントの画面のはずが、頭の中でさまざまな音が鳴り響くような印象的な画面である。ストーリー的にも、戦火で故郷を失い、さらには最愛の娘も失った展開が発狂のシーンに集約され、浮ついた生活をする都市生活者に投げかけられているメッセージが、重みを持って伝わってくるのである。

（2） メロドラマはメッセージである

『春蚕』が養蚕農家の苦境を描いた悲劇であることは間違いないが、『おもちゃ』もやはり悲劇なのであろうか。答えは否であろう。もちろん、『おもちゃ』も農村に住み手工業で玩具を生産する一家の悲劇的な物語ではある。しかし、悲劇的な形で葉大嫂に加えられた種々の抑圧は、発狂という形ながらエンディングで明確なカタルシスを与えられている。したがって、本稿では『おもちゃ』は単なる悲劇ではなく、メロドラマであると考えたい。

メロドラマとは何かという問題に関しては、ピーター・ブルックスの『メロドラマ的想像力』以来、相当な議論の蓄積があるが、本稿ではメロドラマの本質論的・存在論的な議論はせず、加えられた抑圧に対して最終的にカタルシスが得られるような物語をメロドラマとして考えていきたい。そうすると、一九二〇年代に軍閥間の戦争で故郷を焼け出され、一九三〇年代には外国（日本）との戦闘によって最愛の娘を失うという抑圧を受けてきた葉大嫂が、最終的に気が触れながらも、都会の人々に戦闘のために起ち上がることを訴えるという形でカタルシスが得られ、メロドラマとして成立していると考えられる。

加藤幹郎は、メロドラマ映画のヒロインに与えられるショットに関して、次のように述べている。

顔のクローズアップ（その微視的表現）が、メロドラマ最大の主題である女性の受動性を浮き彫りにする。(31)

すでに述べたように、葉大嫂には頻繁にクローズアップが与えられており、メロドラマのヒロインとしての特徴を備えていると言えよう。加藤の言う「女性の受動性」とは、運命において自分ではどうにもできない状況におかれているという意味での受動性であり、葉大嫂も自分ではどうにもできない時代の流れに翻弄されている。もちろん、葉大嫂は困難な時代にあって自らの運命を自分で切り開いていこうという意志を持った人物ではあるが、彼女の意志や努力とは無関係に、時代は葉大嫂を苦境に追い込み、葉大嫂はやむなくその時代の流れを受け止めざるを得ない。何もかも失い、発狂して上海の街頭で自らの思いをぶちまけるまでは。

また、メロドラマの特徴として、ピーター・ブルックスの次のような言葉も参考になる。

メロドラマは明快な言語で何度も述べ、葛藤と闘いを詳しく物語り、悪の脅威と道徳の最終的な勝利が有効かつ自明であるとはっきり提示する。(32)

聖なるものが喪われた時代に、本質的道徳を示し、機能させるための主要なモード(33)

『おもちゃ』という作品の製作された時代に引きつけて言えば、悪とはアジアで一番早く近代化に成功し中国への侵略圧力を高めていた日本であり、道徳的な勝利とは中国の人々が手を携えて起ち上がることで日本を撃退することであると言えよう。葉大媄は自分ではどうにもできないさまざまな不幸に襲われ、最終的に正気を失いながらも、いわば本質的道徳としての抗日という主張を叫ぶ。「起ち上がろう」という明確な主張を伝えるためにメロドラマという形式はうってつけであり、孫瑜はその形式を巧みに用い、単なる悲劇に終わらせず強烈なメッセージを放っている。一九二〇年代後半に流行した武侠映画の多くもメロドラマ形式を備えていると言えるが、本場アメリカで映画を学んできた孫瑜が、ハリウッド映画を象徴するアイコンの一つでもあるメロドラマに、すでに論じたような農村表象や女性表象を組み込みながら作り出した作品は、そのメロドラマという形式だけでも他とは比べられないほどの強烈なモダニティを伴ったメッセージ性を持っていたと言っていいだろう。「メディアはメッセージである」と表現したマーシャル・マクルーハンに倣うならば、「メロドラマはメッセージである」といったところだ。また、葉大媄は『おもちゃ』というメロドラマにおいて物語構造を担う存在なのであり、まさに主人公であると言える点も、ここで確認しておきたい。

それにしても、葉大媄が上海の街頭でカメラに目線を向けて指をさし何事かを叫び続けるラストシーンの迫力には圧倒されるものがある。実際に何を叫んでいるのかは、サイレント映画であるし、字幕等で明示されること

図4　『おもちゃ』のラストシーンにおける阮玲玉。

もなく正確には分からないのだが、敵に対して起ち上がること、すなわち抗日を叫んでいることは、文脈から明白である[34]。都市と農村の対比、特徴ある身体の表象などを通じて表現されたあらゆる感情が、メロドラマの最終局面で画面に差し向けられた葉大嫂の指先に集約され、圧倒的なオーラを放つ(図4参照)。珠児の死が近代の芽生えの喪失を表象しているということはすでに述べたとおりだが、抗日という形でのモダニティの回復を叫ぶのが葉大嫂なのである。葉大嫂の叫びは、農村を独特の想像力でユートピアとして描き出した孫瑜の、半植民地中国におけるモダニティの喪失と回復の神話となっている。そこでは、近代化で先行した列強や日本による中国の近代化の破壊と、抗日というある面で反近代とも言える形での中国の近代化の方向性が、メロドラマという形式によって劇的に示されている。つまり、メロドラマという形式が、中国における近代の二面性を表象することを可能にしているとも言えるのである。

おわりに

パール・バックの『大地』に、王龍の孫・王淵が六年ぶりにアメリカから帰国した際に、中国人苦力と外国人の様子を目にして述べた、次のような一節がある。

そして不可解ではあるが、彼はまた苦力等をさける外国婦人たちに反感を持つとともに、半裸体の苦力や乞食どもに激しい嫌悪のこみあげてくるのを感じて、心の中で熱烈に叫んだ[35]。

この一節について、三浦雅士は次のように述べる。

淵は、いってみれば二重の視線を持っているのだ。中国人の視線とアメリカ人の視線の二つを。彼は見るものであると同時に見られるものであるという苦渋にうちひしがれている。(36)

これに続いて、こうした苦渋は、内村鑑三や有島武郎、高村光太郎などの日本からの留学生も同様に感じたことだろう、と述べている。

同様の苦渋を、アメリカ帰りの孫瑜も感じていたと考えることはできないだろうか。自伝では中国農村に対する親近感が表明されているのみで、そうした苦悩は書かれていない。また、実際の孫瑜の状況がどうであったかを考えるには、次のステップとしてはとりあえず孫瑜の日記の分析を待たねばならないが、もちろん日記を分析してもそうした苦悩が明らかになるかは分からない。しかし、すでに見てきたような『おもちゃ』における農村と都市の表象からは、類似の苦悩、少なくとも類似の視線を読み取ることができるのではないだろうか。

『おもちゃ』で描かれる都市は、分量的にも少なく、内容的にもきわめて平板でステロタイプなものでしかない。モダニティを全身に纏ったような孫瑜が、当時の中国でもっともモダンな都市とも言える上海を描かずに、都市の外側にモダニティを見出しているのは、非常に興味深い現象である。三浦雅士は、動作や身ぶりといった身体の問題を論じる文脈で上述の二重の視線に言及している。孫瑜が王淵と同様の二重の視線を持っていたとするならば、近代的な身ぶりを見せびらかすかのような外国人と、貧しく近代化されていない身ぶりを示す現地人が共存する上海は、孫瑜にとっては描写に堪えない場所であったと考えても、それほど間違った推測ではないだろう。二重の視線をもって直視するに堪えない上海を避け、自発的なモダニティを有する理想郷としての農村を想像しそこにすべてを託すこと、それが孫瑜のイマジネーションの本質的な部分だと言える。これは、先に述べた農村をユートピアとして描き換えるということとつながるものである。中国的でも西洋そのものでもなく、純粋無垢という意味においてのモダニティを持った身体性が、ユートピアとしての農村に想像されているというわけだ。そうした農村の姿は、レイ・チョウ的にプリミティヴであると言ってもよいし、ミリアム・ハンセンのようにヴァナキュラーと呼んでもいいかもしれない。

孫瑜がどのような視線を上海に向けていたかを除外して、単純に『おもちゃ』について考えてみても、すでに論じたように、近代の脅威の前線に立たされるのも農村であり、そうした近代を乗りこえていくことも農村に期待されているという、近代についての表象を見ることができる。『おもちゃ』に見られる近代中国の表象には、孫瑜の近代に対する非常にアンビバレントな理解や感情が込められているということは確かだ。それはまた、孫瑜と同様にモダニティを身につけた人々にとっても同じだったのではないだろうか。『おもちゃ』が表象する近代中国は、二律背反する中国におけるモダニティがイマジネーションによって辛うじて乗りこえられていく様であったと言えよう。

同じような原理は、映画という近代メディアについてもあてはまる。圧倒的な浸透力を持つハリウッド映画という存在に対し、孫瑜はそれを本場で学んできたという立場であり、同時に中国においてハリウッド映画から観客をとり戻すことを期待される、まさに二重の視点をもたされた存在である。そこで注目されたのが農村であり、純粋無垢な身体性であった。色のついていないイノセントな農村や身体というイメージは、押し寄せるハリウッド的モダニティに対して、中国独自のモダニティを発揮しうる可塑的な存在であり、その意味では魯迅が『狂人日記』で「子どもを救え」と書いたものとの連想も呼び起こされる。

こうした孫瑜の苦心の映像製作を、単に西洋のまね、あるいはハリウッドのご都合主義的改変と捉えるだけでは、孫瑜の魅力を理解することはできないだろう。ハンセンのヴァナキュラー・モダニズムが再評価の可能性を見出しているのもこの点であり、ハリウッド映画のモダニティの破壊力の前に発見されたヴァナキュラーな存在を、その再帰性とともに見直そうというものだ。孫瑜のイマジネーションあふれる農村表象が、エイゼンシュタインのモンタージュ理論や小津安二郎の独特のカメラ、香港のアクション映画のように、ハリウッド映画に再帰的に影響をもたらし得たかどうかはやや心許ないところはある。しかし、ハリウッドの衝撃を孫瑜以前に流行した武俠映画のようなイマジネーションで吸収するのではなく、[37]新たな身体表現で受け止めた意味は大きい。そして、少なくとも中国の農村や身体の表象に純粋さや純潔さを見出したイマジネーションは評価されるべきであり、後に世界にインパクトを与える中国映画作品[38]の農村表象や女性表象との関係性も今後検討されるべきと考えられる。また、孫瑜という近代の化身のような存在自体が、ヴァナキュラーな価値観を発見して変化していく過程として評価することもできよう。

さらに、『おもちゃ』も『春蚕』もともに中国映画史に名を残す名作であると思われるが、政治的なメッセージや製作者の政治的信念によって「左翼映画」というジャンルに分類し評価するだけでは不充分と言える。一九三〇年代における中国の近代表象に求められていたものが、一九二〇年代に流行した武俠映画的な表象ではなく、『おもちゃ』や『春蚕』のような政治的メッセージを伴ったものであることは確かだが、ただ「左翼映画」として扱うだけでは当時の映画人が近代とどう向き合ったかということの大部分が捨象されてしまいかねない。この点に関しては、すでにさまざまな言説も出てきているが、今後も検討されるべき点であり、本稿では言及できなかったが、近代中国の表象を検討していく上での「可能性」のある領域であるということをつけ加えておきたい。

（1）沈西苓「評『小玩意』」（『申報』「本埠増刊・電影専刊」一九三三年一〇月一〇日）。

（2）孫瑜『銀海泛舟』（上海文芸出版社、一九八七年）七五—七六頁の記述に基づく。

（3）藤井省三『魯迅事典』（三省堂、二〇〇二年）二四四—二四五頁によれば、「魯迅は北京時代や廈門・広州滞在中にも欧米映画九作、中国映画四作を観ているが、国産映画に対しては「極めて劣悪」（一九二六年一二月三日『新人の家庭』）、「浅薄このうえなし」（一九二七年一月二四日『詩人目をえぐり出すの記』）と悪印象を受けている」とあり、その一方でハリウッドのターザン映画にいたってはさまざまなバージョンが公開されるたびに劇場に足を運んでいた様子が窺われる。三澤真美恵『「帝国」と「祖国」のはざま──植民地期台湾映画人の交渉と越境』（岩波書店、二〇一〇年）一四三頁によれば、ターザン映画に足しげく通った魯迅が、「軟性映画」派とされた劉吶鷗製作の『揺山艶史』（楊小仲監督、一九三二年）を批判し、まだ公開されていない左翼映画人の息のかかった『春蚕』を高く評価したこともあったという。また、程季華主編〔森川和代訳〕『中国映画史』（平凡社、一九八七年）一〇五頁（原書：中国電影発展史、北京・中国電影出版社、一九六三年初版、一九八〇年第二版）には、「『春蚕』が上映されると、文芸界の話題となり、この映画はたいへん意義深く、成功した一つの試みであり、三三年中国映画界における大きな収穫であると認められた」と記述されている。

（4） 吉川龍生「孫瑜映画の脚」（『慶應義塾大学日吉紀要 中国研究』三号、二〇一〇年三月）四七―七五頁、および吉川龍生「孫瑜映画のファンタジー」（『慶應義塾大学日吉紀要 中国研究』六号、二〇一三年三月）五五―八五頁。先行研究・作品あらすじ・フィルモグラフィーなどの詳細は、これら別稿を参照されたい。

（5） 筆者は、二〇一五年一二月に中国伝媒大学の崔永元口述歴史研究センターを訪問し、孫瑜の日記の保存状況やどのような言語で書かれているかなどについて確認した。日記の内容については、遺族の許可が得られなかったため詳細に確認することはできなかった。中国伝媒大学・崔永元口述歴史研究センターでは、孫瑜の日記のテキストデータ化と英文で記された部分の翻訳作業を行っている。

（6） 滝浪佑紀「訳者解題（ミリアム・ブラトゥ・ハンセン「感覚の大量生産 ヴァナキュラー・モダニズムとしての古典的映画」）」（『ＳＩＴＥ ＺＥＲＯ／ＺＥＲＯ ＳＩＴＥ』三号、二〇一〇年六月）二四三頁。

（7） 上海映画を扱った、Miriam Bratu Hansen, "Fallen Women, Rising Stars, New Horizons : Shanghai Silent Film as Vernacular Modernism," *Film Quarterly*, vol. 54 (Oct., 2000), pp. 10-22 では、ハンセンが言うほど再帰性について説得的に語られているようには思われない面もある。なお、この論文では孫瑜監督の『天明』（一九三三年）が、ジョセフ・フォン・スタンバーグ監督『間諜Ｘ２７』（一九三一年）を下敷きにしていることが指摘されている。

（8） プチ・トリアノンは、もともとはルイ一五世の公妾・ポンパドゥール夫人のために建てられたものであるが、完成時にポンパドゥール夫人は亡くなっており、のちにルイ一六世がマリー・アントワネットに与えたという（デジタル大辞泉「小トリアノン宮殿」の項目を参照。二〇一六年二月二六日、http://japanknowledge.com.kras1.lib.keio.ac.jp

にて確認)。

(9) レイ・チョウ(本橋哲也・吉原ゆかり訳)『プリミティブへの情熱』(青土社、一九九九年)(原書 *Primitive Passions: Visuality, Sexuality, Ethnography, and Contemporary Chinese Cinema*, Columbia University Press, 1995)を念頭に置いたものであることは、注記しておきたい。

(10) 三浦雅士『身体の零度 何が近代を成立させたか』(講談社、一九九四年)一八五頁。

(11) 茅盾の小説『春蚕』(一九三二年)も、主人公である老通宝の一家が、外国産生糸のシェア拡大などによる繭価格の暴落という困難に直面する様を描いている。丸山昇・伊藤虎丸・新村徹編『中国現代文学事典』(東京堂出版、一九八五年)二六〇頁の記述によれば、『春蚕』と一九三三年に発表された茅盾の『秋収』『残冬』の三篇は、「当時〝農村三部作〟と称され、三〇年代半ばの農民文学台頭の先駆けとなった」と評価されている。

(12) 広播電影電視部電影局党史資料征集工作領導小組・中国電影芸術研究中心編『中国左翼電影運動』(北京、中国電影出版社、一九九三年)四四〇頁(原載は『晨報』「毎日電影」一九三三年一〇月八日)。

(13) 前掲『中国左翼電影運動』四四〇頁。

(14) 前掲『中国左翼電影運動』四四〇—四四一頁。

(15) 前掲『中国左翼電影運動』四四一頁。

(16) 前掲『中国左翼電影運動』四四一頁。

(17) 前掲『中国左翼電影運動』四四二頁。

(18) 前掲『中国左翼電影運動』四四四頁。

(19) 映画におけるリアル(リアリズム・リアリティ)をめぐる諸問題については、アンドレ・バザンのリアリズム論など、膨大な議論の蓄積があることは承知しているが、本稿では紙幅の関係もあり本質的・存在論的な議論は行わない。本稿で用いている「リアリティ」という言葉は、過度の修飾やイマジネーションを加えずに現実に起こり得そうな情景を映像として捉えているもの、という意味合いで使用していることを確認しておきたい。

(20) 前掲『中国左翼電影運動』四四二頁。

(21) 東京国立近代美術館フィルムセンター編『FC91 孫瑜監督と上海の仲間たち 中国映画の回顧』(東京国立近代美術館、一九九二年一〇月)三八頁では、「恐らく、中国映画における農民映画・農村映画のはしりと思われる(ちなみに、日本の代表的農民映画といわれる内田吐夢監督の「土」は、一九三九年の作品である）」と述べられている。『春蚕』の農民映画としての位置づけや、一九九〇年代から登場するインディペンデント映画との画面作りにおける共通点など、今後検討を要する課題も多い。

(22) 沈西苓前掲論文。

(23) 前掲『中国左翼電影運動』五一九頁（原載は『晨報』「毎日電影」一九三三年一〇月）。

(24) 吉川前掲論文（二〇一〇年）四七―七五頁。

(25) 近年の論文では、柳迪善「珈琲与茶的対話――重読孫瑜」（『当代電影』二〇〇八年三期）など、女性の衣服の簡素さと露出の多さを指摘するものはある。

(26) 劉文兵『映画の中の上海――表象としての都市・女性・プロパガンダ』（慶應義塾出版会、二〇〇四年）六九―七〇頁など。

(27) 三浦雅士前掲書、一八五頁。

(28) 吉川前掲論文（二〇一〇年）四七―七五頁において、『良友』画報に見られる身体表象を参考に、孫瑜映画の身体表象の受容について簡単な考察を行った。

(29) 多木浩二『スポーツを考える――身体・資本・ナショナリズム』（ちくま新書、一九九五年）二六頁。

(30) 「这些外洋的玩具，听说都是大工厂的机器做的。做得很快，城里的有钱孩子们，都在玩这些兵船飞机哩！／但是我们就灰心了吗？……不！……我们只有挺起胸口朝前上！……」（『おもちゃ』本編の字幕より）。

(31) 加藤幹郎『映画のメロドラマ的想像力』（フィルムアート社、一九八八年）三八頁。

(32) ピーター・ブルックス（四方田犬彦・木村慧子訳）『メロドラマ的想像力』（産業図書、二〇〇二年）三九頁。原書 *The melodramatic imagination: Balzac, Henry James, melodrama, and the mode of excess*, Yale University Press, 1995.

(33) 同、三九頁。

(34) 孫瑜前掲書、一〇三頁によれば、「「敌人又杀来了！……大家出去打呀！救你的国！救你的家！救你自己！」「醒醒吧！不要做梦了！」「中国要亡了！快救救中国！」（「敵がまた攻めて来たわ！……みんな戦いに行くのよ！自分の国を救いましょう！自分の家を守りましょう！自分自身を守りましょう！」「目を覚まして！夢を見ている場合じゃないわ！」「中国が滅びてしまうわ！早く中国を救って！」）」と、最後の場面で叫ぶことになっているが、現在鑑賞できる映画本編では、「みんな戦いに行くのよ！」までは字幕になっているものの、それ以降は字幕になっていない。最後の二分あまりは、映像では葉大嫂がかなり多くの言葉を叫んでいるのが分かるが、字幕が一切入っていない。この点に関しては、詳細な経緯は不明だが、当時の検閲によってカットされたことも考えられる。

(35) パール・バック〔新居格訳〕『大地（四）』（新潮文庫、一九五四年）一七〇頁。原書 *The Good Earth*, New York, John Day Company, 1926. 旧字体を新字体に改めて引用した。なお、三浦雅士は当該箇所を「まことに奇妙なことだが、苦力を避ける外国婦人たちに反感を持つ一方、半裸の苦力や乞食どもにも激しい嫌悪がこみ上げてくるのを感じ」と引用しているが、出典は不明である。パール・バック〔小野寺健訳〕『大地（四）』（岩波文庫、一九九七年、原書 *The Good Earth*, New York, John Day Company, 1926）では、王淵が「王元」とされている。

(36) 三浦雅士前掲書、八一頁。

(37) 武侠映画のイマジネーションが劣っていたという意味ではない点は強調しておく必要がある。本論の議論から離れてしまうことや、紙幅の関係もあり言及できなかったが、武侠映画のイマジネーションこそ、香港のアクション映画へと受け継がれ、たとえば『マトリックス（原題：*The Matrix*）』（ラナ・ウォシャウスキー、リリー・ウォシャウスキー監督、一九九九年）におけるアクションシーンが、香港映画のアクションの影響を受けているように、長い時間をかけてハリウッドに再帰的に影響を与えたものとして評価することもできると考えている。

(38) 例えば、分かりやすいところでは、いわゆる「第五世代」の作品、陳凱歌監督『黄色い大地（原題：黄土地）』（一九八四年）や張藝謀監督『紅いコーリャン（原題：紅高粱）』（一九八七年）における農村表象やヒロイン像との関連は検討の余地のある領域であると考えられる。

第6章 日中戦争前期、サラワク華僑の救国献金運動と祖国の表象

山本真

はじめに

清末から中華民国にかけての時期に、中国東南沿海部に位置する福建省で、海外からの影響を受けて進展した社会変容を検討する研究の一環として、筆者は福州地区から東マレーシア（ボルネオ島西北部）のサラワク州シブへのキリスト教徒移民に注目してきた(1)。その現地調査の過程においては、人々から太平洋戦争時期の日本の占領について語られることが多く、嫌日感情を強く投げかけられることもたびたび経験した。現在日本は、東北アジアにおける国際情勢にも影響され東南アジア諸国との関係強化に注力している。そうしたなか、当該地域において少なからざる影響力を有する中国系住民＝華人(2)の対日感情を、日本人自身が主体的に研究し、理解しておくことは、これまで以上に重要な課題となってきたように思われる。

華人の対日感情を理解するためには、民族意識が高揚したと見なされる日中戦争時期の祖国支援の救国献金運動や、太平洋戦争時期の日本軍占領下での華僑の境遇について歴史的に検証しておくことが必要である。このような関心に基づき、日中戦争前期に実施された「籌《ちゅうしん》賑祖国難民運動（祖国の戦争難民を救済する運動）」（以下では「籌賑運動」と略記する）を本稿で取り上げる。「籌賑運動」では、愛国心・民族意識を喚起する宣伝を通じて戦争難民を救済する募金が行われたところに特徴がある。

本稿では、第一に、「籌賑運動」において祖国・中国がいかに表象されたのかについて、中国国民党・政府からの働きかけと宣伝の受容のされ方に着目する。第二に、華僑コミュニティの内部にまで視野を下降させ、「籌賑運動」実施の実態を検証することを目的とする。その際には、華僑社会の指導層だけでなく、一般民衆の参与の実態や意識を含めて立体的に考察したい。コミュニティの内部の実情を明らかにするために、シブにあるサラワク華族文化協会に所蔵されている地元発行の新聞や「籌賑運動」の一次史料などを利用する。さらに現地の人々から聞き取った口述資料も積極的に活用したい。

一　先行研究と本稿の視座

「籌賑運動」については、東南アジア（南洋）華僑が祖国を支援した運動として、その愛国行為や民族主義の高揚が研究史上注目されてきた。例えば、全東南アジア各地の華僑の「籌賑」活動を広く概観したものとしては明石陽至の英文での研究[3]が先駆的である。市川健二郎も東南アジア全域における華僑の抗日運動を広く論じており参考となる[4]。

中国では、華僑が抗日戦争にいかに貢献したのか、その際あるいは国民政府と華僑との間にどのような関係がとり結ばれたのか、という観点からの研究が多数を占めてきた。例えば、曾瑞炎の著作[5]がその代表だろう。その一方、近年では国民政府の僑務委員会や国民党の海外部の制度や事業を詳細に論じる実証的研究が増えてきていることは事実である[6]。ただし、国民政府の宣伝史料や華僑領袖層が作成した回顧録などの文献には、特定の立場や目的に立脚する政治性や利害関係が必然的に包摂される。専らこうした史料に依拠して歴史を再構成すると、運動の高揚面のみに注目したり、史料作成者の意図に引きずられ過ぎた解釈・叙述となってしまったりする危険性をぬぐえない。これに対して、菊池一隆の一連の研究は、『南洋商報』などのシンガポール華字紙を丹念に読み解くだけでなく、華僑のナショナリズムや行為の複雑性を分析するために、汪精衛政権と関係を結んだ華僑の動向に対しても分析を加えており、その多角的視座は示唆的である。[7]

本稿が対象とするサラワクでの「籌賑運動」については、地元知識人が太平洋戦争での日本軍の占領や地域での抗日運動を叙述する際に併せて触れられてきた。しかし、回顧録的な記述形式が強く、必ずしも実証的な学術研究とは言えない著作が多かったようである。[8] これに対して、台湾の研究者黄建淳により著されたサラワク華人の通史[9]は、学術書であり、「籌賑運動」についてもある程度の紙幅が割かれている。ただし黄の著作も含めて、総じて言えば、「籌賑運動」やナショナリズムの高揚面を強調したり、運動に対する地元指導層の貢献を表彰することに関心が向けられる傾向が強いように思われる。つまり中国系ナショナリズムの価値観や思考の枠組みが濃厚に表れる叙述となっていると指摘できるだろう。[10]

もちろん華人の対日感情・歴史記憶を理解するためには、華人社会で形成されてきた「準公式[11]」の歴史認識の中身を確認しておくことは意味のあることである。それゆえ、本稿では、こうした歴史認識のひな形を形成したと思われる「籌賑運動」での中国ナショナリズムの受容の実態を検証することを第一の課題とする。その上で、華僑指導層が残した文字資料や回顧録からは漏れ落ちがちな「民衆」の視点や運動の実情を多角的に検討し、「あるべき歴史像」と実像との差異を抽出することを第二の課題としたい。

二　東マレーシア・サラワク州における中国系社会

(1) サラワクにおける中国系人口と方言集団

二〇一三年の統計では、サラワク州の人口は二四七万人以上であり、州都クチンは約六三万九〇〇〇人、その他の主要都市であるミリは約三一万八〇〇〇人、シブは二五万四〇〇〇人である。華人人口は、サラワク州全体で五九万五〇〇〇人（全州人口の二四パーセント）、クチンでは二三万五〇〇〇人（当該行政区域全人口の三六パーセント）、ミリで八万四〇〇〇人（区域人口の二六パーセント）、シブで一一万八〇〇〇人（区域人口の四六パーセント）を占めている。[12] 中国系内部の言語集団に着目すると、サラワク州全体で福州系が三七パーセント、客家系が三一・五パーセント、福建（閩南）系が一三・六パーセント、潮州系が六・三パーセント、広府系が四パーセント、興化系が二・四パーセントを占めている。[13] 客家系や福建（閩南）系を抑えて福州系が多いのは、二〇世紀初頭、当時福建省で宣教を展開していたキリスト教メソジスト教会が信徒を農業移民としてシブに送り込んだことに起因するのだろう。さらにシブの中国系の比率は、福州系が七〇パーセント、興化系九パーセント、客家系が四パーセント、福建（閩南）系が五パーセント、潮州系が三・四パーセントとなっており、福州系が圧倒的多数派を占め、興化系がこれに次いでいることが特徴的である。[14]

（2） クチンとシブへの中国系移民の入植とキリスト教

サラワクは元来ブルネイのスルタンの版図であったが、イギリス人の探検家ジェームス・ブルックが反乱勢力の鎮圧に協力した功績で、スルタンからサラワクのラジャ（藩王）に任命された。一八八八年にイギリスの保護国になり、日本の占領を経て一九四六年にイギリスの直轄植民地となった。サラワクの首府であるクチンへの第一波の華人移民は、一九世紀中葉に開始されており、その主要なエスニックグループは客家人である。彼らは元来西カリマンタンのポンティアナックやサンバス、シンカワンなどの金鉱やアンチモニー鉱山の労働者であった。サラワクのバウ（クチンの近郊）に移住してきた後にも、引き続き鉱山労働に従事した。第二波の移民は海路を辿った。その多数は潮州人や閩南（福建南部）人であり、その後広府（広東）人もクチンに到達した。彼らは主に貿易活動に従事し、サラワクの産品をシンガポールに輸出したとされる。[15]

本稿での考察の中心的対象となるシブへの福州人移民については次のように概観できる。福州地区からの移民送出において重要な役割を果たしたのは中国人キリスト教徒であった黄乃裳である。黄乃裳は旧福州府に属した

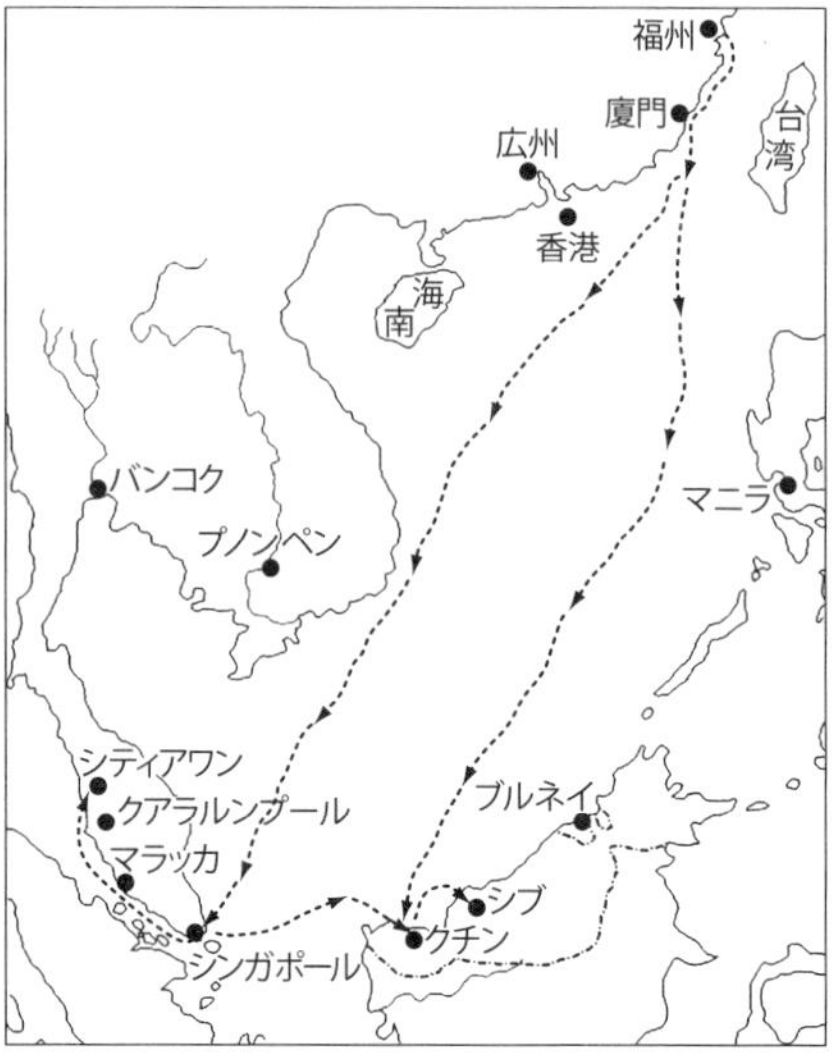

福州からシブへの移民経路（黄孟礼『福州人拓荒路』、シブ、詩巫福州公会、2005年、掲載の地図を基に作成）。

閩清県の坂東鎮湖頭（湖峰）の人で、その父は大工兼農民であり、家庭は決して裕福ではなかった。幼くして叔父に就き手習いを始め、八歳で私塾に入学した。一八八六年、布教に訪れたメソジスト監督教会のアメリカ人宣教師から洗礼を受けた。その後、黄はメソジスト監督教会において、伝道業務や新聞編纂に従事しつつ、中国の伝統的学問の習得にも努め、一八九四年には科挙の郷試に合格し、挙人となった。また日清戦争の講和条件に反対する一八九五年の「公車上書」に参加し、一八九八年には北京に赴き康有為、梁啓超ら改革派要人と交際した。戊戌の政変により改革派が弾圧を被ると、娘婿がシンガポールの華人指導者林文慶であったことから、同地に逃れ、華字新聞の主筆に就任し、さらにサラワクでの開拓事業を志すことになった。黄乃裳はサラワク王国の第二代ラジャであったチャールズ・ブルックと開墾の協定を結ぶことに成功した。さらに自身の故郷だけでなく、福州府下の近隣諸県においても移民を募集し、合計一〇〇〇人以上の志願者を集めることに成功した。そのうち三分の二はキリスト教徒であったという。しかし開墾農場の維持・経営は困難を極め、三年後の一九〇四年に黄は経営から手を引かざるを得なくなった[16]。

その結果、事業の責任者はメソジスト監督教会より派遣された宣教師J・M・フーバーに引き継がれた。アメリカ人であるフーバー牧師は、英国人であるチャールズ・ブルックから強い信頼を獲得することができた。その後ゴムの栽培に成功したことにより、開墾農場の経営は軌道に乗り、シブには福州から続々と新規の移民が入植し、「新福州」と呼ばれるに至ったのである[17]。

なお、シブの中国系住民では福州系に次いで興化系の人々が多数を占めているが、これも教会と関係がある。同地区からの移民の推進には、興化で活躍したメソジスト監督教会のウィリアム・ブルースター牧師の貢献を忘れることはできない。一八九〇年に興化に着任したブルースター牧師は社会事業の遂行に強い使命感を抱いていた[18]。新聞『奮興報』、哲理小・中学校、孤児院、興仁医院、美興印書局などの教育・医療に尽力した。さらに織布工場、製麺工場、汽船などの実業の方面からも地域振興に情熱を注いだ。そして黄乃裳の開墾事業を伝聞したブルースター牧師は、自らシブへ視察に赴き、興化からの移民促進を決心し一九一二年から一三年にかけて一四一人の農業移民を送り込んだ[19]。現在シブにおいて福州系と興化系を合計するとその人口が中国系の八〇パーセントを占めるのは、メソジスト監督教会による移民・開墾事業という歴史に起因していると指摘できるだろう。

三　サラワク華僑による「籌賑祖国難民運動」と祖国・中国の表象

(1)「華僑籌賑祖国難民大会」の成立

東南アジア在住の華僑による排日運動は、早くは対華二一ヶ条要求に遡る。ただし、それが盛り上がるのは第一次大戦後の山東問題を背景として引き起こされた五四運動以降であった。さらに一九二八年の済南事件での日本の山東出兵では、中国国民党の指令もあり東南アジアでも排日運動が高揚した。シンガポールでは、福建系華僑領袖の陳嘉庚が中心となって「山東惨禍籌賑会」が成立し、被災者を救済する義捐《ぎえん》金の募集を行った。さらに一九三一年の満州事変と一九三二年の第一次上海事変では、その強弱は同じではないものの、日本製品のボイコットや中国への義捐金の送金などが実施された[20]。

一九三七年七月に盧溝橋事件が勃発し、日中の全面戦争へと拡大すると、華僑は祖国への支援活動を熱心に展開した。陳嘉庚の指導の下で、「南洋華僑籌賑祖国難民大会」が組織され、戦火に巻き込まれた中国国内の難民を救済する名目で義捐金が集められた。さらに華僑の故郷である厦門《アモイ》や広州が占領されるなか、一九三八年には、東南アジア各地の華僑を連携するかたちで、「南洋華僑籌賑祖国難民大会」が組織され、中国への支援事業を一層活発化させていった(21)。

シブでは、一九三七年九月には「詩巫（シブ）華僑籌賑祖国難民大会」が設立された。その後、一九三八年にシンガポールに「南洋華僑籌賑祖国難民大会」が成立すると、シブの「華僑籌賑祖国難民大会」も代表を派遣し連携を強化した。なお、キリスト教の影響力が強かったシブでは、当初「詩巫華僑籌賑祖国難民委員会」とメソジスト教会による「詩巫美以美会籌賑中国難民委員会」の二つの組織が設立され、一九三九年には両会が合併して運動を推進した。特にキリスト教会は熱心にこの運動に取り組んだ。

以下は「詩巫（シブ）華僑籌賑祖国難民大会」の義捐金募集に関わる宣言文である（傍線は引用者による）。

二十世紀の今日にあって、国家という組織には依然として深い意義がある。国家の存亡は個人の栄辱に直接関係し、間接的には民族の盛衰に関係する。それゆえ中国人一人一人が祖国を愛護（大切に）しなければならないし、祖国を愛護（大切に）できるというのはすなわち自己を愛護（大切に）することと同じである。〔……〕とても不幸なことに、凶暴な敵は何としたことか、盧溝橋事件を口実に突然我が北平と天津を占領し、また我が上海を騒擾して、大砲や機関銃で猛烈に爆撃・銃撃してきた。物的被害では、児童が学ぶ文化機関も免れ難く、その深刻さの度合いは、空前と言える。無辜《むこ》の同胞で、これにより損害を被ったり、悲惨にも殺戮されたりした者は数えきれない。〔……〕祖国の膨大な数の難民の哀しく、痛ましい声のなかにおいて、凶暴な敵の陰険で誤った策略は、すでに我々の目前に暴露されているではないか。

父母や妻・家族がいない者が誰かいようか。炎帝や黄帝の後裔でない者が誰かいようか。生を楽しんで、死を憎まない者は誰かいようか。しかるに、今日祖国の膨大な数の難民は、衣食に困難が生じているだけでなく、住む家も砲火により破壊された。彼らを救済しなければ、道路や溝が彼らの唯一の住み家となってしまう。無数の難民がまだ生きているのに、死んでいくのを見ながら、ぼんやりと救いの手を差し伸べないとしたら、我々は珠玉珍宝や黄金白璧などの宝をもっていたとしても光栄とすることはできない。国難がすでに最後の関頭に達している現状においてはなおさらであろう[22]。

この文章では、炎帝や黄帝という中国人の祖先とされる伝説の帝王をもちだし、その後裔たる我々としての中国人の歴史的一体性を表象する戦略がとられている。そして、祖国の同胞が凶暴な敵（日本）に苦しめられ、悲惨な境遇に陥っていることを具体的に叙述し、救済事業への協力をアピールしたと解釈できる。

(2) 国民党・政府の宣伝における祖国・中国の表象とその受容

東南アジア華僑による組織的な祖国援助の背景には、国民党海外部や行政院僑務委員会からの積極的な働きかけがあった。特に国民党海外部では、部長であった呉鉄城が自ら東南アジア各地を歴訪し、精力的に祖国中国への支援を呼びかけた[23]。国民党や国民政府から海外の華僑へ働きかける媒体である宣伝雑誌としては、海外部が一九三八年六月から発行した『華僑先鋒』、行政院僑務委員会が一九三八年三月から発行した『華僑動員』（一九四〇年五月から『現代華僑』と改名）が重要である。両雑誌では、民族精神を鼓吹し、国民を団結させ、抗日を継続せんとする「国民精神総動員運動」[24]に関する蔣介石の演説などが掲載された。

図1 『華僑先鋒』表紙。

さらに、短波ラジオ放送が、国民党中央宣伝部の中央放送事業管理処によって実施された[25]。当時のラジオのプログラムは『広播週報』（中央広播事業管理処発行）で知ることができる。南洋群島向けの放送は午後七時四〇分から一一時まで、ニュ

図２　『詩巫新聞日刊』（サラワク華族文化協会所蔵）、筆者撮影。

ースや時事解説が国語、客家《ハッカ》語、閩南語、広東《カントン》語などで放送され、抗戦歌曲も含まれた。(26)

このような短波放送をニュースソースとし、一九三九年七月にシブで初めての新聞『詩巫新聞日刊』が発刊された。その目的は、中国から短波放送で届けられる抗戦に関わるニュースを、紙面で地域の人々に伝えることであった。その創刊の言葉は次のようである。

> 本社の同志は、僭越を顧みずに抗戦建国の宣伝の責任を負い、毎日ラジオから取得した時事ニュースを詳細に記録し、編集印刷して刊行し、『詩巫新聞日刊』と名づけて宣伝の道具として役に立てることにしました。これにより華僑同胞の愛国の熱情を促進させ、国際外交の政治についての理解を浸透させます。(27)
>
> （傍線は引用者）

『詩巫新聞日刊』の創刊人劉子欽は、元来は理科の教師であった。新聞の発行に必要な編集室と印刷所および器具は、シブの榕（福州）僑商業倶楽部の機材に依拠していたという。(28) サラワクを管轄した国民政府の駐サンダカン領事卓還来は報告書において、同倶楽部では国民党員の勢力が強かったと述べている。(29) それゆえに、『詩巫新聞日刊』も国民党系勢力と関係をもっていたのだろう。なお「創刊詞」において述べられている「抗戦建国」とは、一九三八年五月に国民党臨時全国代表大会において採択された「抗戦建国綱領」に記載された、総動員体制確立へ向けてのスローガンである。(30) その他、シブでは『鵝江日報』という新聞も発行された。こちらの政治的背景は定かではないが、結局小さな町に二つの新聞が併存することは経営上困難と判断され、協議の結果、両紙は『華僑日報』(一九四〇年六月発刊)に統合された。そして、『華僑日報』は一九四一年一二月の日本軍のシブ占領まで継続して発行されたのである。[31]

現在、シブのサラワク文化協会に保存されている『詩巫新聞日刊』を筆者が閲覧したところ、その主な内容は、中国本土での戦況であり、「籌賑運動」関係を除くと、シブやサラワク地域社会に関する記事は、きわめて少なかった。新聞発行者の関心のあり方と新聞発行の目的がここに端的に現れている。

さらに、中国本土で刊行された『華僑先鋒』や『華僑動員』とシブで発行された『詩巫新聞日刊』の内容を相互に対照すると、『詩巫新聞日刊』では国民党・政府の宣伝雑誌に掲載されていた抗戦のスローガンが、ほぼそのまま転載されていることに気づかされる。つまり短波ラジオをニュースソースとして戦況速報を伝えるだけでなく、国民党・政府による「抗戦建国」のスローガンも『詩巫新聞日刊』によりシブの人々に宣伝されていたのである。例えば、一九三九年八月一七日に同紙に掲載されたスローガンは、「意志集中、力量集中、民族至上国家至上、軍事第一　勝利第一、擁護蔣委員長抗戦到底」や「抗戦必勝建国必成、勝利万歳、中華民国万歳」などの抗戦建国や国民精神総動員に関わるスローガンであった。

(3) 民間雑誌、映画における祖国・中国の表象

国民党海外部や行政院僑務委員会の宣伝誌以外に、中国から輸入された民間雑誌も北ボルネオやサラワクで流通していた。駐サンダカンの中国領事卓還来はそのリストを報告している。

すなわち『東方画報』(商務印書館)、『良友』画報(良友図書公司出版)、『中華画報』(上海中華図書公司出版)、『学生雑誌』(商務印書館)、『東方雑誌』(商務印書館)、『教育雑誌』(生活書店)、『文芸陣地』(生活書店)などであった。[32]民衆が受容しやすい画報が多く輸入されていることは当然であるが、教育系の雑誌が複数挙げられていることも注目されよう。教師などがこれらの雑誌の購読層であったと考えられる。ただし、本稿では紙幅の関係上、上

海で発行され、東南アジアの華僑社会でも広く読まれたとされる『良友』画報の内要のみを紹介する。[33] 日中戦争前『良友』画報の表紙には女優などの女性モデルの図像が掲載されていた。しかし戦時期に入ると、男性兵士や銃剣を構えた女性兵士の図像が登場した。その他、華僑の故郷である広州が爆撃された写真が掲載され、戦争の状況が生々しく読者に届けられた。[34]

また、可視化されたリアリズムといえば、抗戦映画が果たした役割も大きかったはずである。国民党の中央宣伝部中央電影製片廠や国民政府軍事委員会政治部中国電影製片廠では、積極的に抗戦映画が製作された。[35] 駐サンダカン領事館の管轄区で上映されたとされる映画『八百壮士』は、軍事委員会政治部に属す中国電影製片廠により、一九三八年に製作された作品である。その内容は、一九三七年の上海戦において、英雄的な抵抗を示した中国軍部隊を顕彰するものであった。[36] さらに映画には抗戦歌曲である「八百壮士の歌」も挿入されていた。「中国が亡びるはずがない（中国不会亡）」との、フレーズが繰り返され、耳に残る歌曲となっている。[37]

なお、サラワクの首府クチンの映画館シルビアシネマにおいて、中国語映画が上映されていたことはサラワク政府の広報紙である *The Sarawak Gazette* の記事からも確認できる。[38] またシブにおいても戦前映画を見ることができたことは現地での聞き取りで確認できた。[39]

（4） サラワクにおける華語教育と教科書の内容

ここまで新聞・雑誌そして映画のなかでの祖国の表象について検討してきた。しかし、サラワクの華僑が、これらのメディアをどの程度理解し得たかは、人々の華語教育の水準にも左右されたはずである。そこで以下では、サラワクにおける華語教育の状況を概観しておきたい。

宋哲美や楊佳佳の研究によれば、一九一二年から一七年の間に、サラワクでは一一ヶ所の新式華文小学校が創設された。そのうちシブの学校が五校を占めた。その後、サラワク政府は一九二四年の「学校注冊法令」と「華校が国語を教授することを禁止する法令」によって、華文学校において国語（華語）教育を実施することを禁止した。これは、中国における民族主義の高揚が伝播することを警戒した措置であった。ただし、実際には取り締まりはほとんど行われず、法令も一年半後には取り消された。一九二九年に、サラワク政府内に華民政務司(Chinese Affairs)が成立すると、華文学校関連の教育課程、教科書、教員の管理がその管轄となった。華文学校の教員の出身については、一九三七年の状況で、中国から来た者が一七五人であり、サラワク生まれか、あるいはサラワクで教育を受けた者は五六人に過ぎなかったという[40]。

以上より、一九一〇年代後半から新式の華文学校が設立され、一九二四年ごろまでには華語(標準中国語=国語)教育が重視されるようになっていたことが判明する。また教員の三分の二以上が中国からの渡来者により占められた関係上、彼らが中国本国のナショナリズムを持ちこみ、児童や生徒を教育するだけでなく、サラワクでの抗日運動を推進する中心的役割を担ったことも自然である。例えば、早くも一九二九年の済南事変発生後には、シブの各華文学校は、毎週木曜日の晩に時事講演会を開催することを決定した。そして「祖国」の時事および世界のニュースを語り、華僑に愛国の思想を伝えたという[41]。先に紹介したように『詩巫新聞日刊』の創刊人劉子欽も、元来は理科の教師であった。

次に、教科書の内容を確認する。駐サンダカンの卓領事の報告書によれば、一九四〇年の段階で、教科書の国語教材については、中華書局版が八〇パーセント、商務印書館版が一九パーセント、歴史教材は中華書局版が七八パーセント、商務印書館版が二二パーセントであった[42]。これに関連して、中国で発行されていた各種の教科書の内容について調査した台湾総督府文教局学務課は、次のように報告している。

> 即チ「民族意識ノ啓培」「国民道徳ノ基礎陶冶」「身心ノ発達」「生活ニ必須ナル知識技能ノ練磨」ノ四大眼目ヲ掲ゲ其ノ養成セントスル思想、感情、能力ノ中ニ常ニ抗日意識ノ培養ヲ具有セルモノナリ。〔……〕各教材形態ニ於テ「抗日」ト関聯セル教材ガ質量両方ニ於テ如何ニ組織的系統ヲ完備スルカヲ認メ得ベシ[43]。
>
> (仮名づかい原文のまま)

この報告書は、個々の教材の中身を引用しつつ、「抗日」色が強い読み物が教科書に多く掲載されていたことを論証している。また、シンガポールの海峡植民地政府も、民族意識を鼓吹する教科書には警戒心を抱いていた。例えば、商務印書館が出版していた『南洋華僑小学適用復興初小国語教科書』に対する調査では、プロパガンダの比率は高くないものの、「抗日」色が教科書全体に十分に影響を与えると結論付けていた。同教科書の第三五課では、アリが彼らを襲ったカマキリに団結して抵抗し、カマキリを殺すシーンが描かれているが、これは中国人と日本人のたとえ話であろうと分析された[44]。サラワクでも教科書は政府の取り締まりを受けており、華僑の中国ナショナリズムはサラワク政府の警戒の対象であった[45]。

四 「籌賑運動」の実態

(1) シブにおける実施状況

表1から見て取れるように、通常の募金以外に、月極《つきぎめ》の献金、バザーでの募金、演劇会などの催しでの募金や周辺部農村に設けられた分会（支部）からの寄付があった。

ところで、すでに述べたところであるが、シブでは当初「詩巫華僑籌賑祖国難民委員会」とメソジスト教会による「詩巫美以美会籌賑中国難民委員会」の二つの組織が設立され、一九三九年には両会が合併して運動を推進した。特にキリスト教会は熱心にこの運動に取り組んだ。シンガポールで発行されていたメソジスト教会の中国語雑誌『南鐘』は、中国での戦争や「籌賑運動」に関する記事を多く掲載していた[46]。さらに教会が経営する学校では、生徒の家長（父兄）の大多数が教育を受けていないことを踏まえて、毎週月曜日の晩に彼らのための集会を開き、先の一週間で華字新聞が報じたニュースを語ったという[47]。

表1　詩巫華僑籌賑祖国難民委員会募金一覧（一九三七年九月から三九年六月）

寄付名称	シンガポール・ドル	募金来源	註
献金	三、一二三	全市僑胞	
月約献金	六、八〇八	全市僑胞	
輸出入献金	二四、一九五	全市僑商	
バザー及び物品寄付	一、二〇九	全市僑胞	
教育界演劇	一〇、〇〇〇	華僑教育界演劇籌賑祖国難民委員会	公演二回
婦女界遊芸	六、二九六	華僑婦女界遊芸籌賑祖国難民委員会	公演二回
児童演劇	一、五三〇	詩巫華僑児童界演劇籌賑祖国難民委員会	
分会による募金	一一、五〇二	興化、福州墾場分会	
難民のための冬物衣服募金	八、一七六	福州墾場	
総計	七二、八三九		

典拠：何鳳嬌編『東南亜華僑資料彙編（一）』（台北、国史館、一九九九年）一二六頁

また、シブ華人の領袖の一人で、熱心なキリスト教徒でもあった劉家珠も「籌賑運動」に関与した。その子息である劉BX氏は次のように語っている。

父は第二次大戦前に籌賑会の主席を担任していました。募金し中国の抗戦を助けたのです。この活動のために日本軍に捕らえられました。当時二十数人が捕らえられました。父親はかつて言いました。「当時日本軍は募金の用途を訊問したが、知らないと答えたために、日本軍に角材で三度殴られた」。父は三三日間拘束され、その間に髭を剃りませんでした。解放されてからも故意に髭を剃らず記

念としたのです。(48)

さらに「籌賑運動」についても筆者の問いに以下のように答えてくれた。(49)

Q：あなたが小さかったころ、学校では抗日活動がありましたか。

A：小学校ではなかったが、中学校では合唱団がありました。劉楊珍牧師がこの合唱団を指揮していました。そのころ劉牧師は毓英小学校で教えていました。その合唱団の名前は「籌賑祖国難民委員会合唱団」でした。私の父は籌賑会の主席でした。その歌詞は「我々は心を一つにして日本軍に抵抗しなくてはならない。国家の後ろには貧しい民衆がいる（我們要一心抗日軍，国家后面有窮的老百姓……）」。

Q：学校では先生が抗日活動を行っていたのですか？

A：学生が日本人に対する不満を演説していただけです。その他の場所では、例えば田舎では、募金を行って、それをシブに持ってきて集めた後に中国に送っていました。

Q：抗日活動が盛り上がっている時期には当地の知識人はみな募金活動や抗日活動に積極的だったようですが、一般民衆の態度はどうでしたか？

A：毎週木曜日に学校で教師と民衆が中国と日本の戦争状況の資料を伝達していました。

Q：木曜日の集会の長さはどれくらいでしたか？

A：決まっていません。当時はこれといった娯楽もないので、みな時間を割いてでも喜んで話を聞いたのです。話が長ければ、長く聞いたのです。

Q：当時はどれくらいの人々が木曜の演説会に来たのですか？

A：大体五〇人ぐらいです。

また日本製品のボイコット運動も実施された。日本製品を中国人自身が輸入しているとして、その運搬を拒否するストライキを労働者が行った[50]。その後中国商人は日本製を販売しなくなり、インド商人だけが取り扱っていたという。ある女性作家の伝記には、日本製品は安価であったが、それを買おうとしてみつかれば、糞尿をぶちまけられると警告されたことが記されている[51]。このようなボイコットの背景にはシブ愛国鉄血団という組織が存在したようである。ある商人は愛国鉄血団により仇貨（日本製品）を扱っている「奸商」とされて警告と叱責を受けたため、これが事実無根であると反駁する文章を『詩巫新聞日刊』に掲載した[52]。脅迫手段にも訴え、ボイコットを強制する団体がシブに存在したようである。しかしその政治的背景については残念ながら正確な情報が得られなかった[53]。

サラワクを管轄する駐サンダカン領事館の卓還来領事は、シブでの「籌賑運動」に対して、総じて高い評価を与え、次のように報告した。

シブの籌賑祖国難民委員会は各方面が協力し、人材がそろい、主宰者に人を得て実施成績が最もよろしかった。本館管轄区で一番である。また報告が詳細であることはその他の町の及ぶところではない[54]。

ここまでの検証から、シブの領袖層およびキリスト教の牧師や学校の教師などの知識層が「籌賑運動」を熱心に推進していたことが確認できた。その一方で、運動の社会への浸透の深さや広がりが均質ではなかったこともさまざまな史料や人々の記憶から透けて見える。例えば、シブの籌賑会の某区分会からの書簡は、会議を開催しても参加者が数名に及ばなかったことを伝えている[55]。また籌賑委員会の文書は、月極の寄付において、支払いの遅延が発生し、その徴収に支障が起きていたことを記載している[56]。庶民は日常生活に忙殺されるため、日中戦争が長引くなかで、遠く離れた中国での戦争に対する関心を維持することは容易ではなかったのだろう。聞き取りで筆者の質問に答えてくれた老人たちの記憶からも、運動の社会への浸透やその広がりには濃淡があったことが窺われた。例えば、一九三〇年生まれのある女性は、シブ市街中心部の大伯公廟で抗日劇が上演されるのを見たという。その際に、お盆をもった人が周囲の民衆から寄付を集めていたが、自分には何が起こったのかよく分からなかった。学校の先生は抗日歌曲を教えなかったし、自身も抗日活動には参加しなかった。父親が募金したり、活動に加わったりしているのを目にすることもなかったという[57]。この女性の場合は、運動が実施されていた時期に年齢が一〇歳前後であり、社会運動への関心が薄かったとしても不思議はない。しかし家族や学校などの周囲の人々も運動に熱心ではなかったと、記憶されていることは重要であろう。

また、当時一五歳前後であった別の女性（元小学校教師）も次のように語っている[58]。

Q：中国と日本が戦争をしていた時、学校ではどのような抗議活動がありましたか？

A：なかったです。ただ中国人が抗議の歌を歌うことを教えていただけです（歌詞は、打倒日本、日本は我々の土地を奪った。憎むべし、憎むべし……）。

Q：シブではどのような歌が多くの人に歌われましたか？

A：学校で歌っていただけです。

この女性の言う中国人とは、中国から来た教員と推測される。彼らが抗日歌曲を教えていたが、一般社会にどれほど普及したかは検討の余地がある。例えば、先に紹介した「八百壮士の歌」の歌詞は国語（華語）であり、学校で国語を学んでいない農民や労働者層は、聞いても意味が分からなかったはずである（もちろん映画と併せて抗戦歌曲を聞けば感情移入はできただろうが）。

また、シブから少し離れたラジャン川の対岸の農村で暮らしていた別の老人は次のように答えてくれた[59]。

Q：中国と日本が戦争をしていたころ、あなたのお父さんがお金を寄付して中国を支持したことはありますか。

学校には抗日活動がありましたか。

A：あるにはあるが、（寄付は）とても少ない額です。学校には抗日活動は何もありませんでした。

また、シブ近郊外に居住していた男性は、「籌賑運動」についてはよく聞いていたと答えた一方で、「私は当時ようやく一六歳だった。自分でお金を稼いでいなかったので寄付はしなかった。父が寄付したかどうかは知らないが、たぶんしていないだろう。当時毎日金を稼いだのは飯を食うためだったから」と答えてくれた(60)。

このようにシブの華僑と一口にいっても、富裕な商人か、教員や牧師などの知識層か、あるいは労働者であるかなど、階層間での差異があったはずである。また学校ごとに「籌賑運動」への関心や関わりの程度は一定ではなく、シブ市街地と周辺の農村部との間でも、運動の熱意や密度は異なったのだろう。

さらにサラワク内の地区ごとでも運動への熱心さは大いに異なっていた。例えばシブ以外では、石油の産出により町が栄えたミリで比較的熱心に運動が展開されたことが、台北の中国国民党党史館に残されている資料から見て取ることができる。ミリでの「籌賑運動」は、中華商会を中心に華僑の各団体を通じての募金が行われるとともに、油田の華工救済会も多額を拠出していた(61)。石油産業を中心に発展したミリでは、華僑の商人や労働者がよく組織化されていたことが「籌賑運動」の進捗にプラスに働いたと考えられる。その一方で、サラワクの首府であるクチンの事情は大いに異なった。以下ではクチンでの実態を見ていきたい。

（2） クチンや他の町での実施状況

英領北ボルネオのサンダカンに駐在した中華民国の外交官卓領事は、サンダカンやアピ（ジェセルトン、現在のコタキナバル）、ミリ、シブ、クチンなどの三四地域に三五の団体が創設されており、シブでの活動が最も活発であった一方で、サラワクの首府であるクチンでは不活発であったと報告している。

クチンはサラワクの首都であり且つ大きな商業都市であり商業が賑わっているが、籌賑運動の成績は宜しくなく、シブとは比べものにならない。そこでは華僑の数は少なくないが派閥（幇派）が比較的複雑である。前任の籌賑会主席は黄□□であり、黄は福建金門人の僑生（地元生まれ）であり、同時にクチン華商商会長である。自身は豊富な財力をもつが、ただし事を為すのは無能である。部下にも人材が欠乏している。指導の仕方がよろしくない。そのために会務が振るわない。過去の籌賑の状況については全く報告してこなかった。[62]

（傍線引用者）

上記の報告では、クチンでは派閥（原文は幇派）が比較的複雑であったことが指摘されている。華文学校も当初は方言を同じくする同郷集団ごとに創設されており、中国人としての組織性が弱かったことが別の研究からも垣間見える。[63] また、籌賑会前主席の黄□□は金門華僑の指導者である。クチンの金門同郷会の資料では卓越した人物として紹介されているが（同郷会の刊行物では領袖を称賛するのは当然である）[64]、卓領事の報告文においては黄の評価は低い。また筆者が見るところ黄が「僑生（地元生まれ）」であることが強調されているように感じられる。つまり「僑生」であるから愛国運動に熱心ではないと見なされたのかもしれない。また廈門の沖合に浮かぶ金門は、華僑の故郷（僑郷）として有名であったが、一九三七年にいち早く日本軍に占領された島である。同族・同郷の人々が日本軍の占領下に置かれていたことが金門華僑の抗日運動への姿勢に影響を与えたのかもしれない。あるいは卓領事がそうした偏見で金門華僑を見ていた可能性も否定できないだろう。

その他、クチンにおける「籌賑運動」の成績が芳しくなかった理由として看過できないのはサラワク王国の首府クチンでは、政府が華僑による民族主義の高揚を警戒していたことである。一九三八年の段階で、サラワク政府は、好ましくないと指定された書物のリストを書店に送付し、さらに治安を乱す煽動的な言動を取り締まる法令を英語と中国語で公布していた。[65] このような政府の姿勢はクチンの華僑指導層の動向に影響を与えていたはずである。

なお、クチンにおける「籌賑運動」の低調さは、台湾拓務会社『支那事変と華僑』においても次のように指摘されている。

クチンの華僑は大部分ゴム園の労働者で商人の数はきわめて少数に過ぎない。サラワク華僑は政治的運動には興味をもたず、支那本国から各種出版物が同地方に送付されても売れない状態にある。その理由としては大多数の労働者は無学文盲であるのと、また多少でも読みえる者は暇がないと言う有様で、共産党の煽動運動もここでは一向に効果がない。(66)

ゴム園の労働者は非識字者であり、中国から送られてきた各種出版物に対して無関心であったと述べられている。ところで、一九三八年以前の段階でサラワクの在留邦人総数は一一五人であり、ゴム園関係者が多数を占めていたという。(67)戦前のサラワクと日本との経済関係は、ゴム・プランテーションを主とし、依岡省三・省輔兄弟により創設された日沙商会によって担われていた。(68)こうしたクチン在住の日本人商人や労働者から華僑の動向が日本側に伝えられていたのだろう。

なお『支那事変と華僑』で提示された認識は、現地での聞き取りの結果とも一致する。クチン郊外のバウでは、籌賑委員会の活動は聞いたことはあるが、自分が食べる飯も十分ではないなかでは、民族主義的な力量などなかったと語られた。(69)その他、筆者はクチン郊外の農村二ヶ所で、八〇歳代から九〇歳代の老人七人（そのうち三人は夫妻で）に「籌賑運動」についての質問をしたが、すべてそのような活動はなかったか、あるいは聞いたことがないとの回答であった。(70)クチン郊外農村では「籌賑運動」は熱心には展開されなかったようである。

また、一九三八年から四〇年の間、シブ周辺の地方町では、「籌賑運動」の組織十余りが相次いで設立されたが、普段は連絡が不足しており、気脈が通じなかった。そこで、一九四〇年冬に各地の代表をシブに招き、全省籌賑会代表大会を挙行して団結を強化することを計画したという。(71)しかし、このことは三年間連絡が不良であったことを示している。さらに広大なサラワクの大地に点在する地方町の華僑を連携して運動を展開することには当然ながら大きな困難がともなった。卓領事は次のように報告している。(72)

小さな町での籌賑会ではすべてが本領事館と連絡がとれているわけではない。ただ当該地区の華僑は人数がとても少なく、社会背景も単純である。みな当地の華僑指導者が籌賑会を主宰しており、その地の唯一の籌賑機関となっている。各地では大体クラブの組織があり、華僑指導者が日常集会をもつ場所である。籌賑会も多くはそこに設けられている。これらの人々は当該地区において居住すること長く、力量も比較的雄厚であり、華僑同胞の公益事業に出くわすと均しくそれを指導する。交情は豊かであり、とても熱心である。ただし住んでいるところが僻地であり、知識も劣っている。事務能力にも遜色がある。籌賑事業やその成績を時期ごとに系統だって報告させるとなると実に困難である。

つまり「籌賑運動」を推進していくに際して、地方の町々の指導層は十分な事務能力をもっておらず、各地を有機的に結び組織性を確保することも困難であったことが指摘されたのである。

おわりにかえて

サラワク、特にシブでは、日中戦争の時期に、中国からの短波ラジオで戦況を受信し華字新聞が発行された。また中国からの教科書、抗日宣伝雑誌や画報、映画、歌曲の流入を通じて中国民族意識や祖国中国の抗戦が宣伝された。つまり新式メディアを利用して、中国から垂直的に祖国の表象が注入され、都市部の有力商人や教会の指導層、教育界の人々がこの祖国の表象を受容したことが明らかになった。なお、本稿で検討した祖国中国は、強大で残酷な国家（日本）から侵略を受け滅亡の危機に瀕するも、果敢に抗戦する主体として表象された。そして黄帝の子孫たる中国人は祖国の「救亡（滅亡の危機を救う）」に努力を惜しんではならないと宣伝されたのである。シブは、二〇世紀に入ってから福州系と興化系のキリスト教徒を中心に開墾が進んだこともあり、方言集団（同郷）としての結合とキリスト教徒としての紐帯を背景にコミュニティが形成されていた。キリスト教会が近郊の農村部を含めて民衆に影響力を持ち、人々が比較的組織化されていた地域とみなせよう。加えて、二〇世紀に入ってから移民してきた第一世代、第二世代が住人の中心を占めており、祖国あるいは郷土への愛着が強かったはずである。これらの理由により、シブがサラワクのなかでも特に「籌賑運動」が活発に行われた地域となったと考えられる。従来の研究では、このシブでの成績をもって、全サラワクでの「籌賑運動」を代表させる傾向があった。しかし、シブ内部でも階層や居住区域により「籌賑運動」の浸透は均質ではなかったことが本研究により明らかとなった。さらに広大なサラワク各地を繋ぎ運動を組織化することは困難であり、運動の内実も地域ごとに濃淡があったことも垣間見られた。それゆえ、シブでの成果をそのまま全サラワクに敷衍することには慎重であるべきだろう。

例えば、首府クチンでの成績は、サラワクを管轄する駐サンダカン中国領事を失望させた。クチンでは、華僑指導者の熱意が問題とされただけでなく、方言集団も多様であり、その内部での対立も運動を妨げたようである。サラワク政府による運動への規制も首府では強かったことも見逃せない。植民地政府と華僑との関係もさらに掘り下げて検討するべき残された課題となろう。

また、日本側史料やクチン近郊での聞き取りからは、民衆の経済状況も運動の成果に大きな影響を与えたことが窺い知れた。つまり、「籌賑運動」の成果はサラワク各地の華僑社会が、どの程度組織化（統合）されていたか、また人々の生活の豊かさ・安定性の程度にも大きく左右されたことが判明したのである。総じて言えば、「籌賑運動」の過程で祖国中国へのナショナリズムがサラワク華僑社会の上層部において高揚し、民衆にも一定の影響を与えたことは間違いがない。しかし、その浸透の広がりや深さは決して均質なものではなかったのである。華僑のコミュニティレベルまで視野を下降させた本研究では、従来の研究や著作が十分に追究してこなかったサラワクでの「籌賑運動」に関わる地域ごと、階層ごとの非均質性という現実を浮き彫りにできたと考える。

(1) 山本真「華僑とキリスト教からみる福建近現代史――福建僑郷、サラワク訪問記」(『中国研究月報』七五一号、二〇一〇年)。同「福州華僑とキリスト教――マレーシア・ペラ州シティアワン及びシンガポール訪問記」(『中国研究月報』七七一号、二〇一二年)。同「二〇世紀前半、福建省福州、興化地区から東南アジアへの移民とその社会的背景――キリスト教徒の活動に着目して」(『二一世紀東アジア社会学』六号、二〇一四年)。

(2) 一般に華僑と華人は移民先の国籍をもっているか否かで区別される。本稿では、移住民の多くが中国国籍を有していた第二次大戦期間までの時期が主要な考察対象となるため、主に華僑という言葉を使用する。ただし、現在のマレーシアの中国系国民を現す場合には華人を使用する。

(3) Yoji Akashi, *The Nanyang Chinese National Salvation Movement, 1937-1941*, Center for East Asian Studies, University of Kansas, 1970. ただしサラワク王国はその研究対象に含まれていない。

(4) 市川健二郎「日中戦争と東南アジア華僑」(『国際政治』四七号、一九七二年)。

(5) 曾瑞炎『華僑与抗日戦争』(成都、四川大学出版社、一九八八年)。

(6) 例えば、張賽群『南京国民政府僑務政策研究』(北京、中国言実出版社、二〇〇八年)。陳国威「一九二四―一九四五 国民党海外部与僑務工作考論」(『華僑華人歴史研究』二〇〇八年三期)。

(7) 菊池一隆「重慶国民政府の華僑行政と華僑の動向――英領マレイ、シンガポールを中心に」(『歴史研究』三七号、二〇〇〇年)。菊池一隆『抗日戦争時期における重慶国民政府・南京傀儡政権・華僑の三極構造の研究』平成一〇～平成一二年度科学研究補助金(基盤研究Ⓒ)研究成果報告書、二〇〇一年)。菊池一隆『戦争と華僑』(汲古書院、二〇一一年)。

(8) 劉詠芝『鉄蹄下的回憶』(出版社不明、一九六八年。初版は『鉄蹄下的新福州』、一九五六年)。劉子政『詩巫刦後追記』(砂拉越華族文化協会、一九九六年。初版は一九五五年、詩華日報社)。

（9）黄建淳『砂拉越華人史研究』（台北、東大図書、一九九九年）。本書はサラワク華人の歴史を通史として叙述した大部の労作であり、総合的な研究としての価値は高い。

（10）例えば、蔡存堆「砂勝越華族政治思想的演変」（饒尚東・田英成編『砂勝越華族研究論文集』砂勝越華族文化協会、一九九二年）一九五頁は次のように叙述する。「華族の愛国青年や知識人が率先して華人全体を動員し、中国の抗日戦争を支援することを推し進めた。結果、ほとんどすべての華族社会が、職業を分かたず、また所属する同郷団体などの集団を分かたず、さらに宗教を分かたず、みな積極的にこの活動に参加した」。なお、英語での学術研究では、Bob Reece や Ooi Keat Gin の研究があり、中国系ナショナリズムの価値観からは中立的である。しかし、両書の重点は、太平洋戦争での日本の占領時期の分析に置かれており、日中戦争時期の抗日運動へは紙幅が割かれていない。Bob Reece, *Masa Jepun : Sarawak under the Japanese, 1941-1945* (Sarawak Literary Society, 1998). Ooi Keat Gin, *Rising Sun over Borneo : The Japanese Occupation of Sarawak, 1941-1945* (London:Macmillan Press, 1999).

（11）マレーシアという国家の歴史認識とは別に、華人社会でマジョリティを形成していると思われる歴史認識のことを念頭においている。これは華人の知識人や有力者による著作や語りにおいて表出されるものと筆者は捉えている。

（12）State Planning Unit, Sarawak Government, *SARAWAK FACTSAND FIGURES 2013* (http://www.spu.sarawak.gov.my/download_facts.html) 二〇一六年一月二五日最終確認。

（13）Banci Penduduk 2010 (the population census 2010). データは Elena Chai Chin Fern（蔡静芬）, Senior Lecturer, Department of Anthropology and Sociology, Faculty of Social Sciences, University Malaysia Sarawak から提供を受けた。記して感謝したい。なおサラワク華人社会のエスニシティ研究では、山下清海『東南アジア華人社会と中国僑郷――華人・チャイナタウンの人文地理学的考察』（古今書院、二〇〇二年）が詳細で参考となる。

（14）Hsu Yu-tsuen, *Cultural Identity and Transnational Networks in a Chinese Diaspora Society in Sibu, Sarawak, Malaysia,* Doctorial thesis submitted to Department of Anthropology University of Alberta, 2012, p. 51. なお、Hsu Yu-tsuen による数字はシブの中華工商総会から入手した二〇〇九年のデータに基づいている。

（15）饒尚東「砂勝越華族史研究的回顧与前瞻」（前掲『砂勝越華族研究論文集』）六―七頁。またクチン華族歴史文物館における華人移民史の展示を参考にした。二〇一四年三月一三日訪問。

（16）黄乃裳「紱丞七十自叙」（詩巫福州公会編『詩巫福州墾場五〇周年紀念刊』、一九五一年所収）九七頁。黄乃裳の生

涯については、劉子政『黄乃裳与新福州』（シンガポール、南洋学会、一九七九年）および詹冠群『黄乃裳伝』（福州、福建人民出版社、一九九二年）が詳しい伝記である。福州からシブへの移民全般については、朱峰『基徒教与海外華人的文化適応』（北京、中華書局、二〇〇九年）を参照されたい。

(17) J・M・フーバーについては次の伝記がある。F. T. Cartwright, *Tuan Hoover of Borneo*, first published 1938. 論文執筆に当たって筆者は、マレーシア・キリスト教衛理公会砂拉越華人年議会文字事業部（主編黄孟礼）が二〇〇三年にリプリントした版本を閲覧した。

(18) William N. Brewster, *The Evolution of New China*, Cincinnati, New York, Jennings and Graham; Eaton and Mains, 1907, pp. 288-294.

(19) 陳日新『福建興化美以美会蒲公魯士伝』（美興印書局、一九二五年）。張福基編『興化衛理公会史』（福建興化衛理公会、一九四七年）七八—九八頁。

(20) 福田省三『南洋華僑抗日救国運動の研究』（東亜研究所、一九四五年）九、二〇—二一、四二—四三頁。

(21) 中華学術院南洋研究所『南洋華僑抗日救国運動始末一九三七—一九四二』（台北、文史哲出版社、一九八三年）八九—九一頁。

(22) 「詩巫華僑籌賑祖国難民大会募捐宣言」民国二六年九月五日（蔡増聡編『戦前詩巫籌賑運動史料選編（一九三七—一九四一）』砂拉越華族文化協会、二〇〇七年）四七—四六頁。

(23) 陳是呈「呉鉄城的南洋之行（一九四〇—一九四一）：以在馬来亜的活動為討論中心」（陳鴻瑜主編『呉鉄城与近代中国』台北、華僑協会総会、二〇一二年）九五—一一三頁。

(24) 一九三九年三月国民政府は国防最高委員会の指揮下に精神総動員会を設立し、「国家至上、民族至上」、「軍事第一、勝利第一」をスローガンとした。菊池一隆「国民政府による「抗戦建国」路線の展開」（池田誠編著『抗日戦争と中国民衆』法律文化社、一九八七年）一四〇頁。

(25) 貴志俊彦「東アジアにおける「電波戦争」の諸相」（貴志俊彦・川島真・孫安石『戦争・ラジオ・記憶』、二〇〇六年）が国民党政府によるラジオ事業を論じている。

(26) 『広播週報』一七八期、一九三九年一一月四日。

(27) 「創刊詞」（『詩巫新聞日刊』創刊号、一九三九年七月一日）。

(28) 劉子欽「詩巫新聞梗概」（詩巫福州公会編『詩巫福州墾場五〇周年紀念刊』、一九五一年）七九頁。
(29) 「駐山打根領事館呈送該轄区報告乙份敬請核備由」民国三〇年二月二〇日附件報告（何鳳嬌編『東南亜華僑資料彙編（一）』、台北、国史館、一九九九年）九一頁。
(30) 前掲菊池一隆「国民政府による「抗戦建国」路線の展開」一三五頁。
(31) 劉子政『砂拉越華文報業史』（砂拉越華族文化協会、二〇〇〇年）七―八頁。
(32) 前掲「駐山打根領事館呈送該轄区報告乙份敬請核備由」一〇〇―一〇三頁。
(33) 村井寛志「『良友』画報と華僑ネットワーク――香港・華僑圏との関連からみた上海大衆文化史」（『東洋史研究』六六巻一号、二〇〇七年）。王京「『良友』と戦時報道」（『アジア遊学』一〇二号、特集『良友』画報とその時代、二〇〇七年）。
(34) 『良友』一〇二期、一九三五年二月、一三三期、一九三八年一月、一三八期、一九三八年六月、一三九期（復刊号）、一九三九年二月。
(35) 劉文兵『中国抗日映画・ドラマの世界』（祥伝社、二〇一三年）三三頁。
(36) 程季華ほか『中国電影発展史』第二巻（北京、中国電影出版社、一九六三年）二四―二五頁。
(37) 原文は「中国不会亡，你看那民族英雄謝団長：中国不会亡，中国不会亡，你看那八百壮士孤軍奮守東戦場。四方都是炮火，四方都是豺狼，寧死不退譲，寧愿死不投降。我們的国旗在重囲中飄蕩，飄蕩……」である。歌詞と音楽は下記 https://www.youtube.com/watch?v=BL5j08R2-VA（二〇一六年二月一八日最終確認）による。
(38) “Sylvia Cinema Provisional Schedule of Programmes” February, 1941. *The Sarawak Gazette*, February 1, 1941.
(39) サラワク華族文化協会の蔡増聡主任からの聞き取り、二〇一六年二月二九日。
(40) 楊佳佳『政府的教育政策対砂拉越華文教育発展的影響』（砂拉越華族文化協会、二〇一一年）一七、二三、二八頁。なおサバを含む北ボルネオでの華僑教育全般については宋哲美『英属婆羅洲華僑教育』（台北、華僑教育叢書編纂委員会編印、一九五九年）が詳しい。
(41) 劉賢仁「抗日期中詩巫僑胞的救亡動態」（詩巫福州公会編『詩巫福州墾場五〇周年紀念刊』、一九五一年）八一頁。
(42) 前掲「駐山打根領事館呈送該轄区報告乙份敬請核備由」六六―六七頁。
(43) 台湾総督府文教局学務課編『支那小学教科書調査』（一九三八年）二七七―二七九頁。

(44) *Monthly Review of Chinese Affairs*, No. 104, April 1939. C.O.273/654（英国植民地省文書）。筆者は京都大学東南アジア研究所図書館所蔵のマイクロフィルムを閲覧した。

(45) 拓務省拓務局『サラワック王国事情』（一九三八年）一八二頁。

(46) 『南鐘』（*Southern Bell*）、Archives & History Library The Methodist Church in Singapore 所蔵。

(47) Lee Hockhiang, District Superintendent "Report of the Sibu District," *Minutes of the Forty-Sixth Session of the Malaysia Conference January*, 1938. 黄孟礼編『婆羅洲的美以美（一九〇一―一九五〇）』（砂拉越衛理公会華人年議会文字事業部、二〇〇九年）二八二頁、所収。

(48) 劉ＢＸ氏（男性）、一九二九年生まれ、元学校長、訪問地シブ、二〇〇九年八月二四日。

(49) 劉ＢＸ氏（第二回訪問）、訪問地シブ、二〇一三年九月四日。

(50) "Third Division News," *The Sarawak Gazette*, December 1, 1937.

(51) Angela Yong, *One Thing Good But not Both: A Life in Sarawak*, Herne Bay Productions, Texas, U.S.A., 1998.

(52) 「為答辯致詩華愛国鉄血団書」（『詩巫新聞日刊』一九三九年八月二八日）。

(53) 満鉄上海事務所調査室編『華僑調査彙報（第一輯）』（一九四〇年）は、排日の背後にあって、宣伝工作や実践上の指導をしているのは国民党や僑務委員会が派遣した専門的排日指導員であると指摘した。英領マラヤの抗日団体としては「中華抗日鋤奸鉄血団」の名称を挙げている。また、ボルネオの事例として、抗日宣伝はシンガポールを通じて潜入した指導員あるいは宣伝員によって行われたと述べている（同書四五、五五、五八頁）。

(54) 前掲「駐山打根領事館呈送該轄区報告乙份敬請核備由」民国三〇年二月二〇日附件報告。原文「該会因各方合作、人材済済、主持人得人、辦理成績最佳、為本館轄区之冠、至報告之精詳、尤為他埠所不及」。

(55) 蔡増聡編『戦前詩巫籌賑運動史料選編（一九三七―一九四一）』（砂拉越華族文化協会、二〇〇七年）五六頁。

(56) 「詩巫華僑籌賑祖国難民委員会通告」（中華民国二九年一二月一三日）（『詩巫籌賑会原始紀録』、シブ：サラワク華族文化協会蔵）。

(57) 林ＡＱ氏（女性）、一九三〇年生まれ、訪問地シブ、二〇一三年九月一日。

(58) 張ＢＬ氏（女性）、元小学校教師、八八歳（訪問時）、訪問地シブ、二〇一三年八月三一日。

(59) 鄭ＣＹ氏（男性）、農民、九一歳（訪問時）、訪問地シブ近郊 Sungai Sadit, 二〇一三年八月三一日。

(60) 張LQ氏（男性）、元ゴム園の労働者、一九二四年シブ近郊 Sungai Merah 生まれ、訪問地シブ、二〇一四年八月二〇日。

(61) 『沙労越美里埠華僑救国史実』一九四〇年一月一五日（台北、中国国民党党史館、一般党檔 515/71）。

(62) 前掲「駐山打根領事館呈送該轄区報告乙份敬請核備由」九八―九九頁。原文「古晋為沙勝越首都、且為大商埠、商業鼎盛、惟籌賑辦理成績不佳、去詩巫遠甚、該処華僑人数不少。幇派較為複雑。前届籌賑会主席為黄□□、黄為福建金門人、僑生、同時為古晋華商商会会長。本身財力甚厚、惟辦事無能、手下人材欠乏、領導無方、以致会務不振、過去籌賑情形、迄無隻字報告」。なお、原資料では黄□□の実名が記されているが、関係者に配慮し匿名とした。

(63) 楊佳佳前掲書、二四―二五頁。

(64) 益人「拿督黄□□先生」（『砂勝越金門会館成立慶典紀念特刊』、一九九一年）四三頁。

(65) *Sarawak Administration Report for 1938*, p. 36. Sarawak Museum Archives, Kuching 所蔵。

(66) 台湾拓務会社調査課『支那事変と華僑』（台北、一九三九年）七頁。

(67) 台湾総督府官房調査課『サラワク王国在留邦人の状況』（一九三八年）一頁。

(68) 望月雅彦『ボルネオ・サラワク王国の沖縄移民』（ひるぎ社、一九九四年）。

(69) 劉YT氏（男性）、一九二六年生まれ、元ゴム園労働者、訪問地バウ、二〇一四年三月一四日。

(70) Kampung Tapah, Kuching, Sarawak. 二〇一四年八月二九日及び Kampung Siburan, Kuching, Sarawak. 二〇一四年八月三〇日での聞き取り。

(71) 黄世広編著『華僑在詩巫』（台北、中国印刷廠、一九五四年）九〇頁。

(72) 前掲「駐山打根領事館呈送該轄区報告乙份敬請核備由」九五頁。

第7章　魯迅とゾルゲとの距離
――表象としてのスパイ及び「上海文芸の一瞥」講演の謎

長堀祐造

はじめに

異国に在るスパイがその国の文化・歴史・慣習を知らずに行動したとき、文化の隠れた次元に落ち込み、その正体は敵に露見し、悲惨な運命が待つことは必定である。スパイは情報収集対象国のそれらを知り尽くしてこそ高度な機密情報を獲得できるのだ。「例えば日本においては、歴史や国民性を研究し、政治、社会、経済、文化等が如何であるかを知らなければならぬ(1)」とは、日本史上もっとも有名なスパイ、ゾルゲの言葉である。ゾルゲは尾崎秀実《ほつみ》という優秀な日本人協力者を得て、日本の機密情報を入手した。訪日以前、ゾルゲはソ連軍諜報部員として上海に在って、中共及びその周辺の中国人や外国人を組織し、諜報活動を行っていた。大阪朝日新聞上海支局に勤務する尾崎とは一九三〇年末頃に当地で知り合う。一九三四年春、二人は日本で再会し、外国人を含む日本のゾルゲ・グループが組織された。ゾルゲは優《すぐ》れた現地スタッフの協力で、中国、日本での諜報活動を展開したのである。しかし、一九四一年秋、日本のゾルゲ・グループは特高警察に逮捕され、「首謀者」ゾルゲ、尾崎は一九四四年一一月に処刑された。

このゾルゲ、尾崎は上海時代、魯迅と近い位置にいた。尾崎と魯迅については直接の交流があり先行研究もある(2)。一方、魯迅とゾルゲに関しては尾崎やスメドレーを通じて間接的関係が想像されはするが、直接的接点は確認されていない。結論を先に言えば、本稿でも依然として同様であるが、両者間の距離を従前の想像よりも縮めようというのが本稿の狙いである。魯迅研究の視点からのアプローチ、それもほんの僅かな一歩にとどまるのではあるが。

一　魯迅とゾルゲ周辺の人物——尾崎秀実・スメドレー・山上正義

まず、行論の便宜のため、最近のゾルゲ研究の成果を盛り込んだ加藤哲郎著『ゾルゲ事件』（平凡社新書、二〇一四年三月。以下加藤著と略称）等の日本語文献[3]によって、魯迅（一八八一—一九三六）とゾルゲ（一八九五—一九四四）周辺の主要人物の横顔と関連をごく簡単にスケッチしておこう。まずはゾルゲ本人から。

ゾルゲはドイツ人を父、ロシア人を母としてアゼルバイジャンのバクーに生まれ、第一次大戦ではドイツ軍に志願して負傷、戦後ドイツ共産党に参加し、一九二五年からモスクワのコミンテルン機関員となった。一九二九年にはソ連赤軍参謀部情報総局（第四部、GRU）に移籍し、翌年一月、中国に派遣されてしばらく活動するが[4]、正体露見の危険が生じ、一九三二年一一月に一時ソ連に帰任した。そして、翌一九三三年九月に来日している。従前、ゾルゲはスメドレーを介して尾崎を知ったとされてきたが、加藤はこの間の調査で、実際の仲介者はコミンテルンから派遣され、上海で中共と行動をともにしていた米国共産党日本部初代書記・鬼頭銀一だったと結論付けている[5]。

尾崎秀実（一九〇一—四四）は、東京生まれの台湾育ちで、一高から東京帝大法学部政治学科に進み、マルクス主義の洗礼を受けた。一九二六年に東京朝日新聞に入社、翌年大阪朝日に移り、一九二八年一一月、上海支局に派遣された。ゾルゲの上海着より一年あまり前のこと、そして一九三〇年の一〇月か一一月ごろ、両者は知り合い、尾崎は上海ゾルゲ・グループの一員となった。異母弟、尾崎秀樹《ほつき》によれば、兄、尾崎秀実がスメドレーと知り合ったのは、一九三〇年、新聞連合の記者、大形孝平の紹介によるもので、尾崎秀実自身の調書では紹介者に後述のヴァイテマイアーと陳翰笙[6]（一八九七―二〇〇四）の名を挙げているが、これは他に累を及ばせまいとするカムフラージュだったという[7]。同じく尾崎秀樹は秀実が魯迅と知り合うのは、一九二九年春以降のことで、山上正義を通じて、面識を得たのではないか、またスメドレーを魯迅に紹介したのは秀実ではないかとも言っている[8]。

このゾルゲ、尾崎両者の共通の友人で従前、最初の仲介者とも見られていたスメドレー（一八九二―一九五〇）の訪中は一九二八年末、上海着は翌年五月である。米国ミズーリ州の貧しい家に生まれたスメドレーは働きながら学び、インド人革命家と知り合って植民地問題に関心をもった。ベルリンでインドの民族解放運動に関わり、コミンテルン大会に参加する恋人のインド共産党員とモスクワ訪問を経験するが、一九二八年、フランクフルター・ツァイトゥングの特派員に採用されて上海に着任した。そして、一九三三年後半から半年間のソ、米行の期間を除き、一九三六年夏まで上海に滞在し、コミンテルンや中共の同調者として活動した。その後も、西安事変報道、延安での朱徳インタビュー、日中戦争取材と活躍し、一九四一年に米国に戻ったが、冷戦に伴い一九四〇年代末から米国で「赤狩り」の嵐が吹き荒れると、辛うじて渡英を果たすが程なく客死した。

最後の一人、山上正義（一八九六―一九三八）は鹿児島生まれ、東京外語露語科を中退、早稲田大学での聴講経験もあるらしい。一九二一年のいわゆる「暁民共産党」事件[9]で検挙され、禁固刑を受けた。一九二五年に上海に渡り、上海日日新聞に入社した後、新聞連合に移った。一九二七年、山上は広東中山大学に移っていた魯迅を取材し、国民革命の本拠地広東で、四・一二クーデタを挟む時期の魯迅の冷徹な国民革命認識を記録していた。山上は魯迅の校閲を得ながら、林守仁の筆名で国際プロレタリア叢書の一冊『支那小説集阿Q正伝』（四六書院、一九三一年）を翻訳出版し、日本における魯迅翻訳・研究史に特筆すべき足跡を残してもいる。山上は一時帰国の後、一九二九年四月、再び上海に赴任し同業の尾崎と知り合った。尾崎は一九三二年初め、大阪朝日への帰任に先立ち、自らの後任として山上をゾルゲに推薦したが、山上は同僚の船越寿雄を推したとされる。その後、程なく北京へ転勤となった山上は当地で三年余り支局長を務めた。そして一旦帰国後、同盟通信モスクワ支局長として赴任直前の一九三八年末、東京で病死した。船越は後のゾルゲ事件で逮捕され、終戦直前に獄死している。[10]
一九三一年三月から一二月まで、魯迅宅で毎日のように作品講解を受けていた増田渉（一九〇三―七七）は、ちょうど本稿が問題とする時期に、その当事者たちとともに上海の空を戴いていたのだが、増田は尾崎と山上について、こんな証言を残していた。

私が上海にいたとき山上君はもういなかったが、彼の翻訳原稿を魯迅が校閲したということを魯迅から聞いた。山上君は魯迅が広東にいたころ同盟[11]の特派員で同地にいたそうだ。広州の中山大学を追われて、同地の一隅に不安な隠棲をつづけていたころの魯迅を彼は知っていて、その話を同君からきいたことがある。私が上海に行ったときは、すでに同君はいなかったけれども、「朝日」の尾崎秀実君はいた。でもまだ中国評論家としての彼の名前は出ていなくて、尾崎の名をいうものを、当時私は聞いたことはなかった。ただドイツ語のよくできる尾崎という新聞記者がいる、知識もひろいし、人間もしっかりしている、というような話をよく魯迅が言っていたので、私は尾崎の名を特に覚えていた。尾崎秀実の名前が新聞雑誌に出るようになったのは、それから数年後、もう魯迅が亡くなってからであるが、私はそのころ雑誌記者[12]として彼の原稿をたびたび読んだり校正したりしたが、しかし一度も彼に会ったことはなかった。ただなんとなく懐かしい思いで彼の名を見ていたので、彼とはしょっちゅう交渉のあった同僚の某君に、上海にいたころ、魯迅から名前をよく聞いていたという言づてを頼んだ。すると某君は、尾崎も同じように魯迅から君のことは聞いていたと言った、ともたらした。[13]

二　魯迅とハンブルガー夫人

（1）魯迅と瀛寰図書公司（Zeitgeist Book Store）

さて、魯迅周辺のゾルゲ関係者には、上述の尾崎、山上、スメドレーのほかにも重要な人物がいた。それが、ハンブルガー夫人であり、董紹明・蔡咏裳夫妻である。まずはハンブルガー夫人から触れよう。『魯迅日記』一九三〇年一二月二日の条には「午後、瀛環書店へ行き、ドイツ語書七種七冊を買う。計二五元八角」とある。この「瀛環書店」に施された二種の人民文学出版社版『魯迅全集』注は次のように言う。

瀛環書店　瀛寰図書公司（Zeitgeist Book Store）のこと、ドイツ人ハンブルガー夫人が経営する洋書店。静安寺路（現南京西路）にあった。（一九八一年版、第一四巻、八四七頁）

瀛環書店　瀛寰図書公司（Zeitgeist Book Store）のこと、ドイツ人イレーネが経営する洋書店。静安寺路（現南京西路）にあった。（二〇〇五年版、第一六巻、二二一頁）

二〇〇五年版注では「瀛寰書店」の経営者が「ハンブルガー夫人」から「イレーネ」へと訂正されたことがわかる。ハンブルガー夫人は同書店の経営者ではなく、イレーネの協力者であった。『ゾルゲ事件とは何か』[14]によれば、「瀛寰書店」＝ツァイトガイスト（時代精神）書店は、ベルリンのツァイトガイスト書籍販売会社の支店で、運営資金はモスクワの国際革命作家同盟が出していた。ここはソ連関連書籍や知識人向け書籍を扱うためにコミンテルンが設けた販売窓口で、海外からの共産主義者のたまり場の役割を果たしていた。女性店主イレーネ・ヴァイテマイアーは、一九二五年にドイツで知り合った中国人共産主義者と結婚、短期間モスクワの中国革命の人材養成学校、中山大学で学んだという。[15]一九二九年から一九三〇年にかけ、尾崎やその友人たちはこの書店に通い、スメドレーを尾崎に紹介したのもイレーネであった。また、ゾルゲもスメドレーとこの店で会っていたという。ただ、ジョンソンはイレーネ・ヴァイテマイアーが姉妹[16]で書店を経営していたというが、これは誤りでもう一人の女性こそハンブルガー夫人ということではないか。

さて、魯迅が同書店で（少なくとも日記の記載では）初めて独語書を購入したという一九三〇年一二月二日は、尾崎がスメドレーを介してゾルゲと知り合ったと調書で述べている同年一〇月乃至一一月の直後と言っていい[17]。『魯迅日記』によれば、翌年一月一五日にも「午前、瀛寰図書公司に行き、四種六冊買う、全部で三七元二角」とあり、一九三二年六月四日にもハンブルガー夫人に魯迅自身が協力して同書店で開催されたドイツ版画展を参観がてら本を買っている。魯迅は日記に記された限りでも都合三回この店に足を運んでいる。先の二回は尾崎、ゾルゲ、スメドレーが揃って上海にいた時期であり、最後は尾崎帰国後のことである。

（2）『魯迅全集』中のハンブルガー夫人

では瀛寰書店の経営者ではなかったものの、同書店の関係者であったらしいハンブルガー夫人とはどういう人物なのか。まず『魯迅日記』から探ってみよう[18]。

①一九三一年六月一一日〔……〕晩、馮君およびハンブルガー夫人来る、『セメントの図』一冊を贈る。〔……〕

学研（日本語）版『魯迅全集』のこの部分につけられた訳注は以下のとおり。

ヘンブルガー夫人来る　この日、スメドレーの秘書馮達[19]とともに魯迅を訪ねた。馮雪峰《ふうせっぽう》によると、ヘンブルガー夫人（漢字表記では「漢堡嘉」）はドイツ共産党員で、夫は上海工務局の技師であった。彼女は静安寺路で瀛寰図書公司を営業するかたわら第三インターの秘密工作に従事していたという（「包子衍への手紙」

『新文学史料』第四輯)。

ハンブルガーではなくヘンブルガーとするのは、『魯迅日記』の注テキストがドイツ語綴りを一貫してHemburgerと間違って綴るためである。二〇〇五年版『魯迅全集』の『魯迅日記』注でも訂正されていない(後述の『集外集拾遺補編』の注では正しく綴られている)。また「工務局」は「工部局」である(『新文学史料』テキストの誤り)。ここにいう、「包子衍への手紙」とは馮雪峰が文革中、魯迅に関する包子衍の質問に答えた手紙のこと。包子衍は『雪峰年譜』[20]などの著書がある馮雪峰研究家である。『魯迅日記』が言う『セメントの図』とはソ連の作家グラトコフの長編小説『セメント』独語版中のメッフェルト作になる木刻挿絵一〇幅を『梅斐爾徳木刻士敏土之図〔メッフェルトの木刻、セメントの図〕』として魯迅が自費で影印出版したもの(三閑書屋名義、一九三〇年九月刊)。董紹明、蔡咏裳夫妻訳『セメント』中国語版再版に際して、魯迅はこの「『メッフェルトの木刻、セメントの図』序言」(『集外集拾遺』所収)に若干の形式的な加筆を行い、その「序」としたのである。加筆日時は『魯迅全集』注によれば一九三一年一〇月二〇日[21]。

②一九三一年一一月二六日　午後、ハンブルガー夫人、版画を借りにくる。(『魯迅全集』注:『ドイツ版画展覧会』準備のため、ハンブルガー夫人は版画を借りに来た。展覧会は遅れ、一九三二年六月四日になって開幕した。)

③一九三一年一二月一五日〔……〕夜、ハンブルガー夫人から手紙、あわせて海嬰に玩具をもらう。

④一九三二年四月二八日〔……〕午前ハンブルガー夫人来る。

⑤一九三二年四月二九日〔……〕午後ハンブルガー夫人来て、額縁四〇個を借りていく。(『魯迅全集』注:ドイツ版画展覧会開催にむけ、魯迅はわざわざ額縁を大量に購入し、この日、ハンブルガー夫人に展覧会用に貸与した。)

⑥一九三二年六月四日〔……〕瀛寰図書公司に行き、ドイツ版画展覧会を見る、あわせて *Wirinea* 一冊を買う、四元一角。〔……〕(『魯迅全集』注:ドイツ版画展覧会　上海瀛寰図書公司のドイツ籍経営者イレーネ(Irene)が主催、

当時上海に居留していたドイツ人ハンブルガー夫人が表に出て開催準備に当たっていた。一九三一年一二月七日開幕の予定だったが、大きな額縁の買い入れに手間取り、翌年六月まで展示開始が延びた。展示品にはコルヴィッツ、メッフェルト、グロス等の作品百点あまりがあった。魯迅はこの展覧会のために「ドイツ作家版画展紹介」、「ドイツ作家版画展開催延期の真相」〔ともに『集外集拾遺補編』所収〕などの文を書いたことがあり、あわせて額縁や珍蔵名画を貸与した。〕

中国語版、学研版『魯迅全集』ともに注記がないが、⑥に言う *Wirinea* とはソ連の女性作家リディア・セイフーリナ（一八八九―一九五四）の小説『ヴィリネーヤ』を指す。魯迅博物館編『魯迅手蹟和蔵書目録』（一九五九年、内部発行）によれば、ベルリン、マリク書店から出ていた独語訳である。(22)

⑦一九三二年六月三〇日〔……〕ハンブルガー夫人版画を返しに来る。〔……〕

魯迅が貸し出した所蔵品をハンブルガー夫人は返却に来たわけである。

以上が注も含む『魯迅日記』中のハンブルガー夫人関連の記載であるが、このほか上記「ドイツ作家版画展紹介」にも⑥とほぼ同様の注があり、その学研版訳注も一九八一年版『魯迅全集』『日記』巻の「人物注釈」が指摘する、ハンブルガー夫人の五回にわたる魯迅宅訪問の事実に注目している。新旧『魯迅全集』の『日記』巻「人物注釈」もそれぞれハンブルガー夫人の項目を挙げるが、二〇〇五年版は次のように更新されている。

ハンブルガー夫人（Mrs. Hemburg）原名ルート・ヴェルナー、ドイツ人、独共産党員。当時夫のロルフ・ハンブルガーに従って上海に住み、スメドレーを通じて魯迅と知り合う。魯迅は彼女が準備開催したドイツ作家版画展を支援した。

依然として、Hamburger が Hemburg と間違って綴られているが、一九八一年版では不明だった「原名」がここでは明らかになっている。ただし、ルート・ヴェルナーは実は筆名で、原名は後述の張黎《ちょうれい》が紹介するように、ウルズラ・クチンスキー（Ursula Kuczynski）である。

（3）ハンブルガー夫人とは誰か？

ところで、二〇〇五年版『魯迅全集』注でイレーネ・ヴァイテマイアーとその友人ハンブルガー夫人についての記載が訂正され、後者の原名が明記されるに到ったのは、張黎「関于漢堡嘉夫人〔ハンブルガー夫人について〕」（『魯迅研究月刊』一九九三年六期）の指摘によると考えられる。張黎によれば、「ハンブルガー夫人」自身の証言があったのである。

張黎は一九八〇年代半ば、東独ワイマールでルート・ヴェルナー著『ソーニャのレポート』という書に出会う。本書で著者ヴェルナーは上海にいたとき、魯迅と交流があったと記しており、張黎はそこで『魯迅全集』（一九八一年版）を繙《ひもと》き、瀛寰図書公司に付された「ドイツ人ハンブルガー夫人が経営する洋書店」という注の間違いに気づいたという。張黎が読んだ『ソーニャのレポート』（本稿では英語版を使用）から魯迅や瀛寰図書公司関連部分を見てみよう。(23)まず、一九三一年当時の魯迅について、ヴェルナーは次のように回想している。

私は頻繁に魯迅宅を訪問したが、魯迅はずっと年下の妻と小さな息子と住んでいた。

魯迅は一八八一年生まれで、中国のゴーリキーとして知られていた。ゴーリキー同様、魯迅は普通の人々の気高さと苦しみを描いた。奇妙なことに魯迅はゴーリキーに容貌も似ており、優美な横顔、青白く、神経質そうな表情をしていた。魯迅は結核を病んでおり、一九三六年に亡くなった。

魯迅の生活は慎ましやかであった。あるとき、私は車輪つきの木製のアヒルのおもちゃを、三歳ぐらいだった魯迅の息子に送ったところ、魯迅は感激して何てすばらしいプレゼントだろうとその後もいい続けた。

魯迅はケーテ・コルヴィッツの版画集を出版したいというので、私は手伝った。あとで魯迅は、友情を示す献辞を書き込んだその一冊を私にくれた。私はケーテ・コルヴィッツを高く評価していたし、また魯迅にも大そう敬服していたので、このプレゼントは私にとっては二重の意味で大切なものだった。数年後、戦争の混乱の中で、それは行方不明となってしまった。（英語版三六頁）(24)

ついで、ソーニャ＝ヴェルナーは一九三一年三月二四日付の家族宛書信で、イーサ＝イレーネについてこう紹介している。

みなさんにお伝えしなければならない友人がいます。若い女性〔イーサを指す――長堀〕で、ある日、親類縁者も連れず、本をいっぱいに詰め込んだトランクをいくつも持って当地にやってきました。彼女は、急進的な独、英、仏文の本がたくさんある小さな書店を開きました。彼女がベルリンの書店で働いていたとき、中国のある出版社が、上海での事業発展の可能性について、彼女の上司の注意を引いたのです。彼女の店の顧客はほとんどが中国人学生です。彼女は二三歳。勇気があると思いませんか。残念ながら彼女はあまり商売上手ではありません。私は手伝いたくてむずむずしています〔……〕（英語版六〇頁）

そして、そのあとに、回想が続く。

イーサは私が手紙で書いたよりももっとずっと勇気があった。彼女も同志であり、上海で非合法活動に従事していた。イーサはモスクワでしばらく中国人同志と一緒に暮らしていたことがあり、彼と一緒に中国に来たのだった。地下活動の任務のために、当地では二人は一緒に暮らすことができず、それでイーサはモスクワに娘を置いてきていた。イーサは、二歳にもならない幼子のことを恋しく思っていたが、私がそのことを知ったのは、後のことである。イーサの夫はトロツキスト・グループに加わったため、政治論争となって、二人は別れた。

〔……〕イーサはすばらしい人物ですぐに彼女は私の姉妹のような存在になった。ロルフ〔ヴェルナーの夫〕もイーサと馬が合ったので、イーサはわが家を自分のセカンド・ハウスのように見なしていた。私たちは秘密工作については決して話さなかった。私はイーサがリヒャルト・ゾルゲ・グループの誰かと連絡があったのかどうか知らなかったし、彼女が私からゾルゲ・グループのことを知ることもなかった。イーサがしょっちゅうやってくることについては、部外者には説明が簡単だった。というのは、私も上海では名の通った書店業界の人間だったからである。（英語版六〇—六一頁）

本書には上海のゾルゲ・グループの面々、ゾルゲ本人、アグネス・スメドレー、楊教授こと陳翰笙、尾崎秀実らが登場するが、ヴェルナー自身もこのゾルゲ・グループに深く関わっていたことを証言してもいる。

さて、張黎は上記『魯迅日記』③一九三一年一二月一五日の記載とヴェルナーの証言が近似していることを確認し、ヴェルナーの当時の本名がウルスラ・ハンブルク（張黎の原文は「烏尓蘇拉・漢布尔格」（Ursula Hamburg））だったことを偶然、関係者から知り、『魯迅日記』中の「ハンブルガー夫人〔原文は漢堡嘉夫人〕」をヴェルナーと同定したと書いている。[25] さらに張黎は一九九〇年末、ヴェルナーに手紙を書き、瀛寰図書公司の女性店主の経歴を尋ねたが、その返信は「瀛寰書店は私の女の友人が開いた書店です。残念ながら、私は彼女の名前がイレーネ（Irene）だったということしか覚えていません」とし、中国人の夫についても『ソーニャのレポート』[26]で記述した以外のことは知らない、当時、瀛寰書店が主催したケーテ・コルヴィッツ版画展（ドイツ作家版画展が正しい）開催のために魯迅と会ったことがある、というものだったと言う。

（4）ルート・ヴェルナーとは？

張黎論文及びその典拠である『ソーニャのレポート』等によれば、「ハンブルガー夫人」＝ルート・ヴェルナーは現代の著名なユダヤ系ドイツ人のマルクス主義経済史家、ユルゲン・クチンスキー（一九〇四―九七）の妹で、本名はウルズラ・クチンスキー。一六歳で労働運動に参加、一七歳で書店員となり、一八歳でドイツ共産党に入党、翌一九二九年、ユダヤ人建築家ロルフ（ルドルフ）・ハンブルガーと結婚し、一九三〇年七月、上海にやってくる。夫が上海工部局に建築技師の職を得たためである。「ハンブルガー夫人」となったウルズラは上海に着くと、スメドレーと知り合い、彼女を通じて魯迅、丁玲（一九〇四―八六）、宋慶齢（一八九三―一九八一）らを知る。そして共産党関係者との接触を待望していたハンブルガー夫人にスメドレーはゾルゲを紹介したのである。ハンブルガー夫人とゾルゲの初会見は一九三〇年一一月のこと。尾崎秀実とは一九三一年一〇月までには何度も顔を合わせ、地下活動で緊密に協力していたという。一九三一年初めには知り合っていたのであろう。

　上海のゾルゲ・グループは一九三二年末まで、ハンブルガー家で[27]、毎週会議を開き、ハンブルガー夫人は見張り役や、書類の整理、時には中共党員の逃亡者を匿《かくま》うなどの危険な任務も行った[28]。ゾルゲ・グループはコミンテルンとは別組織のソ連赤軍参謀部情報総局（第四部、ＧＲＵ）系統で組織防衛上、コミンテルンや中共とは距離を保とうとしたが、狭い上海でのこと、さらに一九三一年六月、コミンテルンの重要工作員ヌーラン夫妻が上海租界当局によって逮捕され、国民党に引き渡されるという事態の中、ゾルゲもその救援の前面に立たねばならぬ状況となる。ヌーランの救援計画はＧＲＵ上海センターと中共の防衛部門が共同して策定したが、その中心人物はゾルゲと潘漢年であった[29]。ウルズラ・ハンブルガーも、ゾルゲと知り合った後には、コミンテルンからも協力を求められたと書いている（英語版四一頁）。現実においてＧＲＵとコミンテルンの任務は厳密には分離不可能だったのである。

　その結果、ゾルゲは上海で身分が露見する危険が出てきたため、一九三二年一一月、モスクワに帰任した。ウルズラ・ハンブルガーも一九三三年夏ごろ、ゾルゲを通じてソ連に行ってＧＲＵに入りプロのスパイへの道を歩むのである。翌年ウルズラ・ハンブルガーはＧＲＵの命で瀋陽に行って地下工作に当たるが、危険が及ぶと一九三五年には北京に行き、さらにモスクワに移った。第二次世界大戦中は相前後して、スイス、英国、米国で諜報活動に当たり、英米による原爆開発に携わる核物理学者クラウス・フックスと接触し、重要な機密情報をソ連にもたらして米国の核兵器独占を阻止した。その功績でソ連から叙勲されており、「ゾルゲ以上」[30]のスパイと評価されている。一九五〇年、東ドイツに戻り、五〇歳で作家生活に入った。回想録『ソーニャのレポート』が一九七七年に出版されるとベストセラーとなり、検閲で日の目をみなかった部分も冷戦終結後、増補されて今では全文が読める。ウルズラ・ハンブルガー＝ルート・ヴェルナーは一九八八年に中国を再訪し、陳翰笙と再会を果たしている。[31]

三　魯迅とスメドレーそして董紹明・蔡咏裳夫妻

スメドレーは上海着任から約一年後、フランクフルター・ツァイトゥングの特派員として魯迅と会う。『魯迅日記』では一九二九年一二月二五日にスメドレーから手紙を受け取り、二七日に「スメドレー女史、蔡咏裳女士及び董紹明君来る」と最初の対面が記されている。以後、スメドレーはしばしば『魯迅日記』に登場し、中国を離れていた一九三三年から一九三四年の一時期を除いて、魯迅晩年まで交流は続く。一九三〇年九月の左連主催の魯迅生誕五〇年を祝う会にスメドレーは董・蔡夫妻と出席しており、また魯迅の愛弟子柔石が国民党に殺害されると、スメドレーの求めに応じ魯迅は米国誌『ニュー・マッセズ（*New Masses*）』のために「暗黒の中国における文芸界の現状」を寄稿し、さらに一九三六年五月には魯迅の病気を心配し、肺結核専門の米国人ダン医師に魯迅を診察させてもいる。もっともこれはダン医師の「欧州人なら五年前にとっくに死んでいただろう」[32]というコメントに魯迅は憤慨して二度と診察は受けず、従前どおり日本人医師須藤五百三に受診し、最期を託すことになる。そしてスメドレーは、名だたる中国人や日本人とともに魯迅の葬儀委員会に名を連ねることとなった。

さて、スメドレーとゾルゲについてマッキンノン著は、一九三〇年五、六月には二人はすでに深い関係だったという。[33]ゾルゲの上海着が一九三〇年の一月であることから半年間に、二人の関係が急速に深まったこと、またスメドレーの最初の魯迅訪問時には、スメドレーはゾルゲ・グループの一員ではなかったことをこれは意味する。

そして、さらにここで注目すべきは、スメドレーが魯迅を最初に訪れたとき、同道した董紹明・蔡咏裳夫妻である。この夫妻はグラトコフの『セメント』を翻訳出版したことから魯迅の知遇を得、その独語版の挿絵を魯迅が一九三一年に出版したり、その過程で同夫妻訳の中国語版『セメント』第二版に魯迅が序を書いたりして一九三三年頃まで親しく交流があった。この董・蔡夫妻は後述のように、スメドレー同様、今ではゾルゲ・グループの一員だったことがわかっているが、彼らも当然最初の魯迅宅訪問時にはまだゾルゲとは接触はなかったわけだ。ここから、スメドレーを介して董・蔡夫妻がゾルゲ・グループに参加したことが想像される。『魯迅日記』では、スメドレーとこの夫妻が何度か同道して魯迅宅を訪れていることが確認でき、彼らの関係がきわめて深かったことが容易に窺える。[34]

一九三〇年の後半になると、スメドレー、董・蔡夫妻は、直接の目的が何であれ、ゾルゲ・グループの構成員という身分を保持した上で、魯迅と接していたということになる。ゾルゲは、上海ゾルゲ・グループの組織について、「広東生れの者で、私の仕事に非常によく向く一人の女性を見つけた。彼女はスメドレーと仲がよく、また私も次第に親しくなって、首尾よく彼女を協力者に入れることができた。重い結核を病んでいた彼女の夫も、のちにわれわれのグループに加わった[35]」と言っているが、これは広東生まれの蔡咏裳とその夫で結核を患っていた董紹明に間違いない。[36]

スメドレーについては、ゾルゲは中国のゾルゲ・グループの一員であったことを認めており、[37]また、一九三二年五月、ゾルゲ自身がコミンテルン主席団のピアトニツキーに厳秘の書簡を送り、スメドレーをコミンテルン要員として報道関係の仕事に推薦していることが、ソ連崩壊後に公表された資料で明らかになっている。[38]スメドレーはゾルゲ、コミンテルン双方の線で活動していたわけである。

また、董・蔡夫妻についても、複数の資料がゾルゲ・グループの一員だったとしている。例えば、董紹明の娘の董仲民は、「憶我的父親、革命文学翻訳家董秋斯〔わが父、革命文学翻訳家董秋斯を思う〕」[39]で他資料に基づくとしながらも、一九三一年にはスメドレーの紹介で董紹明と蔡咏裳〔董仲民の継母にあたる〕はゾルゲの直接の指揮下で働いたと述べている。また張暁宏・許文龍著『紅色国際特工』〔哈爾浜出版社、二〇〇六年〕はゾルゲ・グループ構成員の一覧表中、この夫妻の名を挙げている〔二四頁〕。おそらくこうした情報の出典は、楊国光著『ゾルゲ、上海に潜入す』も引く、張文秋著『毛沢東的親家 張文秋回憶録〔毛沢東の親戚[40] 張文秋回憶録〕』〔広東教育出版社、二〇〇二年〕などであろうと思われる。本書によれば、中共の古参革命家、張文秋〔一九〇三―二〇〇二〕は、最初の夫、劉謙初とともに一九二九年に山東で国民党に逮捕されたが半年後にひとり出獄、一九三〇年初め、上海に赴いて夫の親友夫妻宅に身を寄せたが、その親友こそ董紹明であった。董・蔡夫妻は翻訳出版した中国語版『セメント』を生前の劉謙初に送ってもいた〔劉謙初は救援の甲斐なく、一九三一年四月に国民党に処刑される〕。張文秋は上海の董・蔡夫妻宅でこの年の春、スメドレーと出会い、スメドレーは彼女をモデルに*Shan-Fei, Communist*〔「共産主義者・羨飛」〕という短編を『ニュー・マッセズ』一九三一年五月号に載せたという。確かに同誌当該号に、この作品は載っているが、主人公の年齢や関連地名は安全を考慮してか、モデルとは変えてある。また張文秋は、中共の通信連絡所で任務に当たっていたが、一九三一年九月、上海を離れて中央根拠地に向かう直前の周恩来に、ゾルゲのもとに連れて行かれたとも書いている。

私は彼〔ゾルゲ〕が董秋斯〔紹明〕の家で見かけたことのある例の外国人だとわかった。周恩来が私に紹介して言うには、「こちらがコミンテルン方面の指導者ゾルゲ同志だ、今後、君は彼の指導下で仕事をすることになる。」周恩来はまたゾルゲにこう言った。「私はあなたの意見に基づいて、張一萍〔文秋〕同志をあなたのところに異動させます。適当な仕事を割り振ってください」と。ゾルゲはうれしげに私たちを座らせると言った。「安心してください、彼女には適当な仕事を割り振りますから」と。[41]

このやりとりは文字どおりそのまま受け取ることは難しい。周恩来がゾルゲをコミンテルン指導者だと紹介する可能性はあるのか。張文秋の記憶違いではないのか。半世紀以上も時を経た回想は、状況証拠でもないことにはにわかには信じがたいのだが、董紹明の家でスメドレーと会ったというのが本当であれば張文秋がゾルゲも見かけた可能性は十分ある。スメドレーの作品は確かに張文秋の言うとおり、『ニュー・マッセズ』に載ってもいる。また、中共中央特科の創設者、周恩来がゾルゲを知っていた可能性も否定できない。大筋でこうした事実があったと考えることはできる。張文秋の回想ではゾルゲ、スメドレー、董・蔡夫妻と役者が揃っており、董・蔡夫妻がゾルゲ・グループだったとは直接は書いていないが、そうとしか思われない。さらに、同グループの一員だった方文はその著『左爾格在中国（中国におけるゾルゲ）』（国家安全部弁公庁情報史研究処審査、中国時事印刷廠印刷、一九八八年）で董・蔡夫妻がその構成員だったことを当事者の資格で証言している。方文は、大学時代の友人で古くからの戦友・董紹明の依頼で、一九三〇年五月、スメドレー、ゾルゲの広州行きの際、案内役を務め、張文秋同様、一九三〇年六月ごろには上海の董・蔡夫妻宅に身を寄せていたともいうのだ。張文秋証言はこれによっても支えられる（本書は中国におけるゾルゲ研究においてもっとも重要な基本資料と言える。いずれ詳しく紹介したい）。

こうして考えてくると、魯迅の周囲のゾルゲ・グループ構成員には、従来、日本の魯迅研究でもよく知られてきたスメドレー、尾崎、山上のほかにも、ハンブルガー夫人、董紹明・蔡咏裳夫妻という魯迅に親炙《しんしゃ》してきた人たちがいたのである。

さらにここでは紙幅の関係で詳述できないが、胡愈之《こゆし》、宋慶齢、胡愈之の単線連絡先（秘密党員は単一連絡ルートしか持たない）の湖風書局経営者宣俠父、左連結成準備段階で魯迅と交流後、中共中央特科トップとなった潘漢年、[42]さらに陳賡将軍など魯迅の周囲には秘密の活動家たちが暗躍していた。おそらく魯迅はかなりの程度秘密を知っていたであろう。

四　「上海文芸の一瞥」テキストの問題とゾルゲ・グループ

（1）魯迅の講演「上海文芸の一瞥」の不明点

さて、以上は主としてゾルゲ関連の先行研究によって、魯迅とその周辺にいたゾルゲ・グループの人脈を従前の魯迅研究の常識からより狭め、魯迅とゾルゲの距離を近づけてみたものだが、これが魯迅の講演「上海文芸の一瞥」のテキスト問題にも波及する可能性がある。

魯迅の「上海文芸の一瞥──八月一二日社会科学研究会での講演」（『二心集』所収）は一九三一年七月二七日及び八月三日付上海『文芸新聞』二〇期、二一期に発表された。魯迅は『二心集』収録に当たって副題を「八月一二日社会科学研究会での講演」としたが、一九八一年版、二〇〇五年版『魯迅全集』はともにその注において、『魯迅日記』の記載から、「八月十二日」は「七月二十日」の誤りだとする。しかし、学研版『魯迅全集』当該編訳注が引くように、本編最初の邦訳者、増田渉は次のように証言している。上述のように、増田はこの講演当時、上海で毎日のように魯迅宅を訪れては、魯迅作品の個人教授を受けていた。

『上海文芸の一瞥』は当時、上海の「社会科学研究会」という会合（といっても当時の状況のことだし、非公開の会合だったことが考えられる、魯迅は私に秘密のところで講演した、と言ったことを覚えている）で話したものであり、その講演筆記が前にもふれた『文芸新聞』という、なかなか尖鋭な、だが薄っぺらな八ページだてくらいの小型新聞に出た。私はこの新聞をいつも（といっても週刊だったと思う）見ていたので、これを訳したいと言ったら魯迅が、新聞に出たものに自分で手を加え、相当書き足した原稿を、私に渡してくれた。彼がいつも使っている緑色格子の原稿紙に墨でかいたものであった。私はその原稿によって、彼にところどころわかりにくい字句の意味を質問しながら訳し、それを佐藤春夫に送った。そのときの魯迅の原稿が、つまり彼の年次的に編集された雑感随筆集の一つである『二心集』に収録されている『上海文芸の一瞥』であるわけだ。ただし、『二心集』では、この標題の下に「八月十二日社会科学研究会で講演」と説明がついているが、「人民文学出版社」の〔一九五六—五八年版〕『魯迅全集』第四冊の「注釈」では「『魯迅日記』によると、これは一九三一年、七月二十日とすべきで、ここの標題に付記された八月十二日は誤りである」といっているけれども、講演はなるほど七月二十日であっても、筆記を整理して原稿にしたのが、八月十二日であったからではあるまいか。(43)

そしてこのテキスト問題、その他について、近年『魯迅研究月刊』〔二〇一四年七期〕に魏建・周文著「『上海文芸之一瞥』謎団及其国外版本〔『上海文芸の一瞥』の謎と外国版テキスト〕」という論文が発表されたのである。

(2) 魏建・周文論文の新説

上記論文は、講演主催団体・講演場所に関する調査を試みた意義あるものだが、最終的にこの団体、場所を確定できず、疑問は残ったままである。またテキストについての推論過程にも不備があるので、ここで指摘するとともに、本講演の主催団体「社会科学研究会」について、この時期のゾルゲと魯迅の距離を考察した結果から導かれる、筆者の推論を述べる。

魏・周論文は同講演記録の初出『文芸新聞』と魯迅の『二心集』テキストが、「いささか修正を加え」『二心集』に収録されたという従前の常識とは違い、大きな違いがあると指摘する。字数からして初出の三四二〇字が、『二心集』では七五八〇字だとも言う。さらに、魯迅の同年七月三〇日付李小峰宛書信が「『上海文芸の一瞥』は私が一時間講演したものですが、『文芸新聞』に載ったのは記者が概略を抄録したもので、私はもう一編自分で書くつもりです」と書いていること〔七月三〇日時点では『文芸新聞』二二期は未刊で、前半部分のみ公刊済みだった点に注意〕、さらに上述の「七月二〇日講演」を魯迅が「八月一二日講演」と間違えるはずがなく『魯迅全集』注こそが誤りであり、実は魯迅は八月一二日にも、「上海文芸の一瞥」という同じタイトルの講演を行い、二つの講演を合わせて一編とし『二心集』に載せたという新説を提起したのである。講演場所を『魯迅日記』七月二〇日の条が「暑期学校」とし、『二心集』テキストが「社会科学研究会」とするのも二ヶ所で講演したためだとする。さらに、郭沫若が「上海文芸の一瞥」での魯迅による郭自身や創造社への攻撃に反撃して『創造十年』を書くが、そこで引く日本語版「上海文芸の一瞥」（『古東多万』第二号、一九三一年一一月、所載。魏・周論文は実際は『創造十年』が掲載する郭沫若による増田訳日本語の中国語への重訳によっている）を『文芸新聞』、『二心集』テキストと比較して、前者とは大きく、後者とも重要点で違うと判断し、これを「上海文芸の一瞥」の第三のテキストと見なせるとした。

（3）魏建・周文の新説への疑義

テキストの異同と増田証言

まず、『文芸新聞』初出テキストと『二心集』テキストの異同については、生前の魯迅とまさにこの時期、交流のあった弟子筋の孫用[44]の著作『『魯迅全集』校読記』（湖南人民出版社、一九八二年）が魯迅作品各テキストの初出と各文集収録時のテキストとの詳細な校訂を行っており、これが常識であると筆者は考えてきたが、それによれば孫用は、「「上海文芸の一瞥」が「文芸新聞」に発表されたときには、字句は本書（『二心集』）収録時のものとは大いに異なり、そのうえ簡略であった。一々、校訂することは不可能である」と記して、校異を放棄している（二六六頁）。つまり、「いささか修正を加え」というレベルではなく、「校訂不可能」なほど異同は大きいというのが従来の常識であったと見るべきで、現行『魯迅全集』注の「本書収録時に作者はいささか修正を加えた」というのも不正確なのである。

ついで、李小峰宛の書信で「もう一編書くつもりです」と言っているのは、上述のように増田が日本で翻訳発表するために、魯迅が増田に与えた修訂稿のことを指す可能性もある（蓋然性は低いが、増田が『文芸新聞』の七月二七日号を見て、魯迅に原稿を所望したとするとその可能性はありえないことではない)。魏・周説が言う二度の同タイトルの講演があったという仮説は証拠の提示という点では弱い。増田の上記「魯迅雑記」などの証言を見ていないことはその最たるものである。テキスト成立に立ち会った当事者の証言を無視することは、仮説提示の手続きとしては不備である。増田は、佐藤春夫主編『古東多万』第二号に訳載された「上海文芸の一瞥」の冒頭に次のような訳者はしがきも書いていた。

『上海文芸の一瞥』は最近、当地の某処で秘かに魯迅が講演したもので、その講演の大要は当地の週刊『文芸新聞』に連載された。だが、『文芸新聞』はその立場上、官憲を顧慮して多少の手加減を加えなければならなかった。魯迅は然しその新聞に連載された筆記にもとづき、更に叙述を懇切周到にし、更に適切にして辛辣な罵倒を直言した『上海文芸の一瞥』を書き改めた。本稿はその書き改めた原稿によって僕に講説してくれたものの訳録である。(九、一七、上海にて)

上記『魯迅の印象』(角川版)での回想と基本的に矛盾はない。増田が「上海文芸の一瞥」の『文芸新聞』への連載完結後に、魯迅に翻訳を申し出たとすれば、八月三日以降となるが、魯迅が初出テキストに手を加え、八月一二日に書き換え終わり、増田に渡し、さらに増田が翻訳と魯迅への質疑を終えて、日本の佐藤に訳稿を送ったのが、九月一七日であったとしても、翻訳に要した時間が長いという印象は残るが、時系列的には不自然ではない。また時間を要した理由のひとつとしては、増田が「上海文芸の一瞥」の訳稿を佐藤に送る前に魯迅作「家鴨の悲劇」の訳稿を同じく佐藤に送っていることを考慮に入れることもできる(角川版『魯迅の印象』二四一頁)。同編は同じく『古東多万』第二号に掲載されている。

さらに、本稿でもまた以前にも指摘したことがあるが[45]、増田は、魯迅のこの講演当日の七月二〇日午後、魯迅宅を訪れており、『魯迅日記』に登場している(講演は「晩」に行われた)。増田の証言を無視することはできない。

「暑期学校」と「社会科学研究会」

ついで、「暑期学校」と「社会科学研究会」についてであるが、魏・周の調査にもかかわらず（この調査は有意義である）、当時の上海周辺の「暑期学校」、「社会科学研究会」は多すぎて特定には到らず、一〇月二日に上海の某所（現在も不明）で開かれた中国社会科学研究会第三回代表大会が「八月十二日」の「社会科学研究会」ではなかったかという推論に落ち着く。しかし、これも残念ながら根拠が薄弱である。約二ヶ月の時差を説明できないし、八月一二日の『魯迅日記』は一行「晴、無事（何事もなし）」とあるのみだが、もしこの日に実際、講演をしたのであれば、七月二〇日に「暑期学校」での講演を日記に記した魯迅がこの日にあえて記さなかった理由が示されねばならない。

ところで、一九三一年当時日本にいた郭沫若が『古東多万』掲載の「上海文芸の一瞥」日本語版を見て怒り、それが自伝『創造十年』を執筆するきっかけになったことについて、増田はこんなことを書いている。

この『上海文芸の一瞥』を私が訳したことは、意外な後日談を生んだ。〔……〕魯迅は「創造社」を手きびしく批判し、郭沫若などを、どぎついほどの筆で悪罵しているが（「才子プラスごろつき」だと言ったりして）、『古東多万』誌でこの訳文をみた郭氏は、魯迅の悪罵に刺激され、〔……〕「創造社」を中心とした彼自身の、当時の文学的生活を記録した『創造十年』（一九三二年、上海「現代書局」）という自伝的小説を書いたからである。〔……〕『創造十年』の『発端』で〔……〕まず、『古東多万』の悪口を言い、『上海文芸の一瞥』をこきおろし、それを書いた魯迅に悪罵を報いている。そしてそのときはまだ魯迅の原文を見ていないのだから、私の訳文を〔……〕ご丁寧にも、もう一度、中国文に翻訳して、〔……〕あげつらい、魯迅自身に対してもいずれ劣らぬ悪態をついている。〔……〕あの訳文が、『創造十年』という、創造社時代の自伝小説を郭沫若に書かせる契機になったことは、〔……〕意外な収穫を得たものと思っている。(46)

「上海文芸の一瞥」の『二心集』のテキストと『古東多万』の魯迅校閲と見なせる増田訳日本語版テキストを校合すると、内容的には近似している。魯迅は増田に渡したテキストを『二心集』に基本的にほぼそのまま採用したといっていいほどだ。魏・周論文が『文芸新聞』の初出テキストと、この両者（『二心集』、『古東多万』テキスト）を比較し、後二者には初出にはない創造社攻撃が顕著だとするのはそのとおりである。[47] 初出にも創造社攻撃はあるが、郭沫若や張資平、成仿吾などへの名指し批判はない。日本語版の名指し批判を見た創造社の創設メンバー郭沫若が怒ったのも無理もない。すでに左連が成立し、宿敵、魯迅との手打ちは済んだものと郭沫若は考えていたに違いない。なお、『二心集』は一九三二年八月出版のため、増田の言うとおり郭沫若はもちろんこの時点では、のちに定稿となる中国語テキストは見ていないが、上記のとおりそれは日本語版とほぼ同じ内容であった。

筆者の推論

さて、ここで魯迅が講演を行った社会科学研究会について筆者の推論を提起してみたい。そのときに参考になるのは、東亜同文書院の左翼学生と上海ゾルゲ・グループ及び尾崎秀実との関係、そして、魯迅の同学院における一九三一年四月の講演などである。

「上海文芸の一瞥」講演当日、魯迅宅を訪問した増田は、「魯迅は私に秘密のところで講演した、と言ったことを覚えている」と証言している。非公開の会合だったとも推測している。左翼運動方面の会合であることは間違いあるまい。そこで、本稿で縷々《るる》述べてきたようなゾルゲ関係の先行研究やその資料が参考となる。

ジョンソン『ゾルゲ事件とは何か』は、一九二九年末から尾崎秀実が東亜同文書院の学生の依頼を受けて、「社会科学研究会」を組織していたと記す。[48] 魯迅と尾崎が知り合うのは、ほぼ同時期で、一九三〇年初め、陶晶孫を通じてのことである。[49] そこで、『滬城に時は流れて　東亜同文書院大学創立九〇周年記念』（滬友会、一九九二年）[50]

第二編第五章「書院の反戦運動」その他によって、尾崎とこの東亜同文書院の左翼学生らの動きを追うと、次のごとくである。

一九二九年末、中共江蘇省委は上海にフロント組織建設を企図し、日本人では東亜同文書院の学生がその最大のリクルート対象であった。朝日新聞上海支局にいた尾崎は、一九三〇年初めごろから、のちのゾルゲ事件で検挙されることとなる東亜同文書院の左翼学生、安斎庫治、水野成、中西功らから「社会科学研究会」に招かれ、この研究会を指導した。(51)そしてこの研究会の主導で発行した『江南学報』が東亜同文書院で発禁処分をうけた（一九三〇年春）後も、虹口施高塔路《スコット》の尾崎宅で五月ごろまではこの研究会は継続したという。一方、一九三〇年七月、中共党員で日本留学経験を持つ、王学文(52)（一八九五―一九八六）や日本人左翼学生のリーダーは学内に「支那問題研究会」を作った。(53)そしてこの研究会に尾崎が自宅で指導していた社会科学研究会の学生も合流して、中共の指導する反帝団体、日支闘争同盟が一九三〇年九月に成立するが、同月には、中国共青団東亜同文書院支部も、安斎庫治・水野成らの加入で成立している。ここで注目すべきは、東亜同文書院で中国人学生を受け入れていた中華部にはすでに共青団支部ができており、上海の左翼作家連盟や社会科学家連盟のメンバーと接触があり、中共党員がここ中華部（共青団支部）に出入りしていたという事実である。

この日支闘争同盟、共青団東亜同文書院支部はわずかな宣伝活動をしただけで、日本領事館警察の弾圧に遇い、五〇人の学生が逮捕され、水野成は一九三一年一月に無期停学、中西功も同時に退学処分にあった。だが、一九三一年一月に主要メンバーが釈放されると、水野や、尾崎の仲介で共青団同支部は中共組織との連絡を復活させたという。

筆者の第一の仮説は、魯迅の「上海文芸の一瞥」は、この尾崎宅の「社会科学研究会」での講演ではないかというものであった。『滬城に時は流れて』は一九三〇年五月まで尾崎宅で研究会が継続していたとするが、尾崎が一九三一年春の同文書院の共青団と中共組織の関係復活に寄与しているとすれば、この研究会は形を変えて存続していた可能性も考えられるからだ。しかし、これは証拠もなく、蓋然性も低いと言わざるを得ない。尾崎は魯迅の「上海文芸の一瞥」講演時期、一九三一年夏にはすでにゾルゲ・グループの一員として活動しており、警察に検挙された経験を持つ左翼学生との自宅での接触は、極力避けただろうからである。

ついで、もう少し蓋然性の高い仮説に辿り着いたのだが、それは先にも触れた東亜同文書院中華部にあった「社会科学研究会」である。東亜同文書院第三八期生笠坊乙彦著「同文書院での「魯迅講演」覚え書き」（『飈風』二六号、一九九一年一二月）に次のような記述がある。

当時の書院では文芸部と「中華学生部」（通称、中華部）の関係を無視できない。〔二八期生で左連大会にも参加した経験や、同年末の日支闘争同盟ビラ事件で検挙歴も持つ〕遠藤〔進〕氏が保存している日記によると、昭和五年（一九三〇）六月一八日（水曜日付）に「馮乃超・潘漢年中華部に於いて社会科学研究会の発会を挙行した由」（日時は不明）と、また十月二九日（火曜日）付け「二時より文芸室にて王という支那人来たり、拾人ばかり集まって座談会を開く。此後毎週此の会を開き、中国の一般情勢を研究することになる」と記載されている。遠藤氏の話によれば、王とは王学文（京都大学出身）で『資本論』を翻訳したあの政治家・経済学者が書院に出入りしていたことになる。

遠藤氏はこの研究会には二、三度しか出席しなかったという。〔……〕〔ストライキ等で余裕がなかったためと言う〕

この部分は、『滬城に時は流れて』（二九一頁）にも同様な引用があり、「一〇月二九日（火曜日）」でなく、「一〇月二八日（火曜日）」とする。曜日が正しいとすると、二八日が正しい。また同書には遠藤が一一月四日（火曜日）にこの会に出席し、同月一一日（火曜日）には欠席したという記載がある。毎週火曜日の開催だったようだ。

ここで、遠藤のこの日記を検討してみたい。遠藤は「馮乃超・潘漢年中華部に於いて社会科学研究会の発会を挙行した由」（日時は不明）とするが、「発会」時期は当然記述当日の六月一八日からそう遠くない頃と考えられるが、潘漢年は五月二〇日に中国社会科学家連盟の成立大会で文委（左翼文化運動全般を指導した中共中央文化工作委員会の略称。潘漢年は当時その責任者、文委書記であった）を代表して講話を行っている。[54]丁景唐著「中国社会科学家連盟成立史話」（『江蘇社連通信』一九八五年四期）によれば、この成立大会の開催場所は上海の某処（不明）で、参加者は王学文、朱鏡我、蔡詠裳、董紹明ら三〇人あまり、同連盟の指導者で準備工作に当たった王学文にも開催場所の記憶はないという。この参加者の中に董・蔡夫妻の名があることは目を引く。二人は左連のメンバーでもあり、それ以前にすでにスメドレーの紹介で魯迅の知遇を得ていた。「上海文芸の一瞥」講演のころにはゾルゲ・グループに参加していたのである。

さて丁景唐は同編で、社連の外郭団体に「社会科学研究会（社研）」があり、多くの大学の青年たちが組織され、そのなかには東亜同文書院の社研もあったと書いている。遠藤の日記は、これによっても信憑性が証明される。さらに社連は同年三月に成立した左連との連携も謳っていた。左連常務委員の魯迅が社連関連行事に参加したとしても不思議はないのだ。

こうして見ると、魯迅が「上海文芸の一瞥」を講演した「社会科学研究会」とは、東亜同文書院中華部[55]の社会科学研究会が有力な候補となってくる。その前提として、この研究会が一九三一年夏まで続いていなければならないが、これは先の魏・周論文が同年一〇月二日上海某所で中国社会科学研究会[56]第三回代表大会が開かれたというのだから（周知のように社連、左連の解散は抗日統一戦線結成過程の一九三六年のこと）、下部団体の東亜同文書院中華部社会科学研究会も存続していたと考えるのが自然であろう。遠藤が当初参加していたころから考えると、日本人の参加もありえたのかもしれないが、管見の限りでは、同文書院関係者の証言に中華部「社会科学研究会」に触れるものはないようだ。また、魯迅の講演内容も、日本人学生相手とは思えない、かなり中国の文学史、文壇事情を掘り下げた内容である。中国人学生を主要な聞き手として語ったであろうと考えられる。また、上述のように創造社批判が講演筆録に基づく初出『文芸新聞』のテキストには少なく、増田訳日本語版『古東多万』テキスト、ほぼそれと同じ『二心集』テキストでは過激になるが、それは魯迅が講演の際には、社会科学研究会の上部団体、左連とも友好団体である社連の幹部で創造社出身の潘漢年や朱鏡我さらには王学文らに配慮したためとも考えられる。東亜同文書院中華部社会科学研究会発会（後述のように、これは社連成立大会だった可能性も高い）を宣したのが、馮乃超、潘漢年だったと記す遠藤進の日記を思い出さなければならない。魯迅は潘漢年とは一九三〇年初めには左連結成の協議のために会い、潘漢年は三月にも魯迅の中国公学大学社会科学院での講演には付き添ってもいる。さらに五月には李立三と魯迅の会見に同席し、九月の魯迅生誕五〇年の祝賀会も馮雪峰、柔石とともに主催していて、関係は浅からぬものになっていた。左連常務委員の魯迅は学生大衆を前にした講演では過激な創造社批判はさすがに遠慮したのだろう。国民党に屈服して左連除名となっていた葉霊鳳批判は名指ししたとしても。増田は、『古東多万』テキストはしがきで官憲云々を考慮してというが、それだけではなかったと見るべきであろう。

さて、社連成立大会の開催場所も不明とされてきたが、上記遠藤日記の記載、「馮乃超・潘漢年中華部に於いて社会科学研究会の発会を挙行した由」が正確だとすれば、東亜同文書院で行われたとも考えられる。単に東亜同文書院単独の「社会科学研究会」の発足のために、馮乃超、潘漢年がわざわざ来ただろうか（ないとは言い切れないが）。これこそ、社連の成立大会であったのではないか。東亜同文書院の「社会科学研究会」はこのとき同時に、あるいは相前後して成立したのであろう。数十人の中国人が同書院中華部に集まっても目立たず、共青団、社研メンバー（成立前であればメンバー候補）のいる同部は他所より安全性も高く、部屋の確保なども容易であったろう。同文書院は「一般にはそれが日本帝国主義者が中国で特務を訓練するところと思われていた」[57]が、逆にだからこそ好都合という面もあったはずだ。

さて、最後にもう一つ、考証しておくべきことがある。『魯迅日記』の前年一九三〇年八月六日に「午後、夏期文芸講習会に行き、一時間講演す」とあり、『魯迅全集』注は「夏期文芸講習会（中国語も同じ）」に以下のような注を施す。

「左連」、「社連」共催の「暑期補習班〔原文に同じ〕」、馮雪峰、王学文が主催し、環龍路〔現南昌路〕に設置された。受講生は主に杭州及びその他の都市から来た進歩的学生であった。講師の多くは「左連」「社連」「劇連」メンバーから招聘した。この日、魯迅は馮雪峰の要請で出向き、文芸理論問題について講演したが、講演原稿は失われた。(58)

「上海文芸の一瞥」は季節的に見ても、人的関係からしても、この前年の「夏期文芸講習会」と類似の講習会ではなかったか。ただ、一九三一年初めの左連五烈士殺害のような弾圧強化の中で、前年の講習会よりもさらに秘密裡に行われたと考えられる。会合名称、主催団体もおそらくその条件に合わせて「社連」関連となったのであろう。馮雪峰によれば、一九三〇年後半から安全のため、魯迅が左連の会議に出席しないように中共上層部に建議し、実際少なくとも一九三三年に馮雪峰自身が上海を離れるまでこれを順守させたという。(59)魯迅の安全には中共も配慮し、一九三〇年夏の左連、社連共催の講習会も地下で秘密に行われており、(60)一九三一年夏はより安全確保が十分な場所で行われたに違いない。外国の学校であるがゆえの治外法権に守られていた上でのこととはいえ、「この学校では国民党に批判的なことも言える」(61)、「自由」な雰囲気があった」(62)のである。「上海文芸の一瞥」が東亜同文書院中華部「社会科学研究会」で行われたとする仮説の蓋然性は低くはない。前に引いた夏衍の『上海に燃ゆ』の当該部分の直後にはこんな言葉が続いていた。

この学校〔同文書院〕には一〇人に近い日本共産党員とその同情者《シンパ》がいて、みな尾崎、山上と連絡がとれていました。おまけに「社連」の王学文がしじゅう出向いて、彼らのマルクス主義学習を輔導していたのです。

上記『魯迅全集』注の言うごとく、前年の「左連」、「社連」共催の「暑期補習班」は正しく、馮雪峰と、夏衍がここで特に言及する同文書院お馴染みの王学文とが主催したものであった。(63)

魯迅の東亜同文書院での講演

ところで魯迅にとって、「上海文芸の一瞥」講演時期以前から、東亜同文書院が心理的に近しいものであったことは、筆者の仮説の傍証になると考えられる。それは上述のような「安全」とも関連する。

魯迅は「上海文芸の一瞥」講演の三ヶ月ほど前、一九三一年四月一七日に東亜同文書院で講演を行っていた。『魯迅日記』は「同文書院に行き、一時間講演する、題は「ごろつきと文学〔原題は「流氓与文学」〕」、増田、鎌田両君が同行す」とある。この日の講演は、当時、東亜同文書院の教授だった鈴木択郎によれば、北京大学で魯迅の中国小説史を一年間受講したこともある鈴木が、内山書店で魯迅と雑談をしたおり、上級学生に訛りのある中国語を聞かせる機会を持たせようと気安く魯迅に講演を頼んだことに発したが、魯迅は北京大学での浙江訛りでの講義とは異なり、「たいへん正確な国語」で講演したという。[64] 同書院三八期生の笠坊乙彦は、「同文書院の学生は、休日にはよく虹口の北四川路と施高塔路《スコット》の角にあった内山書店に立ち寄った。〔……〕内山書店をしばしば訪れていた魯迅は、本を探している書院生の姿を見て、内山書店と同文書院の関係をよく知っていただろう[65]」と書いている。同書院「大講堂東側の教室で四、五十名の出席者があった[66]」講演で、魯迅は流氓、つまり「ごろつき、やくざ」には儒家と墨家の流れがあり、元は善良だったが堕落して、無頼＋壮士＋三百代言の流氓になったとし、こうした流氓が権力をもつと文学は破産し、それは国民党の北伐後の状況が明らかにしているとした。国民党は左傾出版物に関係した作家たちを秘密裏に殺し、生き埋めにさえしたと、魯迅の愛弟子たち左連五烈士を含む、二十余名の共産党員が殺された事件に怒りをあらわにして、始皇帝よりも惨い仕業だと国民党を非難したという。この講演原稿は失われてしまったのだが、笠坊乙彦の手によって、前半の中国語の筆録原稿が発掘、翻訳されている。[67] なお、この講演に同行した増田渉は、岩波書店、一九五六年版『魯迅選集』第八巻『三閑集』所載の「やくざ者の変遷」の訳者注で、これが東亜同文書院での講演を手直ししたものだと書いているが、同編初出は一九三〇年一月であり、時系列が逆である。学研版『魯迅全集』同編訳注が言うように、「やくざ者の変遷」

が同文書院講演の元となったと考えられる。ただ、増田のこの訳注は、魯迅が「流氓」の日本語訳を「ゴロッキ」とするほか仕方がないと言ったと書いていて、これはこれで貴重な証言である。実際、増田は上記『古東多万』掲載の日本語訳「上海文芸の一瞥」では「流氓」を「ごろつき」と訳している。このキーワード「流氓」が両講演に共通することがあるいは増田の勘違いを引き起こしたのかもしれない。

この「ごろつきと文学」講演の頃には、魯迅は尾崎とも知り合っていた。『魯迅日記』に尾崎が初めて登場するのは一九三一年六月八日のことだが、魯迅が中共から常務委員に担ぎ出された左連が成立するのは前年の三月二日。尾崎はこの前後に魯迅と知り合った可能性が高い。(68) しかし、魯迅が尾崎と同文書院の学生たちとの関係も知っていたのかどうかまではわからない。

もし、「秘密の会合」で「上海文芸の一瞥」の講演が行われたとするなら東亜同文書院は魯迅にとって馴染みの場所であり、「秘密の会合」場所に赴く魯迅の心理的負担を軽減させる点で、好都合な場所であったろう。また、四月の同書院での講演のキーワード、「流氓＝無頼＋壮士＋三百代言」は「上海文芸の一瞥」では「才子＋流氓」と組み合わさって成仿吾批判の言葉となり、文学と革命をだめにする「左派の傾向」を非難するために使用されていることも四月講演の余韻として注目されるのである。

まとめ

魯迅の周囲には、スメドレー、尾崎、山上のほかにも、ゾルゲと直接繋がる人物がいた。それがハンブルガー夫人であり、董紹明・蔡咏裳夫妻であった。そして董・蔡夫妻宅には、スメドレー、ゾルゲが訪れていたと考えられ、またこの夫妻は、張文秋、方文といった上海ゾルゲ機関の重要メンバーとは親しい友人で、彼らをスメドレー、ゾルゲに紹介する役割を果たしていた。ハンブルガー夫人、董・蔡夫妻の事跡が明らかになることによって、魯迅とゾルゲの距離は従前の想像よりも相当程度近づいたであろう。そして、「上海文芸の一瞥」の秘密講演は、スメドレーが魯迅宅を初めて訪問してから一年余り、ハンブルガー夫人と知り合って一ヶ月、そして尾崎が『魯迅日記』に初めて登場するのとほぼ同時期のことであった。この講演に社連や左連が関わるとすれば、董紹明・蔡咏裳夫妻は講演会の関係者だった可能性もあろう。(69)「上海文芸の一瞥」は魯迅をとりまくゾルゲ・グループの人たちが、ちょうど魯迅周辺に出入りしていた時期の秘密講演だったのである。

(1) ゾルゲ著『ゾルゲ事件獄中手記』(岩波現代文庫、二〇〇三年)四三頁。

(2) 尾崎秀実の異母弟、秀樹《ほつき》の一連の著書、『魯迅との対話』(勁草書房、一九六九年)、『ゾルゲ事件と現代』(勁草書房、一九八二年)、『ゾルゲ事件と中国』(勁草書房、一九八三年)、『上海一九三〇年』(岩波新書、一九八九年)等、及び丸山昇『ある中国特派員——山上正義と魯迅』(中公新書、一九七六年/田畑書店、一九九七年増訂新版)、同『上海物語』(集英社、一九八七年/新版は講談社学術文庫、二〇〇四年)、同「上海における尾崎秀実の周辺」(今井清一・藤井昇三編『尾崎秀実の中国研究』アジア経済研究所、一九八三年、所収)、さらに魯迅とゾルゲの関係には触れるものではないが、中国におけるゾルゲ研究には楊国光『諜報巨星左爾格』(上海、学林出版社、二〇〇二年)、同『ゾルゲ、上海に潜入す』(社会評論社、二〇〇九年、日本語)、蘇智良主編『左爾格在中国的秘密使命』(上海社会科学院出版社、二〇一四年。論文集、日本、ロシア、米国人研究者の論文を含む)などがある。直近のものとしては王中忱著『作為事件的文学与歴史叙述』(台湾人間出版社、二〇一六年)所収「佐爾格——尾崎秀実事件的叙述与檔案解密的政治」が日本の最新研究成果を取り入れていて興味深い。

(3) 加藤著のほか、日本のゾルゲ研究も広く取り入れたチャルマーズ・ジョンソン〔篠崎務訳、加藤哲郎解説〕『ゾルゲ事件とは何か』(岩波現代文庫、二〇一三年)、白井久也『ゾルゲ事件の謎を解く』(社会評論社、二〇〇八年)、ジャニス・マッキンノン、スティーブン・マッキンノン〔石垣綾子・坂本ひと美訳〕『アグネス・スメドレー 炎の生涯』(筑摩書房、一九九三年)、渡部富哉「尾崎秀実を軸としたゾルゲ事件と中共諜報団事件」(『国際スパイ・ゾルゲの世界戦争と革命』、社会評論社、二〇〇三年、所収)、注2前掲の各著などを第一節の歴史記述、主要人物の伝記的事実記述の参考とする。

(4) 注3前掲の白井『ゾルゲ事件の謎を解く』は、旧トロツキー派の牙城だったコミンテルンに残っていたらゾルゲもスターリン粛清にあう運命にあったろうから、この移籍はゾルゲにとって「わたりに船」だったという見解を示している(八五頁)。筆者もかつて『尾崎秀実時評集』(平凡社東洋文庫、二〇〇四年)の書評(『週刊東洋経済』二〇〇四年五月二二日号)を書いた際に感じたのは、ゾルゲにしても尾崎にしても、その文章にはスターリン主義とは一線を画す、国際主義の精神が横溢しているということであった。スメドレーにしても然りである。なお、スメドレーや宋慶齢がコミンテルンの要員、党員であったことは、現在ではソ連崩壊後に公開されたドキュメントで確認できる。楊奎松『民国人物過眼録』(広東人民出版社、二〇〇九年初版、ここでは二〇一一年初版二刷による)によれば、宋慶齢は一九三三年ごろには、中共ではなく、駐中国コミンテルン代表部が正式に受け入れている。つまりコミンテルン直属の共産党員ということになる(三六四—三六五頁)。また、朱正『魯迅的人際関係——従文化界教育界到政界軍界』(北京、中華書局、二〇一五年)の一章「魯迅与史沫特萊、伊羅生和斯諾」に指摘があるが、中共中央党史研究室第一研究部訳『共産国際、連共(布)与中国革命檔案資料叢書』全二一巻(既刊分、北京、中共党史出版社、一九九七年—)の一三巻『連共(布)、共産国際与中国蘇維持埃運動(一九三一—一九三七)』の一五九頁や、同一四巻の三四頁、同一五巻の二七一—二七二、二七五—二七七頁ではスメドレーとコミンテルンとの関係、スメドレーと宋慶齢との関係もよくわかる(後期はともに悪化している)。本叢書は、魯迅研究でも必須の資料となるであろう。筆者もすでに「魯迅と胡愈之」(『日吉紀要 中国研究』五号、二〇一二年)でこれを使用している。

(5) ここでは詳述できないが、ゾルゲ逮捕に繋がったという伊藤律スパイ説の誤りの指摘や、それに伴う松本清張『日本の黒い霧』(現在は文春文庫刊)の関連部分への断り書きの追加など、近年の加藤哲郎、白井久也、渡部富哉らの研究によってゾルゲ事件の定説は次々に覆され、社会的にも大きな注目を集めている。

(6) 著名なマルクス経済学者。初期からの中共党員で、上海のゾルゲ・グループ構成員。日本のゾルゲ・グループの活動にも一時期参画した。魯迅は一九二七年に陳翰笙を『現代評論』一派と見なして批判する文章や書信を残しているが(一九二六年一月の「お節介・学問・灰色のことなど」(『華蓋集続編』所収)や一九二七年七月七日、一七日付章廷謙宛書信参照)、当時、陳は李大釗の紹介で中共に加入し、国共合作下で国共両党の党籍を有しており、早くからコミンテルンの地下工作に参加していた。また、一九三二年末発起された中国民権保障同盟にも参加し、魯迅と一緒に活動してもいる。おそらく、魯迅はこのときには陳翰笙の正体をある程度知っていたと考えられる。張耀傑著「陳翰笙：被魯迅批評過的世紀老人」（『社会科学報』二〇〇四年二月一二日）等参照。

（7）注2前掲尾崎秀樹著『上海一九三〇年』五五―五六頁。尾崎秀実の供述では、スメドレーと知り合う時期は、一九二九年末か一九三〇年初めとされる。

（8）注2前掲『ゾルゲ事件と現代』四〇頁、及び『ゾルゲ事件と中国』三九頁。

（9）同年一一月、陸軍の東京大演習の際、社会主義団体の一つ「暁民会」が共産党名で配布した反軍・反戦宣伝物のため、近藤栄蔵ら社会主義者が検挙された事件。日本共産党結党はこの翌年。

（10）山上については主に注2前掲の丸山著による。しかし、丸山は山上が尾崎の推薦から「逃げた」などとする川合貞吉『ある革命家の回想』（日本出版協同株式会社、一九五三年初版。他に徳間文庫版、一九八七年、など）の記述に疑問を呈し、渡部富哉はそれを受けてさらに、船越後継説は完全な冤罪だとする（ちきゅう座 http:// chikyuza.net/スタディルーム <09.07.14>「尾崎秀実と中共諜報団事件（上）」）。

（11）正確には、当時は同盟通信の前身、新聞連合の記者であった。

（12）「増田渉先生略歴」（『咿啞』八号、一九七七年）によれば、一九三七―三九年、増田は改造社社員であった。ここでは雑誌『改造』を指すであろう。尾崎はこの時期、『改造』、『中央公論』などにしばしば寄稿していた。

（13）『魯迅の印象』（ここでは角川選書版、一九七〇年）四九―五〇頁。

（14）注3前掲ジョンソン著。以下の書店紹介は同書八七―八八頁による。

（15）この中国人共産主義者の名前はジョンソン著日本語訳では呉少国、加藤著では呉照高で異なる。楊国光著は加藤著に同じ。英文表記から漢字に戻すには、中国語資料がないと確定できないが、出典資料は未詳。加藤著はこの夫がゾルゲの協力者だったとする（同書六四頁）が、後述のヴェルナー＝ハンブルガー夫人は、この夫はトロツキストとなってイレーネ・ヴァイテマイアーとは別れたと証言しているので、この点はトロツキストになった時期によっては矛盾が生じることもありうる。さらに、この夫がモスクワ中山大学に学んだということから考えると、かなり早い時点、場合によっては留学中からトロツキストに近かった可能性が高い。張国燾『我的回憶』（香港、明報月刊出版社、一九七三年）などによれば、同校に在籍していた中共派遣中国人留学生の大半がトロツキストになっていたという（第二巻、八一四―八一九頁）。このことについては盛岳〔奚博銓等訳〕『莫斯科中山大学和中国革命』（北京、東方出版社、二〇〇四年、内部発行)、孫耀文『風雨五載』(北京、中央編訳出版社、一九九六年)、王凡西『双山回憶録』(香港周紀行出版、一九七七年)、『同 増訂本』(香港士林図書服務社、一九九四年。邦訳は矢吹晋訳『中国トロツキスト回想録』柘植書房、一九七九年)などにも証言がある。ただし、丸山珪一金沢大学名誉教授のご教示によれば、ハイデルベルク大学のトマス・カンペン教授の研究によって、この夫がイレーネ・ヴァイテマイアーと離婚したというのは事実ではなく、のちまで彼女と暮らし、ゾルゲ・グループにも参加しており、一九五〇年代には新中国でも高官となったこと、また実際の名は Wu Jianxi で一九七三年没ということが判明しているそうだ。

(16) その他、加藤著などもイレーネ・ヴァイテマイアー姉妹が書店を経営したとするが、ヴェルナーの証言によれば、これは同様に誤りという可能性がある。

(17) 加藤著は、上述のように鬼頭銀一を秘匿するために、ゾルゲ証言に合わせて尾崎もスメドレーを紹介者とする方向に供述を変えたとする。スメドレーと尾崎を引き合わせた紹介者についても尾崎の供述は変遷を見せる。加藤著参照。

(18) 以後、魯迅テキストは瀛寰書店関連の注が新注に更新済みの二〇〇五年版『魯迅全集』によることとし、必要に応じて一九八一年版注にも触れる。『魯迅日記』引用文の最初の数字は便宜上、長堀がつけたもの。なお、このほかに瀛寰書店のみに触れる『魯迅日記』には、一九三〇年一二月二日、一九三一年一月一五日の条がある。

(19) 馮達は後に丁玲と結婚する。丁玲が一九三三年に国民党によって逮捕された際、この夫が密告したとされるが、事情はもう少し複雑なようである。丁玲著『魍魎世界』(駱駝叢書、湖南人民出版社、一九八七年)の「十六 馮達的打算」参照。

(20) 上海文芸出版社、一九八五年。

(21) 『セメント』については長堀祐造『魯迅とトロツキー』(平凡社、二〇一一年)一六八頁、及び一八九—一九〇頁の注65参照。

(22) 『新文学史料』二〇一五年一期所載、張小鼎著「〝漢堡嘉〔ハンブルガー〕夫人〟与〔と〕魯迅」にもこの書についての書誌紹介がある。本論文は興味深いが、本稿後述の張黎論文に触れない点や典拠注不足で事実の遡及確認ができない点があるのは残念だ。

(23) 張黎は『ソーニャのレポート』を中国語訳し、『諜海憶旧』(魯特・維児納著、北京、解放軍出版社、二〇〇〇年)として出版している。ここでは中国語版も参照しつつ英語版から訳出した。なお、英語版は *Sonya's Report*, tr. by

Renate Simpson, Chatto & Windus, London, 1991。英語版によれば独語原書の初版 *Sonjas Rapport* は Verlag Neues Leben, Berlin（新生活出版社、ベルリン）, 1977. なお、後述の初版完全版は、同出版社、二〇〇六年。

(24) ヴェルナーはまた一九三一年初めの自身の家族宛書簡にもとづいて、魯迅編の雑誌『奔流』のために文章を書き、一九二〇年代ドイツの労働者作家や画家を紹介し、マリク出版社の出した新刊書の書評を書いたとするが（英語版三六頁）、『奔流』の発行期間は一九二八—二九年で、一九三〇年来華のヴェルナーが寄稿したのは、魯迅が関係した別の左連系雑誌と思われる。今回は調査が間に合わないがいずれ明らかにしたい。呉暁樵「魯迅与魯特・維爾納」（『中華読書報』二〇〇〇年七月一九日所載）もヴェルナーの『奔流』投稿の勘違いをすでに指摘している。

(25) 張黎は「魯迅のドイツ語は日本で学んだもので、ドイツ語の Hamburg を漢堡嘉と音訳しているが、この訳し方には日本人のドイツ語発音の特徴が明らかに備わっている」と書くが、この部分は張黎の誤解ではないか。まず、ヴェルナーの夫の姓は、Hamburg ではなく Hamburger が正しい（多くの研究書がそう記載しているほか、『ソーニャの日記』英語版、一一九頁掲載の自身の「満州国」で使った名刺写真にも、カタカナで「ユー・ハンブルガー」と記載している。パスポート名と一致しているはずである。二〇〇五年版『魯迅全集』注もすべて語末には er を付している）。Hamburg はゾルゲ・グループにおけるコード名であろう（『ゾルゲ事件　獄中手記』岩波現代文庫、二〇〇三年、一二五頁）。魯迅はコード名を知るはずはなく Hamburger を正しい名前と認識していたはずで Hamburger であるからには Hamburg の定訳である「漢堡」（Hanbao, 漢 Han は音訳、堡は Burg の意訳である）に語末の ger「ガー」の音を付加する必要がある。「嘉」は北京音では jia「ジア」で、独語音と外れるが、上海語の音では「ガ」である。したがって魯迅の訳は常識と隔たっていたわけではなく、日本語のドイツ語発音云々とは無関係だろう。なお、魯迅は日本留学中、仙台医学専門学校（現東北大学医学部）や東京独逸語学協会の付設ドイツ語学校（現在の独協学園に連なる）でドイツ語を学んでいるが、日本留学以前にも南京陸師学堂付設礦務鉄路学堂ですでに初級ドイツ語を学んでいる。

(26) ケーテ・コルヴィッツ（一八六七—一九四五）は、ドイツの左翼女性版画家で虐げられた民衆をテーマに多くの作品を残した。魯迅は彼女の版画に感動し、『ケーテ・コルヴィッツ版画選集』（三閑書屋、一九三六年）を出版した。中国でのケーテ・コルヴィッツ紹介は一九三一年九月の、丁玲主編の左連機関紙『北斗』創刊号が最初。ここにも丁玲とウルズラ・ハンブルガーとの交友の影響が見てとれるだろう。魯迅は同創刊号に「ケーテ・コルヴィッツ木版画

『犠牲』解説」（『集外集拾遺補編』所収）を書いている。志真斗美恵『ケーテ・コルヴィッツの肖像』（績文社、二〇〇六年、一九九頁）は、魯迅は日本での最初のコルヴィッツ紹介者、千田是也の「ケエテ・コルキッツ」（『中央美術』一四六号、一九二八年一月）で彼女を知ったようだ、としたうえで、「スメドレーが魯迅への最初の紹介者」とする説にふれるが、『魯迅全集』でコルヴィッツの名が最初に現れるのは、スメドレー来華後のこの「ケーテ・コルヴィッツ木版画『犠牲』解説」である。なお、魯迅は『ケーテ・コルヴィッツ版画選集』を、鹿地《かじ》亘《わたる》を通じて数部を日本の友人たちのために寄贈した。そのうちの一点は鹿地の判断で中野重治に寄贈されたことが確認されている。竹内栄美子『批評精神のかたち 中野重治・武田泰淳』（EDI出版、二〇〇五年）所収「魯迅への視線 中野重治と魯迅」参照。同編注7が触れる、丸山昇の講演「魯迅研究史上の中野重治」（二〇〇二年一〇月一九日、明治学院大学での中野重治の会主催講演会）がこの問題に結論を与えているが、残念ながら本講演記録はテープが筆者の手許に残っているが、未公刊。

また、さらに上記志真著によって若干の重要な補足をしておく。スメドレーはドイツ滞在時代に（一九二一―二八年頃）、コルヴィッツと親交があり、この関係が中国に持ち込まれたこと、在独期にスメドレーの自伝『大地の子』が『ベルリン新聞』で連載され、のち英語、独語で出版されたが、魯迅はこれをスメドレーの来華以前に独語で読んでいたという。本書日本語訳は周知のように、白川次郎＝尾崎秀実訳『女一人大地を行く』（改造社、一九三四年）である。

(27) 本文前掲加藤著、六二頁によれば、この家の大家は、「当時ドイツ最大の電気会社AEGの上海支社長」でロルフ・ハンブルガーの友人、ヘルムート・ボイドだったという。なおヴェルナーの手記は一九三二年末までゾルゲ・グループがハンブルガー家で会議を開いたというが、これはゾルゲのソ連召還までということになる（英語版三九頁）。

(28) ゾルゲは上海での外国人支援者について手記を残している。「ハンブルグと呼ばれるドイツ婦人 この婦人はその家をわれわれに使わせ、また連絡の仕事をしたり、書類の保管をしたりした」（『ゾルゲ事件 獄中手記』一一五頁）。

(29) 陳漱渝「中国民権保障同盟的主要活動」（『斉斉哈爾師範学院学報』一九八四年第二期）。ヌーラン夫妻は、コミンテルン、ソ連赤軍情報総局、中共の必死の救援活動にもかかわらず、八月に国民党政府に引き渡され、「危害民国罪」で蘇州、南京で投獄された。一九三二年夏から秋にかけて準備され、年末に魯迅や宋慶齢らが発起人として成立した中国民権保障同盟は国民党に逮捕された政治犯の救援や人権擁護を目的としたが、朱正『魯迅回憶録正誤（増訂本）』

（北京、人民文学出版社、二〇〇六年）は、その真の狙いは、南京監獄にあったヌーラン夫妻救援にあったとする。ヌーラン夫妻は一九三七年八月に日本の南京爆撃の混乱の中、南京の獄を脱して中国を離れた。最近のヌーラン事件に関する研究には鬼丸武士『上海「ヌーラン事件」の闇』（書籍工房早山、二〇一四年）がある。なお、潘漢年は当時の中共秘密工作部門の指導者で、前年の左翼作家連盟の結成に当たっては魯迅と直接会って協議をしている。やや時期がずれるものの、ここでも魯迅とゾルゲの距離は近かったことがわかる。

(30) 加藤著、六一頁。

(31) 『ソーニャのレポート』英語版二九九頁、等。

(32) 魯迅著「死」（『且界亭雑文末編』所収）。このコメントはしかし、泉彪之助「医師トーマス・B・ダンの経歴」「同第二報」（『日本医史学雑誌』三二巻二号　一九八六年、及び三三巻一号、一九八七年）によれば、魯迅に直接告げられた言葉ではなかろうとする。

(33) 注3前掲の『アグネス・スメドレー 炎の生涯』一七五―一七六頁。

(34) 『魯迅日記』にスメドレー、董・蔡夫妻三名のうち、いずれか一人以上の名が現れるのは、以下の日付である。一九二九年一二月二五、二七日。一九三〇年一月二一、二三、二五日。二月一〇、一二、一四日。三月二七、二八日。五月六日。八月二六日。九月七、一九日。一〇月六日。一一月六日。一九三一年一月一八日。五月三〇日。七月一三日。八月一四、一六、三〇日。九月二三日。一〇月二九日。一九三二年一月一一、二七日。一〇月六、七日。一九三三年五月一〇、一五日。七月二二日。八月四日。この間、魯迅から夫妻に宛てた書信に一九三一年八月一六日付がある。

(35) 『ゾルゲ事件 獄中手記』一一八頁。

(36) 『魯迅全集』第一七巻『日記 人物書刊注釈』、凌山「深深的懐念」（『中国翻訳』一九八〇年第四期）、董仲民著「憶我的父親、革命文学翻訳家董秋斯」（『縦横』二〇〇七年一期）などに、董の結核罹患についての記述がある。一九三四年以後『魯迅日記』から二人の名前が消えるのはこの年、董が結核治療のため中共の決定で北京協和病院に入院したためである。『ソーニャのレポート』でも董・蔡夫妻は名前は触れられないものの、華奢な若い女性協力者と、結核を患うその夫として出てくる（英語版五五頁）。

(37) 『ゾルゲ事件 獄中手記』一二五頁。

(38) 注4前掲の朱正『魯迅的人際関係』二九〇頁。出典は、『中国革命檔案資料叢書(13)連共(布)、共産国際与中国蘇維持埃運動(一九三一―一九三七)』、一五九頁。

(39) 前掲注36参照。

(40) 張文秋の二人の娘は、毛沢東の二人の息子、毛岸英、毛岸青に嫁いでいる。

(41) 同書、八三頁。ひとこと添えると、中国のゾルゲ研究者の本書からの引用には不可解な点がある。頁数が合わなかったり、本書に書いてない内容が引用されていたりするのだ。例えば、蘇智良主編『左爾格在中国的秘密使命』(上海社会科学院出版社、二〇一四年)所載の楊国光論文など。本書には異なる版が存在するのだろうか(王中忱清華大学教授のご教示によれば、本書初版は一九九三年に同じく広東教育出版社から出ており、頁数も二〇〇二年版の三倍弱もあるという。ただし、楊論文の引用部分に異同はないそうだ。――初校時に記す)。

(42) ちなみに、注4前掲『共産国際、連共(布)与中国革命檔案資料叢書(15)連共(布)、共産国際与中国蘇維持埃運動(一九三一―一九三七)』の二七五頁に、「宋慶齢給王明的信」という興味深い書簡がある。毛沢東からの資金援助の依頼に(おそらくはコミンテルンを代表する)宋慶齢は応諾したが、それは潘漢年のルートで、潘ひとりが知るのみだと王明に書いている。潘漢年はこの書簡に象徴的な裏の仕事を知りすぎていたために、新中国で毛沢東に疎《うと》まれたとは考えられないか(毛沢東の個人的資金流用ということはまず想定できないが)。

(43) 角川選書版『魯迅の印象』所収「魯迅雑記」二三九―二四〇頁。この増田の言については別角度から長堀『魯迅とトロツキー』第九章「魯迅と富田事変」でふれている(同章の注34など)。

(44) この時期のことで言えば、魯迅が校訂した孫用訳『勇者ヤーノシュ』(ペテーフィ著)は上記の宣侠父が経営する湖風書局から一九三一年一〇月に出版されている。また一九三〇年二月一四日の『魯迅日記』には「午後、孫用に返信。董紹明に返信。〔……〕」などともあって、董、孫用と魯迅との交際期は重なる。『勇者ヤーノシュ』刊行前後の『魯迅日記』には孫用はさらに頻繁に登場する。

(45) 注43に同じ。

(46) 角川書店版『魯迅の印象』二四〇―二四一頁。

(47) ここでは慶應義塾大学図書館蔵『文藝新聞』影印本によった。

(48) 同書、八二頁。

(49) 同書、七八頁。これは柘植秀臣の証言によっていようが、正確には陶晶孫の弟を通じてである。小谷一郎『創造社研究——創造社と日本』(汲古書院、二〇一三年)一六四―一六六頁参照。

(50) 東亜同文書院の同窓会組織(なお当時の東亜同文書院関連のことがらについては、『中西功訊問調書』(福本勝清解説、亜紀書房、一九九六年)が参考になるが、初校時に見たため、本稿では残念ながら使用されていない。——初校時に記す)。

(51) 西里竜夫は『革命の上海で』(日中出版、一九七七年、四八頁)で最初に「社会科学研究会」を組織したのは、一九二八年春ごろと書いている。

(52) 王学文は一九三一年には中共文化工作委員会書記、翌年には中共江蘇省委委員となる幹部党員だが、一九三三―三七年には潘漢年の後を継いで中共の情報組織、中共中央特科の最高責任者となった(福本勝清著『中国共産党外伝』、蒼蒼社、一九九四年、五九頁)ことは注目される。福本は、日支闘争同盟などの指導が評価された結果と見ている。小谷一郎『一九三〇年代中国人日本留学生文学・芸術活動史』(汲古書院、二〇一〇年、一六、二〇頁)によれば、王学文は京都帝大に留学中に同大学の「学生社研」つまり「社会科学研究会」に参加した経験を持ち、一九二七年、京都で中国共青団に加入し、同年帰国して中共に入党している。

(53) 注51前掲西里著では八八―九〇頁。

(54) 超雲『潘漢年伝』(上海人民出版社、二〇〇六年)、中共上海市委党史研究室編『潘漢年在上海』(同、一九九五年)などによる。以下、潘漢年に関する記述は同様である。

(55) 『東亜同文書院大学史——創立八十周年記念誌』(滬友会、一九八二年)一八一頁によると、「中華学生部」の名称は政治的理由から一九三〇年九月の改組で廃止され、「日本学生と同様に教育することになり」、翌年八月には「中華学生部予科生」募集も中止された(一九三四年卒業生をもって中華部の歴史は幕を閉じた)。ただ、一九三〇年の改組後も実体的に中華部学生は自他ともに「中華部学生」と任じられていただろうし、公式、非公式の学生組織にもまだ中華部という概念は残っていたと見られる。実際、日本人、中国人双方の回想録などからもそれはうかがえよう。

(56) これは丁景唐の言う社連の外郭団体「社会科学研究会(社研)」の関連団体と考えるのが、名称やこの件の報道メディア(周・魏論文によれば「文芸新聞」)から自然であるが、実際、徐素華、于良花著「中国社会科学家連盟概況」(『近代史研究』一九八六年二期)は、社連が一九三〇年冬、「中国社会科学研究会」(略称「社研」)を設立したと記し、丁同様、「上海同文書院の一部進歩的青年も「社研」に参加した」としている。さらに後者によれば（よるまでもないが）、社連の解散は一九三六年のことだから、当然東亜同文書院の「社研」が存続していたのは確実だ。

(57) 夏衍〔阿部幸夫訳〕『上海に燃ゆ　夏衍自伝・終章』（東方書店、一九八九年）一〇〇頁、『滬城に時は流れて』二八九頁が引いている。

(58) この『魯迅全集』注は、本文前出の馮雪峰「包子衍への手紙　一九七四年一月―一九七五年一二月」（『新文学史料』一九七九年四期）によっている。

(59) 前掲注58資料に同じ。

(60) 前掲注58資料で馮は、この夏期講習会は当局へは未登記の地下の「暑期学校」だったと言っている。

(61) 『滬城に時は流れて』二八八頁。

(62) 栗田尚弥『上海東亜同文書院』（新人物往来社、一九九三年）二二三頁。

(63) さらに安全という面からは、校舎の管理状態などの考証も必要だが、中華部は同書院の徐家匯キャンパス内に独立した校舎や寄宿舎を有し（『東亜同文書院大学史』一七五頁）、王学文らがしじゅう出かけていても問題なかったこと、またこの一九三一年七月二〇日当時は夏休みであり、後述の鈴木択郎教授が中華部三、四年生の九名を日本見学旅行に引率し（七月二日出発、二三日東京で現地解散。『東亜同文書院大学史』一八一頁による）、中華部は留守状態に近かったことなど、「秘密の会合」には絶好の条件であったと考えられる。

(64) 鈴木択郎「魯迅の華語特別講義に思う」（『滬友』四六号、一九八〇年一〇月）。もっとも、聴講した二八期生の蔵居良蔵は「ひどい浙江訛りにわれわれは悩まされた」と書いている（『東亜同文書院大学史』五二八頁）。学生と先生の語学力の差もあるだろう。

(65) 笠坊乙彦著「同文書院での「魯迅講演」覚え書き」（『飈風』二六号、一九九一年一二月）。

(66) 注65前掲の笠坊論文が引く、魯迅に同行した鎌田寿の「魯迅さんと私」（『魯迅友の会報』五五号から『滬友』三五号、一九七六年一〇月、に転載された）による。鎌田文の中国語訳には『魯迅研究資料』（9）（一九八二年、天津人民出版社）所収の「魯迅和我」がある。陳朝輝名古屋大学准教授のご教示による。

(67) 注65前掲の笠坊論文にある。

(68) 風間道太郎著『尾崎秀実伝』（法政大学出版局、一九七六年新装補訂版）一一五頁及び尾崎秀樹著『魯迅との対話』

二六四頁など。

（69） 魯迅の遺児、周海嬰著『魯迅与我七十年』（海口、南海出版公司、二〇〇一年）は、蔡咏裳が香港で、「ソ連の極東情報局系統の「コミンテルン東方局」の任についていたことがある」と書いている。許広平にも蔡の追悼文があるというが未見。同書、一六一―一六二頁。

〔付記〕 筆者が魯迅とゾルゲというテーマについて関心を持つようになったのは二〇〇五年頃、金沢大学経済学部教授丸山珪一氏（比較社会思想、現在は名誉教授）から、『魯迅全集』やゾルゲ関連の中国語文献に関する質問を受けてからである。以後、ヴェルナー著のことやドイツのゾルゲ研究などについても情報を頂いた。張黎の論文を『魯迅研究月刊』で見たのも、その過程でのことである。本稿で魯迅の「上海文芸の一瞥」の問題に到達できたのは、ひとえにゾルゲ、尾崎を調べた結果である。丸山氏による啓発がなければ本稿はなかっただろう。ここに、特記して謝意を表する。

第8章　路翎戯曲『雲雀』の登場人物をめぐって
——内戦時期知識人の表象

関根謙

はじめに——戯曲『雲雀』と中国一九四〇年代

一九四〇年代後半は戦争勝利後の短い統一の期間から、国共内戦の混乱を経て中国に新たな国家が誕生する激動の年月だった。この時代を生きた人々はどのような階層に属していようと、社会の目まぐるしい変遷と価値観の根本的な動揺を経験している。この当時に発表された文学作品には、時代の苦悩ともいうべき様相が色濃く反映されているのである。小論で考察する戯曲『雲雀《ひばり》』は、一九四七年に南京で上演され話題を呼んだ作品で、作者路翎《ろれい》は『飢餓的郭素娥』『財主的児女們』などの長中編傑作を続々と世に出した実力派の文学者である。

中華人民共和国の歴史観によれば、一九四〇年代は抗日戦争・反ファシズム闘争の総合的な勝利を経て、新たな人民主権の共和国誕生に向かう時期であり、社会主義中国を育《はぐく》む決定的な年月と位置付けられる。このなかで抗戦勝利の一九四五年と人民共和国誕生の一九四九年の意義は当然ながらあまりにも重大である。路翎の『雲雀』が発表された一九四七年はこの二つのメルクマールのちょうど中間にあり、抗日戦勝利の高揚が早くも消え去り、戦後の覇権をめぐって国民党と共産党の全面衝突・内戦展開の暗い世相の中にあった。

戯曲上演の都市が南京であったことも大きな意義を持っていよう。抗戦中の南京は日本軍に陥落されており、汪精衛の政権所在地ではあるものの、屈辱の歴史を刻む街だった。一九四五年の勝利によって「光復」され、中華民国の首都として再び栄光を取り戻すのではあるが、一九四六年には早くも内戦が開始され、南京はきわめて不安定な都市となっていく。『雲雀』の上演された一九四七年は前年の国民党軍の全面攻勢が共産党指揮下の解放軍と各地の遊撃隊によって打ち破られ、台湾における二二八事件の展開に示されるように、国民党の大きな後退が明白になっていく時期でもあった。首都南京は激しく動揺していたのである。

ドラスティックに価値観の変容する時代を舞台に「光復」されたばかりの首都南京で上演された『雲雀』、この作品はもちろん、路翎の初めての戯曲作品としても注目されるのだが、当時は新たな時代の到来に直面して深刻な葛藤に悩む知識人青年群像を生き生きと表現した演劇(話劇)として、いわば激動する社会の要請に真正面から応えた文芸であると好意的に評価されている。小論では戯曲の背景と内容を検討しながら、当時の評価を点検し、路翎の執筆動機と入り組んだ創作の手法を探っていきたい。

しかしながら『雲雀』は、こうした高評にもかかわらず、文学史的には不遇な作品であった。公演の数年後に、まったく異なった立場から批判の集中砲火を浴びてしまうのだ。胡風とその周辺の文学者に対する批判運動が猛烈な勢いで展開し、路翎とその全作品が厳しい弾劾に晒されていくのである。

『雲雀』に対する批評はこうして劇的に変遷するのではあるが、この作品が文学者路翎の全力を傾注した戯曲であることは間違いない。本作には文学者路翎の人格がこもっていると評しても過言ではないように思う。この意味で『雲雀』に紡《つむ》がれた人間の実相は、当時の知識人の関係性の縮図であり、そこから導き出される表象は、打ち続く戦役におののく江南の大都市の宿命そのものであったろう。本作が真摯な創作の果実であることを前提にすれば、私たちはこうした表象の中に、いや正確に言えばこうした表象を創出する工程の中に、一九五〇年代以降の知識人の姿が予見されていることを確認できるはずである。

一　路翎という文学者、その青年時代

戯曲『雲雀』の解析をする前に、原作者路翎について少し詳しく紹介したい。この戯曲の上演当時、路翎は重慶から南京に復員してきた二四歳の気鋭の文学者で、すでに長編小説を世に出し、結婚もし娘もあるといういかにもエネルギッシュな青年だった。ここでは文学者路翎の少年時代からの軌跡をたどりながら、『雲雀』に重ねられる彼自身の青春の思い出を描き出してみよう。

（1）路翎の少年時代から青年期

路翎は自分の紹介を次のようにまとめている。

路翎（一九二三―九四）本名、徐嗣興、江蘇南京の人。蘇州生まれ。小説家、劇作家。四〇年代に文壇で名を上げ、「七月派」の有力な作家となった。処女作『〝要塞〟退出以後』、代表作『財主的児女們』『〝窪地〟上的戦役』。五〇年代の胡風問題により二〇年間無実の罪に落とされ苦しむ。八〇年代に復帰、小説、散文、詩歌が新聞雑誌で散見される。

これは「大象人物書簡文叢」シリーズとして刊行された『致胡風書信全編』(1)の中表紙に掲載された「作家小伝」の文面で、原文には「生於南京，祖籍蘇州」とあった箇所を「江蘇南京，生於蘇州」と書き改めた跡がそのまま残っている。もちろん没年の記載は本人によるものではなく、編集部が書き入れたものである。南京生まれではなく、蘇州生まれだったと書き改めた背景には、路翎出生にまつわる秘められた物語があった。

これらを最初に明らかにしたのは、路翎の研究者として大きな業績のある朱珩青《しゅこうせい》であった。彼女はその著『路

翎』[2]の中でおよそ次のように記載している。

路翎一九二三年一月二三日生、本名徐嗣興、母方は蘇州の資産家蔣家（当時の当主蔣学海、祖母に当たる蔣秀貞は学海の妹、地主徐沛泉（若くして病死）と結婚し、路翎の生母となる徐菊英を生んだ。徐氏の実質的な家長）で、路翎の生母徐菊英には徐家長子となる兄がいたが夭逝している。祖母蔣秀貞の強い希望で、娘菊英の結婚相手である西洋医師趙振寰《ちょうしんかん》との間では、徐氏の再興のために、生まれる子には徐姓を継がせるという約束をしていた。そのため待望の長子路翎には徐嗣興という名が付けられた。しかし地方都市蘇州では西洋医師の家業は振るわず、一九二五年初夏に生父趙が服毒自殺してしまう。自殺の真実の理由はわかっていない。このときまで路翎の一家は広大な蘇州蔣家の庭園の中に家があったのだが、生父の自殺後、幽霊話まで持ち上がり、祖母蔣秀貞（徐家）は一家を率いて南京に転居することにした。南京で生母菊秀は政府関係の経理の職員張継東とすぐに再婚した。しかし一家の生活は、この新たな継父の月給だけが頼りだったので、決して楽にはならなかった。

路翎自身のこの出生にまつわる話を長い間避けていたが、胡風に対しては心中を明かしていたようである。朱珩青は次のように述べている。

路翎はその文学の旅路が始まったばかりのころ、父親のように接してくれていた胡風に対し、自分の鬱屈した幼年時代について次のように胸の内を吐露している。「私には父はいませんでした。父がどんな人なのか、背が高かったのか低かったのか、性格が明るかったのか暗かったのか、私は知らなかったのです。私がわずかに知っていたのは、姓が趙（この姓は祖先の供養をする際に家族の間で暗黙のうちに思い出されるのです。母と祖母にとっては、この姓は忌むべきもので、私も苦痛に感じていました）であったということだけです。そこは私の母が再婚した夫の家でした。義父は公務員であり、精神的には赤貧の男で、時折、憤怒や苛立ち、嘆きといった感情を爆発させていました」「私の幼年時代は抑圧された神経質的な感情に支配され、この世界に対する得体の知れない愛と憎しみの中で、慌ただしく過ぎて行きました[(3)]」。

路翎が蘇州生まれであること、実父が服毒自殺したことなど、出生にまつわる事実は長く隠蔽されていた。朱珩青によると、それは祖母と生母の心の痛みでもあったという。路翎の出身地は長い間南京とされていたが、それは徐家の世間体を思っての措置だったのだ。その後、「胡風反革命集団事件」に連座して告発された際に、「被告人資本家兼地主出身路翎」とあったのを、名誉回復時に「公務員の家庭出身」と改めたのだが、実はそれ自体が間違いだったことになる。路翎はもはやそれを書き直す気力はなかったということだ。

以下、朱珩青の記述によって少年時代から青年期を辿ってみよう。

一九二七年春、徐嗣興四歳。南京蓮花橋小学校幼稚園年長班、夏に小学校一年生に編入。一九三五年夏、徐嗣興一二歳のとき、小学校を卒業。八年以上小学校に在籍したことになるが、それは学制改革があって年次が一年繰り下がったことと、一年留年したことによる。留年は「誰かが点数を書き換えた」からと路翎は回想している。同じ一九三五年に江蘇省立江寧中学に入学。

一九三七年夏、徐嗣興一四歳。中学二年の途中で抗戦の勃発により学校解散、家人とともに戦火を逃れて難民となり、四川を目指して逃避行に出る。八月、一家は漢口に到着、飛行場近くに宿泊する。継父張継東は漢川付近の出身だったが、継東の父張隆泰はこの戦火で家産をほとんど失っていた。このころ一家は漢口近辺を放浪している。一九三八年に国軍は武漢を放棄して重慶に移動した。この時期に一家も四川へ逃避行を重ね、重慶半島嘉陵江側、李子壩《りしは》に暮らすことになった。この地は難民の多く居住した場所で荒涼としていたという。

一九三八年春、徐嗣興一五歳のとき四川省国立第二中学初中部に編入。近くに有名な天府炭鉱があり、のちに路翎の重要な創作の源となる。九月、国立第二中学高等部二年に飛び級で編入する。高等部は重慶西北の合川《ごうせん》にあった。この年に徐嗣興は筆名「流烽」で文筆活動を開始、文才を認められて、『大声日報』社の依頼で副刊『哨兵』の編集に従事する。ちょうどこの刊行物は当時若手（高校生など）の編集スタッフを招いていた。ところが徐嗣興は編集に熱中しすぎて学問がおろそかになり、三九年四月、徐嗣興一六歳のときに学校から除籍処分を受けてしまう。これまでの評伝では、この処分は「左傾思想」によるとされていたが、実は徐嗣興自身が学業への意欲を失い、早く実社会に出たかったからというのが真相だと朱珩青は指摘している。徐嗣興は一六歳高校二年の途中で学校生活を終了してしまうことになる。この後、路翎は正式な学業に就くことがなかった。

（2）路翎の青年時代、失恋と筆名の由来

一九三九年末、徐嗣興は除籍処分を受けて二中から離れ、親友劉国光に付き添われて重慶の家に戻ることになる。そして実家のあった李子壩で継父、母、妹、祖母、および異父弟妹らと暮らしはじめた。朱珩青によると、継父はまだ失業中だったので、李子壩の暮らし向きは相当に厳しかったという。しかし文才に目覚めてしまった徐嗣興は、毎日『アンナ・カレーニナ』『赤と黒』などを読み耽《ふけ》っていた。このころ徐嗣興は処女作とされる『〝要塞〟退出以後』を胡風の『七月』に投稿する。この年には、後半期に教育部視察官として趙祥麟（元の江寧中学校長、路翎の在籍した学校）が重慶を視察しており、徐嗣興は友人の関係を伝って趙に紹介され、三民主義青年団（三青団）宣伝部に就職することができた。徐嗣興の三青団入りのとき、江寧中学を一緒に退学した親友姚掄達《ようろんたつ》、そして重慶に仕事探しに来ていた李露玲も三青団に就職することになった。この二人は路翎の一生に大きく影響を与えるのである。

李露玲は本名李《り》世瑛《せいよ》、湖北沙市の人、路翎と同じ一九二三年生まれ、のちに路翎の妻となる余英明とは沙市の小学校の同窓で一緒に新沙女子中学に入学した。二人は幼い頃からの大の親友だった。演劇で活躍したいという望みのあった李は色白でつぶらな瞳の可愛らしい少女で、朱珩青はオードリー・ヘップバーンのようだったと伝えている。

朱珩青によると、三青団の宣伝隊では毎月二〇元の給料が出たという。武漢陥落の頃、たまっていた半年分の給料一二〇元が支給されたあと、三人は息苦しさを感じていた三青団から結託して逃亡し、沙市に戻る。李露玲は満身にできものができ、実家のある沙市で療養したいと強く願っていたのだ。親友余英明の献身的な介護もあって露玲の病は順調に回復した。このころ逃亡から新天地での日々を送る間に、三人の青春の交流は深まっていたのであろう。路翎はこのころから李露玲に強く惹かれていったらしい。

一九四〇年、路翎一七歳のとき、その前年七月に周恩来や呉玉章、馮玉祥、宋慶齢らの尽力で創立された「育才学校」に三人揃って移る決意を固める。育才学校は実験的学校で、路翎は文学系の青年教員として迎えられた。この時代の育才学校は中学校卒業レベルの人間を教師として迎えることもあったのである。李露玲は音楽系で学生となり、音楽方面の才能を伸ばしていった。姚掄達も音楽の分野で教員を兼ねながら天分を伸ばしていった。

三人が育才に来て間もなく、李露玲が今度は重症のマラリアにかかり学校にいられなくなった。すっかり露玲に惚れ込んでいた徐嗣興は、実家の母たちと相談して露玲を家に入れ、療養生活を送らせることにする。二人はこれまでの数ヶ月できわめて親密な関係になっていたのだ。一七歳の若いカップルは新婚夫妻のような感じで日々を送っていたのだろう。実家の母も祖母も露玲を歓迎し、まるで嫁《とつ》いできた若い娘のように扱ったようだ。しかしここで悲劇の芽が次第に姿を現してくる。

朱珩青によると、李露玲はおとなしい新妻タイプではなく、夫のあとに従うような女性ではなかったのだ。露玲の本当の願いは俳優として活躍することであり、その希望は絶えず彼女の胸を焦がしていたというのである。徐嗣興一家からは親切にされ、あたかも徐家の嫁のように、徐嗣興の母も祖母も優しく接してくれていた。しかしこのこと自体が彼女には重荷だったようだ。露玲は徐嗣興の家で暮らすことに一種の居辛さを感じるようになったという。彼女は俳優願望を抱く新時代の女性だったのだ。その精神性は伝統的な旧家に安住するはずもなかった。そしてこのころまでに二人の間に感情的な行き違いが大きくなっていったようだ。ちょうどこういう時期に、活発な性格の姚掄達、若き三人組のもう一人の親友が露玲の侘《わび》しさに悩む心の隙間に入り込んできた。朱珩青は「君の才能はこんな田舎で埋もれさすのは惜しい」とかいう甘い言葉で、たぶん姚掄達は露玲の心を捉えたのだろうと推測している。

朱珩青は彼ら三人の衝撃的な結末を次のように語っている。

そのころ、路翎の親友劉国光はしばしば育才学校に遊びに来ていたのだが、ある日徐嗣興の母から息子が実家で重病になったのですぐ来てほしいという電報を受け取り、近くに住む姚掄達と一緒に見舞いにいこうと誘いにいったところ、彼の家に姚掄達と李露玲が一緒にいるところを目撃してしまったのだ。実はこのとき李露玲はすでに路翎の実家から姚掄達の元に出奔していたのだ。事態はもはや後に戻れぬ状態になっていたということである。朱珩青によると、路翎は彼女との離別を苦にして、死ぬほど苦しんだらしい。病は二人の離別の結果だった。しかしこうなってしまった以上、路翎は諦めるしかなく、失望の挙句《あげく》に彼は解放区・延安に行くとか新疆に行くとか本気で考えたという。

このことがあってから徐嗣興は筆名を路翎とした。その証拠として朱珩青は胡風に書き送った次の手紙を挙げている。

> 名前の件は私も随分考えましたが、いろいろ考えてもどれもあまり良くありません。それで自分では、二人の友人を記念して「路翎」にしようかと思います。しかしもしもう組版が出来上がっているようでしたら、お手を煩わすことはありません[4]。

これまでの回想録などの証言においては、路翎の筆名が若き日の恋人李露玲に由来するということが常識となっていた。ともに中国語の発音は「Lu-Ling」であり、非常にわかりやすい話であったが、朱珩青は路翎の胡風宛書簡にある「二人の友人を記念」という記述を元に調査を進め、当時のもう一人の親友、恋敵でもあった姚掄達が、路翎と一緒に過ごした合川時代に「彤翎《とうれい》」というペンネームを使っていたことを発見したのである。ここにおいて、路翎の「路」が露玲の「露」から、そして「翎」が姚掄達の筆名「彤翎」から付けられたと判明したことになる。徐嗣興の忘れられない青春の思い出、苦く辛いものではあっても、どうしても忘れられなかった初恋こそが、路翎筆名誕生に関係していたのだった。また小論で考察する『雲雀』の原初的イメージが、この筆名にまつわる苦い愛の物語に秘められていることは、非常に重要である。ちなみに、徐嗣興が筆名「路翎」で発表した「要塞…」はこの年の五月に『七月』に掲載された。

なお朱珩青によると、李露玲もその後は不遇だったようだ。姚掄達と二人で新生活を始めたものの、姚掄達にはすぐに別な恋人（別な俳優）ができてしまうのだ。李露玲は激怒して姚掄達と別れ、妊娠していた子供を一人で産んだという。その後姚掄達は音楽家として大成し、新中国の最初の「東方紅」は姚掄達のリードで合唱曲が組まれているし、そのほか大曲の合唱リードに姚掄達が抜擢されたという。姚掄達は李露玲への思いを生涯持ち続け、彼女を思う楽曲までも残しているらしいが、露玲はまったく相手にしなかったようだ。李露玲に関して言えば、彼女はのちに香港で『白毛女』（一九四八年）に主演したという記録が残っているという。(5)

（3）代表作『財主的児女們』から戯曲『雲雀』まで

失恋の深傷で新疆に行ってしまいたいとまで思い込んでいた路翎だったが、実際には辺境に逃避することはなかった。離別事件のあった一九四〇年、路翎はその夏頃までには継父張継東の紹介で白廟子《はくびょうし》にあった国民政府経済部鉱冶研究所に就職し、会計課で事務員となっていた。朱珩青によると、普通この職種は大卒レベルが求められるのだが、祖母の実家蘇州蔣家の紹介もあって、ようやく仕事を得られたということである。これで生活的には安定するのだが、就職した鉱冶研究所の所在地白廟子は天府炭鉱の黄桷鎮のすぐ近くで、路翎はここで虐《しいた》げられた炭鉱夫たちのエネルギッシュな生き様をつぶさに観察することになる。その経験はこの年の『黒色子孫之一』、一九四二年の『飢餓的郭素娥』などに結実している。大学での教育歴のない路翎自身は、この地での文学修行を「容易に入れない大学だった」と回想している。(6)またこの年の秋口に、のちに大きな影響を受ける舒蕪《じょぶ》（方管）と知り合う。

一九四二年路翎一九歳のとき、『飢餓的郭素娥』とともに代表作となる『財主的児女們』の原型『財主的児子』二〇万字を完成。また一九四二年初夏から四四年四月まで、超大作『財主的児女們』の執筆に取り組む。完成時、この大作は八〇万字という途方もないボリュームで当時の文壇を驚かすことになる。一九四三年、路翎二〇歳のとき、『雲雀』執筆の直接のきっかけを作った阿壠《あろう》、そして博識な何剣勲と知り合う。のちに妻となる同い年の余英明との交際はこのころ深まっていく。そして四四年八月、路翎二一歳のときに中央通信社社員であった余英明と結婚。またこのころから路翎は、研究所会計員の職とともに、黄桷鎮の文昌中学校で国文の教員を兼務している。路翎は大卒ではなかったが、教員としての経験はこの若さで十分な積み重ねを持っていたのである。つまり、『雲雀』に描かれ、『谷』などの小説にもたびたび登場する教員の生活感覚は、路翎の実体験に裏付けられた確かなものだったといえよう。

一九四五年正月、長女誕生。この年八月、余英明は中央通信社の南京復帰とともに長女を連れて南京に先発し、路翎はしばらく重慶に残ることになった。翌四六年五月に路翎はようやく重慶を離れられ、困難な陸路の旅程を経て、月末に南京に到着した。ちょうどこのころ、南京では「漢奸」の公開処刑が相次ぎ、市内は騒然としていたが、四川から「復員」してきた人々にとっては、生活こそ第一問題で、路翎は妻の宿舎に転がり込んだまま失業状態であった。ここで路翎は意欲的な創作にとりくみ、戯曲『雲雀』の執筆を始める。失業という不安定な生活ではあったが、文学創作にとっては大切な時期だったとも言えよう。戯曲のジャンルは路翎にとってまったく初めての分野だったのだ。この年の末に、継父張継東の奔走で燃料管理会社の南京事務所業務課事務員として就職を果たし、失業問題は解決する。住まいも紅廟にあったかつての徐家の家宅を取り戻し、順調な創作と相まって、充実した日々を送ることになる。『雲雀』上演は路翎が南京に戻った一年後のことである。

二　戯曲『雲雀』の概要

路翎の戯曲『雲雀』は「四幕悲劇」という副題が付いているが、実際は小説世界をいきなり演劇に持ちこんだような作品で、路翎は「戯曲化」することによって小説の社会的作用を「大衆化」「通俗化」の方向に発展させ、「七月・希望」ではなし得なかった「大衆性」を獲得したとも評されている(7)。

まず本戯曲の登場人物だが、戯曲冒頭で下記のように説明される。

李立人　高校教師、歴史、陳芝慶とは夫婦。
陳芝慶　高校教師、音楽。
王品群　高校教師。
周望海　高校教師。
李成駿　学生。
程学陶　学生。
隣家の主婦。
高校の用務員。

すぐわかるように登場人物はそれほど多くはない。主役は李立人とその妻陳芝慶である。

舞台は「一九四六年、春から夏まで。北京上海鉄道沿線の小都市」とされ、開幕と同時に「李立人と陳芝慶が家にいる」という場面からスタートする。彼ら二人の「家」に関しては非常に細かな指示が与えられている。

第一幕の「ト書き」には、次のように指示されている。

部屋の中は整っているほうで、窓辺に机と本棚がある。細々としたものもあるが、整理した後でまた散らかしたような感じがする。壁にはこの部屋の主たちの熱愛する欧州の偉大な知識人たちの肖像画が掛けられていて、陳芝慶の似顔絵も掛けられている。これらのすべてが示しているのは、この家庭がこの十年来の時代意識の先端において発生した結合であることだ。それは内心の苦痛に満ち、環境と世俗の力を無視しつつも、見えない陰のところで激しい葛藤を繰り広げているのだ。

幕が開くと陳芝慶が本を読んでいて、時おり夢見るような表情を浮かべて歌を口ずさんでいる。春の黄昏時で、近くの広場や道路から地元の子供たちの賑やかな声や、兵士たちが声を揃えて大声で歌う歌が伝わってくる。陳芝慶は歌声が聞こえると、嫌悪の表情で首を振る。しばらくして、ドアを叩く音がする。(8)

『雲雀』は地方都市の若い教員夫妻が主人公で、舞台はこの二人の部屋からほとんど動かない。そこには当時の理想主義的な知識人青年家庭の生活そのものを象徴する道具類が集約的に並べられている。物語の展開はとても単純である。教員夫婦の勤める中学校では、学生に支給すべき補助金や寄付金が学校の実力者によって私物化されていた。これに対して当然、反対の運動があったのだが、老獪な学校当局の策謀で主人公たちは追いつめられ、学生を守るために学校を去らねばならなくなる。一歩後退のように見えても、それが実は教育の火種を広めることにつながることを示唆して幕が閉じる。この過程で、主人公夫婦の間に知識人の人格と個性をめぐる激しい葛藤が繰り広げられ、愛と理想の破綻の中で主人公の妻が自殺してしまう。学校を去る主人公は、こうした愛の悲劇をも乗り越えた再出発を誓うのである。「四幕悲劇」の意義がそこにあろう。

登場人物を詳しく紹介する。主人公李立人は三八歳、かつて兵士だった過去を持つ強い精神力の持ち主で、教育の理想に燃えて純粋な生活を信条としていた。その妻陳芝慶は地方の上流家庭の出身で、芸術をこよなく愛するロマンティストだったが、昔の恋愛で心に傷を負い、人生の道にさまよっているときに李立人と知り合ってその清らかな魂に打たれて一気に結婚した。前述のように、この舞台ではその結婚生活に亀裂が生じていることが幕開けの設定となっている。彼女は実際に日々行わねばならぬ家庭内の雑事と萎《しぼ》みつつある自身の才能の間で苦悩しており、それが夫への愛と反発の形で展開し、激しい葛藤を強《し》いられていたのだ。こういうときに、同僚の教員のなかで際立った動きをした人物がいた。王品群というその男は李立人の古くからの友人であり、その妻にもかつては思いを寄せていたことのある男だった。彼は上海時代から新聞編集者としても文才を発揮しており、文芸の世界で少しは知られた人物だった。彼は彼らの中学の腐敗の現状に対して学生を組織して行動すべきだと主張して、李らに話しかけていた。実はそこには王品群自身の立身出世への野心と友人の妻を籠絡しようとする欲望が隠されていて、舞台には登場しない別な実力者の議員の地位を狙う思惑までもが働いていた。もう一人、重要な人物として周望海という誠実な教員が登場する。彼は李立人の心の友であり、中学校教育の良心ともいうべき存在だった。周はこの舞台で展開する悲劇を見守り、知識人の個性の矛盾は新時代を迎える大きな潮流の中でこそ解決するという道筋を示す人物で、主人公の心の軌跡を未来へとつなぐ役割を持っていると言っていい。

舞台は李立人と陳芝慶の衝突を中心に展開する。日々の生活に追われる芝慶は、上流家庭出身者特有のロマンティシズムから離れられず、夫からの理解が得られないと思い込んで悩んでいる。王品群の紹介で新聞に創作原稿を寄せようという夢も抱いていた。李立人は妻との衝突に疲弊しながらも、教育者としての真の生活が今目の前に繰り広げられている、現状に必死に取り組むことによって純粋な人間の生活が始まるのだとして、妻を懸命に説得する。一方で格好をつけて登場してくる王品群に対しては、友情を重んじながらもその「勇壮」な運動の計画の危うさを感じ取り、すぐに腰を上げようとはしない。王は芝慶の悩みに同情する素振りで、「君は本当は雲雀だった、青空高く飛んで歌うのが仕事だったのに、今はこんな巣の中に籠っているんだ![9]」と言い、雌鶏みたいなことは止めて、才能のためにもう一度空を飛べと唆《そそのか》す。反腐敗の運動は次第に権力者を追い詰めていくように見えたが、学校側は左翼的言辞を理由に数名の学生の退学処分を決める。このころ王品群は迅速な行動の必要性を李立人らに説得しながら、自身は李立人の過去の情報を当局に売るなどして保身を図っていく。その一方で、芝慶には田舎で埋もれ果てるより上海の文学界に一緒に出ようと誘惑する。芝慶は李立人との激しい衝突の後、ついに立人と離別し、王品群とともに上海に行ってしまう。この間に、李立人、周望海らと純真素朴な貧困な学生との交流、学生の父兄との真摯な会話などの場面が混じる。退学が単純に学校当局側の勝利ではなく、優良な学生を中国各地に拡散していくことになるのが示唆される。しかし李立人と周望海はこれ以上の犠牲を食い止めるためにも、またこの中学での限界も感じて学校を去る決意を固めていく。こうした折に、ある日芝慶が上海から突然戻ってくる。彼女は王品群の本質を見破り、自分の愛が純粋だったこと、李立人こそ最愛の人であることを告げ、愛の完成のために戻ってきたと語る。顔面蒼白な芝慶。実はこの時彼女はすでに毒薬を呷《あお》っており、彼女にとって愛の完成とは自分の死によってのみ可能だったことが明示される。最後の場面は周望海と李立人によるエピローグ的なシーンとなる。そこで個性における死の克服と集団の未来への展望が結びつき、舞台の幕が閉じる。

陳芝慶が登場する際に口ずさんでいる歌は、その後何度か劇中で歌われ、彼女に言い寄る王品群のセリフにも登場する「聞け、聞け、雲雀」である。これはシェークスピアの原詩にシューベルトが曲をつけた有名な楽曲で、中国では早くから紹介がなされており、広く親しまれていた(10)。前節で見たように、育才学校で音楽を専攻した親友姚掄達と李露玲らとの交友を通して、路翎がこの楽曲をよく知っていたことは容易に推測がつく。路翎がこの楽曲のイメージを自分の最初の戯曲作品につけたことは、きわめて示唆的である。

『雲雀』はほぼ固定された舞台で、シンプルな筋立てを追いかけ、登場人物が饒舌に自分の心情を述べたてるという構成になっており、路翎にとっては、自身のもっとも得意とした小説世界を戯曲に取り込んだ挑戦でもあった。この戯曲において、路翎がもっとも力を入れたのは、登場人物の性格設定だったといっていいだろう。路翎は『雲雀』の後記において知識分子の性格を次のように指摘している。

誰もが認めているように、知識分子の性格は非常に複雑である。この複雑さは、彼らの担っている歴史の内

容（階級の内容）の複雑さの反映である。(11)

当時の社会の状況は歴史的な流れの結果であり、知識分子はその影響を大きく受けて敏感に反応する性格を持っていると路翎は考えた。こうした視点から彼は初めての戯曲の登場人物の性格設定を行ったのである。彼は上演時の演出の要請に応えて、次のような解説をしている。

陳芝慶は次のような女性の形象である。彼女たちは中流かあるいは裕福な家庭に生まれたのだが、社会の性質の変化と上の世代の闘争によって、彼女たちの家庭組織はすでに脆弱化しており、そのために彼女たちはきわめて容易に自由を獲得することができた。彼女たちは厳しい闘争の経験がなく、ぬくもりの中で成長し、ロマンティックな情熱の中で光栄を享受している。過酷な現実と理想を知らぬがゆえに、かえって西洋の芸術から豊かな幻想を入手し、その革命的な色彩も実は自由な資産階級的生活――そんなものは中国には存在しない――を享受したいという渇望からもたらされているのだ。彼女たちは生活の中で真の地位を得ることはできず〔……〕ひとりの母となることも妻となることも、そして職業婦人となることも、実際の工作者となることもできない。〔……〕彼女たちは騒々しく神経質であり、純粋でかつ虚妄であり、派手好きでありながら素朴、虚栄を張りながら苦悩するのだ。〔……〕彼女たちのなかには、苦痛に喘《あえ》ぎ、幻想を弄《もてあそ》びながら幻想からも弄ばれているような人がいて、そういう状態から飛び出して新しい発展を獲得できない場合、自分の幻想によって自ら焼け死んでしまうこともしばしば起こるのである。

李立人は次のような男性の形象である。彼らは現実の人生の闘争を担い、ずっしりと重い古くからの精神的負担と凄絶な格闘を展開し、荘厳に自己実践することを渇望している。こうした荘厳な要求と熱望は現実の圧迫の下で挫折に見舞われ、彼にある種の犠牲に対する渇望の感覚を帯びさせ、最終的な試練を自身に課すことを渇望させ、はなはだしきは滅亡を待ち望む色彩さえ生じさせる。〔……〕要求は過度に高く、時には孤独な個人の能力では到底到達できない程度にまでなってしまう。

王品群は空虚な知識分子の一種である。彼は混乱しており、またこうした混乱の状況にひどく苦しんでいる。目的はなく、一時の流行に従って叫び、社会の潮流の波濤に浮き漂い、虚無的でありながら実利への深い傾向性を蔵している。〔……〕人に彼は確かに同情に値すると思わせ、才能があると思わせ、環境に圧迫されて惜しい人物だと思わせる。彼はこうした環境に酔い、おしゃべりで、感傷的で、そして凶暴である。一種の鋭敏さがあり、あらゆる場所にその弱点を見つけ出すのだが、きわめて傲慢であり、同時に自分自身までも軽蔑しているのだ。

周望海は単純善良な人物で、行動は感情的で直接的だが、すでに先進的な段階に肉迫している。忠誠と信念の熱力が彼の性格の主要な特徴である。彼は周囲の人々を完全に理解しているわけではないが、それらの人々を感じ取り、その愛憎を決定している。[12]

少々長い引用になったが、この解説文は『雲雀』後記として上演の翌年に付されたものである。非常に丁寧にそれぞれの性格の細部まで説明されているのがよくわかる。これら四名の主要な登場者の性格設定は、綿密な計算がなされており、エキセントリックなヒロインを中心に、対照的な性格の人物を効果的に配していると言えよう。路翎は後記を次のような言葉で締めくくっている。

生活の闘争と人生の闘争は社会的な闘争でもあり、どの側面にもその歴史的真実が備わっている。我々の知識分子たちは、中国の新たな生活と闘争の人々であり、我々の兄弟たちは、歩を進めるごとに血を流し、自身の親しい人たちの遺体を踏み越えて前進していくのだ。闘争、そして人民のための英雄主義は永遠だ。[13]

非常にメッセージ性の高い文章であり、共産党主導の国家成立直前の状況を考えると、路翎とその仲間たちの熱い感情がそのまま伝わってくるように思える。

三　戯曲『雲雀』の上演と評価

路翎の戯曲『雲雀』は南京に復帰した路翎がおよそ半年をかけて執筆し、南京の演劇界の友人の援助によって上演されている。諸般の資料から、上演が一九四七年六月二一日から二六日までだったこと、南京国立戯劇専科学校付属劇団によって演じられたこと、舞台は文化会堂（文化劇院、南京中山東路）だったことが明らかになっている。

まず胡風の批評を見てみよう。

『雲雀』は知識分子における性格の矛盾の悲劇である。性格は現実の歴史内容が作り出すものである。だから『雲雀』の四人の登場人物はそれぞれが異なったタイプの性格であるものの、真の主役はこの四人の人物によって表される、冷酷さに満ちて猛烈に進みゆく、現実の歴史における自分自身なのである。

性格の矛盾は、歴史に包含される矛盾した成分内容の反映である。だから『雲雀』は、正面から社会問題や政治問題を描くことはなく、さらに社会問題や政治問題に解答を与えるということもない。しかしながら、この戯曲が表出する矛盾した性格およびそれらの間の葛藤は、こうした性格の闘争を内包する一つ一つの社会問題や政治問題を照らし出している。

そうであるならば、この偉大な革命の過程の歴史舞台に置かれた知識分子に対して、彼らの苦痛と葛藤に対して、彼らの善良さと卑怯さに対して、彼らの複雑さと単純さに対して、彼らの死と遺骸を乗り越えてのより強靭な前進に対して、我々は人民の力量の雄大さを、人民の闘争の尊厳を、そしてこの闘争の実際の営為に要求されるあの高貴な情緒を、真実に感じとれるのではないだろうか。[14]

胡風は激動の時代を生きる知識人が自己の内部に必然的に受け止めざるを得ない反応を「性格の矛盾」として捉え、それらの葛藤が生む苦悩を「悲劇」と位置付けた。そして「悲劇は、死によって観衆を圧迫してはならず、流血によって観衆を畏怖させてはならない」と指摘し、観衆に説教をするのではなく、「それらが観衆の心の中でより強大な力となって、現実の人生の闘争や歴史の闘争に立ち向かっていき、その中に深く切り込んでいくものにならねばならない」と結ぶ。路翎の今次の上演がそうした時代の要請に真正面から応えたものであることを、胡風は力強く指摘して、高い評価を与えたのである。

また、当時優れた批評家として登場した舒蕪は路翎の創作について、「路翎の小説において際立つ特徴とは、作者の分析の詳細さと物語の平凡さである。その分析こそが戦闘であり、その平凡な物語こそ人生なのだ。路翎の分析は一種の批判である」[15]と基本的な特徴を指摘し、路翎による登場人物の行動、思想、情緒、感覚の描写を通して、その人物には知り得ない本質が「路翎の批判の光」によって明らかになると評価している。そして次のように、路翎の批判力を賞賛する。

路翎の分析と批判は、灰色の概念を弄ぶことではなく、エネルギーの漲《みなぎ》る大河長江のような生命の突撃である。彼の小説、とりわけ集中して深化する批判の部分は常に大河長江のようで、抗《あらが》えない大きな力で人を巻き込み、連れ去っていく。これはおそらく彼のすべての読者が感じ取っていることだろう。中国新文学の発展過程において、路翎が初めて完全に客観主義の伝統と決別する作家になりえたのは、まさにこの強大な主観の力量によるもので、この力量の発動する批判活動の深化によるものなのである。[16]

この二人の批評はいわば自陣営からのものではあるが、基本的な問題点はすべて語っているように思う。舒蕪のいう「客観主義」とはこの頃特に胡風らによって批判された文芸観で、創作の対象となる社会事象を冷たく描写し、創作者自らの立場と距離を置いてしまう第三者的な文学的態度を指している。これに対して胡風らが提唱したのは、創作者が自らの魂を込めて対象を描かねばならないとする「主観」的な文学の姿勢であった。舒蕪の路翎評価を端的に言えば、知識人の個性・人格の尊重は現実世界に展開する状況との格闘のなかで、直面する闘争を真摯に迎えて日々を送るなかではじめて真実の生活になりうる、個性の尊重は未来を見つめる集団の中でこそ輝く、ということになろう。現実世界との格闘の中で、虚飾に満ちたブルジョワ的ロマン主義や上品ぶった生活慣習は必ず破棄される。彼らは路翎の作品がその優れた批判力によって、時代の真実を力強く物語っていると評価したのだ。

これに対して、上演後一〇年を待たずして展開した「胡風反革命集団事件」[17]の中で提起された『雲雀』批判の論調は、胡風らの知識人の個性尊重論の正反対の立場からの切り込みであった。路翎戯曲作品に対する批判がまとめられたのは、文芸月刊誌『劇本』においてである。この雑誌は中国戯劇家協会の機関紙で一九五二年に創刊されているのだが、胡風反革命集団事件発生の直後に発表された同誌「社論」で「演劇戦線の対敵闘争における宣伝工作」の重要性に触れながら、胡風・路翎らに激しい批判を浴びせたのである。

> 胡風およびその反革命集団中核分子の何人かは長期にわたって革命戦線内部に潜入し、進歩的作家として登場してきており、こうした隠れ潜む反革命分子は、露《あら》わな面目をむき出しにする敵よりもさらに凶暴危険で、恐るべき者たちである。[18]

「社論」は「胡風反革命集団」の「中核分子」（原文は「骨幹分子」）として路翎を捉え、その陰湿で悪辣な反革命性を厳しく指弾する。そのうえで、胡風・路翎らが演劇界を重視した理由を、演劇という文芸の持つ人民大衆に対する宣伝力の卓越性に求め、これら反革命分子の策動を絶対に許さず、自分たち革命の側から演劇・戯曲を革命路線によって正しく導き、上演を通して大規模で周到な宣伝活動を展開しなければならないと主張している。

この「社論」を踏まえて、同誌には明確に路翎の『雲雀』を批判した論文「路翎戯曲における「英雄」的人物」(19)（署名李訶《りか》）が掲載された。李訶は抗日戦争期に延安の魯迅芸術学院で演劇を専攻し、後に同学院教育科長、共産党政権においては文化部芸術局幹部を歴任した人物で、この『劇本』の編集主任でもあった。つまりこの批判論文は、共産党の文芸政策幹部からの路翎に対する公式な批判であることを表明しているのである。

李訶は論文冒頭で、路翎は胡風によって念入りに養成された反革命作家であり、胡風から「無限の希望」を寄せられ、大きな期待と使命を持った反革命分子であると規定する。そして『雲雀』について、次のような断定を加えている。

この戯曲（『雲雀』）は小資産階級知識分子の一握りの狂人たちによる三角関係を題材にしたもので、主人公の絶望と発狂を結末とするいわゆる「悲劇」を構成している。一説によると、劇中の主人公李立人は反革命分子路翎の「戦闘の兄弟」――つまり路翎の行っている反革命活動のもう一人の仲間の化身――だそうだ。この卑劣な小人物は自己の性格内部で「凄絶な格闘」を展開しているのだが、路翎はそれを「永遠の人民の英雄主義のため」だとしている。〔……〕では、路翎の「戦闘の兄弟」たる李立人とは、結局のところどのような英雄であるのか。彼は時代の車輪の下で魂をひき潰されて闘争の意志を完全に失った「余計者」である。彼の不平等に対する抗議も、一番よくとも「憤怒の視線で睨《にら》む」程度にすぎず、彼のすべての社会的実践からは、真の闘争などなんら見いだすことはできない。〔……〕陳芝慶が発狂したのち、李立人は自分の恋敵王品群を殺したいと叫び、椅子に倒れこんで「私も――終わりだ！　この賭け――あまりにも恐ろしい！」と独白する。これは生活に蝕《むしば》まれ、また逆に生活を蝕んでいく灰色のサナダムシの姿だ。この男は正直な人生の意志を全く持ち合わせず、生命が強大な挫折に見舞われたときには、逆に開きなおり社会に対してやくざな嘲笑を浴びせるだけだ。[20]

李訶は路翎の戯曲を小資産階級のセンチメンタリズムと社会に対するニヒルな逃避の産物だとし、主人公李立人を「サナダムシ」、陳芝慶の最期を「発狂」と指弾しているのだ。そして路翎の「人民の英雄主義」とは「反動的な小資産階級の狂乱性、破壊性、および絶望的なニヒリズムと浅ましい我利我利亡者の人生哲学[21]」だと決めつけていく。論文はさらに「英雄母親」など路翎のほかの戯曲作品を取り上げて、全面的な批判を展開している。李訶に代表されるこうした路翎戯曲批判では、路翎の登場人物の表象が知識人世界の過去の栄光と誇りを擁護するもので、相対的に無産階級・労働階級の品位を汚し、反動演劇の復活と新中国の転覆を狙う意図が隠されているということにまとめられよう。

小論では路翎『雲雀』をめぐる両極からの批評を検討したのだが、正反対に見えながらもなお共通する論理が存在していることに気づかされる。それは、望むべき未来を担う大きな集団（社会あるいは組織）がまず存在し、その集団の栄光のために、個人の営為は芸術表現上、理想的な姿で組織し直されるべきだということである。こうした批評の構造的な相似は、ある意味で、一九五〇年代以降の中国において共同の文壇的言語世界を形作っていたのかもしれない。作品に対する評価に正負のブレがあっても、構造が同じ以上、心理として受け入れられる素地がすでに構築されてしまっていたということだろうか。

これらいわば抗日時期以来の伝統的文芸批評に実証研究の立場から新たな路翎論を展開したのが、朱珩青だった。彼女は路翎作品の登場人物と実際の路翎の人生を重ね合わせ、きわめて詳細な人物・性格の見取り図を作り上げた。ここにおいてはじめて、路翎作品の人物が真実の輝きを取り戻し、単なる発展史観的社会文芸にとって必要な小道具の立場から、人生の存在の重みを担った個性ある人物に復活したと言える。小説家路翎の意欲的挑戦であった『雲雀』において、そのことは一層の重みをもっている。舞台で人生の葛藤を力強く語り抜く二人の主役、彼らによって演じられた表象は、説明的な人生訓話に終わってはならないはずだ。この意味で、主役の二人のモデルの確定は想像以上に大きな意義があった。

李立人と陳芝慶の物語は、朱珩青がつとに指摘しているように[22]、路翎の親友阿壠とその夫人張瑞の実話[23]をもとにしていた。王品群のモデルとなった詩人の実在の示唆も含めて、そうした事実の公表は朱珩青の大きな業績である。阿壠と張瑞に関しては、拙著『抵抗の文学』で詳細に論じており、その中でも、路翎の『雲雀』との関連性については言及している。阿壠は国民党軍現役将校陳守梅の筆名で、彼はこの筆名を使って胡風編集の雑誌『七月』や『希望』でおびただしい戦地ルポルタージュや叙情豊かな詩を発表していた。阿壠は当時重慶陸軍大学に所属しており、成都での実習中に一五歳年下の文学少女張瑞と知り合い激しい恋に落ち、数ヶ月で結婚してしまう。一年後の日本敗戦決定の頃、男児沛《はい》が生まれるのだが、抑鬱傾向を強めていた張瑞は夫と乳飲み子を残して服毒自殺をしている。筆者の『抵抗の文学』には、この二人の結婚生活に関する次のような記述がある。

燃えるような恋愛の時期はあっという間に過ぎ去り、現実の家庭生活が始まったのだ。阿壠こと陳守梅中佐は陸軍大学学員の身分であり、大学から離れることはできなかった。陸軍大学の内容が非常に空虚であったことはすでに述べたが、新婚生活となると、そういう空虚さだけでは済まされなくなる。二人は国民党軍部の中堅幹部たちの家族と交際もしなければならなかった。特に新妻の瑞は見えや外聞だけがすべてのような近所づきあいを毎日こなして、いつ帰ってくるかわからない夫を待つのが日常となっていった[24]。

こうした二人の新婚生活に関して、いくつかの証言が確認できる。当時胡風は重慶北碚に生活の拠点を置いており、胡風周辺の多くの友人が阿壠夫妻を訪ねていた。路翎自身も、張瑞について、芸術サロンの雰囲気で育ち、幻想が豊かすぎるから、実際の風雨には耐えられないのではないかと語ったという。張瑞は自尊心の強い、鋭敏な感性を持つ早熟な娘で、裕福な家庭のぬくもりや教会女学校のピアノと歌声、そして書物と詩の世界のなかで育ってきたのだった[25]。胡風夫人の梅志は、かつて筆者の取材に対して「張瑞は重慶の陸軍大学での暮らしに、とても疲れていました。彼女は才能のある文学青年だったので、とりわけ軍人の家族の付き合いなどはできなかったのでしょう。よくお酒を飲んでいたようです。酔いつぶれることもあったと聞いています。阿壠は厳しく律する人だったから、辛かったに違いありません」と証言していた[26]。

筆者は張瑞の自殺までの経緯を前掲書において次のようにまとめた。

瑞は妊娠してから特にこうした神経症的な反応が強くなり、結局重慶山洞を離れて、成都の実家で出産することになった。阿壠はほぼ毎週、重慶から成都の瑞のもとに通った。当時の交通事情で言うと、たとえ陳守梅が陸軍中佐として、それなりの権力でもって便宜を図ったとしても、どうしても一昼夜はかかっただろうと言われている。週末に出かけて週明けに戻る生活である。それは想像を超える困難さであり、回復不能な疲労を蓄積させる日常だったに違いない。そういう異様な新婚生活の果てに、心配されながらも沛は無事生まれてきたのだが、瑞は重慶に戻ろうとはしなかった。山洞の生活、それが愛する夫の任地の暮らしで、夫が救国のための戦闘の一員であろうとも、あの空虚と不便と野蛮しかない暮らしには、もう二度と戻りたくなかったのだろう。しかし一方で、成都の実家での両親に見守られながらの子育て生活も、けっして充実したものではなかったようだ。彼女の飲酒はやはり続いていく。彼女は夫への愛と現実の間に揺れ動き、何度も山洞の夫の下に行こうとしながらも、最後までついに重慶への帰路に就くことはできなかった。そして運命の一九四六年三月十八日、まだ長子沛がようやく生後半年を迎えたばかりの日に、家族がちょうどその日にあった土地廟の祭礼に赤ん坊を連れて行って留守になった夕方の五時ごろ、実家の家業で常備していた猛毒の漢方薬「毛莨（トリカブトの毒）」を呷って自殺したのだ[27]。

以上確認してきたように、陳芝慶の細かな設定まで、張瑞の実像がもとになっていることは明白である。『雲雀』では多くの場面で阿壠と張瑞のイメージが使われている。たとえば、芝慶が喫煙と飲酒の習慣にはまっている場面、若い夫人を持った李立人の三八歳という年齢、阿壠の詩に触発されたことが明白な「一人の兵士」の認識など、随所に見受けられるのである。

では王品群についてはどうであろうか。その存在が示唆されてはいるものの、どの評論・回想においても明確に指摘しているものはない。しかし主人公のモデルとなった阿壠に対して胡風は、南京で『雲雀』の上演を見たのち、書簡の中で次のような感想を送っていた。

（『雲雀』の）劇は、失敗はしていませんが、成功でもありません。役者は努力したのですが、演出家がまずかったのです。王品群はあんなものではダメで、これが失敗しているから他の人物も一面的にしかなりえませんでした。この仕事は本当に難しかったのです。でも彼らはあえてやり通し、しかもここまでできたのですから、よくやったというべきでしょう。(28)

胡風は阿壠に対して全体的に路翎の『雲雀』の成功を祝福してはいるものの、ただ一人、王品群については、役者の演技が不完全だと批判しているのだ。まったくあんなものではないのだ、と。これはつまり、胡風も阿壠もこの演劇の創作過程を知っており、阿壠の悲劇が触媒になったことも承知していて、王品群の演じ方に大きな不満をぶつけているということになろう。推測すれば、この時期阿壠はもちろん、胡風など路翎を取り巻く友人たちは誰もが、芝居の王品群が誰であるかわかっていたことになるだろう。

結論を急がず、朱珩青の王品群モデルについての見解を見ておこう。

（姚掄達の李露玲に対する唆しなど）こうしたやり方は、路翎の戯曲『雲雀』において王品群によって表現されている。〔……〕もちろん、この王品群の『雲雀』における原型はもう一人の別な詩人であり、陳芝慶にも他にモデルがいる。しかしそこには間違いなく姚掄達と李露玲の影が存在しているのである。

朱珩青は王品群のモデルを「もう一人の別な詩人」としているが、具体的な名前はついに明かされなかった。しかしその人物が杜谷という詩人であったことが、筆者の上海での取材のなかで明らかになってきた。[29] この詩人に関しても筆者はすでに『抵抗の文学』において詳細な報告をしている。

杜谷は一九二〇年生まれで、阿壠より一三歳年下である。詩人で『泥土の夢』などの詩集を胡風の援助で刊行しているので、胡風派と呼ばれるが、詩から見ると、彼個人としては、胡風よりも何其芳に傾斜している。一九四〇年に田漢、郭沫若らの文化工作委員会の抗日活動で僻地を回っていた際に関節炎を患い、それが原因で脚が悪くなったという。つまり杜谷もまた、張瑞と同じような脚の障害を持っていたのだ。〔……〕

杜谷によると、瑞とは結婚後も親しい友人として交流を続けており、結婚式後に写真も送ってくれたし、手紙のやり取りも頻繁だったという。手紙には山洞に転居後、陸軍大学勤務の複雑さ、山洞での暮らしのきつさ、生活の深い悩みが繰りかえし書きこまれていた。杜谷は瑞の飲酒に驚いたという。そして山洞が彼女のモダンな性格にまったく合わない土地だったのだと強調する。筆者が驚いたのは、杜谷は瑞の服毒自殺の前夜、瑞が自分を自宅に呼び出して苦悩を打ち明けたと証言したことである。彼女は従兄を夢に見て、従兄が会いに来てくれたと語ったとしている。彼によると、実は瑞は従兄との間が親密すぎると疑われており、自殺の直接の原因もこの従兄に関係しているのではないかと思われるという。杜谷は、阿壠はここまで彼女のことを知らなかっただろうと述べた（彼によるとこの従兄はすでに服毒自殺をして亡くなっているそうだ）。杜谷は自殺前夜、瑞は阿壠と別れたいと言い、阿壠が自分を理解してくれないと訴え、山洞には絶対に戻らないとも語っていたと証言する。この話を瑞から聞いたとき、杜谷は絶対に別れてはいけないと諭したそうだ。瑞は、親戚たちから夫阿壠の元に戻らないこと、成都に居続けていることを責め立てられていて、たぶん居たたまれなかったのだろうという。こういう状態だったから、彼女はひょっとすると杜谷に対してある種の期待を抱いていたのかもしれないが、彼は現在の夫人と恋愛中だったからはっきり断った。彼はもしかしたらこのことに瑞は失望したのかもしれないとも述べている。瑞の自殺の翌日、瑞の家を訪ねたが（瑞の家に「万有書庫」の本などがあり、借りようと思っていた）、自殺したとは告げられず、「病気」とか「病院に行っている」とか言われたそうだ。自殺するとは全く考えていなかったが、後にすべてを知って、杜谷は現在の夫人とともに瑞の墓に花を供えに行ったという(30)。

杜谷自身のこうした具体的な証言を重ねてみると、路翎が『雲雀』に登場させた王品群は、紛れもなく杜谷の形象だったことが明白となろう。

最後に周望海であるが、これはすでに路翎自身であろうという評価が確定している。作者が舞台回しのように登場して、重要な観点をまとめていくという手法は決して斬新な演出ではなく、伝統的とも言える形式ではあるが、舒蕪がつとに指摘するように、路翎には作品に描く事件をすべて統括しようとする強い傾向があり、単純に見える人物も常識的な事件もすべて新鮮な形に語りあげるのである。この複雑な性格表現の舞台には、周望海のような総括的人物がどうしても必要だったのだろう。

以上、登場人物を中心に『雲雀』を概観してきたが、最後にさらに踏み込んで路翎によって作られた表象の意味を考えてみたい。

おわりに――『雲雀』に見る内戦時期文学の問題点

これまで考察してきたように、『雲雀』は知識人の個性・人格の葛藤を正面から表現しようとした戯曲で、単純な物語展開のなかに、一気に破局に突き進んでしまう生命の尊厳を最高位に設定し、四人の登場人物の気迫に満ちた台詞《せりふ》回しで舞台を運んでいく意欲的な演出性をも兼ね備えていた。したがって、この四人の性格設定には相当な工夫が必要だったのだが、路翎は執筆直前重慶に展開した親友の悲劇を目の当たりにし、強いインスピレーションを得て本作に取り組んだのである。この背景には、十余年を経て戻ることのできた、活気ある南京の演劇界の影響が大きく働いていよう。

重要なのはこの演劇の重層的な人物表象である。

李立人には阿壠、陳芝慶には張瑞、王品群には杜谷、という一九四六年の成都・重慶に実在した人物群像があり、周望海には路翎自身が投影されていた。しかしこれに加えて、第一節で述べたように、路翎自身の一九四〇年の切ない悲恋の物語が戯曲のさらに基層に据えられているのも確かであろう。ならば、阿壠の姿を通して路翎自身が李立人の表象に溶け込み、張瑞を通してかつての恋人李露玲が陳芝慶に映り、王品群の形象には杜谷と姚掄達が重なっていくことは間違いなかろう。そして舞台展開の要《かなめ》となる周望海が路翎だとすると、一九四〇年に起こった自分の悲恋を、四六年の舞台で、なんと彼自身が見守っているという構造が見えてくるのである。こう考えていくと、戯曲のタイトルとなった「雲雀」の形象にも原作者の錯綜した情念を感じざるを得ない。可憐な主人公陳芝慶がシューベルトの歌曲「聞け、聞け、雲雀」をしばしば歌う姿は、直接的には、厳しい現実の環境から飛び立ちたいという孤独で感性豊かな女性の表象となっているのだが、創作時の路翎の脳裏には、阿壠の愛妻張瑞が実家のサロンでよくピアノを弾きながら歌っていたというエピソードが浮かんでいたに違いない。実際張瑞の姉妹の証言によると、彼女は自殺前日にも友人や姉妹たちの前で遅くまで歌っていたという(31)。そしてそのエピソードのさらなる深みには、音楽を専攻していた恋人露玲の忘れられない印象が深く刻まれていて、その恋人を同じく音楽の専門家となった親友姚掄達が奪っていったという消し難い無念も同時に彫りつけられていたのかもしれない。

『雲雀』が路翎の初めての戯曲の作品だったという意義が、ここで改めて想起される。路翎は南京の中央通信社の宿舎に籠り切って、全霊を打ち込んでこの作品を執筆したのだろう。この戯曲自身の持つ複層性こそ、演劇の醍醐味ともいうべき魅力であったに違いない。親友の姿を借りた登場人物一人一人の口から発せられる人生の主張は、創作者路翎を奮い立たせたことだろう。

以上をもとにして考察すれば、路翎の『雲雀』は知識人青年の豊かな個性を歌い上げて、その人生の葛藤と良心の勝利をたたえようとする表現にこそ力点が置かれており、ある特定の理念・理想への収斂は最終的な目標となりえていなかった。抗戦勝利から新たな内戦の混乱期を経て、彼ら青年知識人は必死に生きる道を探していたのだ。だからこそ、一人一人の人格と人生の表現に、個性的人物の形象に、創作の力点があった。そしてこの傾向が、この時代の自由な芸術表現を支えていったのである。

さらに加えれば、『雲雀』は親友阿壠への強いメッセージだったとも言えるのではないだろうか。愛妻を自殺という取り返しのつかない形で失った阿壠は、この時期、苦悩に満ちた多くの書簡を残している。こういう状況にある阿壠に対し、胡風をはじめ友人たちは皆大きな同情を寄せ、一日も早く立ち直ってくれることを祈っていた。路翎自身を仮託した周望海によって語られる死と再出発への展望は、こうした友人たちの阿壠への思いを代弁しているようにも思える。実際、それは南京まで足を運んだ胡風の路翎や阿壠宛書簡の隅々にも読み取れる彼らに共通する友愛だった。

一九四七年の南京で上演された『雲雀』は、四人の印象深い登場人物の形象を通して波乱の時代を生き抜く青年知識人の表象を作り上げたのである。それはこの時代の未定形の中国という国土そのものの表象でもあったと言えよう。そして路翎が『雲雀』とともに中国全土で一斉に批判を浴びはじめたとき、未定形だった芸術の表象はあたかも病原菌のように完全消滅させられ、中国には集約的で強大無情なイメージが求められていくのである。

(1) 路翎『致胡風書信全編』(河南、大象出版社、二〇〇四年)。

(2) 朱珩青『路翎』(北京、中国華僑出版社、一九九六年)。

(3) 暁風編『胡風路翎文学書簡』(合肥、安徽文芸出版社、一九九四年)九頁。前掲『路翎』七頁。
(4) 前掲『路翎』四八頁、同『胡風路翎文学書簡』五頁。
(5) 前掲『路翎』四九頁。
(6) 前掲『胡風路翎文学書簡』三八頁。
(7) 劉挺生『一個神秘的文学天才 路翎』(上海、華東師範大学出版社、一九九七年一月)一五八頁。
(8) 路翎『路翎文集』(全四巻、林莽編、安徽文芸出版社、一九九五年)。『雲雀』は第三巻所収、引用は同書、三一九頁。
(9) 前掲『雲雀』三四一頁。
(10) 原詩の中国語訳は文学者沙金によるもので、「聴、聴、雲雀」というタイトルが付けられている。
(11) 前掲『雲雀』三九七頁。
(12) 同、三九八—三九九頁。「路翎、一九四八年五月二〇日」と付記されている。
(13) 同、三九九頁。
(14) 胡風「『雲雀』上演に寄せて」、原文「為《雲雀》上演写的」(『胡風全集』第三巻、武漢、湖北人民出版社、一九九九年)三八三頁。文末に「一九四七年五月一五日 上海」と付記されている。なお本引用は、張環ほか編『路翎研究資料』(北京、十月文芸出版社、一九九三年)八二—八三頁。
(15) 前掲『路翎研究資料』八四頁。
(16) 同、八五頁。
(17) 一九五五年五月に展開した知識人・文学者に対する毛沢東自らが発動した大規模な粛清、弾圧運動。共和国において思想が犯罪となった最初の事案。一九八〇年に冤罪だったと国家が認定して名誉回復が行われたが、全国で二〇〇〇名以上が検挙され、職場を追われた。中心人物として弾劾されたのは胡風、阿壠、賈植芳《かしょくほう》、路翎らいわゆる「胡風派」と呼ばれた文学者たちだった。この不当な弾圧により、胡風は精神に異常を来し、阿壠は獄死している。路翎も釈放後長く精神障害を患った。
(18) 文芸誌『劇本』(一九五五年八期)掲載「社論」、六頁。
(19) 同、三六—四四頁、中国語原題は「路翎劇本中的「英雄」人物」。論文末尾に「一九五五年七月一四日」とあり、路翎逮捕の二ヶ月後に書かれたことがわかる。

(20) 同、三六―三七頁。
(21) 同、三八頁。
(22) 前掲『路翎』一一〇頁で朱珩青は「『雲雀』は路翎の親友阿壠の妻張瑞を原型としている」と指摘している。
(23) 阿壠（一九〇七―六七）、本名陳守梅、浙江省杭州市出身、国民革命軍黄埔軍官学校歩兵第一〇期、中華民国陸軍大学第二〇期。抗日戦争時期、一九三七年少尉小隊長として上海防衛戦に出撃、戦闘中に重傷を負って撤退。療養後、西安を経て延安の共産党抗日軍政大学に学ぶ。後に重慶で軍令部参謀、成都で陸軍大学教官。少尉時代から胡風の雑誌『七月』に戦地ルポルタージュや抒情的な詩を投稿、一九三九年中国人作家として初めて南京陥落をテーマにした長編小説『南京』を執筆。このころから重要な軍事情報を共産党に秘密裏に提供。抗日戦勝利後の内戦時期に南京に移動、一九四九年陸軍参謀学校教官、陸軍大佐。大量の戦闘的随筆、詩作、文芸論、詩論を筆名で発表。阿壠の大作『詩与現実』は当時最大の詩論。人民共和国成立後、天津文壇の指導者となるが、一九五五年胡風事件の中心的犯罪者として逮捕投獄され、監禁一二年の後、獄死。一九八〇年に冤罪が晴れて名誉回復。張瑞（一九二二―四六）は阿壠夫人、成都の名家出身。文学少女で、先天的な脚の障害を持っていた。二人は熱烈な恋愛の末に成都で電撃的に結婚したが、一子誕生後、夢と現実の矛盾に苛まれて自殺。当時阿壠は任地重慶の軍務についており、瑞は実家成都で実質的に別居生活となっていた。
(24) 関根謙『抵抗の文学――国民革命軍将校阿壠の文学と生涯』（慶應義塾大学出版会、二〇一六年）一一五頁。
(25) 同右、同頁。
(26) 同右、一一六頁。
(27) 同右、一一六―一一七頁。
(28) 陳沛・暁風編『阿壠致胡風書信全編』（北京、中華書局、二〇一四年）一七四頁。胡風の阿壠宛書簡、一九四七年六月三〇日付。
(29) 前掲関根『抵抗の文学』第二章参照。
(30) 同右、一二八―一三〇頁。
(31) 同右、一二六頁。

第3部　民俗文化

第9章　中国における「魔術的リアリズム」の文体
——莫言『赤い高粱』を中心に

橋本陽介

はじめに

小説は言語によって書かれており、言語によって表象が形作られる。二〇世紀の文学は世界的な流れの中で出来上がっているが、中国文学もその例外ではない。小説構造や小説言語および文体のレベルでも、世界的な連関の中で成立している。

一九七八年以降、中国にはそれまで見ることのできなかった西側の文学が大量に流れ込んだ。意識の流れ、ブラックユーモア、実存主義文学、魔術的リアリズムなど、多種多様な文学が模倣され、新たな小説言語が誕生することになった。盛んに西側の文学が受容・模倣されると、それに対する反発の感情も生まれてくる。阿城の短編小説「棋王」や韓少功の発表した「文学の根」に代表されるように、八〇年代半ばには、中国固有の文化や郷土に目を向ける動きも出てきた。[1]こうした土着の文化や民族性の表象と結びついたのがラテンアメリカの魔術的リアリズムである。その結果、中国版魔術的リアリズムと呼びうるような小説群が生み出されることとなった。二〇一二年にノーベル文学賞を受賞した莫言が特に有名である。ところが、明らかな模倣の跡が見られながら、中国版魔術的リアリズムの文体は、ラテンアメリカ文学のものとは大きく異なったものになっている。中国の作家たちはラテンアメリカの魔術的リアリズムをどのように「誤読」し、新たな小説文体を生み出すことになったのだろうか。本稿では『百年の孤独』を中心としたラテンアメリカの小説文体と、それを受容した中国における小説文体について比較することによって、中国文学の小説言語を世界の小説言語とのつながりの中で捉える研究の一端として提示する。

一　魔術的リアリズムとは何か

二〇世紀後半、ラテンアメリカの文学は世界的なブームになった。コロンビアのガルシア＝マルケス、ペルーのバルガス＝リョサ、グアテマラのアストゥリアスというノーベル賞作家のほか、アルゼンチンのボルヘス、メキシコのカルロス・フエンテス、ファン・ルルフォ、キューバのアレホ・カルペンティエル、レイナルド・アレナスなど、優れた作家は数多い。このブームの代名詞とも言えるのが「魔術的リアリズム」であり、その代表作がガルシア＝マルケスの『百年の孤独』である。

魔術的リアリズムという用語は、ドイツの芸術批評家フランツ・ローによるもので、一九二五年が初出である。しかし、この用語は美術の批評に用いられたものであり、文学の用語ではなかった。[2] 文学に使われるようになったのは、一九五〇年代半ばころからである。寺尾隆吉によれば、最初にこの言葉を文学に使ったと自称しているのはアルゼンチン人のウスラル・ピエトリで、一九四八年のことだという。[3] 次に「魔術的リアリズム」という言葉を大々的に用いてラテンアメリカ文学を評したのがアンヘル・フローレスの「スペイン語圏アメリカにおける魔術的リアリズム」である。[4] フローレスは、カフカが一九世紀的なリアリズムとエドガー・アラン・ポーなどの幻想文学を組み合わせる形での小説を書いたとし、これがアルゼンチンの作家、ボルヘスに大きな影響を与えたとする。そして、ボルヘスの『汚辱の世界史』が出版された一九三五年をもって魔術的リアリズムの出発点と考える。マリア・ルイサ・ボンバルの『最後の霧』（一九三五年）、ビオイ＝カサーレスの『モレルの発明』（一九四〇年）がこれに続き、ボルヘスの『八岐の園』（一九四一年）が決定的な役割を果たしたとする。その特徴とは「ありふれたものや日常的なものを驚くべきものや非日常的なものに変形する（transformation of the common and the everyday into the awsome and unreal）」であるとした。フローレスの評論の言う「魔術的リアリズム」は、今日一般的に言われている魔術的リアリズムとは異なる。しかし、中国での受容の初期段階における魔術的リアリズムの紹介および定義は、この論文の内容に似ているものが多く、参照されていた可能性が高い。英語で書かれているため、参照しやすかったと考えられる。

次に登場するのが、ルイス・レアルの評論「ラテンアメリカ文学における魔術的リアリズム」であり、この評論が魔術的リアリズムという用語の定着に決定的な影響を及ぼした。(5) レアルは、フローレスの見解の紹介を行った上で、カフカやボルヘスなどは魔術的リアリズムではないと論じる。カフカの『変身』では、主人公のグレゴール・ザムザが虫になるという超現実的な出来事が描かれてはいるが、ザムザは自分自身が虫になってしまった事実を受け入れることができないでおり、あくまでも超現実的なことが超現実的なこととして描かれている。ボルヘスの小説も同様に、幻想文学ではあるが、あくまで幻想として描かれているのであり、魔術的リアリズムではないとする。

その上で、魔術的リアリズムとは幻想文学でも魔法物語でもシュルレアリスムでもなく、「人間とその状況の間に存在する神秘的な関係を発見するもの」であり、現実そのものに立ち向かうものであるとし、代表的な作家としてウスラル・ピエトリ、ミゲル・アンヘル・アストゥリアス、アレホ・カルペンティエル、リノ・ノヴァス・カルヴォ、フアン・ルルフォらが挙げられている。このルイス・レアルの見解が、現在一般に考えられている魔術的リアリズムである。まとめて言えば、ラテンアメリカの現実自体が驚異的なものなのであり、その驚異的なる現実を描くものであって、幻想を書くものではない。この評論が発表された一九六七年、ガルシア゠マルケスの『百年の孤独』が発表され、大ヒットすることになると、魔術的リアリズムという用語も広まることになった。

ラテンアメリカという地域は、濃厚な先住民の文化と、支配者としての西洋文化が共存、あるいは融合している地域である。作家たちは、西洋的な教養を持ちながらも、西洋の知識体系にとっては驚くべきものであった土着の文化を作品に取り入れることによって魔術的リアリズムを生み出した。圧倒的な量と質の西洋文学が流れ込んでいた八〇年代の中国において、土着の文化に注目しようとした際、ラテンアメリカ文学のような書き方をすればよいことに思い当たったのは自然な流れであろう。

二　魔術的リアリズムの文体

今日魔術的リアリズムの先駆と言われているのが、グアテマラの作家アストゥリアスと、キューバの作家カルペンティエルである。アストゥリアスは一九二三年に、カルペンティエルは一九二八年にそれぞれパリにやって来て、シュルレアリスムの詩人たちと交流し、その文学論の影響を受けた。この二人は、シュルレアリスムを模倣するというよりは、批判的に継承する。その際に使用された題材がラテンアメリカの土着的な要素である。アストゥリアスはパリでマヤ文明に関する研究を行い、一九三〇年、『グアテマラ伝説集』を出版する。内容的にはシュルレアリスムと同様、超現実的ではあるが、その伝説はあくまでも現実として、リアリティーを持ったものとして語られていた。この段階において、超現実的な内容をあくまでも現実として描くという方法が提示されたと一般に考えられているが、その文体はどのようなものだったのだろうか。一例を挙げる。

魚たちの向こう側で、海は孤独であった。根たちは、すでに血を失ってしまった無辺の荒野で、彗星たちの埋葬に参列した後、疲れて眠ることもできないでいた。彗星たちの侵入を予知すること、その奇襲を避けることは不可能であった。樹は葉を落とし、魚たちは飛びはねた。植物の呼吸のリズムは速くなり、弾力に富む侵入者の、凍てついた血と接触することによって、樹液は冷えてしまった。

〔……〕

ファン・ポジェは樹の葉の下で、いまさっき引き抜かれてしまったばかりの自分の腕を探した。それというのも、もう一方の「吹矢筒の水晶の腕」を動かすのは、とてもむず痒いからだ。(6)（「春風の妖術師たち」）

以上の引用例を見てわかるとおり、よくある昔話のように素朴な文体ではない。「海は孤独であった」「すでに血を失ってしまった無辺の荒野」「彗星たちの埋葬」「吹矢筒の水晶の腕」といった表現は、明らかにシュルレアリスムの文体の影響を受けている。とはいえシュルレアリスムに比べれば、ひととおり意味のとれる物語になっている。いわば、シュルレアリスムの文体を用いて土着的な伝説を語ったものであると言えるだろう。この作品がシュルレアリスムを経験した欧米の人々に大きな衝撃を与えたと言われるのも、シュルレアリスム的文体と無縁ではないだろう。

キューバ人作家、カルペンティエルも、パリから中米地域に戻った後、『この世の王国』という長編小説を発表する。その序文の中でカルペンティエルは、ヨーロッパの現代文学が「驚異的なもの」を追い求めてはいるものの、安っぽいものにしかなっていないと批判する。頭でこねくり回して作り上げられた、偽物の「超現実」でしかないというのである。その上で、ラテンアメリカでは現実そのものが驚異的であるという論旨を展開する。そして、ラテンアメリカに実際に存在している現実そのものを描けば、それこそが「驚異的なもの」になると主張した。『この世の王国』では、黒人奴隷がイグアナや動物に姿を変えて逃げ出すなど、「超現実的」なことが描かれているが、あくまでそれは現実にあったこととして書かれる。ここにおいて、「ラテンアメリカの現実」と「驚異的なもの」が結びつけられることになった。

次に、「魔術的リアリズム」の系譜につらなるとされるのが、メキシコ人作家のファン・ルルフォである。生涯で中編小説『ペドロ・パラモ』（原著は一九五五年）と短編小説集『燃える平原』（一九五三年）しか小説を出版していないものの、その後の文学に非常に大きな影響を与えており、現在でも読みつづけられている。ルルフォは幼いころ、父や祖父などを惨殺され、母もなくしたため、孤児として育つという経験をしており、あらゆる小説が厳しく残酷な現実を描き出す。代表作『ペドロ・パラモ』は死者たちのささやきからなる約七〇の断片から構成され、生と死の区別がなくなっているが、その異常な世界がきわめて淡々と語られる。また、小説の最後が最初に戻るという円環構造をしており、非常に斬新な作りとなっている。短編集『燃える平原』に見られる短編群も、我々からみて異常で残酷な世界が、ごく当然のように描かれているのは共通しているほか、数々の異なる語り方を成功させている。

そして、魔術的リアリズムを決定づけたのが、一九六七年に出版されたガルシア＝マルケスの『百年の孤独』である。この小説では、通常の価値観から言えば「ありえない」話をごく当然の事実として語る。その特徴として挙げられるのは、まず新聞記事的な文体である。出来事が中心に叙述され、「誰が、いつ、どこで、何をした」かが淡々と客観的に並べられていく。一方で、状況の描写や心理描写は少ない。このため、『百年の孤独』は、非常に速いスピードで物語が進行していく。また、詳細な情報が付け加えられることによってリアリティーを出している。一例として、自殺したホセ・アルカディオの血が遠くまで流れて行って母親のウルスラの元に達する場面を見る。

ホセ・アルカディオが寝室のドアを閉めたとたんに、家じゅうに響きわたるピストルの音がした。ひと筋の血の流れがドアの下から洩れ、広間を横切り、通りへ出た。でこぼこの歩道をまっすぐに進み、階段を上り下りし、手すりを這いあがった。トルコ人街を通りぬけ、角で右に、さらに左に曲り、ブエンディア家の正面で直角に向きを変えた。閉まっていた扉の下をくぐり、敷物を汚さないように壁ぎわに沿って客間を横切り、さらにひとつの広間を渡った。大きな曲線を描いて食堂のテーブルを避け、ベゴニアの鉢の並んだ廊下を進んだ。アウレリャノ・ホセに算術を教えていたアマランタの椅子の下をこっそり通りすぎて、穀物部屋へしのび込み、ウルスラがパンを作るために三十六個の卵を割ろうとしていた台所にあらわれた。

「あらぁ大へん!」とウルスラは叫んだ。[7]

血がまるで生きているかのようにウルスラのもとに到達するというのは「異常な」出来事であるが、それがごく当然のように書かれている。また、血の流れる経路が詳細に描かれているのもわかる。『百年の孤独』に見られる魔術的リアリズムの特徴は、この詳細に語られる部分にある。例えば、単に「客間を横切り」ではなく、「敷物を汚さないように壁ぎわに沿って」という修飾語が加えられている。この詳細化によって、血がまるで意識を持って恭《うやうや》しくしているかのような様子が表される。また、台所に現れるシーンも、単に台所とは書かず、「ウルスラがパンを作るために三十六個の卵を割ろうとしていた台所」という詳細化がなされている。主語と述語が文の主要な情報であるとすると、修飾語というのは本来、背景的な情報である。しかし『百年の孤独』では、本来読み飛ばすはずの修飾語の位置に、膨大な量の物語が詰め込まれている。ガルシア=マルケスはよくフォークナーと比べられるが、決定的な違いは簡潔さにある。フォークナーの人物は冗舌に喋るが、『百年の孤独』は短い文の中に膨大な物語が詰め込まれているのである。また、修飾語や従属節では通常、前提とされる出来事が語られるが、その部分に「異常な」出来事が語られる。これによって、異常な出来事はあくまでもごく当然のことになるのである。

三　中国における魔術的リアリズムの受容状況

中国では、魔術的リアリズムをはじめとするラテンアメリカ文学も、七〇年代後半から本格的に受容されることになった。[8] 七九年ころから、『世界文学』『外国文学動態』『外国文芸』『訳林』『河北文学』など、さまざまな雑誌に紹介の記事が載っている。その中で、作家としては特にアストゥリアス、ファン・ルルフォ、ガルシア＝マルケスの三人が多く取り上げられていた。また、現在では一般的にはラプラタ幻想文学に分類されるボルヘスも中国では魔術的リアリズムのくくりで紹介されていることが多い。

このうち、最も影響力を持ったのはやはりガルシア＝マルケスである。七九年ころから盛んに紹介されており、八〇年には「ママグランデの葬儀」「この村に泥棒はいない」など、四編の翻訳が出ているほか、[9]八二年にノーベル文学賞を受賞するとすぐに、『百年の孤独』の一部が翻訳される。[10]同年には一七編の中短編小説からなる『加西亜・馬尔克斯中短編小説集』も出版された。『百年の孤独』の全訳は八四年九月に二冊同時に訳者の違うバージョンが発売されているのが最初で、[11]以下数多くのバージョンが存在している。[12]

では、中国では『百年の孤独』を中心とする魔術的リアリズムをどのように読んでいたのだろうか。陳泉「魔幻現実主義」(『訳林』一九八〇年一期)は、比較的短い魔術的リアリズムの紹介記事であるが、その特徴は以下のように説明されている。

> 魔術的リアリズムは、晦渋な隠喩と誇張の手法を用い、古い神話や民間伝説などの民衆に基礎を持つしっかりとした形式を借用し、ラテンアメリカの政治、社会や歴史といった現実を一種の幻想的で不可思議なものに変え、「現代の神話」を作り上げており、本当なのか嘘なのかわからない感覚にさせる。このような書き方は、ラテンアメリカという、政局が長い間にわたって不安定で、人民が独裁統治下において言論と創作の自由がない社会的・歴史的環境においては必要なものであり、現実に相対し、それを暴《あば》く有効な方法なのである。これらの小説を読むことは、マジックミラーに照らして見ることに似ている。鏡の中の映像は奇怪なものであり、場合によっては完全に形を失ってはいるものの、しかしそれは結局のところ一定の条件の下で現実を反映しているため、やはり現実性を失っていない。(引用者訳。以下、特に断りのない場合には引用者訳)

以上の解説に見られるように、魔術的リアリズムとは、現実を幻想的なものに変えることと捉えられている。そして、そのようにする意図は、現実の政治や社会、歴史などをマジックミラーに照らすようにして反映することであるとする。また、手法は「誇張」であるとされている点にも注目しておきたい。すでに見たように、ルルフォやガルシア＝マルケスの魔術的リアリズムとは、「現実こそが魔術的」なものとして書かれているのであった。ところが、この紹介によれば、「現実を魔術的にする」ものだと考えられているのである。なお、この紹介文では魔術的リアリズムの作家としてガルシア＝マルケス、ファン・ルルフォのほか、カルロス・フエンテス、ドノソ、アストゥリアス、ボルヘス、コルタサル、オネッティらの名前が挙げられている。

一九八〇年の段階において、比較的詳細な分析を行っているのが、陳光孚である。陳は、「「魔幻現実主義」評介」（『文芸研究』一九八〇年五期）で、魔術的リアリズムの説明を行い、アストゥリアス、ボルヘス、ルルフォ、ガルシア＝マルケスの名前を挙げ、『ペドロ・パラモ』と『百年の孤独』の分析を行っている。魔術的リアリズムの解説は、以下のようになされている。

> その名が示す通り、魔術的とは、創作の手法であって、現実を反映することがその目的である。しかし、魔術的な手法はしばしば物語の筋の中で現実と混ざり合うので、幻想的な色彩を濃厚に帯びた作品になっている。したがって「魔術的リアリズム」は、完全にはリアリズムの範疇に入れることはできない。ロマン主義と現実主義の結合物と見るべきである。
>
> 〔……〕
>
> 〔ルルフォの『ペドロ・パラモ』に関して〕メキシコの悪辣な地主の形象は、農村の階級的圧迫をリアルに反映している。この点から言えば、この作品はリアリズムの成分を持っているということができる。しかし、物語の筋は人と死者の間で展開するため、濃厚な幻想的色彩も持っている。まさにこれこそ「現実を幻想に変えてなおかつその真であることを失わない（変現実為幻想而又不使其失真）」という「魔術的リアリズム」の

定義に符合している。

ここでも、魔術的リアリズムの定義は「現実を幻想に変えてなおかつその真であることを失わない（変現実為幻想而又不使其失真）」とされている。やはり、魔術的リアリズムとは「現実を幻想に変える」ものであり、「現実の政治・社会を反映するもの」と捉えられたのである。

さらに、その手法は「象徴性が強く、誇張に重きを置き、寓意を持って現実を暗示する。したがって作品の中の独裁者のイメージは多くが漫画的であり、考え方が変わっており、行動は笑いを誘う」と解説されており、やはり「象徴性」「誇張」「寓意」という語が見える。これは『百年の孤独』の文体の理解としては不適切である。確かに語られるエピソードは通常の観念からすれば異常なものであるが、それを当然なこととして抑えて書くものであり、「誇張」の真逆である。一方で、「漫画的」「笑いを誘う」という特徴も付け加えられているが、こちらは『百年の孤独』の正確な分析と言っていい。しかし、陳光孚は結局のところ『ペドロ・パラモ』『百年の孤独』を階級論的な立場から分析している。これは、一九八〇年段階の限界と言ってもいいだろう。

一九八二年にガルシア＝マルケスがノーベル文学賞を受賞すると、同年の『世界文学』六期に『百年の孤独』の抄訳が掲載されたが、この抄訳の前には、林一安による解説が付されている。林の解説も基本的に陳光孚の分析を踏襲しており、論旨は基本的に同じで、魔術的リアリズムの定義は「現実を幻想に変えてなおかつその真であることを失わない」ものであるとし、「マジックミラーに照らして見る現実」と考えている。階級的観点からの分析も濃厚で、資本主義的価値観による誤りも多いと指摘する。そして魔術的リアリズムの作家としては、ピエトリ、アストゥリアス、ボルヘス、ルルフォの名前が挙げられている。

八三年になって、魔術的リアリズムの受容が進んでくると、それまでの紹介に対する訂正も行われてくるが[13]、魔術的リアリズムの理解としては、こうした修正されたものよりも、最初の定義のほうがその後も受け入れられつづけた。一九八八年に出版された中国における魔術的リアリズムのアンソロジー『魔幻現実主義小説』（時代文芸出版社）の序文「魔幻現実主義在中国」（孟繁華著）でも、「魔術的リアリズムの芸術的な特徴は、まず不思議な描写と現実の反映の奇妙な結合である。「現実を幻想に変えてなおかつその真であることを失わない」というのが、魔術的リアリズムの芸術上における本質的な特徴である」と書かれており、依然として初期のころの定義が使用され続けているのがわかる。

このように、中国において「魔術的リアリズム」は、その定義を誤って受容された。そして、その誤読（特に『百年の孤独』の誤読）は評論の世界にとどまらなかった。莫言を中心とする中国版魔術的リアリズムの小説文体が、まさしく評論上の誤読と一致するのである。その誤読的特徴とは、まとめれば以下のとおりである。

一、現実を幻想的に変えること
二、幻想的にしながらも現実を反映すること
三、その「現実」とは、政治的な現実であること
四、幻想的にするために「象徴」「誇張」「寓意」を導入すること

以上を踏まえて、莫言の『赤い高粱』の文体を見る。

四　莫言と『赤い高粱』と『酒国』

『百年の孤独』をはじめとする魔術的リアリズムが受け入れられるなかで、その影響を強く受けた小説が登場することになった。そのなかで、最も成功したといえるのが、二〇一二年にノーベル文学賞を受賞した莫言であろう。莫言は一九五五年、山東省出身で、小学生の時に文化大革命が起こる。一九七六年に人民解放軍に入隊、

八五年に短編小説「透明な人参」が評価される。翌一九八六年に長編小説『赤い高粱』を発表、八七年に張芸謀がこれを映画化し、ベルリン国際映画祭で金熊賞を受賞したため、世界的に有名になった。その後も『酒国』『白檀の刑』『四十一炮』等、長編小説を中心に執筆を続けている。

八〇年代から九〇年代にかけて、莫言は自らの出身地である山東省の村をモデルとした一連の小説を書いている。『赤い高粱』もそのうちの一つである。この小説では日中戦争を、民間のレベルから書いていく。一般的に歴史は政府を中心とした社会の上層部を中心に描かれるが、この小説ではそれは描かれていない。田舎の村と、そこにいる一族を中心に物語を展開するのは、明らかに『百年の孤独』の影響である。また、民間に注目し、いわば「野史」を描こうとするところは、「尋根文学」の文脈から考えることができる。その手法は『百年の孤独』の模倣と考えられる部分も多く、中国版「魔術的リアリズム」と呼ばれることが多い。しかし文体としてみると、ラテンアメリカの魔術的リアリズムとは大きく異なっている。

『百年の孤独』の文体は、現代人の感覚から見てありえない出来事を、ごく当たり前のことであるかのように描くというものであった。ところが莫言の文体はまったく逆で、現実そのものが魔術的なのではなく、現実を魔術的に変換して描いている。これは八〇年代中盤から九〇年代初頭にかけての莫言に共通する特徴で、例えば別の長編小説『酒国』でも、現実の政治を超現実的にしたてて風刺しているが、これも「現実を魔術的」に描いているのであって、「現実が魔術的」なのではない。しばしば、こうした莫言の文体は「単なる模倣に終わっていない」「換骨奪胎している」と評されるが、おそらくはガルシア＝マルケスを誤読した結果そうなったのだろう。というのも、中国において魔術的リアリズムとは「現実を幻想的に変えてなおかつその真であることを失わない」ものと考えられることが多かったからである。さらに、現実を幻想的に変えるために、「誇張」や「象徴」という方法がとられている一方で、『百年の孤独』に見られるようなユーモアは導入していない。

『赤い高粱』の文体的特徴を端的に言うとすれば「大げさ、エロティック、グロテスク、おどろおどろしい、汚い」となる。まず、次の文から読んでみる。

七天之后，八月十五日，中秋节。一轮明月冉冉升起，遍地高粱肃然默立，高粱穗子浸在月光里，像蘸过水银，汩汩生辉。我父亲在剪破的月影下，闻到了比现在强烈无数倍的腥甜气息。那时候，余司令牵着他的手在高粱地里行走，三百多个乡亲叠股枕臂、陈尸狼藉，流出的鲜血灌溉了一大片高粱，把高粱下的黑土浸泡成稀泥，使他们拔脚迟缓。腥甜的气味令人窒息，一群前来吃人肉的狗，坐在高粱地里，目光炯炯地盯着父亲和余司令。余司令掏出自来得手枪，甩手一响，两只狗眼灭了；又一甩手，灭了两只狗眼。群狗一哄而散，坐得远远的，呜呜地咆哮着，贪婪地望着死尸。……那股弥漫田野的腥甜味浸透了我父亲的灵魂，在以后更加激烈更加残忍的岁月里，这股腥甜味一直伴随着他。

七日後の八月十五日、中秋節のことであった。明月がゆっくりと上り、地面を覆い尽くす高粱は粛然と黙って立っていた。高粱の稲穂は月光に浸され、水銀につけたかのようにきらきらと輝いていた。私の父はくっきりとした月の光の下、今よりも何倍も強烈な生臭い空気を嗅いだ。その時、余司令は父の手を取って高粱畑を歩いていた。すると三百以上の村人たちが足を折りまげ、腕を枕にし、死体となって積み重なっていた。流れ出した鮮血が広範囲にわたって高粱畑を灌漑し、高粱の下の黒土をドロドロにしてしまっていたために、脚をとられることになった。窒息するほどの生臭さであった。人肉を食べにやって来た犬の群れが、高粱畑に座って、目をギラギラさせて父と余司令を睨んでいた。……その田野に広がった生臭い匂いは私の父の魂に浸透した。以降さらに激しく、さらに残忍になる歳月の中でも、その生臭い匂いはずっとつきまとっていた。（引用者訳）

『赤い高粱』には日本語訳（井口晃訳）があるが、ここではできるだけ原文の文体に近いように翻訳しなおした。井口訳のほうが読みやすいが、原文の過剰さを和らげている部分がある。[14]『赤い高粱』の文体における最大の特徴は誇張である。特に驚くような比喩表現を使うわけではない。一つ一つくっきりと、大げさに表現していく。

なかでも、色彩や匂いなど、感覚的なものが執拗に強調される。この部分では、高粱の稲穂は月の光を浴びているだけのことだが、「月光に浸され、水銀につけたかのようにきらきらと」というように、光っているさまが強調される。次も「生臭い」匂いを「今よりも何倍も強烈な」と強める。さらに、「流れ出した鮮血」「黒土」というように、濃厚な色づけをしていく。次に、死体の多さ、流れる血が誇張されて描かれている。「広範囲にわたって高粱畑を灌漑し」は、三〇〇人の死体から流れ出た血の量が、畑を灌漑する水のように多い、と誇張して言っている。「人肉を食べにやって来た犬」というイメージは、おどろおどろしさ、グロテスクさを増幅させる。なお、これは日本軍は人肉で軍犬を養育し、死体のみを食べるように教育されていたという逸話が中国ではよく知られているので、そのイメージを流用したものである。

一見すると「魔術的リアリズム」のようではあるが、『百年の孤独』とはまったく逆の処理を行っていることがわかる。『百年の孤独』では、普通の価値観では常識的にはありえないことを、ごく普通のことのように抑えて描くが、『赤い高粱』では、ひとつひとつは現実にありうることをひたすら誇張し、魔術的に仕立てていくのである。また、『百年の孤独』は、出来事が中心に語られるが『赤い高粱』の場合はそうではない。一つ一つの状態の描写、色、匂い、情景といったものが誇張されて描かれる。つまり誇張されているのは描写であって、出来事ではない。莫言の文体と『百年の孤独』流の魔術的リアリズムは性質がまったく違うことがわかる。つまり、リアリズムというよりは印象主義的、象徴主義的である。出来事をそのまま書くのではなく、感覚を描いており、読者に特殊な世界であるとの感覚を印象づける文体になっている。一方で幽霊も出てこなければ、非現実的な出来事がたくさん起こるわけでもないので、幻想文学というわけでもない。そういう意味では現実的である。まさに『赤い高粱』における中国版魔術的リアリズムとは「現実を幻想的に変えてなおかつその真であることを失わない」ものなのである。

なお、引用部分最後の文「那股弥漫田野的腥甜味浸透了我父亲的灵魂，在以后更加激烈更加残忍的岁月里，这股腥甜味一直伴随着他。」であるが、『百年の孤独』の最初のほうにそっくりの文が登場する。その文は黄錦炎訳では「从此，那股呛人的气味伴随着墨尔基阿德斯的形象，一直留在她的记忆之中。」となっている。[15]剽窃というほどではないが、「におい」が「ずっと先まで伴ってくる」という表現は、ほとんど同じである。

莫言の特徴である「大げさ、エロティック、グロテスク、おどろおどろしい、汚い」をさらに見る。次の引用例は、殺害された単父子の死体が川の中で見つかり、引き上げられる場面である。

突然、入江のなかほどに二ヵ所、ぶくぶくと桃色のあぶくが湧きあがった。みんなは息をひそめて、そのあぶくがつぎつぎに砕ける音に耳をすませた。日の光は強く、水面をおおう金のような硬い外皮が、人の目をくらくらさせるほどまぶしく輝く。さいわい黒雲が一つ流れてきて、太陽をさえぎった。金色は褪せて、入江の水は青さをとりもどした。大きな黒い物体が二つ、あぶくの湧きあがったところにゆっくりと浮かんできて、水面に近づくと急に速度を増した。まず二つの尻がぽっかりと現れ、すぐまた裏返しになって、単父子がふくれあがった腹を空に向けた。顔は恥ずかしがっているみたいに、水面すれすれに浮かんでいる。曹県長が死骸の引きあげを命じた。酒造小屋の杜氏たちが仕事場から長い木の竿を持ってきて、鉄の熊手をくくりつけた。羅漢大爺が熊手で単父子のふとももをつかみ――熊手が肉にぶすりとつきささって、すっぱい杏を食べたように歯ぐきがじんとした。――ゆっくりと引きよせた。

……

騾馬が空を向いて、キーキーとひとしきり叫びつづけた。（二二六―二二七頁）[16]

やはり、「桃色のあぶく」「金のような」「黒雲」というように、色が鮮明に描かれているのがわかる。その中で、殺害された単父子の死体描写は「大きな黒い物体が二つ、あぶくの湧きあがったところにゆっくりと浮かんできて、水面に近づくと急に速度を増した。まず二つの尻がぽっかりと現れ、すぐまた裏返しになって、単父子がふくれあがった腹を空に向けた」となっている。このように「尻」や「腹」というように、「下品」なところを特に強調して浮かび上がらせるのも、莫言の特徴である。次の段落はその死骸を引き上げるシーンであるが、ふとももを熊手でぶすりとつきさすという描写になっている。死体を肉の塊と捉えるグロテスクな描き方である。

もう一例グロテスクな描写を見る。


「さあ……」

祖父がいきなり顔をそむけ、銃口から火がほとばしって、方七の青い坊主頭を照らした。なかば跪いていた方七がたちまち前にたおれて、流れ出た自分の腸《はら》わたの上に上半身をうつ伏せた。人の腹のなかにあれほどたくさんの腸わたがつまっているとは、父はどうしても信じられなかった。

（一六九―一七〇頁）


ここでは腹を裂かれた方七の腸わたが強調されている。腸わたが「流れ出」て、その上にうつぶせになると語られているのである。尻や腸わた、血などがクローズアップされることによって、どんな効果が出ているといえるだろうか。それは文明が覆い隠してきた土着的な要素だろう。儒教の伝統のある中国では、性表現が抑圧されてきたし、尻のような下品な対象を描くことや、流れ出る腸わたのようなグロテスクなものは、覆い隠されるものであった。しかし、原始的な空間は本来的に文明から見て下品なもの、グロテスクなものに充ち溢れている。二〇世紀になっても、田舎では文明化される以前の原始的な色合いは多分に残っていた。莫言の文体は、その部分を特に表面化させているのである。

また、『赤い高粱』の文体が印象や感覚を大切にしているのは、擬音語、擬態語が多いという点にも表れている。中国語は、英語などに比べると擬音語、擬態語を多く持っているが、幼稚な語感があるため、文章語ではそれほど用いられない。しかし、莫言の小説には頻繁に使われている。擬態語、擬音語は、出来事を感覚や印象で捉えるものだからである。例えば、人肉を食べに来た犬たちは「目をギラギラさせて」いる。また、「ぶくぶくと桃色のあぶくが湧きあが」り、「尻がぽっかりと現れ」、「熊手が肉にぶすりとつきささって、すっぱい杏を食べたように歯ぐきがじんとした」、「騾馬が空を向いて、キーキーとひとしきり叫びつづけた」というように、引用したわずかな部分のなかだけでも、多数見ることができる。

なお、八五年の短編小説「透明な人参」の文体は、感覚を重視したものであり、後の文体にも通じるが、ここまで誇張されたものではない。誤読された魔術的リアリズムの影響を本格的に受けたのは『赤い高粱』からである。

莫言における『百年の孤独』の「誤読」は、他にも見ることができる。それはフラッシュフォワードの使用法である。まず、『百年の孤独』の冒頭部分を見てみる。

> 長い歳月が流れて銃殺隊の前に立つはめになったとき、恐らくアウレリャノ・ブエンディア大佐は、父親のお供をして初めて氷というものを見た、あの遠い日の午後を思いだしたにちがいない。

このように、『百年の孤独』は「長い歳月が流れて」という言葉から始まっている。これはフラッシュフォワードと呼ばれる技法である。フラッシュフォワードとは、基準点からみて時間的に未来に起こる出来事を予告して語っておく方法のことである。単に未来の時点を予告しているだけではない。「長い歳月が流れて」と言われると、その時間の流れの中で、実にさまざまな事件が起こったのだという感じがする。そしてその次に、「銃殺隊の前に立つはめになったとき」という、衝撃的な言葉が続いている。これはいかにも、クライマックスの場面になりそうである。最初の一文でクライマックスらしき衝撃的場面が前提とされ、しかも予告されているので、読者の意表を突くのである。また、「〜になったとき」という従属節に埋め込まれているので、「処刑されそうになる」という出来事がこの物語世界では前提となって語られていることになる。次に、この文の後半部分を見てみると、「父親のお供をして初めて氷というものを見た、あの遠い日の午後を思いだしたにちがいない」と語られている。読者は前半の文で遥か未来の時点につれてこられていながら、この後半の文章によって、「遠い日の午後」、すなわち遥か過去へと送り返されてしまう。過去のことを語る技法を、フラッシュバックというが、この冒頭文では、フラッシュフォワードで未来に進めつつ、フラッシュバックで過去に連れ戻すというダイナミックな展開をしているのである。

しかし、この冒頭部分の秘密はそれだけではない。いつの時点から見て「長い歳月」が経っているのかが不明確にされている。つまり、語り手がどの時点を基準にして語っているかが、よくわからないのである。この文だけ見ると、語りの時点は、「アウレリャノ・ブエンディア大佐が銃殺隊の前に立つはめになった時点」と「父親に連れられて氷を見に行った時点」の中間あたりに置かれているように感じられるだろう。ところが、『百年の孤独』はどこを基準にして語っているのかはずっと不明確なまま進行していく。これによって、時間が何度も回っているような錯覚を引き起こす。冒頭の一文は、この小説全体を通じて見られる「円環的な時間」の予告になっているのである。「円環的時間」のモチーフは、『百年の孤独』以前にルルフォの『ペドロ・パラモ』が体現した。『ペドロ・パラモ』は最後まで読むと最初に戻るという構造をしている。最近ではロベルト・ボラーニョの『2666』などにもこの構造が採用されており、ラテンアメリカ文学の一つの特徴になっている。ヨーロッパ的な哲学において、時間は直線的なイメージで捉えられてきた。キリスト教は終末思想なので、時間は終末の瞬間まで、直線的に続いていく。同じ瞬間は繰り返されない。ところが、ラテンアメリカの先住民族の時間観ではそうではない。時間は循環し、また元に戻ってくるものである。

『赤い高粱』にもフラッシュフォワードがところどころで使用されている。一例を見てみよう。

一九七六年、祖父が亡くなったとき、わたしの母は指が二本欠けた祖父の手をとって、かっと見ひらかれたその目を閉じてやった。一九五八年、日本の北海道から帰ったとき、祖父はうまく言葉を話せなくなってしまっていた。言葉は、一つひとつ重い石ころのように吐きだされるのだった。

（一三八頁）

『赤い高粱』は莫言の小説のなかでも特にフラッシュフォワードが顕著なので、『百年の孤独』を模倣したのだろうと考えられる。しかし、その模倣は表面的なものにとどまっており、あまり効果的には使われていない。『百年の孤独』では、「長い年月がたって」というように、どれくらい先なのかは不明確にされるし、そもそも基準となる語りの位置が不明確であった。ところが『赤い高粱』では、引用例のように日付をはっきりさせているし、そもそも語り手の「わたし」が祖父や父の物語を語るという形式を取っているため、「わたし」が語っている位置ははっきり明示されている。おそらく莫言は『百年の孤独』のフラッシュフォワードが持つ斬新さに気づいたのだろうが、どのように斬新かまでは、『赤い高粱』の時点ではわからなかったのではないだろうか。だから表面的な模倣になってしまったのだろう。

後に莫言は、『白檀の刑』の冒頭でも、ガルシア＝マルケスを模倣したと思われる文を使用している。

あの朝、七日後に自分がうちの手で殺されることになろうなどと、舅の趙甲は夢にも思っていなかったでしょう――犬ころよりもおとなしく殺されるなんてね。(17)

この書き出しは次にみられる『予告された殺人の記録』の冒頭を意識したものだろう。

自分が殺される日、サンティアゴ・ナサールは司教が船で着くのを待つために、朝、五時半に起きた。(18)

九三年に発表された長編小説『酒国』の文体も、非常に誇張されたものである。一方で、小説構造はボルヘスやコルタサル、さらにはボルヘスの影響を多分に受けている中国の先鋒作家たちのものに近くなっている。『酒国』は、特捜検事の丁鈎児が、酒国市で人間の嬰児が丸焼きにされて食されているらしいという事件の調査にやって来るが、当地の役人に翻弄され、捜査はなかなか進んでいかない。この丁鈎児を中心とするストーリーに、李一斗を名乗る酒国市に住む博士課程大学院生が、文学の師匠と仰ぐ莫言に送ってくる小説と、その小説をめぐる莫言と李一斗のやりとりが挿入されてくる。その李の小説の中では、酒国市の中で行われている嬰児の丸焼きの話、その調理を行っている李一斗の岳母の話、酒国市の伝奇的人物、余一尺などの話が次々に語られていく。そしてこの李の小説に書かれていることは、まさしく特捜検事の丁鈎児が調査すべき酒国市の現実なのではないかと思わせていく。

ところが後半部分になると、丁鈎児の話は実は莫言が執筆中の小説であることが明らかにされる。丁鈎児は李の小説内の人物であった余一尺などを打ち殺して逃亡する羽目になる。そして最後には、莫言が現実の酒国市を訪れ、李一斗と現実の役人に歓待されるところで終わる。

このように、小説内の小説と、小説内の現実が入り混じってしまう方法は、ボルヘスやコルタサルが得意としたものである。何が現実かわからなくしているという点で、リアリズムではまったくない。役人の腐敗という現実的なモチーフを、超現実的なエピソードとひたすら誇張された文体で描いているものである。つまり、中国の政治的な現実を魔術的に仕立て上げているのである。

このように、『酒国』も本来の意味での「魔術的リアリズム」とは大きく異なっている。しかし、莫言本人はこの作品を魔術的リアリズムと思って書いているようで、「魔術的リアリズム」という単語を小説内で二度使用している。まず、李一斗の書いた修士論文の題名は「ラテンアメリカにおける「魔術的リアリズム」の小説と酒の混成」である。[19] また、李一斗による小説部分に「ボーイング機が酒城の上空まで来ると、みな天真爛漫にグルグル輪を描いたり元気良くトンボ返りをするのも酔いのせい、私の魔術的リアリズムによるものではない」[20]という文が登場する。李一斗の書く小説部分を中心に莫言は「魔術的リアリズム」だと自認していたことがわかる。

新たなる小説言語は完全なる独創によって生まれることはない。『百年の孤独』も、主要な流れだけを見てもシュルレアリスムに始まり、カルペンティエルやルルフォの文体を経ている（それだけではもちろんないが）。莫言は魔術的リアリズムを誤解していたと考えられるが、結果的には新しい過剰な文体が出来上がったのである。

五　鄭義『神樹』など

このような「中国版魔術的リアリズム」は莫言にだけ見られる特徴ではなく、さまざまなテクストに見出しうる。鄭義の『神樹』の文体も誤読された特徴を備えたものである。『神樹』の舞台は山西省の山村で、ある村を中心に物語を構成していくやり方は、『百年の孤独』に通じる。この村には樹齢数千年という大樹がある。ある時、この大樹が突然開花すると、死者たちが蘇り、過去を語りはじめる。死者たちが過去を語っていくというスタイルは『ペドロ・パラモ』に着想を得たものだろう。(21) ただし、『ペドロ・パラモ』とは異なり、『神樹』では政治的メッセージが前面に出てくる。この小説の舞台となっているのは九〇年代であるが、蘇る死者たちは過去の日中戦争から物語現在に至るまでの政治的動乱を告発していく。つまり「死者たちの語り」というのは、過去にあった政治的現実を語るための装置になっているのである。また、物語後半では、村の神樹を伐採するために、共産党政府は大量の戦車を送り込み、村人たちを殺戮する。これは八九年の天安門事件の直接的反映であり、その告発である。つまり鄭義においても「魔術的リアリズム」とは、「現実（それも政治的現実）を魔術的に仕立てて書く」ことであって、「魔術的な現実を書くこと」ではない。

また、死者たちの語りは、物語後半になってあくまでも「集団幻覚」または「ホログラフィー効果」であると解釈されている。同様に、第四章では、「河が燃えた」という超常現象を和尚が話すシーンがあるが、これに関しても「人魂なんかではなくてメタンガスが燃えただけだ」と「常識的解釈」が付される。『ペドロ・パラモ』や『百年の孤独』では、理性的な解釈を加えようとはしないし、登場人物も当然のこととして受け入れるのとは対照的である。その他、神社の壁にカブラが埋め込まれていて、飢餓の時に食べることができたというエピソードが語られるなど、ところどころ魔術的な要素が登場しているが、莫言の『赤い高粱』や『酒国』と同じく、現実を誇張して描くものである。一例として、飢餓に苦しんでネズミの子供を生きたまま食べるシーンの描写を挙げる。

突然、ネズミの巣の赤ちゃんのことを思い出し、覗いてみるとそのまま残っているので、捕まえてお碗に入れた。白い身体に薄く赤みが差しており、ピーナッツよりも大きい。毛は生えておらず、爪や耳がひと塊になって動いている。これはお肉、無駄にはできないわ！　そして再び擂り粉木をつかんだ。目を閉じたまま搗きながら、これはお肉よ！　……スープにするの、野生の葱を入れ、それから塩をふると、スッゴクおいしいんだから。ぼんやりとお碗に手を伸ばし、一匹つまんで口に入れると、喉がゴクリと鳴ってこれを飲み下していく。口の中で這い回ることもなく、生臭くもないのでホッとした。そこでもう一匹つかまえて口に入れ、すぐに噛んだ。チュウと鳴いたので彼女はギクッとした。もがいたりしないだけまだいいわ。やわらかい歯ごたえと甘い肉の味に刺激されて、たちまちかみ砕いてしまった。[22]

生きた子ネズミの踊り食いをするという「おどろおどろしい」描写は、鄭義のオリジナルではない。中国に昔からあるもので、「三叫鼠」と呼ばれる。箸でつまむと子ネズミがキュッとなき、たれにつけるともう一度なき、口に入れるとまたなく、というところからこの名前があるという。語られている内容だけ見ると、「魔術的」とも捉えられるものの、明らかに飢餓の様子を誇張的・象徴的に示そうとしているのであって、客観的描写ではない。

また『神樹』には飢えに苦しむ人々が消化できないものを食べて、尻から血を出している描写をしているが、これは先に引用した『百年の孤独』の文を意識したものである。鄭義は「当時、便所も村の通りも至るところ真っ赤な血の跡だった。そこで私は想像したものだ。村の通りに点々と着いた血の足跡は、血が流れて通りを横切り階段を上って部屋の中まで流れ込むマルケスの描写よりもなお壮観であろう、と[23]」と述べているが、『百年の孤独』を誇張して書く文体と勘違いしているからこそ、「それよりも壮観な描写」を書こうということになるのである。

さらに、『赤い高粱』と同じく、『神樹』には生々しい性描写が多く登場している。『百年の孤独』でも、セックスを含む性描写は非常に多く描かれているが、あくまで淡々と描かれており、臨場感を伴った特別なものではない。性描写も人間生活の上でごく当然のこととされているし、実際にラテンアメリカではそのように考えられているのだろう。生々しい性描写が儒教文化によって抑圧されてきた中国においては、その生々しさを敢えて表現することだけでも伝統的文化に対する反抗になるのである。[24]

まとめて言えば、文体からみると『神樹』も「魔術的」な要素こそ付加されているものの、「リアリズム」ではない。生々しい描写は臨場感が高く、誇張されており、「当然のこと」とはされていない。また、後半には内的独白も多く、主観的色彩が強くなっており、客観的描写ではない。しかし、中国の政治的現実をそのまま反映しているという意味では現実的である。なかでも、神樹村に共産党の戦車が派遣されてくる後半は、天安門事件の直接的反映である。中国文学はしばしば政治的であると言われるが、『神樹』などは、まさに「リアリズム」を「政治的現実の告発」に読みかえているのである。

本書収録の「近代中国と溺女問題」にも見られるとおり、中国の民間にも、現代の目から見れば「驚くべき」現実は多数存在していたはずである。しかし、中国版魔術的リアリズムは、それよりも結局のところ「政治的現実」のほうに目が向き、土着的なものの表象は二次的なものになってしまう。

六　チベットの「魔術的リアリズム」

「魔術的リアリズム」はチベットの作家、もしくはチベットを題材とした小説においても流行した。一九八五年の『西蔵文学』六期では、「魔術的リアリズム特集」と銘打って、ザシダワの短編「西蔵 隠秘歳月」(未邦訳)や色波の「幻鳴」をはじめとする五つの小説が掲載されている。これに前後してザシダワ、色波は立て続けに魔術的リアリズムに影響を受けた小説を発表しており、それらはザシダワ・色波『風馬の輝き 新しいチベット文学』(牧田英二訳、JICC出版、一九九一年)として日本語訳も出版されている。また、現在チベットを舞台とした小説を書く作家として最も成功していると考えられる阿来も、ルルフォなどの作風を参照していると考えられる。チベットがラテンアメリカの魔術的リアリズムを発見したことは偶然ではない。ラテンアメリカにおいて土着の文化が栄えていたところに白人が到来したのと同じように、チベットも中華人民共和国という近代的国家の枠組みに入れられることによって、伝統的な文化が「現代化」することになった。チベット仏教やそれに伴う死生観と現代文明の対比がこれらの小説では頻繁に描かれている。

「チベット、革紐の結び目につながれた魂」(前掲書所収)はボルヘス流の「迷宮」、もしくは『ペドロ・パラモ』の影響を強く受けている。同じくザシダワの「西蔵 隠秘歳月」のほうは、現代文明からすれば超常的な出来事がごく当然のように書かれており、本来の意味での魔術的リアリズムに近い。夏明の「没有司葬的頓月夏巴和無法死亡的老扎次」[25](未邦訳)も、チベットの死生観を反映した短編小説で、チベットの死生観がごく当たり前のものとして語られているし、淡々と叙述されているところは、本来の意味での魔術的リアリズムに近い。

魔術的リアリズムとチベット文化の要素、さらには新中国以降の伝統の破壊というテーマをうまく消化させたのが阿来である。長編小説『塵埃落定』は、白痴の少年を語り手に選んでいるが、これはルルフォの短編「マカリオ」に着想を得ている可能性がある。続く長編『空山』の巻一は、最後の部分が最初に戻る円環構造をなしており、ルルフォの『ペドロ・パラモ』そのものである。何度も蘇る輪廻の発想も取り込まれて効果的に使われており、評価できる。単に模倣したというより、円環構造がもともとチベット文化と相性がよかったのだろう。阿来もチベットの文化を描いてはいるが、他者の目線からオリエンタリズム的にそれを紹介している感じはあまりなく、ザシダワら八〇年代のチベット文学よりも完成度が高い。魔術的リアリズムを受容したチベット文学の一つの到達点と言えるだろう。

おわりに

以上、中国における魔術的リアリズム文体の受容について考察してきた。二〇世紀の文学は世界的な連環の中で成立しているが、小説言語も国境や言語を超えてつながっていく。しかし、国境や言語を超える際に、しばしば変換が起こる。その理由としては翻訳上の問題、誤読、作家の創造などさまざまあるが、「魔術的リアリズム」に関していえば中国においてはまず評論において「現実を幻想に変えてなおかつその真であることを失わない」ものだとされ、その文体も「誇張、寓意」であると考えられた。そしてこの「誤読」が中国版魔術的リアリズムの小説文体に持ち込まれることになった。莫言の『赤い高粱』の文体は、現実を誇張して描写するというものであり、『百年の孤独』や『ペドロ・パラモ』などとは大きく異なったものになっている。なお、管見の限り、『百年の孤独』や『ペドロ・パラモ』の翻訳文体は、比較的原文の調子をよく伝えており、誤読を誘うものではない。

また、政治性の濃厚な中国では、「現実」とは「政治的現実」のことと読みかえられ、莫言や鄭義の小説でもその「政治的現実」が魔術的に変換されて書かれることとなった。特に鄭義の『神樹』は、中国の政治状況、とりわけ天安門事件の告発となっている。チベットなどでは、土着の文化を表象する動きと連動して魔術的リアリズムも取り入れられたが、こちらはボルヘス、ルルフォを中心とした小説構造のレベルでの受容であった。

魔術的リアリズム的表現を取り入れたものはその後も出ているが、なかでも閻連科の『愉楽』(原題は『受活』)などは部分的に本来の魔術的リアリズムに近い表現を使用しており、完成度の高い小説になっている。八〇年代は同様にさまざまな外国文学の小説言語が中国語の表現を変えていった。文体レベルでのテクストをきちんと比べる作業も、さらに行っていかなければならないだろう。また中国国内での意味を問うだけでなく、世界の中での位置を考える視座も考えていく必要があるように思われる。

（1） 韓少功の「文学の根」の初出は『作家』一九八五年四期。韓少功はこの論文の中で、海外文学を模倣することを認めながらも、自らの土着の文化に根差した文学を目指すべきだとし、以降、「尋根文学」と呼ばれるようになる。この論文の中で民族の文化に注目した小説の例として挙げられたのが阿城の「棋王」である（初出は『上海文学』一九八四年七期）。これは語り手「私」が下放された際に出会った「将棋バカ」の王一生の物語である。貧困家庭に育った将棋好きの少年、王一生が、ゴミ拾いの老人から秘伝の打ち方を習い、無敵の強さを獲得していくストーリーで、将棋という民俗文化に注目していることから、尋根文学の代表作と見なされる。文体面から見ると、まだ魔術的リアリズムの影響を見ることはできない。むしろ、「ゴミ拾いの老人」から将棋を教わったり、ライバルを次々に打ち破っていったりするシークエンスの描き方は、武侠小説によく似ている。その意味でも固有の文学を引きついだものといっていいかもしれない。

（2） 美術に関する魔術的リアリズムに関しては種村季弘『魔術的リアリズム――メランコリーの芸術』（ちくま学芸文庫、二〇一〇年）を参照。

（3） 寺尾隆吉『魔術的リアリズム 二〇世紀のラテンアメリカ小説』（水声社、二〇一二年）一二三―一二四頁参照。ピエトリの文章は Uslar Pietri, "Letras y hombres de Venezuela." *Fondo de Cultra Economica*, 1948.

（4） Angel Flores, "Magical Realism in Spanish American Fiction," *Hispania* 38, No. 2, 1955.

（5） Luis Leal, "El realism mágico en la literature hispanoamericana," *Cuadernos Americanos*, n. 4, 1967.

（6） アストゥリアス〔牛島信明訳〕『グアテマラ伝説集』（岩波文庫、二〇〇九年）九五―九六頁。

（7） ガルシア＝マルケス〔鼓直訳〕『百年の孤独』（新潮社、一九九九年）一四二―一四三頁。

（8） ただし、それ以前にも紹介がなかったわけではない。魔術的リアリズムの嚆矢ともいえるアストゥリアスは五六年に中国にやってきており、その後も短編小説が散発的に翻訳されている。また、カルペンティエルも社会主義国家であるキューバの作家ということもあって、六一年と六七年に訪中している。魔術的リアリズムの受け入れ状況に関しては、陳黎明『魔幻現実主義与新時期中国小説』（河北大学出版社、二〇〇七年）が網羅的である。

(9) 劉習良訳「馬尓克斯短編小説四篇」(『外国文芸』一九八〇年三期)。
(10) 黄錦炎・沈国政・陳泉訳(『世界文学』一九八二年六期)。
(11) 黄錦炎・沈国政・陳泉訳『百年孤独』(上海訳文出版社)、高長栄訳『百年孤独』(北京十月文芸出版社)。
(12) 前掲陳黎明『魔幻現実主義与新時期中国小説』によれば、全部で一四のバージョンがあるという。最新のものは『百年孤独』(范曄訳、南海出版公司、二〇一一年)。なお、このバージョンが中国語版で初めて版権を取って翻訳されたものである。各バージョンの詳しい説明は、曾利君『馬尓克斯在中国』(中国社会科学出版社、二〇一二年)を参照。
(13) 陳光孚「関於「魔幻現実主義」」(『読書』一九八三年二期)では、「魔術的リアリズムの最も根本的な特徴は、インディヘナの伝統的観念からラテンアメリカ大陸の現実を反映する」ことであって、「魔術的リアリズムには強烈な民族性がある」とする。したがって、インディヘナ(原住民)の伝統を踏まえていないボルヘスやコルタサルなどの作家は魔術的リアリズムではないと論じ、それまで「魔術的リアリズム」の範疇で紹介されることの多かった両作家を除外している。また、「加西亜・馬尓克斯与拉美魔幻現実主義討論会」(『拉丁美州叢刊』一九八三年四期)では、「その「魔術的」という要素は、芸術家の純然たる創造によるものではないし、芸術の手段でもなく、現実生活の客観的存在の反映である。「新大陸」の文化伝統、奇異な自然風光および奇妙奇天烈な社会現象が目をくらませるようなラテンアメリカの現実を形作っている」と述べられており、この観点は「現実を魔術的にする」という理解よりも適切である。
(14) 例えば、原文で「遍地高粱粛然默立」は「一面の高粱はひっそりと立ち」と訳されている。もちろん、日本語訳として間違いではないが、原文から受ける印象はもっと誇張されている。
(15) 黄錦炎訳『百年孤独』(漓江出版社、二〇〇三年)六頁。
(16) 以降、日本語訳は井口晃訳『赤い高粱』(岩波現代文庫、二〇〇三年)による。
(17) 吉田富夫訳『白檀の刑』(中公文庫、二〇一〇年)。
(18) 野谷文昭訳『予告された殺人の記録』(新潮文庫、一九九七年)。
(19) 藤井省三訳『酒国』(岩波書店、一九九三年)二三一頁。
(20) 前掲書、二五七頁。
(21) 『ペドロ・パラモ』の中国語訳では、死者たちの「ささめき声」が「声音」と訳されているが、『神樹』でも死者たちの「声音」を聞くとされている。

(22) 藤井省三訳『神樹』（朝日新聞社、一九九九年）二四四―二四五頁。

(23) 前掲書、五七〇頁。

(24) 同じく「魔術的リアリズム」と評される陳忠実の『白鹿原』でも性描写が盛んで一つの特徴となっている。なお、八〇年代の『百年の孤独』の翻訳二種類では、性行為の描写が大幅にカットされている。抵抗が大きいこともわかるが、それゆえ表現する意味があるかがわかる。

(25) 初出は『西蔵文学』一九八七年九期。呉亮・章平・宗仁発編『魔幻現実主義小説』（時代文芸出版社、一九八八年）にも収録されている。

第10章　中国料理のモダニティ
――民国期の食都・上海における日本人ツーリストの美食体験

岩間一弘

はじめに

一九一〇―三〇年代の東アジア都市では、食文化の分野においても国際交流が進展していた。例えば、東京では西洋料理店だけでなく中国料理店が増え、上海でも新たに西洋料理店・日本料理店が数多く開かれ、西洋料理は中国化も進んだ。食材に関しても、後述のように上海の高級料理店で出されるフカヒレやナマコはほぼすべて日本産であったし、食具を見れば、シンガポール・香港では中国料理にもナイフやフォークが使われ[1]、中国都市の料理店でも西洋食器を使うだけでなく、日本人の来客が増えるにつれて袋に入った日本製の割り箸を出すことが増えていた[2]。日本において代表的な中国料理として定着する「北京料理」「上海料理」などは、中国近代の都市化・国際化の産物であり、各地の料理が集積した北京・上海を訪れた日本人ツーリストたちが、メディアを通して全国に広く知らしめたものであった。

確認すべきことに、「北京料理」や「上海料理」は、いずれも純粋な土着料理ではなく、各地方料理の寄せ集めであった[3]。北京は長年首都であったので、各地の文化が北京に集中したのと同様に、料理も北京に集中していた。それゆえ、北京にある料理は全国の粋を集めていたものの、みな北京風に同化したので、どの料理店で食べても大同小異であったという。北京で一番多かったのは山東料理と四川料理であり、広東料理は北方で入手しづらい材料が多く、高価で流行《はや》らないため、北京化した安い料理ばかりになったという。(4)ちなみに、一九三〇年代までには日本でも多くの中国料理店が「北京料理」を看板に掲げていたが、実際には甘い野菜料理の多い福建式や寧波《ニンポー》式を基本として日本人に合うように味付けした日本式中国料理が多かったという。(5)北京の料理店は清末民国初年に最盛期を迎え、一度に数百テーブルという宴会があって、有産階級が豪華さを競い、軍人・政治家の接待にも利用されて繁盛した。ところが、政治の中心が南に移ると不景気になり、大きな料理店は客足が止まって閉鎖され、料理店は以前の約半数にまで減り、小さい料理店だけが増えたという。(6)北京において今日まで商号が残る有名老舗《しにせ》料理店はたいてい清末期の創業であり、数少ない例外として、一九二四年に馮玉祥が清朝最後の皇帝・溥儀《ふぎ》らを紫禁城から追放した後、宮中の御膳料理を作っていたコックたちが一九二五年に北海公園で創業した倣膳飯荘《ほうぜんはんそう》があるくらいである。

こうした北京にかわって民国期の中国食文化の中心・発信地、いわば「食都」の地位にのし上がったのが上海であった。(7)往時の北京と同じく、民国期の上海の料理もまた、中国各地の料理が寄せ集まって同化する過程にあった。例えば、日本初の魯迅小説の翻訳専著を刊行後、上海を拠点に中国風俗研究で優れた業績を残した井上紅梅は、「とにかく上海ほど各地方の料理屋が集っている所はない。だからここにいて少し注意すると支那全国の料理の手加減が知れてかなりの食通となれる」と書いている。そして同時に、劇作家の欧陽予倩《おうようよせん》によれば、上海には純なものはなくすべて雑種であり、福建料理が流行ればみな福建の影響を受け、四川料理が流行ればみな四川臭くなる。だから看板ではいろいろな地方の料理を食べさせることになっているが、実は四川でも福建でも広東でもなく上海の料理であったという。(8)一九一〇―三〇年代に上海で発達した各地方の高級料理は、日中戦争期に始まる原料不足や共産党政権下の節約志向で低迷したが、一九五〇年代後半から六〇年代前半にかけて一度復興されている。上海で選抜された高級厨師たちが幹部用の料理を作り、例えば国際飯店が北京料理、上海大廈が揚州料理、錦江飯店が四川料理といった地方料理を特色とし、文化大革命前夜の一九六四年にはこれらのホテルに北京の国務院がコックを派遣して、北京料理を含む各地方料理を勉強させたという。(9)民国期に勃興した上海の中国料理は、人民共和国初期にも依然として北京を上回るほどの技術水準と影響力を有していたのである。

そこで本稿はまず、多くの日本人ツーリストたちが体験した民国期上海の中国料理が、どのような変化の過程にあったのかを検討することから始めよう。そのうえで、上海に形成された中国料理が、東京および日本の食文化にどのような影響を与えていたのか考えたい。近代日本の中国料理に関する研究は料理書の分析が中心であるため、嗜好変化の社会背景や同時代の中国食文化との関係性が十分に論じられない。本稿は、中国人と日本人の製作した観光・美食ガイドに着目して分析を行い、日中の食文化交流および上海と東京の食文化の同時代化プロセスを明らかにしたい。民国期の食都・上海では、中国語のレストラン情報・美食ガイドが数多く刊行されていたばかりでなく、さまざまな日本人ツーリストたちが上海での美食体験をレポートして日本語で伝えてもいた。[10]それらを史料として読み比べると、日本人ツーリストたちが上海で流行する中国料理を日本の大衆に「本物」などとして紹介しながら、東京の中国料理の変化に影響を与えていたことがわかる。[11]本稿では、このような食文化の国際化プロセスを、上海の杏花楼・一品香・小有天、東京の偕楽園といった当時の有名料理店に着目しながら解き明かしていこう。

一　上海における各地方料理の栄枯盛衰

(1)『上海指南』と『上海的吃』

さて、中国における先駆的な都市指南書としては、楊静亭が旅商人のために北京を紹介した『都門紀略』が挙げられ、それは一八四五年に刊行されると一九〇五年までに一五回以上増補された。そして『都門紀略』に多くを倣った『滬遊雜紀《こゆうざっき》』(一八七六年に葛元煦が刊行)は、初めての本格的な上海指南書であり、一八七八年に藤堂良駿が訓点をつけて『上海繁昌記』として日本でも刊行された。これらに続いて、清末から民国期にかけて商務印書館が『上海指南』（一九〇九年七月初版、一九三〇年一月二三版）を発行し、それが上海のガイドブックの定番となる。[12]

そこでまずは商務印書館の『上海指南』から、清末民国初期の中国料理・料理店の状況を概観すると、次の二点を指摘できる。第一に、管見のなかで最早期の第三版（一九〇九年一一月（宣統元年九月）刊行）は、料理店（「酒館」）の出す料理を中国式料理（「華式菜」）と西洋式料理（「西式菜」）に二分し、中国式料理としてはフカヒレ（「魚翅」）、燕の巣（「燕窩」）、「焼鴨」、魚の浮き袋（「魚肚」）、アワビ（「鮑魚」）、「海参」（いりこ＝干しナマコ）などの高級食材を列挙している。確認すべきことに、上海では清末期には華南（福建・広東）から海産物がもたらされていたが、辛亥革命前後までに日本産海産物のプレゼンスが増していた。その頃までに、上海とその周辺地域は日本産海産物の国外最大の需要地になっていたのである。例えば一九〇四—〇五年において、日本は（輸出額の多い順に）昆布・海参・フカヒレ・鯣《するめ》・アワビといった海産物を中国に輸出し、その総額の七割が上海に向けられていた。一九二二年の時点でも、日本から輸出されたフカヒレと海参の約八割が上海に輸出されていたという。後に蔣介石が経済抗戦の第一歩は中国人がフカヒレと海参を食べないことだと述べたと伝えられるほど、[13]これらの海産物は日本にとって重要な輸出品になる。実際に日中全面戦争期の一九四〇年には、日本の商工省がナマコなどの海産物の対中国輸出を宣撫工作の一環として奨励することになった。[14]それゆえ清末民国期には、上海の料理店で出されるフカヒレや海参の大半が日本産であり、日本人が上海の料理店で（あるいは上海から逆輸入して日本の料理店で）「本場物」として喜んで食べたフカヒレは、実は日本産であるという皮肉な状況が生まれるほど、上海を拠点とした日中間の食材の国際化が進んでいたのである。ただし、後述のように、中国料理に関する中国人と日本人の嗜好は異なっていたし、日本料理に関しては当時の中国人にまったく受け入れられていなかったことには注意が必要である。

そして第二として、商務印書館の『上海指南』第七版（一九一二年（民国元）一〇月）は、中国料理店を「京館」「揚州館」「徽州館」「寧波館」「広東館」に五分し、第八版（一九一四年（民国三）一一月）はこれらのほかに「福建館」

「四川館」「南京館」「教門館」「蘇州館」を加えており、後で見るように当時の各地方料理の流行変化を敏感に汲み取っていたといえる。ちなみに、当時の上海では「上海料理」（「上海菜」「滬菜」）が中国料理の一ジャンルとして確立されておらず、外地の商人・旅行者向けの高級料理店のジャンルとしては当地料理（「本地菜」）も挙げられないことに注意が必要である。「上海料理」というジャンルは、日本人ツーリストを含む外来者が便宜的に名づけたのが、上海現地の人々が自ら名乗ったのよりも先行していたと考えられる。

一九二〇年の時点で井上紅梅は、清末民国初期の上海における中国各地方料理の栄枯盛衰について次のように述べている。すなわち、上海の租界内では最初に天津料理店が開かれ、光緒初年（一八七五）頃まで全盛を極め、寧波料理店などは常に二流の位置にあった。ついで南京・揚州料理店、南北折衷料理店などが現れ、光緒末年（一九〇八）頃に北京・天津料理が復興した。辛亥革命後には南方派の勢力が増すとともに福建料理が台頭し、ついで革命の発端となる民衆蜂起が起こった四川の料理が流行って、一九一〇年代には福建・四川料理の全盛に至ったという[15]。そしてその後の変化については、当時の最高水準の美食ガイド『上海的吃』（狼呑虎嚥客編、流金書店、一九三〇年刊行）などがいきいきと伝えている。本節ではそれらを主要史料として、両大戦間期の上海における各地方料理の盛衰を見ていこう[16]。本節の次項からは注記のないかぎり『上海的吃』（一―一六頁）に依拠したものとする。

（2）北京・天津・四川の料理

①北京料理（清末は「京菜」、民国期は「平菜」）は、上海でもっとも一般的であり、リーズナブルでありながらもっとも風雅であった。北方からやってきて上海に滞在する人も多く、さらに上海の人々の好みにも合ったので発達した[17]。上海で一番古い北京料理店は雅叙園であり[18]、有名店には三馬路《さんまろ》の悦賓楼・会賓楼、四馬路の大雅楼・萬雲楼などもある。このうち会賓楼は京劇役者（「伶人」）たちが常連になっている[19]。有名料理には「辣白菜」（白菜の甘酢漬け、四川料理とされることもあった）、「凍鶏」（鶏肉の寄せ物[20]）、「糟溜魚片」（魚の炒め物）、「爆雙脆炒蝦仁」（エ

ビの炒め物）、「掛爐鴨」（いわゆる北京ダック）、「紅焼魚」（魚の醬油煮込み）などがある。

②天津料理は、六合居や青萍園が有名で、これらの店では料理のほかに点心（軽食）が重視されている。「片児湯」（ワンタンに近い）、「大爐麵」（豚肉麵）、「炸醬麵」（ジャジャ麵）などのほかに、ワンタンよりも大きくて油で焼く「鍋貼」（焼餃子）があり、六合居のものがもっとも出色である。五茄皮酒（薬酒の一種）も天津の特産である。

③四川料理は、北京・安徽料理などよりも高いが、それでも多くの顧客を集めている。上海に五、六軒しかなく、三馬路の美麗川菜館が閉店後、愛多亜路（Edward VII Avenue, 現在の延安東路）の都益処がもっとも有名になった。[21] 冷菜では「醋魚」（魚の甘酢煮）、火を通した料理（「熱菜」）では「紅焼獅子頭」（醬油肉団子）、「奶油菜心」（野菜のクリーム煮）、「神仙鶏」（腹に詰め物をした蒸鶏）などが得意料理である。「焼辣鴨子」（鴨の唐辛子炒め）、「鳳尾筍」（タケノコの炒め物）、「米粉鶏」（鶏肉の炒め物）、「紅焼大雑会」（五目醬油煮込み）なども特徴があり、「辣子雞丁」（鶏と唐辛子の炒め物、北京料理とされることもあった）、「加厘蝦仁」（カレー風味のエビ炒め）、「酸辣湯」なども有名になった。[22] 注意すべきことに、両大戦間期の上海の美食ガイドにおいて、四川料理は精緻で美しいとされたが、辛い料理としては特徴づけられていない。当時の四川料理は全般的にそれほど辛くなく、辛さでは湖南料理のほうが知られていた。[23] 第二次世界大戦後に日本で四川料理の代名詞ともなる「麻婆豆腐」も、戦前期の上海ではまだ受容されていない。[24]

上海における四川料理の流行は、一九三〇年代までには完全に広東料理に取って代わられる。[25] 広東料理（「粵菜」）は、広東出身の華僑商人たちが南京路に開業した四大デパート（先施・永安・新新・大新公司）の食堂から新たに流行が広がり、「吃在広州（食は広州にあり）」は上海でも俗語になった。広東料理の特徴は精緻で美しいが値段が高いことで、量は多くないが見かけが盛大なのは西洋料理と同じであり、またあらゆる生物を炒めるのも特徴である。[26] 広東料理の勃興は、広州で国民政府の成立を宣言した後に一九二六年に北伐を開始した蔣介石の国民革命軍にも喩えられたが、[27] その含意は中国のほかの地方料理をすべて打ち負かし、西洋料理にも対抗したことにあったと考えられる。[28]

（3）広東・福建の料理

民国期上海の広東料理には、④広州料理、⑤潮州料理、⑥夜食料理（「宵夜」）の三派があった。このうち④広州料理はもっとも華やかであり、北京・四川料理に比べて安く、冷たい前菜（「冷盆」）では「焼鴨」、「香腸」（腸詰）、「㕚焼」（焼き豚）、「臘鴨腿」（鴨脚の塩漬け干し）、火を通した料理（「熱炒」）では「炒魷魚」（イカ炒め）、「蠔油牛肉」（牛肉のオイスターソース炒め）、「炒晌螺」（巻貝炒め）、「炸子鶏」（鶏の揚げ物）、「炸鶏肫」（鶏の胃の炒め物）、「翠凰翼」（鶏翅に火腿を挟む料理）、「冬菇蒸鶏」（シイタケと鶏の蒸し物）などが有名である。さらに「蛇肉」、「龍虎会」（蛇とハクビシン）、「山瑞」（スッポン）、「穿山甲」（センザンコウ）、「海狗魚」（サンショウウオ）、「生猴脳」（サルの脳味噌）など、ほかの料理にはない山海の珍味がある。広州料理店は粤商酒楼・会元楼など北四川路一帯に集中し、共同租界内では四馬路の杏花楼（一八五一年創業、上海最古の広東料理店、西洋料理も出した）など二、三軒だけだったが、四馬路（現在の福州路）一帯を中心に増えていった。一九三〇年代までには冠生園や新雅なども台頭した。[29]

⑤潮州料理は、北四川路に数軒の店があるが、租界には多くない。「炒龍蝦」（イセエビの炒め物）などの海鮮料理を得意とする。[30]五馬路の徐得興菜館は内装がぼろいが声望がある。もっとも有名な料理は冬季の「煖鍋」（火鍋）であり、「魚肉餃子」、「蝦蛋包子」（エビと卵で作った饅頭）、「潮州芋艿」（サトイモ）を入れるのがユニークである。

⑥夜食料理店（「宵夜館」）は、「一冷菜一熱菜一湯」（冷菜・本菜・スープ一品ずつ）[31]を出す簡素なファストフード店で、中国料理と西洋料理の両方がある。広東人が開くことが多く、中国料理は広州料理と同じだが、規模が小さい。昼は商売が少なく、夜が中心で、値段は安い。三馬路の春宴楼、四馬路の燕華楼・酔華楼などが有名である。「牛肉絲飯」（牛肉の細切りご飯）、「咖喱鶏飯」（カレー鶏ご飯）、「清燉鴨飯」（鴨の煮込みご飯）、「魚生粥」（魚のお粥）などは一人で食べれば満腹で安い。

⑦福建料理は、辛亥革命後の全盛期を過ぎても、後述する「小有天」の「紅焼魚翅」（フカヒレの醤油煮）が有名であったという。福建料理店には「有天」という名が多くつけられ、ほかにも「別有天」「中有天」「受有天」

があった。福建料理はとりわけ日本人に好まれ、一九二二年に日本人居住区の北四川路で「中有天」が開店すると、連日のように日本人がそこを訪れ、「小有天」から客を奪うことになったという。[32]

他方、こうした高級店とは対照的な簡素で安価な福建料理店が、上海南部の江辺埠頭一帯に林立した。そこには中国海軍の軍艦が停泊し、海軍の司令部があった。それらの店は店舗の家賃を免除され、水兵が捕獲した魚やエビを安く仕入れており、料理はとても安かったが、司令艦長のプライベートコックだった腕利き料理人もいて、「小有天」などの有名料理店にも劣らないほど料理が美味しかったという。[33]

海軍将校・兵卒が福建料理を好んだのは、一八六七年、福州に近い馬尾《ばび》に当時東アジア最大の造船廠（船政局）と海軍学校（船政学堂）が開設されて以来、海軍の最大派閥が福建（とくに福州）出身者であったからである。[34] 中国海軍内では、福建人の海軍と批判されるほど同郷意識が重んじられ、福建籍でなければ司令官になれないといわれるほど同郷人が重用された。福建人が掌握する海軍中央は、時局に応じて袁世凱・段祺瑞・斉燮元・盧永祥などを次々に擁立し、一九一七年からは分裂することもあったので、各政権に利用されやすかった。一九二六年に蔣介石が北伐を始めると、福建（「閩」）系海軍は蔣の国民革命軍に加わり、北伐完了後、そのまま国民政府の中央海軍となった。蔣介石は、広東（「粤」）系、東北系、新設した直属の「電雷（軍政部電雷学校）」系の海軍諸派閥と競わせることで福建系を抑制したが、日中戦争前夜まで最大派閥としての地位は揺るがなかった。[35]

（4） 安徽・南京・鎮江・揚州・杭州の料理

⑧安徽料理店（「徽菜館」）は一時上海でもっとも多くなり、ほかの上等の料理店よりも安く、味も中流層の嗜好（「中等人的胃口」）に合うので、日常の食事によく用いられ、店も繁盛した。もともと粗末な店ばかりだったが、愛多亜路・大世界の前の大中華菜館が「沙鍋餛飩」（土鍋ワンタン）や「餛飩鴨」「餛飩鶏」を発明して新聞で宣伝すると大繁盛し、他店も真似して大流行となり、一九三〇年前後の二、三年間に一世を風靡した。また、三馬路の大新楼は「裏州裏」（小麦粉で作った「薄餅」）を呼び物にした。しかし、その後は広東料理に流行の先端を取

って代わられた(36)。

⑨教門料理は回教徒の料理で、南京人には回教を信じるものが多いことから「南京館」(南京料理店)ともいわれ、上海にも回教徒は多いので繁盛した。四馬路の春華楼と六馬路の金陵春がもっとも有名である。豚肉を忌避するので、油も素油か鶏油を用いるが、豚肉以外はほかの料理と同じである。「板鴨」(丸ごとのあひるを調味料につけて乾かしたもの)、「香肚」(豚の膀胱に豚肉をつめて乾かした料理)が有名で、「紅焼牛肉」(牛肉の醤油煮込み)、「牛肉鍋貼」(牛肉の焼餃子)も出色であった(37)。

⑩鎮江料理と揚州料理は大同小異だが、鎮江料理店は酒の肴(「酒菜」)を重んじ、揚州料理店は点心を重んじた。三馬路の老半斎・新半斎の「肴肉」(特製の塩漬け肉)は有名であり、金華ハムと並ぶ美味である。温かい料理では、「煮干絲」(豆腐干などの煮物)、「紅焼獅子頭」(肉団子)、「粉蒸肉」(豚バラ肉や米粉の蒸し物)の三種が特徴的であった。

⑪杭州料理は、上海にほとんどなかったが、そのことを惜しんだ上海の名流たちが一九二〇年代末、杭州の有名料理人を何人か招いて、大世界の正面に杭州飯荘を開いた。「西湖醋魚」(草魚の甘酢あんかけ)、「東坡肉」(豚の角煮)、「魚頭豆腐鹹肉」(魚頭・豆腐・塩漬け肉の羹《あつもの》)などを得意としていた。

(5) 紹興・寧波および上海の当地料理など

⑫紹興料理は、紹興酒が天下に名高く、大馬路の王宝和などが有名であった。「醬鶏」、「醬牛肉」、「油爆蝦」(エビの油炒め)、「辣白菜」など冷菜(「冷盆」)しか出さない店もあるが、三馬路の家越中味菜館は、酒だけに頼らず紹興人の愛顧を得ており、「韮黄炒肉絲」(黄ニラと豚肉細切りの炒め物)などの特産があった。

上海では寧波人が最多であるにもかかわらず、⑬寧波料理店はそれほど多くなかった。寧波は海辺なので生臭いものが好まれ、内地の人々の口に合わないなどの理由による。二馬路の状元楼と大新街の重元楼がもっとも高尚な寧波料理店であり、状元楼は「炒桜桃」(豚ヒレ肉の炒め物)、「芋艿」(サトイモ)、「鶏骨醬」(若鶏の甘醬油炒め)、重元楼は「蚶子」（灰貝）、「蛔黄」（アオヤギ）、「鹹菜湯」（漬物スープ）、「鹹菜黄魚」（イシモチと漬物の蒸し物）などが有名であった。寧波料理は一セットの料理・スープの容量が多いので「寧波湯鑵」（湯わかしおけ）という雅号があった。寧波料理の味は、寧波・紹興籍以外の人々には合わず、広東料理のように広く発達することはなかった。虎黄色の木料を用いた寧波の家具があれば、そこは必ず寧波料理店であり、寧波料理店は寧波人といっしょに行けば安くてよいものが食べられるが、そうでないと騙されたという。[38]

このように民国期上海の寧波料理は、同郷人たちの独特な嗜好と排他的な同郷意識によって支えられている面が大きかったが、寧波料理をベースとして⑭上海当地の料理（「本地菜」）も形成されつつあった。上海当地料理の店は、たいてい寧波料理店が変化したものであり、規模が小さく日常の食事（「家常便飯」）を提供するだけで、「老正興館」「正興館」「全興館」といった店名が軒を連ねて、料理店横町（「飯店弄堂」）のような有様になったという。得意料理は、「燉蹄膀爛汚肉絲」（豚モモ肉の細切りを煮込んだものか）、「炒圏子」（豚腸）、「紅焼羊肉」、「四喜肉炒巻菜」（豚バラ肉の料理）、あるいは「鹹肉豆腐湯」（塩漬け肉と豆腐のスープ）[39]などで、どれもとても安かった。

一九二六年に上海を再訪した谷崎潤一郎は、「縄暖簾式のめし屋」「下等な所」に行くことを望んで、「老正興館」に案内される。そこは「純粋の寧波料理」の店であり、客の多くも寧波人で、大部分の料理の食材に鮮魚を使っていた。それを食べた谷崎は、子供の頃に母がお総菜にこしらえてくれた魚の煮付けを思い出している。[40]谷崎の感想からは、上海の高級料理店から区別される日常使いの寧波料理・上海当地料理店の位置づけがわかる。

ほかにも、『上海的吃』は河南・無錫・蘇州料理などを挙げるが、上海の人々にあまり注目されておらず、店はとても少なかったという。河南料理店は一、二軒残るだけで、「醋海蜇」（クラゲの酢の物）、「炒豚脊髄」「烤童子全猪」（子豚の丸焼き）などが有名であった。無錫料理は焼くときに砂糖を重んじ、四馬路の仁和館の「草頭焼刀魚」「紅焼鮮帯魚」（ともにタチウオの料理）などは有名であった。蘇州料理では太和園・復興園・鴻運楼・福興園といった有名店があり、[41]「船菜」[42]もよく知られたが、小さい店の料理は当地料理（「本幇」）と変わらなかったという。

（6） 精進料理および点心

⑮精進料理（「素菜」）は上海に百軒以上あるが、北京路の功徳林がもっとも有名であった。「油鶏」（揚げ鶏）、「焼鴨」などもあるが、すべて豆腐と生麩（「麺筋」）から模造したものである。城隍廟内の松鶴楼は「素菜」、「素点」（精進の点心）ともに声望があり、「冬菇麺」（椎茸麺）は一杯二〇〇文あまりでとても安かったという。ちなみに谷崎潤一郎は、中国における精進料理の発展について、東京の中国料理店・偕楽園の主人で友人の笹沼源之助から聞き知っていた。谷崎は上海に来てそれを功徳林で食べ、さらに供養斎という店の仕出しでも賞味して、「肉だの魚だのを満喫したのと同じ程度に食欲を充たし」、「一種の魔法」であり「こんな旨い物は食べたことがない」と絶賛した。[43] 他方、ジャーナリスト・モダン文学者の新居格《いたる》は、[44] 功徳林で精進料理を食べると、「どことなく料理として味気なくて頼りないのは、向島の雲水で普茶料理[45]を食うようなもので、わたしは二度とゆく気はなかった」と酷評している。[46] 谷崎と新居の好対照な評価は興味深く、中国精進料理は日本人の間でも好き嫌いが大きく分かれたといえる。

くわえて、『上海的吃』には記述がないが、⑯点心店（軽食店）も重要であった。点心店には「麺店」、「炒麺館」（焼きそば店）、「餛飩店」（ワンタン店）、「糕糰店」（餅菓子店）があり、「広東茶館」も午後には「焼売」（水餃子）、「水餃」、「饅頭」などを販売した。[47] 点心には、前述の天津・揚州式のほかに、上海当地式（「本幇」）と広東式（「広式」）があった。[48] 当地式の点心店としては、一九二〇年代初頭には四馬路の四如春があるだけだったが、大馬路に五芳斎が開店すると、その点心は四如春よりもよく、さらに北萬馨・沈大成などが開かれると、四如春の名前は聞かれなくなった。これらの店の点心は総じて古くさく、店の入口にはかまど台があって油の臭いが鼻をつき、点心の味はよくても中・下等の人々を集める店になっていた。他方、現代化された点心店としては、広東系の冠生園・大三元、揚州系の福禄寿・精美などがあり、これらは中流以上の人々を相手に商売しているので、旧来の店の客を奪うことはない。とくに福禄寿は一押しであり、その点心の小麦粉や具は凝《こ》っていて、店も設備が整い、座席もとても快適で、サービスも行き届いているが、値段は高かったという。[49] 一九三〇年代の上海では、「湯麺」（タンメン）、「湯糰」（もち米団子）、「餛飩」（ワンタン）、「湯糕」（外は固く中は柔らかい餅）、「炒麺」（焼きそば）、「炒糕」（炒め餅）、「水餃」（水餃子）、「小籠饅頭」（小籠包）、「鍋貼」（焼餃子）が「八宝」といわれた。[50] 注目すべきことに、当時の日本で一番人気の焼売が入っておらず、おそらく満洲ないしは華北から日本に流入してようやく戦後に流行した焼餃子が逆に入っている。なお、各地方料理の得意な点心としては、広東系の「伊府麺」（イーフーメン）、「各色大包」（各種饅頭）、「小巧甜鹼包餃焼売」（各種餃子・焼売）、北平・天津系の「薄餅」（薄皮の蒸し物）、「鍋貼」、鎮江系の「蟹黄湯包」（蟹味噌スープ饅頭）、「白湯餚麺」（パイタンスープ麺）、揚州系の「各色包餃焼売」、「春巻」、「千層糕」（何層にもなった中国菓子）、「発糕」（蒸しパン）などがあった。[51]

（7）日本料理

最後に、民国期の上海大衆には日本料理がまったく受容されていなかったことを確認しておきたい。上海では早くも一八八〇年頃に「東洋茶館」と呼ばれる日本茶屋が開かれ、八〇年代に大流行したが、日清戦争が勃発した一八九四年頃までに消滅した。そこではあくまでも日本の芸妓（「東洋妓女」）が人気を集めていただけであり、日本風の茶菓子なども供されたようだが、日本食文化の普及にはつながらなかった。[52] 一九三〇年刊行の美食ガイド『上海的吃』は、次のような日中比較食文化論を展開している。

すなわち、日本料理は中国料理と食材が正反対であり、例えば、豚の内臓を中国人は食べるが日本人は捨て、魚のはらわたを中国人は食べないが日本人は珍品としてとても好む。だから、中国人はたいてい日本料理を食べ慣れない。虹口には日本料理店がとても多いが、そのうち何軒かでは（椅子ではなく）地に座る陋習を維持し、客が入るとまず必ず靴をぬぐが、座りなれていない人には耐えられない。箸は木製でとても粗末であり、一度だけ使うと捨ててしまう（他方、後述の竹内逸などの日本人は、中国の箸が長すぎて食物を落としてしまうと不満であった）。料理は魚がもっとも一般的で、焼くときにはらわたを捨て去らないので、とても生臭く、海参・アワビ・ノリ（「紫菜」）などの海鮮もみな生臭い。「飯糰」（おにぎり）というものがあり、聞くところによれば日本人はそれを点心（おやつ）として食べ、駅では人が売り歩いているそうだが、虹口一帯の日本商店のガラス戸棚でも置いて売っている。[53]

このような近代中国人の日本料理に対する悪評は、たしかにこれから見ていく日本人の中国料理に対する好評と対照的であるが、そこに中国人の日本料理に対する好奇のまなざしを読み取れば、日本食文化の受容に向けた兆《きざ》しを見出すこともできるだろう。

二　日本の観光メディアにみる上海と東京の中国料理

（1）上海の日本人に人気の料理店

民国期の上海に関しては、日本語でも数多くのガイドブックが発行された。そして、中国語の『上海指南』（商務印書館編）に匹敵する生活ガイドとして『上海案内』[54]、『上海的吃』（狼呑虎嚥客編）などに匹敵する美食ガイドとして井上進（紅梅）の「上海料理屋評判記」[55]などがあった。

『上海案内』は一九一三年から二七年まで版を重ねたベストセラーの現地日本人向けガイドブックであり、そこには上海の日本人の中国料理に関する嗜好変化の記述がある。すなわち、中国各地方の料理のなかで、日本人には広東料理がもっとも口に合うという人が多い。[56]広東料理は中国全土に広く知られた甘い料理だが、一九一〇年代後半頃から、日本人の嗜好は同様に甘口の福建料理に傾いてきた。日本人が上海で中国料理を食べるには四馬路に行かねば気分が乗らないようで、とくに杏花楼（広東料理）・小有天（福建料理）・馥興園（寧波料理）・華慶園（寧波料理）などは人気があった。[57]一九二〇年代には、福建料理の小有天・消閒別墅、四川料理の古渝軒・都益処などがよく流行り、一品香やデパート食堂の東亜（先施公司内）・大東（永安公司内）は設備がゆきとどきハイカラで名高かった。虹口の呉淞路では日本人が長江春という中国料理店を一九二七年頃に開店しており、現地の日本人には便利であった。(58)

『上海案内』に挙げられるこれらの中国料理店の多くは、井上の「上海料理屋評判記」でも重複して紹介されており、日本人の間でも定番の人気店であったことがわかる。とくに広東料理の杏花楼は古くから四馬路にあったので、日本人の間でよく知られて多くの宴会が開かれ、中国料理は杏花楼にかぎると思っている人がかなりいたという。確かに杏花楼は、一九三〇年代後半のガイドブックでも依然として、日本人がよく行く店の筆頭に挙げられていた。(59) しかし井上によれば、杏花楼の特徴は、室内装飾が純広東式、つまり木彫金箔つきの隔壁と色ガラスのはめ込みという体裁にあるので、「気の利いた上海人」がいまさら足を向けることはなかったという。(60) ほかにも、上海の日本人と現地中国人の間で嗜好が大きく分かれたのは、安徽料理であった。前述のように安徽料理店は上海の人々が日常の食事によく利用したので多くの店が繁盛していたが、井上の酷評によれば、徽州料理店は上海市内の至る所に散在して油濃い物を食べさせており、値段はおしなべて一—二割安いが、不味いのと差引きするとかえって高いという。(61)

さらに注目すべきことに、上海の日本人と中国人は、料理のジャンルに関しても認識を異にすることがあった。一八八〇年(一説には一八八二年)に四馬路に創業された一品香は、初めて中国人が開いた老舗西洋料理店として知られた。ただし、一品香で出される西洋料理は中国人の好みに合わせて現地化されたものであった。一品香は一九一八年に西蔵路に移ると、旅館と西洋・中国料理の酒席を兼営した。そこの内装・設備(電話・扇風機・電灯など)は西洋式だが、娼妓を招いて賑やかに唱歌・演奏する飲食スタイルは中国式であった。(62) 他方、一品香の中国料理は、西洋料理式の中国料理(「番菜式的中国菜」)と認識されており、有名料理には蔡鍔(字は松坡、中華民国の初代雲南都督、袁世凱の帝制を阻止するため護国戦争を発動した)の食べ方に倣った「松坡牛肉」(豚の胃に牛肉を詰めた料理)などがあった。(63)

こうした一品香を、日本人たちは西洋料理店として利用することはなかったが、新式の中国料理店として利用していた。例えば井上は、一品香および先施・永安公司（華僑経営の百貨店）の食堂（東亜・大東）を「支那のハイカラ味」を味わう店と位置づけ、その料理は「香港上海式ともいうべきハイカラ支那料理」であるとし、とくに一品香はすべてにおいて先施・永安の食堂に優ると高く評価している。(64) 全国同盟料理新聞の主幹であった三宅孤軒の回想によれば、一品香に中国料理の仕出しを頼んで、上海随一の日本料亭・六三亭の庭で五〇〇人近い大宴会が催されたこともあった。ちなみに、その時の一品香の主人は台湾人で日本国籍であったという。(65)

また、先施公司内の東亜は、上海の中国人には代表的な広東料理店として知られていたが、日本語ガイドでは広東料理のほかに「香港上海式」(66)や「上海料理」(67)などに分類されていた。すなわち、現地の中国人にとって上海の地元料理（「本幇菜」）とは日常的な安い食物のことであったが、日本人ツーリストからすれば、香港の影響を受けて上海で洗練された新しいスタイルの高級中国料理こそが「上海料理」「上海式」に見えたのであり、それは実際には広東料理のことが多かった。こうして両大戦間期において、上海と東京では中国料理の認識に齟齬《そご》が生じることになった。

（2）小有天と日本人ツーリストたち

さて、近代上海の中国料理店のなかで、日本人には杏花楼と同じかそれ以上に有名になったのが、福建料理店の小有天である。小有天は、民国初年の開店当初には閘北の愛而近路（Elgin Road）にあってあまり知られていなかったが、李梅庵(68)の文人仲間に称揚され、続いて著名な革命党員に引き立てられて繁盛しだし、まもなく三馬路に移転してから一流店の仲間入りを果たした。小有天の室内には李梅庵の書いた対聯があり、上流人士たちの集うところとなり、その後日本人にも知られて、馬車や自動車が続々着くようになった。ただし、同じ小有天でも、日本人に招待された時はいっこうに美味しくないが、中国の名士から御馳走されるとまるっきり味が違うのは、料理店が客を見ているからであるといわれた。中国通のジャーナリスト・佐原篤介(69)によれば、小有天の福建料理の真価は孫文の招待を受けた者でなければ語れないという。(70) このことからは、小有天のような高級料理店が、中国の有力政治家の政略にも利用されていたことを確認できる。

こうした小有天が日本人ツーリストに注目されるようになったのは、直接的には芥川龍之介の紹介によるところが大きい。芥川は、大阪毎日新聞社の命を受けて、一九二一年三月下旬から七月上旬に至る一二〇日あまりの間に、上海・南京・九江・漢口・長沙・洛陽・北京・大同・天津などを遍歴して、帰国後に新聞に紀行文を連載し、さらに一九二五年に出版している。[71] その芥川の『支那遊記』は、彼自身が「Journalist 的才能の産物」[72]というように、例えば豫園の湖心亭に行っても、亭外の「病的な緑色」をした池に立ち小便をする中国人に眺め入るなど、[73]辛辣な批判的現実描写が際立っている。こうした記述は、一説には、谷崎潤一郎の「支那趣味」(幻想的な異国趣味)的な言説に対する反発・抵抗があったとも解される。[74]

芥川によれば、上海の料理店は居心地がいいものではなく、小有天でも部屋ごとの境は無風流な板壁であった。テーブルに並ぶ器物は、綺麗事が看板の一品香でも、日本の洋食屋に劣る。そのほか、雅叙園・杏花楼・興華川菜館でも、味覚以外の感覚はショックを受けるようなところばかりであった。上海東方通信社の波田博が芥川を雅叙園で御馳走した時、給仕に便所はどこかと聞くと、料理場の流しでしろといわれ、実際に芥川より先に油じみたコックが一人先例を示していたのだという。

しかし小有天は、東京の中国料理に比べればたしかに旨く、値段の安いこともざっと東京の五分の一であった。小有天の楼上で神州日報の余洵社長と食事をした時、大勢の美人娼妓を見た。雅叙園の局票(妓女を呼びにやる用箋)には、隅に「毋忘国恥」と排日の気焰をあげていたが、小有天のものにそうした句はなかった。何人もの美しい芸者が入って来た後、嬌名一代を圧した林黛玉が一座に加わったのは、食卓のフカヒレのスープが荒らされてしまった後だった。林黛玉は五八歳とはどう考えても嘘のようで、せいぜい四〇としか思えない。彼女がいかに才気あるかは、話しぶりからもすぐに想像でき、胡弓と笛に合わせながら秦腔(中国西北の地方劇)の唄を歌いだした時は、その声とともにほとばしる力もたしかに群妓を圧倒していたという。[75]

芥川の紀行文の影響力が大きかったことは、東亜同文書院の学生による上海の中国料理店に関する調査旅行報告（一九二二年七月）からもわかる。そこでは小有天が、「芥川龍之介氏の小説により紹介される所」として筆頭に紹介される。続いて、小有天と並んで日本人の多い店として四馬路の杏花楼、外国人・日本人客が多い店として南京路の先施公司内の東亜と永安公司内の大東が挙げられた(76)。東亜同文書院の学生たち以外にも、一九二〇年代に芥川の上海紀行を読んで小有天を訪れた日本人ツーリストは、少なからずいたはずである。

美術評論・小説・随筆家の竹内逸（一八九一―一九八〇年）も、そうしたツーリストの一人であった。竹内は、日本にいても一日一食は中国料理かパン食という外国好きであり、中国では物売りに煩わされず、あたりの人々に注視されることもないように、中国服を着て歩くというほどの中国通でもあった。竹内の『支那印象記』の南中国に関する記述の半分は、一九二〇年と二一年の夏に『大阪時事新報』などに連載されたものをもとにして改作されていた。竹内が芥川の『支那遊記』に大きく影響を受けていることは、「上海有数の料理店のその料理場で『支那遊記』の著者を戸惑わせたこと」（前述の雅叙園での体験）を何度も経験すると、茶館で容易に茶を飲めなくなるとあることからわかる(77)。

竹内『支那印象記』は芥川『支那遊記』と同様に、三馬路の福建料理店・小有天での宴席を詳細に活写している。料理では、家鴨《あひる》の舌、鳩の玉子、燕の巣、鰻の腸《はらわた》、家鴨の脳味噌などの珍味が出され、さらにそれらに続いて出された家鴨の脚骨は、膝関節が縦断されており、腎液を食べるそうだが、箸の先端に引っかかったのは小粒の葛糊にすぎず、いかに敏感な味覚といえども少量すぎるという。それを賞味していると、「やア……！　やア……！」と怒鳴り返る声がするので振り返れば、一人の料理人が舞踏しながら入ってきて、金串二本で突き刺した丸焼きの鶏を両手に捧げていた。聞けば、その鶏が他客に使った残り物ではないことを示していたのだという。そして、竹内の隣席には、東京の中国料理店・偕楽園の主人（谷崎潤一郎の友人であった笹沼源之助（一八八七―一九六〇年）と思われる）が座っており、二人は「あなたの家の料理と大分違ってますぜ」「えゝあれは余程日本式で……」という会話を交わしたという(78)。

このような竹内のいきいきとした料理店情報を読んだ日本人が、さらに新たなツーリストとなって上海の小有天を訪れることもあっただろう。さらに偕楽園の主人は、福州や厦門《アモイ》の福建料理でなく上海の福建料理を賞味していたのである。両大戦間期において、食都・上海の中国料理が日本に影響を及ぼしていたのであり、東京の高級中国料理はおもに上海経由で受容されていた。

(3) 東京・偕楽園の越境的料理

偕楽園（一八八二―一九四四年）は、もと長崎通辞（中国語通訳）の陽其二《みなみきじ》(79)など主に長崎出身者が発起人となり、長崎出身の政治家・伊東巳代治《みよじ》が援助し(80)、渋沢栄一(81)・大倉喜八郎・浅野総一郎といった財閥創始者が出資して、一八八三年に日本橋で創業された日本最初期の大型中国料理店である。支配人として業務を委ねられた笹沼源吾の長男・源之助は、谷崎潤一郎の小学校の同窓生で終生の友となる。谷崎によれば、当時の東京の街ではめったに嗅ぐことのできない異国的でおいしそうな匂いは、谷崎少年の食欲を甚だしく刺激して、毎日こうしたものを食べている笹沼の境遇が羨ましくてならなかったという。谷崎は、小学校で笹沼源之助が弁当箱に「豚のお団子、豚の肋骨の肉の飴煮、黄菜《ワンサイ》と云ふ支那風のオムレツ、高麗《コウライ》と云ふ支那風の天ぷら」を入れて持ってくると、おかずを交換してもらって食べていたという(82)。

偕楽園の早期の献立は、大橋又三郎の探訪記（一八九五年）に記されている。すなわち、「上等　四客以上一客金一円五十銭」は「菜単○芙蓉燕絲○白汁魚翅○紅焼鴿子○清湯全鴨○金銭鴿蛋○鷃鶉崧〔ウズラか――岩間補注〕○水鴨片○炸蝦球○東坡肉」「点心○焼売○紫菜湯」「小菜○六様」とある。さらに訪問記は、「東坡肉は、既に卓子式《しっぽく》にも出で丶、豚の膏《あぶら》肉を調したるものなり、小菜は、支那焼の腰高き食器に盛り、羹物類は、花形又は六角形のいずれも異《かは》りたる小碗に盛りたり、箸を白紙に包み、赤唐紙に□〔一字不明〕帯し、散蓮華花を小碟に上せて出だせる等、卓子式と同じかり」と論じ、中国製の紫檀の食卓や器皿などもくわえて、長崎の卓袱料理と多くの共通点を見出している。ただし、日本式の座敷に座布団で座るのではなく、本場中国式に椅子に座るほうがいっそう興味深いと注文もつけている。また、中国酒（紹興酒）はビールに似ていると評されており、まったく認知されていなかったことがわかる。こうした偕楽園の献立が明治期の数多くの料理書で紹介されていくのであり[83]、それゆえ当時の中国料理は、江戸時代に長崎から京都・大阪・江戸に伝わって一時期ブームとなった和華蘭折衷の卓袱料理に近いものであり、またその延長上で理解されて親しまれていたといえる。

しかし、大正・昭和期に入ると、偕楽園の中国料理は時代遅れのものとなりつつあった。当代きっての中国通言語学者の後藤朝太郎(一八八一―一九四五年)は、一九二〇年代初頭に偕楽園を手厳しく酷評している。すなわち、偕楽園のように、隠居老人向けにまた小鳥の餌のように、あまりにチビチビと物惜しそうに出してくるのは、物足りないし中国料理の気分がしない。中国料理の気分は、物の豊かさにあることが一つの条件であり、あり余るものを下男・雇人などに分け与えるのが「支那式のデモクラティックなところ」であるから、偕楽園には改良の余地がある。また、料理の出し方も小皿を使いすぎているが、中央の大井の数を増やしたほうが、箸をつけながら親しみが増してくるし、中国らしくてよいと思う。さらに、各部屋に床の間があったり、畳が引いてあったりするのは、正面入口の紅壁と調和しない感じがするという。ただし、偕楽園が日本座敷の中央に据えていた長崎製の真っ赤な丸い卓袱台だけは[84]、臨時に客が増えてもよいし面白いと評価している[85]。

他方、一九三〇年代になると、偕楽園にはむしろ歴史的な価値が見出されて、高く評価されることがあった。都市風俗を得意分野とし、フードジャーナリストの先駆けでもあった新聞記者の松崎天民(一八七八―一九三四年)によると、「あの支那料理など、四五円の宴会で食べさせる物は、支那料理でなくて日本料理だよ」と昔からずいぶん取り沙汰されてきたが、東京における偕楽園の存在は、中国料理を口慣らしさせただけでも大きな功績といってよい。日本化した淡白な風味はけっして食べられないことはなく、支払いの四分の一は建築費用かと思うくらいの堂々たる構えも偕楽園の特色であり、「過去の開拓使」としての偕楽園にはけっして好意がもてないわけではない。「支那料理と云ふものは、あんなにあつさりして、脂肪臭くも濃くもないものか」ということを手ほどきしてくれた点に、「淡い功名に似た偕楽園の使命」があった。偕楽園など東京の中国料理店は、「支那料理」と自称しているけれども、実は未完成ながらも「一種の超国境的料理」といえなくもない。だから、その料理の

形体や風味があまりに日本化しているといわれても、けっして店の不名誉とはいえないのだという。(86)

こうして、評論家たちが偕楽園をはじめとする東京の現地化した中国料理を「過去の開拓使」「超国境的料理」などとして再評価しはじめた頃、中国料理店の側は時代の要請に応えて味の改良を試みるようになっていた。とりわけ一九二三年の関東大震災以後、東京で中国料理店が急増し、家庭でも中国料理が作られ、メディアでも中国料理に関する情報が氾濫するなかで、大衆化した中国料理はエスニック料理としての物珍しさを失った。(87)食都・上海の中国料理も、若干の偏向や時差を伴いながら日本の大衆に伝わっていた。そして東京の消費者は、江戸時代の長崎にルーツのある卓袱風の日本式中国料理よりも、同時代の上海に近い中国料理を「純粋」「本式」の味として求めるようになっていた。谷崎潤一郎によれば、「純粋の中華料理」が流行るようになると、偕楽園も時勢におされて中国人コックを招聘し、中国風の部屋を増設して、「本式の支那料理」を作るようになったという。(88)民国期の食都・上海における美食体験が、東京の中国料理に嗜好変化をもたらして、上海—東京の食文化の同時代化を促していたのである。

一九二〇年代の東京における中国料理の台頭はめざましく、広東・北京・上海料理などがあった。しかし、上海から来る料理人が多くなるにつれて、中国料理といえば「上海流が全体の七八割」を占めるようになったという。食通向けの月刊誌『食道楽』で当時を「支那料理時代」と称した丹後四郎は、横浜だけは広東流が行き渡っているものの、東京では「何も彼もが上海風になつて、真の広東料理を食べさせる家が、次第に少くなつたことも遺憾である」と嘆いていた。(89)

おわりに

民国期の食都・上海における食のトレンドは、当時の政治状況の推移といくらか関係があったといえる。清末期には北京・天津料理が盛んであった上海では、辛亥革命後に革命軍勢力が台頭したのにともなって福建料理が勃興し、さらに革命の発端となる民衆蜂起が起こった四川の料理も流行った。このうち福建料理は中国海軍のための料理となって、上海の軍港・司令部周辺でも食べられていたことが興味深い。また、当時の上海の四川料理は辛いものが中心ではなく、四川の地元民に食べられていた麻婆豆腐も上海には伝わらなかった。一九三〇年前後には、安徽料理も一世を風靡した。しかし、これらの流行はみな長続きせず、広東出身の華僑商人たちが上海随一の繁華街・南京路に開業した四大デパートの食堂を発信源とする広東料理の興隆に飲み込まれた。さらに上海の広東商人は、点心のジャンルでも革新的な店舗を出していた。広東料理の勃興は、蔣介石の北伐にも喩えられるほど勢いがあった。ただし、同時代の日本で一番人気となっていた広東系の焼売は、上海ではそれほど普及しなかった。こうしたなか、代表的な高級食材であるフカヒレや海参（いりこ）は日本の重要な輸出品であり続け、日中戦争期には日本の宣撫工作にまで利用されることになった。ただし、日本料理は一九二〇年代までに好奇の対象とはなったものの、中国における日本の帝国主義的な拡張とは関わりなく、普及することはなかった。

このように民国期の上海では各地方料理が著しく発達した一方、それらが一体化して上海料理（「上海菜」）が確立されるまでには至っておらず、それゆえ地元料理の高級店もなかった。[90] こうしたなかで日本人ツーリストの間では、四馬路の老舗広東料理店・杏花楼が定番となり、福建料理の小有天が芥川龍之介の紀行に登場してからもっとも有名になった。一九二〇年代の小有天には、芥川に続いて東亜同文書院の学生、美術評論家の竹内逸、そして東京の老舗中国料理店・偕楽園の主人などが訪れた記録がある。日本人ツーリストは、中国人が初めて開いた老舗西洋料理店の一品香でも中国料理だけを食べ、広東出身の華僑たちが開いたデパート食堂でも広東式の洋食は食べず、中国料理を食べるにしても広東料理としてではなく「香港上海式」の「ハイカラ支那料理」ないしは「上海料理」と認識していた。近代上海を訪れた日本人ツーリストたちが体験した中国料理（「支那料理」）とは、上海の人々が日常的に食していた地元上海の料理（「本幇菜」）ではなく、たいてい広東料理や福建料理であった。[91]

こうしておもに上海経由で最新の中国料理を受容していた近代日本においては、上海で流行して上海風となった中国の各地方料理、とくに広東・福建・北京料理が厳密な区別のないまま広まった。例えば、明治期から長崎・卓袱風の中国料理を出していた東京の偕楽園も、両大戦間期の上海で中国と日本の中国料理のちがいを自覚し、中国人コックを招聘して「純粋」「本式」の中国料理を出しはじめたが、それは実際には上海風の料理（ただし上海料理ではない）であったといえる。上海を訪れた日本の美食家や料理業者およびツーリストたちが中国と日本の食文化の国際交流を促すなかで、民国期の食都に興った上海風の広東・福建・北京料理が、日本人にとってもっともなれ親しんだ中国料理の味覚になっていったのである。

（1）後藤朝太郎『支那料理通』（三省堂、一九二九年）一三九頁。
（2）宮尾しげを「支那食物漫談」（『支那街頭風俗集』実業之日本社、一九三九年）二三二―二四〇頁。
（3）井川克己『中国の風俗と食品』（華北交通社員会、一九四二年）一五八頁。
（4）柯政和『中国人の生活風景』（皇国青年教育協会、一九四一年）一七一―一九〇頁。
（5）佐藤真美『支那料理の話』（満洲観光局、一九四二年）三頁。
（6）前掲井川『中国の風俗と食品』一五八頁。岩村成正「北京の飯館子」（安藤更生編『北京案内記』新民印書館、一九四一年初版、一九四二年八版）二六三―二七〇頁。
（7）民国期上海の食文化については、唐艶香・褚暁琦『近代上海飯店与菜場』（上海辞書出版社、二〇〇八年）、Mark Swislocki, *Culinary Nostalgia: Regional Food Culture and the Urban Experience in Shanghai*, Stanford, California: Stanford University Press, 2009 のほかに、とくに西洋料理について、鄒振環「西餐引入与近代上海城市文化空間的開拓」（『史林』二〇〇七年四期（総第一〇〇期）、二〇〇七年八月）一三七―一四九頁、陳尹嫃「西餐館与上海摩登（一八四二―一九四九）」（国立中正大学歴史研究所修士論文、二〇〇八年）、陳元明「清末民初的上海西餐館――以「区分」、「認同」、「空間」及「失礼」為主的初歩討論」（『東華人文学報』一五期、二〇〇九年七月）一六五―二一九頁、柯伶蓁「珈琲与近代上海」（国立台湾師範大学歴史系修士論文、二〇〇一年）など多くの優れた研究がある。本稿はおもに日本語史料を用いて、上海—東京の食文化交流史の視点から再考したい。なお、西洋料理については紙幅の関係から別の機会に譲る。

（8）井上進（紅梅）「上海料理屋評判記」（『支那風俗』上海、日本堂、一九二〇年）七七—一四三頁。

（9）Mark Swislocki, *Culinary Nostalgia*, pp. 205-216.

（10）近代日本人の中国紀行に関する先駆的かつ網羅的な研究としては、Joshua A. Fogel, *The Literature of Travel in the Japanese Rediscovery of China, 1862-1945*, Stanford, California: Stanford University Press, 1996があるが、満洲や華北については高媛・瀧下彩子の一連の研究が興味深く、上海については拙稿「大衆化するシノワズリ——日本人旅行者の上海イメージと上海の観光都市化」（『現代中国』八七号、二〇一三年九月）一七—三二頁などがある。

（11）本稿は近代日本人の中国料理観の変遷も考察対象としているが、それと比較されるべき欧米人の中国料理観については、J. A. G. Roberts, *China to Chinatown: Chinese Food in the West*, London: Reaktion Books, 2002がある。ロバーツによれば、西洋人にとって中国の食物を食べることは文化的に肯定される行為ではなく、一九世紀の中国開港場において地位のある西洋人はほぼすべて中国の食物を拒否するか、ばかにしていた。しかし、一九三〇年代までには少数の唯美主義者たちが中国の食物を賞賛しはじめ、日中戦争期には中国に共感するジャーナリストなどが中国支援を表明するために中国民衆と同じ食物を食べ、国共内戦期には中国の農民の食べ物を喜んで食べることが共産党を受け入れる証しにもなった。とはいえ、これらの人々の志向は主流にはならなかった。他方、欧米圏の大衆には、一八八四年のロンドン万国衛生博覧会における中国料理店の出店、一八九六年の李鴻章の訪米、一九三九年の金門万国博覧会によるサンフランシスコ・チャイナタウンの観光地化などをきっかけに、中国料理が認知されるようになり、一九四〇年代までにはチャプスイ（中国風雑炊・シチュー）などが広く受け入れられるようになったという。さらにアメリカの中国料理に関する最新の歴史研究としては、Yong Chen, *Chop Suey, USA*, New York: Columbia University Press, 2014がある。

（12）これらの都市案内の出版の目的・背景については、林美莉「旅客遊観与市民城居的双重変奏——近代華文上海指南書刊的編纂策略」（中央研究院近代史研究所主催「全球視野下的中国近代史研究国際学術研討会」（台北）口頭発表論文、二〇一四年八月一二日）に詳しい。

（13）前掲佐藤真美『支那料理の話』六頁。

(14) 前掲羽原又吉『支那輸出日本昆布業資本主義史』二九七頁。最初に昆布・ナマコ・貝柱・塩鮭・塩鱒の五つが統制輸出品目に選ばれたという。

(15) 前掲井上進（紅梅）「上海料理屋評判記」八五頁。他方で独鶴（「滬上酒食肆之比較」『紅雑誌』三三期、一九二三年（月記載なし）、四四―四八頁）は、清末上海の中国料理は蘇州・北京・広東・鎮江の四種類であったとするが、辛亥革命後に福建・四川料理が勃興したとする点は井上と同じである。井上のいう南方派の政治勢力とは、許崇智（辛亥革命時の福州の蜂起軍および福建軍政府・中華民国臨時政府陸軍の総司令を務め、一九一三年の第二革命でも革命派に呼応したが敗北して上海に逃走した）ないしは後述の福建（「閩」）系海軍などを指すと思われる。ただし井上は、四川省が辛亥革命につながる民衆蜂起の発源地になって注目を集めたことと四川料理の流行との関わりについては何も述べていない。

(16) 民国期上海における各地方料理の盛衰については、Mark Swislocki, *Culinary Nostalgia*, pp. 142-175 でも考察され、本稿と矛盾のない論述が示されている。

(17) 冷省吾『最新上海指南』（上海文化研究所、一九四六年）一〇八頁。

(18) 独鶴「滬上酒食肆之比較（続）」（『紅雑誌』三四期、一九二三年（月記載なし））一九―三〇頁。

(19) 同前。

(20) 前掲冷省吾『最新上海指南』一〇八頁。

(21) 東京・浜町の「京蘇菜館　濱のや」の主人・富山栄太郎によると、都益処の調理技術は一流で、グリンピースを煮たものなど簡単な料理を格別旨く作ることができ、宮内省の初代主厨長として大正・昭和期に天皇家の食事を司った秋山徳蔵も、一九二二年に中国で学んだ際に見学に訪れたという。富山栄太郎「上海雑記」（『食道楽』五年五号、一九三一年五月）三一―三五頁。

(22) 前掲冷省吾『最新上海指南』一〇六―一〇八頁。

(23) 横田文良『中国の食文化研究　北京編』（辻学園調理製菓専門学校、二〇〇六年）一八五頁。

(24) 麻婆豆腐は、一八六二年（同治初）に四川省成都・万福橋の食堂にて陳春富というコックの妻が作りはじめたものであり、彼女の顔にあばたがあったことから「陳麻婆豆腐」（さらに略されて「麻婆豆腐」）と称されるようになったという逸話が伝わる。麻婆豆腐は、清末に成都では有名になったが、地元庶民の食物であり、高級料理店で出されるようなものではなかったと考えられる。麻婆豆腐が全国に広まるのは、日中戦争期に中国各地の人々が国民党支配下の成都に退避し、戦後に各地に戻ってからである。人民共和国が成立すると共産党支配から逃れるなどしたコックたちが、四川料理と麻婆豆腐を香港・台湾さらに日本へと伝え、とくに日本では陳建民の功績によって著しく発達した。改革・開放後、陳麻婆豆腐が四川料理の伝統的有名料理（「伝統名菜」）に格付けられ、陳麻婆豆腐店は国家によって「中華老字号」（中華老舗料理店）に指定されて東京にも支店を出している。中国国内の権威から見ると、戦後日本で独自に発達・大衆化した麻婆豆腐は「真正」「正宗」（正統）ではないものとして位置づけられることになる。

(25) 孫宗復編『上海遊覧指南』（中華書局、一九三五年一月初版、九月訂正再版）六〇頁。

(26) 前掲冷省吾『最新上海指南』一〇四―一〇六頁。

(27) 王定九「吃的門径」（『上海門径』上海中央書店、一九三七年）八頁。

(28) Mark Swislocki, *Culinary Nostalgia*, pp. 165-175.

(29) 銭一燕「吃在上海」（『食品界』第八―一〇号、一九三四年初出。厳毅編『食品大観』中国出版社、一九三六年、二三―三一頁に松年著として再録）。

(30) 前掲孫宗復編『上海遊覧指南』六一頁。

(31) 商務印書館編訳所編『上海指南』七版（一九一二年（民国元）一〇月）巻五、食宿遊覧、五頁。

(32) 前掲独鶴「滬上酒食肆之比較（続）」。

(33) 王定九『上海顧問』（上海中央書店、一九三四年）二三一頁。前掲王定九「吃的門径」（『上海門径』）一五―一七頁。

(34) 例えば、一九三三年に海軍部が編纂した『海軍部職員録』によると、海軍部内の二〇四人のうち福建人が一四二人を占めたという。王家倹「閩系海軍歴史地位的重新評価」（李金強他主編『我武維揚――近代中国海軍史新論』香港海防博物館、二〇〇四年）一二―二五頁。

(35) 同前。

(36) 前掲銭一燕「吃在上海」（『食品界』）。

(37) 前掲孫宗復編『上海遊覧指南』六二―六三頁。

(38) 前掲冷省吾『最新上海指南』一〇九―一一〇頁。

(39) 同書、一一〇―一一一頁。

(40)谷崎潤一郎「上海交遊記」(『女性』九巻五号、一九二六年五月)一四四―一五九頁。

(41)前掲独鶴「滬上酒食肆之比較(続)」。

(42)ただし、「船菜」は無錫料理に分類されることもあった。王定九(『上海顧問』二三一―二三二頁、前掲「吃的門径」二七―二九頁)によれば、「船菜」は一九世紀末の無錫で人気になった高級料理であり、国民政府による娼妓の禁止後に無錫では廃《すた》れたが、上海で料理だけ再現されたという。Mark Swislocki, *Culinary Nostalgia*, pp. 168–169.

(43)前掲谷崎潤一郎「上海交遊記」(『女性』)。

(44)新居格の上海体験に関する専論として、西村正男「新居格と中国――あるアナキストにとっての「国境」」(『徳島大学国語国文学』一六号、二〇〇三年三月)二四―四八頁がある。

(45)普茶料理とは、江戸時代に隠元が日本に伝えた料理であり、つまり一七世紀当時の中国精進料理(「素菜」)が日本化したものである。

(46)新居格「上海断景」(『旅』一九三七年一一月号)六九―七〇頁。

(47)前掲商務印書館編訳所編『上海指南』七版、巻五、食宿遊覧、後五頁。

(48)前掲孫宗復編『上海遊覧指南』六九頁。

(49)老饕「吃在上海」(『机聯会刊』一四六期、一九三六年七月)二五―三〇頁。

(50)前掲銭一燕「吃在上海」(『食品界』)。

(51)前掲老饕「吃在上海」(『机聯会刊』)。

(52)「東洋茶館」については、池田信雄(桃川)『上海百話』(日本堂書店、一九二一年)一一―一六頁。唐権『海を越えた艶ごと』(新曜社、二〇〇五年)一六一―一二五三頁。

(53)前掲狼呑虎嚥客編『上海的吃』二二―二三頁。

(54)『上海案内』第一版は、上海に金風吟社(後に「金風社」と改名)を起業した島津長治郎が編集・出版を一手に担って一九一三年に刊行した。その後、第一一版(杉江房造編、日本堂(上海)、一九二七年)まで刊行される。『上海案内』について詳しくは、孫安石「日本人が見た上海イメージ――『上海案内』の世界」(『近代中国都市案内集成 上海編』第一巻、ゆまに書房、二〇一一年)一一―四六頁。

(55)前掲井上進(紅梅)「上海料理屋評判記」七七―一四三頁。

(56) 島津長治郎編『上海案内』(金風吟社、一九一三年第一版)三一頁。
(57) 嶋津長次郎編『上海漢口青島案内』(金風社、一九一七年第七版)一六六―一七〇頁。当時の日本人の嗜好に福建料理がよく合ったことは、平野健『上海渡航の栞』(日本堂書店、一九二〇年)五二頁にもある。その理由は不明だが、長崎華僑の多くは福建出身者であり、明治期までの日本の中国料理は長崎の卓袱《しっぽく》料理の影響がとても強かったので、日本人には福建料理の味がなじみやすかったと考えられる。同様に広東料理も、横浜華僑の影響があって日本人に受け入れられやすかったのだろう。
(58) 杉江房造編『上海案内』(日本堂、一九二七年第一一版)三五五―三五六頁。
(59) 濱田峰太郎『大上海 要覧・案内』(上海出版社、一九三五年)三二〇頁。藤井清編『上海』(日本国際観光局、一九三九年)七四頁。
(60) 前掲井上進「上海料理屋評判記」九二頁。
(61) 同前、一一九頁。
(62) 唐艶香・田春明「一品香与近代上海社会」(『理論界』総第四一二期、二〇〇八年六月)一二八―一二九頁。
(63) 独鶴「滬上酒食肆之比較(続)」(『紅雑誌』三五期、一九二三年(月記載なし))一四―二五頁。
(64) 前掲井上進「上海料理屋評判記」七八―八〇頁。ほかにも、前掲平野健『上海渡航の栞』五二頁は、上海の代表的な中国料理店の一つに一品香を挙げて、「於支那新式」と位置づけている。
(65) 三宅孤軒「支那料理漫談」(『食道楽』四年一〇号、一九三〇年一〇月)二九―三一頁。
(66) 前掲井上進「上海料理屋評判記」七八頁。
(67) 日本郵船株式会社編『上海近傍観光案内』(一九一六年一二月)、同『上海航路案内』(一九二八年六月三版、一九三〇年一〇月改訂四版、非売品)など。
(68) 李瑞清(一八六七―一九二〇年)は教育家・書画家で、中華民国の官職にはつかず「清道人」を自称した。芥川龍之介(『支那游記』改造社、一九二五年、五七頁)によれば、一度に蟹を七〇匹ぺろりと平らげてしまうくらい非凡な胃袋の持ち主であったという。
(69) 一八七四―一九三二年。慶應義塾大学部法科に学び、一八九八年に『東京時事新報』の特派員として上海に赴任する。義和団の乱の取材をして一九〇一年に編纂した『拳匪記事』によって注目される。日露戦争中には上海を中心に特務に従事して、バルチック艦隊東航の進路を諜知し、一九一四年の青島出兵でも特務に従事した（黒龍会編『東亜先覚志士記伝』下巻、黒龍会出版部、一九六六年、六二七頁）。一九二六年に『盛京時報』の二代目社長に就任し、満洲言論界の重鎮となった。詳しくは、華京碩「佐原篤介と満鉄子会社時期の『盛京時報』」（『龍谷大学大学院研究紀要 社会学・社会福祉学』二〇号、二〇一三年三月）二三―三六頁。

(70) 前掲井上進「上海料理屋評判記」九四―九五頁。

(71) 芥川龍之介「自序」（『支那遊記』改造社、一九二五年）。

(72) 同前。

(73) 芥川龍之介、同書、二二一―二二三頁。

(74) 秦剛「芥川龍之介と谷崎潤一郎の中国表象――〈支那趣味〉言説を批判する『支那遊記』」（『国語と国文学』八三巻一一号、二〇〇六年一一月）五七―六九頁。

(75) 芥川龍之介「南国の美人」（上）（中）（前掲『支那遊記』）五七―六四頁。

(76) 東亜同文書院編『中国調査旅行報告書 大正一一年七月（第一六回）（第一九期生）』第二五巻、上海調査四、第三編上海ニ於ケル看板、第一三章料理屋。

(77) 竹内逸『支那印象記』（中央美術社、一九二七年）三、四〇、五二、五五頁。

(78) 竹内逸「醼席小有天」（前掲『支那印象記』）五九―七二頁。

(79) 陽其二については、丸山信編『人物書誌大系三〇 福澤諭吉門下』（日外アソシエーツ、一九九五年）七頁。

(80) 後藤朝太郎『支那料理の前に』（大阪屋号書店、一九二二年）三頁。

(81) 渋沢栄一は同族会（一八八九年創設）で偕楽園をよく用い、また、栄一の長女・歌子は夫・穂《ほ》積《づみ》陳重《のぶしげ》や親戚と芝居を見た後に偕楽園で食事をしたことを日記に記している。前坊洋『明治西洋料理起源』（岩波書店、二〇〇〇年）二〇六―二〇七頁。

(82) 谷崎潤一郎「幼少時代」（『谷崎潤一郎全集』第一七巻、中央公論社、一九八三年）四一―二五三頁、初出は『文藝春秋』一九五五年四月号―一九五六年三月号。

(83) 東四柳祥子「明治期における中国料理の受容」（『梅花女子大学食文化学部紀要』三号、二〇一五年三月）三三―四六頁。

(84) 谷崎潤一郎「幼少時代」(前掲『谷崎潤一郎全集』第一七巻)一三二頁。
(85) 後藤朝太郎「東京に於ける支那料理」(『支那料理の前に』、大阪屋号書店、一九二二年)二一―六頁。
(86) 松崎天民『三都喰べある記』(誠文堂、一九三二年)四五―四八頁。
(87) 東四柳祥子・江原絢子「近代料理書に見る家庭向け中国料理の形成とその受容の特質」(『日本食生活文化調査研究報告書』二三号、二〇〇六年一一月)一―六一頁。
(88) 谷崎潤一郎「幼少時代」(前掲『谷崎潤一郎全集』第一七巻)一三二頁。
(89) 丹後四郎「支那料理時代」(『食道楽』一四号、一九二八年九月)二〇―二一頁。
(90) 台湾でも地元庶民の食物が「台湾料理」として確立されていくのは日中戦争期の一九三〇年代末以降であり、そうした台湾料理が「台菜」として多くの料理店で提供されるのは一九六〇年代以降のことであった。曾品滄「郷土食和山水亭――戦争期間「台湾料理」的発展(一九三七―一九四五)」(『中国飲食文化』九巻一号、二〇一三年四月、一一三―一五六頁)などを参照されたい。
(91) それゆえ、改革・開放期に確立されていく上海料理(「海派菜」)は、民国期の地元庶民料理(「本幇菜」)を再生させたものではなく、中国各地の高級料理を上海風に洗練させたものになった。Mark Swislocki, *Culinary Nostalgia*, pp. 219–240.

第11章　近現代中国における民間信仰と「迷信」の表象
——江南地方の場合

佐藤仁史

はじめに

本稿は筆者が専門とする中国江南地方の事例を中心として、本書の主題である近代中国における表象のあり方を検討するものである。本稿において特に取り上げるのは民間信仰をめぐってさまざまなレベルでの言説に現れる表象の重層性と変容についてである。

中国史研究において民間信仰は、それが地域社会統合に果たした役割や国家による社会把握の方法の一つとしてつとに着目されてきた。前者については、明清期や近代において国家の統治が基層社会に及ばない状況のなか相互扶助を達成する媒体としての側面に関心が集まってきたように思われる。清代中期の四川社会を分析した山田賢によれば、流動性のきわめて高い四川社会において宗族形成をなし得なかった同族集団は「白蓮教」集団に結集して相互扶助を果たしていた(1)。また、明末江南社会の高度な商業化がもたらした基層社会の変動を追跡した濱島敦俊は、里甲制の解体に伴い江南農村では土神信仰を媒介とした「社村」や、「社村」と市鎮との間に信仰圏が形成されたことを明晰に指摘している(2)。

後者についてみてみよう。明朝や清朝は、五通神信仰のような邪神や淫祠の取り締まりを繰り返し行うのと同時に、さまざまな神明に絶えず封爵して朝廷の祭祀体系の中に彼らを位置づけることで、社会の側の自律的な動きを一定の型にはめて国家体制に取り込もうとした。J・ワトソンが「神明の標準化」と呼んだこの過程は、江南地方の劉猛将軍信仰においても例外ではなかった[3]。また、華北農村社会における近代国家の浸透の過程と実態を論じたP・ドゥアラも、人的にも物的にも基層社会にまで支配を貫徹しえなかった王朝国家が文化的なきずなによって社会を取り込んでいたと指摘する。彼が取り上げたのは華北社会における関帝信仰であり、関帝も媽祖《まそ》と同様に歴代王朝によって度々封爵されたことを考えれば、彼の議論においてもワトソンのいう「神明の標準化」を通した国家による社会の把握の特徴が示されている[4]。ドゥアラの議論は近代国家の社会への浸透がそうした繋がりを切り裂いてしまった点に重点が置かれている。

以上のような先行研究の成果を踏まえて本稿では、近現代期の江南農村における民間信仰を国家がどのように認識し、どのように対処してきたのか、また官や知識人層においてどのように表象されていたのか、かような表象のありようは民衆のそれとどのような違いがあったのかについて、様々な性質の表象の重層性と変容に着目して分析する。

ところで、本稿の分析で用いる手法の特徴の一つは筆者のフィールドワークによる知見を大きく反映させている点である[5]。国家や士大夫・在地知識人によって残された文献史料では「田間小民の鄙事」として偏見をもって記されるか、詳細には記されない民間信仰の実態については、基層社会に赴いて人々の声を聞く必要がある。基層社会において民間信仰が何を表象しているのか草の根的な視点から明らかにすることは、文献の立体的な読み込み、すなわち文献史料に表れる異なる表象のあり方やその時代的変遷を浮き彫りにすることに裨益《ひえき》するところが大きいように思われる[6]。

以下、第一節では、フィールドワークによって得られた知見をもとに、いわゆる「伝統中国」期の江南農村において地方神信仰が人々にとって何を表象したものであったのかを概観する。第二節では、清朝による民間信仰の取り締まりとその背後にあった正当性の観念について分析する。第三節では清末に西洋と出会うことによってもたらされた西洋発祥の文明観や愛国主義によって、民間信仰がどのように捉えられるようになったのかを検討する。第四節では現代中国において影響力を有した階級闘争史観にたつ民間信仰観をみてみる。

一　神と人――フィールドワークからみる民間信仰

(1)　江南社会と劉猛将軍信仰

ここでは、江南地方、とりわけ太湖流域一帯において広く信仰を集めている劉猛将軍(劉王)信仰に関する調査に即して、一九四九年以前の基層社会の人々にとって民間信仰が表象するものは何であったのかを考えてみたい。劉猛将軍信仰が基層社会の統合において果たした役割については、民国期に農村調査を行った費《ひ》孝通《こうつう》や福武《ふくたけ》直《すなお》といった社会学者によってつとに指摘されていた。[7] また、一九八〇年代末にフィールドワークを行った濱島敦俊は劉猛将軍信仰を含む明清期江南の地方神信仰を総称して「総管信仰」と概括し、他地域において駆蝗《くこう》神《しん》とされた劉猛将軍が江南においては水上安全の神や施米《せまい》神としてあがめられるようになったことを指摘する。[8] しかしながら、劉猛将軍がいったい誰であるのかについては諸説があり確定されていない。[9] こうした地方神の変容の背景には、明末以降の商業化の進展に伴って出現した里甲制の解体と、新たな状況に対応して再編成された基層社会の統合のあり方と密接に関連していた。村レベルにおいては、地方神信仰を媒介として緩やかに統合される「社村」という形態の繋がりや、「社村」と市鎮の城隍廟・東嶽廟との間に擬似的行政関係ともいえる信仰圏が形成されたことも指摘されている。[10]

一方でこうした社会の側の動向と国家との関係については、明朝や清朝が様々な神明に絶えず封爵して朝廷の祭祀体系の中に彼らを定位することによって、社会の側の動きを国家体制に取り込もうとしたことを「神明の標準化」と呼んだJ・ワトソンの見解と一致する状況が劉猛将軍信仰にも見られた。[11]

以下では、筆者が定点観測を続けている村落の民国期における村廟運営の状況に即して基層社会に生きた人々にとって民間信仰がどのような意味を持ったのかについて考えてみたい。調査対象は江蘇省蘇州市にある大長港村である。当該村は筆者の調査開始時点（二〇〇四年）において大長港、大長浜、翁家港、廊廟湾という四集落から成り立つ行政村であり、これは人民公社期以降続いた構成であった。[12] 人民公社期以前は大長港と大長浜の二集落によって村が構成されており、この範囲こそが濱島敦俊が指摘するところの「社村」であったといえる。土地改革直前の調査によれば、総戸数は一〇九戸、人口四〇七人であり、うち大長港はだいたい二六戸前後、大長浜は約八〇戸であった。[13]

大長浜の集落が位置する大長圩の中央部には「大長浜」というクリークが流れていた。その南端東側には蓮花庵と呼ばれる村廟があり、劉猛将軍が祀られていた。民国期の蓮花庵では廟会が年二回開催された。一つは旧暦正月二日と三日に行われる「過年会」「出会」などと呼ばれるものであり、もう一つは旧暦七月一五日に行われる「青苗会」という共同祭祀である。[14] 蓮花庵の運営組織や劉猛将軍を介して取り結ばれる諸関係を仔細にみていくと、そこからは江南農村における共同性の特質や社会関係の重層性、廟の運営が人々にとって持った意味などが浮かび上がってくる。

蓮花庵を運営する廟会組織の特徴として、全戸主の中からくじ引きで選出された大会首《だいかいしゅ》と会首が当番の一年間における廟の運営を担当したこと、大会首と会首選出の単位として「段」という地縁組織が存在していたことが挙げられる。費孝通の『江村経済』で取り上げられた開弦弓村においても信仰行事を取り仕切る大会首と選出単位である「段」が言及されているが、大長港村の「段」は、開弦弓村の「段」と「郷隣」とを併せた機能を有するものであったといえよう。[15]

（2） 出巡の範囲と人々の生活圏

村民意識の再生産

青苗会や過年会のクライマックスは、四つの段で固定された担ぎ手によって神像が担がれて巡行する「抬老爺」

〔神像の巡行〕という行事であった。抬老爺の空間的な範囲や神々の関係には人々の生活圏のあり方が表象されていたので、その意味を詳しくみてみよう。

まず、青苗会においては、神像を載せた駕籠が各段から選出された担ぎ手によって担がれ隊列は村の範囲を一周して作物の豊穣を祈願した。この行事には、村民たちが神明の管轄範囲＝村の範囲を知ることによって村民意識を再確認するという機能もあったといえる。しかしながら、いくつかの自然集落が民間信仰を媒介として緩やかに繋がる「社村」が固定的な外枠を持つようなものではなかった。聴き取りを積み重ねるなかで、以下のような興味深い事件が発生していたことが判明した。(16)

問「大長港には段はなかったのですか」
答「大長港は一段と六段でした。はじめとおわりの段です」
問「大長港はなぜ後に〔廟の運営に〕参加しなくなったのですか」
答「大長港は〔大長浜と〕後に出会の際にけんかになり、参加しなくなったようです。けんかの具体的な内容はわかりません。一緒にやらなくなったのです」

すなわち、もともと社村は大長浜と大長港の合計六段で構成されていたが、二つの集落の仲違《なかたが》いによって決裂してしまったという事実は、社村において複数の集落が民間信仰を通じて文化的に統合される一方、遠心力も働いていたことを示していよう。

村落外世界との関係

もう一つの過年会における抬老爺のルートは、村と村外世界との関係を考える上できわめて重要な示唆を含んでいる。しかし、青苗会とは対照的に、過年会における巡行ルートについての記憶は語り手によって細部が異なる。圩と圩の間を通過する際に必要な渡し船の乗船地点である土名まで覚えているものもいれば、だいたいの方向を示すのみのものもいた。参考のために、比較的典型的なルートであると思われる楊愛林氏（一九二四年生まれ）の記憶を示しておこう。[17]

正月一日：大長浜村蓮花庵→大長港村で渡し船（花船）に載せる→翁家港村→梅湾村→渡し船（大船）に載せる→戴阿港村→石前村→玩字村あるいは東長村→大長浜村蓮花庵

正月二日：大長浜村蓮花庵→西螺絲港（土名）→渡し船（大船）に載せる→川心港村→唐阿（家）港村→小長村→東螺絲港（土名）→大長浜村蓮花庵

劉猛将軍の巡行先や回り方は語り手によって若干異なっているものの、多くの村落は重複しており、語りから一定の傾向を見出すのは困難ではない。それでは、過年会における巡行は村民にとって何を表象するものであったのであろうか。巡行に訪れた先のいくつかの村においては「老爺碰面」、すなわち大長浜村の劉猛将軍を巡行先の劉猛将軍が接待するという儀式が行われたという。劉猛将軍同士の関係については、例えば現在では同一行政村に属する北部の翁家港村の劉猛将軍と大長浜村の劉猛将軍とが、舅舅（母方のおじ）と外甥の関係であると異口同音に述べられていた。また、王天宝氏（一九三〇年生まれ）はいみじくも「［老爺碰面は］走親戚（親戚まわり）のようなものだ」と比喩している。[18] このように、劉猛将軍が巡行する村々は神明同士が姻戚関係に比定される紐帯を有していると村民たちに認識されていたのである。そして、劉猛将軍同士の関係には、村民における実際の社会関係が反映されていたことを楊誠氏（一九二八年生まれ）は明確に述べている。[19]

問「巡行の際、老爺が回る村の住民と大長浜村民にはどのような関係があるのですか。親戚や友人関係ですか」

答「ほぼ姻戚関係がある。東長村から大長浜村をはさんで川心港村に至る地域はみな親戚だ。姻戚関係が多いのは大部分がこれらの村だね。なぜなら、かつての姻戚関係はみな付近の村々の間で嫁《とつ》いだり娶《めと》ったりしていたからだよ」

問「川心港村、東長村、翁家港村、楊家浜村、小長村、唐阿（家）港村の間にはみな姻戚関係があったのですか」

答「みな姻戚関係があったよ。現在でも同様だね。あるものは隣村に嫁いでいったが、それは年上の親戚がいたからだよ。ずっとこのような感じで〔姻戚関係が〕非常に多かった。最近では少なくなった。〔かつては〕学校内でさがすものは少なかった。年上の親戚がいたら、〔相手の〕紹介をするということがとても多かったからね。近年でも依然として多い。工場で働く若者でも付近の村のものと結婚する。もっと若いものは〔このように結婚するものは〕多くないだろうね」

ところで、大長浜村の出巡においては見られないが、他村の事例などでは鎮城隍廟に巡行したことが言及されており[20]、濱島敦俊の指摘する解銭糧慣行《かいせんりようかんこう》、すなわち村廟と鎮城隍廟《ちんじようこうびよう》との間に形成された信仰圏の存在が確認される。しかし、人々の語りにおいて強調されていたのは巡行において市鎮の有力商店をまわったことであり、ここにも日常生活における経済関係が投影されていたことを読み取ることができよう[21]。

以上、フィールドワークで得られた知見をもとに「伝統中国」期における江南農民にとって村廟での土神信仰は何を意味していたのかを具体的にみてきた。廟会における神明の巡行先や地理範囲には、村民意識の再生産といった機能や、婚姻や経済活動といった村と村外世界とに結ばれた種々の関係性が直截に反映されていた。したがって、基層社会における民間信仰とはそれを実施する人々の関係を定期的に再確認・再生産する意味を有していたのである。

二　「淫」と「邪」――清代の民間信仰政策

ここでは、清代の官側がどのように江南の民間信仰を捉えていたのかをみてみる。王朝の祭祀体系に組み込まれた神明を除くと、他の神明は一貫して取り締まりや克服の対象とされてきており、禁令の内容からは官側にとって民間信仰が何を表象していたのかを示している。

まず清初について五通神信仰の事例をみてみよう。明清期の蘇州を中心とする江南一帯では五通神に対する信仰が盛んであり、官側はしばしば取り締まりを行ったが根強いものがあった。同治『蘇州府志』には、信仰の拠点の一つであった蘇州市街地の西南部にある楞伽寺について、次のような記載が掲載されている。[22]

上方寺は県西南一二里の地点の石湖にある。『姑蘇志』によれば次の通りである。〔上方山は〕楞伽山頂にあって旧名を楞伽寺といった。隋大業四年に呉郡太守李顕が塔の七割を建立した。聞くところに拠れば、山頂の〔上方〕寺には五通祠があり、巫覡《ふげき》が人々の禍福を予言できるなどとでたらめなことを言っていた。康熙二四年、江蘇巡撫の湯斌が祠を破壊し、神像を太湖に投げすてた。

江蘇巡撫湯斌によって五通祠が破壊され神像が湖に投げ込まれたというくだりは、当時の官府が民間の風俗に対して採った措置として有名であり、先行研究が明らかにしているのでここでは述べない。[23]

康熙二十四年（一六八五）に湯斌が提出した上奏文には、五通祠の破壊に至った背景と官側の民間信仰に対する認識が端的に示されているのでその内容をみてみよう。[24] 湯斌は、「移風易俗」を急務とする皇帝の上諭を受けた宣講などの活動によって、以下の如き風俗（風気）を克服すべきと考えていた。第一は、寺院に婦女が集まり風紀を乱していた点である。第二は、廟会などにおける芸能（「淫詞艶曲」）などに多額の財を費やしていた点である。第三は、拳法を操る無頼少年たちが「打降」として秩序を乱していた点である。湯斌による「移風易俗」によって上述の諸点については改善が見られたものの、依然として以下の問題点があったという。

蘇松の淫祠には五通、五顕、および劉猛将、五方賢聖などの名称があり、みな荒唐にしてとりとめがない。しかし民間では祭祀において会食する際には必ずこうした妖怪変化《へんげ》を祭る。巫覡は荒唐なことを流布し、愚かな人々はこれに騙される。こうした状況は堅牢で克服することができない。蘇州府城の西一〇里に楞伽山、俗名上方山があり、五通が祭られて数百年になる。遠近の人々は〔信仰に〕奔走している。生贄の家畜や甘酒の饗宴、歌舞笙簧の音は昼夜を分かたず響き渡り、男女が密集すること、時を経ても止む気配がない。毎年費やされる金銭は数十百万にとどまるだろうか。商人や市肆の人が称するには、神に金を貸せば必ず富を得ることができ、神から借りれば債務を返すことができるので、神の報いは必ず大きいと。ちまたのことわざによれば、上方山は肉山と、麓にある石湖は酒海と称された。民の財を消耗してその心を惑わすことはこれらが最もはなはだしい。

ここで「淫祠」に祀られている異端の神明として、五通、五顕、劉猛将、五方賢聖が挙げられている。第一節で言及した劉猛将軍の名前もみえるが、先にみたように劉猛将軍が王朝によって封爵されたのが同治元年（一八六二）であるから、この段階においては「淫」に分類される邪神であったのである。

さて、上奏文においては民間信仰が「淫」と見なされた要素が集約されている。第一は、巫覡（シャーマン）が荒唐無稽な説を述べて人々を惑わしているという点である。蘇州の地方志や文集では「呉俗信鬼巫」という常套句が用いられているが、ここでいう巫覡は江南一帯に見られた憑依型シャーマンのことであろう。第二は、廟会において昼夜を分かたず男女が入り乱れている点である。ここで注目すべきはこの現象が「歌舞笙簧《しょうこう》の音」すなわち芸能と関連づけて指弾されている点である。第三は、巨額の富が無駄に費やされてしまうという点である。

したがって、ここでみられる「淫」とは、「敦本尚実（本分を大切にし質実を尊ぶ）」という当為から人々を離反させてしまう行為や風習・観念総体の総称であることを看取できよう。

以上のような取り締まりにもかかわらず、楞伽寺を中心とする五通神信仰は根深く後に復興していたことが、新編地方志に収録された、民国期に関する古老の回想に基づいた記載からも確認できる。(25) また、迎神賽会《げいしんさいかい》が江南一帯で清代後期においても頻繁に行われたことに対し、地方官府が苦慮していたらしいことを、同治年間に江蘇巡撫を務めた丁日昌の出した「示禁迎神賽会」からも知ることができる。(26) 禁令ではまず『大清律例』「禁止師巫邪術律」の規定が引用されており、(27) この律の主眼はシャーマンが人々を扇動する邪教の禁圧におかれていたから、この禁令の真意もそこにあったと思われる。その上で、迎神賽会を禁じる理由を以下のように述べる。

我が民は幸福とは自ら追求するものであることを知るべきである。徳を積み耕作に励めば、たとえ迎神賽会を挙行しなくとも神は必ず幸福を与えてくれるであろう。もし悪事や犯罪を行えば、終日迎神賽会をしても禍が与えられるであろう。況《いわ》んや正道な神明はかような礼から逸脱した祈禱を決して喜ばないであろう。名目上は神を敬うとしているが、実際には侮っていることになる。我が民もまたなぜわざわざ有益な財を費やしてかくのごとき意味のない行いをするのか。

禁令では游手光棍が演劇にかこつけて賭博場を開いたり、若い女性が誘惑されて駆け落ちをしたりしてしまうことも禁圧の理由として挙げられているが、その主眼は農民の財が浪費されてしまうとした点に置かれていたことは湯斌の議論を基本的に踏襲している。

以上を総括すると、儒教が理想とする社会秩序を総称した「礼」から逸脱した風俗が官や知識人たちによって「邪」「淫」として表象され、これが民間信仰を認識する枠組みのもっとも深い層を形成していたことを指摘できよう。(28)

三　「迷信」の発見――清末民国期の民間信仰観

清末民国期の変化について、寺廟政策と教育活動の二点に分けてみる。前者では国家による寺廟政策の変遷とそれらにみられる民間信仰観について、後者では近代教育を推進した在地知識人層が何を「迷信」とみなし、その発想の根拠となったのはどのような観念であったのかを分析する。

(1) 寺廟政策

清末に地域社会において近代学校制度が導入されると、新式学校の場所として寺廟が充当されたため民衆の反感を惹起し、毀学暴動へと発展したことはつとに知られてきた[29]。民国期になるとこうした事態に対応して、寺廟財産の定義や保護、財産登録の手続きに関する各種法令の整備が進んだ。一九一三年六月に全七条からなる寺廟管理暫行規則が定められたが、簡潔な定義がなされたのみである[30]。実際の運用に対応した内容に拡充されたのが、一九一五年一〇月に発布された管理寺廟条例である[31]。ここでは、六章三一条にわたって寺廟の運営に関する条例が詳細に定められている。一九二一年には五章二四条からなる修正管理寺廟条例が出された[32]。一九一五年公布の管理寺廟条例に部分的修正を加えた内容であり大枠には変化はない。

興味深いのは当該修正条例に対して仏教界の見解が記されたパンフレットが刊行されていることである[33]。北京法源寺の道階は、辛亥革命以来の「毀寺奪産」に対して仏教界が働きかけた結果、政府が寺産を保護するために条例を整備したことに一定の評価を与える。釈印光も、中央政府が起草した条例七〇条が、「仏教法務」への理解が欠如していたことに対して仏教界が働きかけた結果、三一条に修正されたとする。以上のように、管理条例の主旨は寺廟財産の保護にあったのであるが、注目すべきは条例が当為とする秩序と宗教のありかたが示されている点である。すなわち、「第一五条　僧侶が会議を開いたり、他人に依頼して講演を行ったりする時、講演の趣旨は左記各項の範囲を超えないものに限定する。一、教義を説明・宣伝すること。二、社会を教化・指導すること。三、愛国思想を啓発すること」とあるように、宗教者の講演内容に社会の教化や愛国思想の鼓舞が重視されていたのである。

北伐期に至ると一九二八年四月には浙江省紹興において迷信破除運動が興《おこ》って祠廟神像の大量破壊が行われ、江南や東南地方に広がっていった。この運動の根拠となったのが邰爽秋《たいそうしゅう》の執筆した「廟産興学運動」という一文であり、後に廟産興学運動は多くの地域を巻き込む運動となっていった。(34)

南京国民政府期にも寺廟管理に関する法令が続々と整備されることになった。これらを年代順に列挙すると、寺廟登記条例（一九二八年一〇月）、寺廟管理条例（一九二九年一月）、監督寺廟条例（一九二九年一二月）、寺廟登記規則（一九三六年一月）となる。関連条例や規則の制定という点のみについて言えば、南京国民政府は彼らが「迷信」として認定した民間信仰に対して強い態度で臨んだようである。各種条例や規則は確かに正式に登記された寺廟の財産権を確定・保護し、清末民初に蔓延した毀学暴動から寺廟を保護する側面があったことは否定できない。しかし、「迷信」に認定され、財産権が認定されなければ、廟産は学校建設・運営の費用にされることを、これらの条例は同時に意味するものであった。

正式な寺廟か否かを認定する基準となったのが、一九二八年に公布された内政部の神祠存廃標準である。(35) 冒頭では、「迷信は進化の障碍を為し、神権は仍ち民を愚にするの政策なり」「此等の陋俗を若し亟《すみ》やかに改革せずむば、以て民智を錮蔽するに惟ひ足らずとして、実に列国に笑はるゝに至らん」と述べる。続いて、神権→君権→民権への移行のための闘争といぅ歴史観を示した上で、「進化」を阻害する人々の根深い迷信とは神権の残滓であり、民族や民権の障害となる一切の勢力を除去する必要性が主張されている。

それでは、「迷信」か否かを具体的にどのように弁別するのかが示されなければならないが、神祠存廃標準においてきわめて簡潔に示されるに過ぎなかった基準を詳細に解説したものが、神祠存廃標準解説（一九二八年）

である。説明によれば、存すべき神祠は先哲類と宗教類とに、廃すべき神祠は古神類と淫祠類とに大別された。前者のうち先哲類は「民族の発展に功績のある者」「国家社会人民に対して、患を退け侮を禦《ふせ》ぎ、利を興し弊を除いた事蹟のある者」などが範囲とされているように、民族や国家への貢献が尺度とされた。宗教類は概ね教団宗教が対象とされている。後者のうち古神類は「古代崇祠の神」の範疇で本来の意味を失ったものや、「科学発明以後」崇拝の意義のなくなったものとされ、例えば、自然崇拝や城隍神や土地神がこれに含まれた。本稿と最も関わりがあるのが淫祠類である。「教育振るはず、民智頑陋の故に廃するにつれてまた興り、究詰す可ら」ざるものであり、具体的には、財神や二郎神、送子娘娘、瘟神といった、民間信仰に広くみられ生活と密着していた神明が含まれていた。この基準に従えば、上述した劉猛将軍信仰もここに含まれるであろう。

なお、「淫祠」との関係で強調されているのが「巫覡の流」である。「木石魚鼈の類に仮託して、人を惑はして歛銭す。触るところは皆これにして、甚だしきは堂を開き徒を収めて、夤縁して奸を為すに至る。真に社会に害あり」とあるように[36]、淫祠と巫覡とが表裏の関係であったことは先に確認したとおりである。

以上、寺廟政策に反映された民間信仰観について概観した。民間信仰とりわけ廟会が表象していた「金銭の浪費」については、それを強い国家の基礎となる国民を養成する近代教育に用いるべきとされ、廟産興学運動へと繋がっていった。各種条例は、「迷信」でないものとそうでないものとを線引きし、保護すべき財産とそうではない財産とを確定させる際に必要であったのである。

(2) 教育と迷信

清末、とりわけ日清戦争の敗北後は列強による中国分割と王朝衰退の危機が改革派官僚や知識人層によって強く認識されるようになり、中国を劣勢から挽回せんとする試みが開始されるようになった。そのなかで留学生の派遣や新式学校創立が推進され、様々な西洋発祥の観念が中国の地域社会にも導入されることとなった。特に顕著なのがジャーナリズムの普及と相俟《あいま》って広がった通俗的な社会進化論の影響であり、種と種、国と国との「優勝劣敗」が繰り広げられる世界において中国が劣勢に立たされるなか、そこから挽回するには風俗を改良して強い国民を作り上げることが喫緊の課題であると認識されるようになった。

そのような取り組みの一つに民衆に対する宣講がある。当時、新式学校教育制度が導入されていたとはいえ、広大な農村部における普及率はきわめて低く、また学齢期を逃した人々も膨大であったため、宣講は啓蒙活動の重要な方法であった。ここで取り上げる『浙江風俗改良浅説』は、浙江省各県の勧学所が宣講で用いた文章を修正したものである。[37] 使用目的の性格から、平易な白話文が用いられているばかりでなく、人々に共有されていたであろう事例をとりあげつつ、明確なメッセージを伝えるべく記されている。したがって、ここには当時の知識人がどのように「風俗」を見ていたのかが網羅されているといえる。

表1 『浙江風俗改良浅説』目次

勧読書	勧読書其二	勧識字	勧識字其二	勧勤倹
勧勤倹其二	勧勿欠債	勧勤慎忠信	勧信実	勧尚実
勧慎疾	勧合群	勧合群其二	勧尚武	勧衛生
勧衛生其二	勧整理家政	勧家庭教育	勧教女	勧注重婚嫁
勧節婚嫁費	勧節慶祝費	勧節慶祝費其二	勧節喪費	勧節喪葬費
勧速倹	勧愛土物	勧百工	勧畜民	
戒包漕	戒早婚	戒遭喪迎娶	戒淫祀	戒佞仏
戒焼香宿山	戒焼山宿山其二	戒迷信僧道女巫	戒迷信僧道及風水	戒迷信風水
戒停棺不葬	戒唆訟	戒健訟	戒械闘	戒賭博
戒賭博其二	戒吸鴉片	戒吸紙煙	戒演唱淫戯	戒夏日演戯
戒焚林	戒虐童養婦	戒虐婢	戒残賊芸徒	戒纏足
戒誑語	説良心	説求己説公徳	説学堂	

全体は「勧」「戒」「説」の三つに分類されており、「勧」と「説」はもっぱら当為として目指すべき徳目や行為が列挙され、「戒」では当為から逸脱している風俗の現状が示されている。「戒」の内容は多岐にわたり、民間信仰にまつわる項目が相当な数にのぼることが確認できる。ここでは、「戒佞仏」という仁銭教育会による宣講のために準備された文章をみてみよう。浙江省では霊験あらたかな「菩薩」（神明）に対する焼香が盛んであると始まる文章では、杭州における様々な廟会が「挙国若狂」であると指摘した上で、金銭を浪費することや男女が入り乱れてしまう弊害を「傷風敗俗」として捉えている点は従来の見方と同様であった。しかし、ここでは、「一個人はしっかりと社会に益のあることをすべきであり、茫漠として限りのない迷路に踏みいってはならない。神明はきわめて茫漠としている。我々は現在まさに実学を重んじ、事業を研究すべき時であり、二度と鬼神を妄《みだ》りに信じてはならず、迷信の風習を改良してこそ社会における善人といえるのである」として、民財を教育や実業に用いるべきとされている点に清末の救国思想との結びつきを看取できる。

また、着目すべきは様々な迷信活動に関わる女性たちの姿とその核となる「巫」の存在である。女性の風俗については、浙江省全体において老若貧富を問わず、婦女の間に「焼香宿山」（寺廟に焼香して夜通し過ごすこと）が広く見られること、これが風紀を乱したり財を浪費させたりすることに深い懸念が示されている。[38]「巫」については、余杭勧学所が作成した「戒迷信僧道女巫」という宣講文に次のように記されている。[39]

余杭県城と東郷地方には妖言によって人々を惑わす関仙婆がおり、これはかつての女巫にほかならない。彼らの様々な術のうち、特に霊感の強い者は人の生死を調べ、人の吉凶を判断し、人の疾病を治すことができ、また鬼（霊魂）を体に憑依させてやりとりすることができるという。

ここで取り上げられている「関仙婆」が行う様々な「法術」は江南一帯で広く見られた巫術の内容とほぼ同じ

であり、他の文献史料から類似した記述を見出すのは容易である。[40] 注目すべきは、巫術が清末民初の上海中心部においても広く見られ、そのことが風俗改良を推進する知識人層に問題視されていた事実である。[41] 例えば、清末の絵入り新聞『図画日報』には仙人が憑依して万病を治癒できると称していた巫の記事が掲載されている。[42] また、「看香頭邪術之騙人」という記事においては、「看香頭」すなわち香や蠟燭の煙をみて吉凶を占う巫女がおり、人々は病にかかるとこぞって「看香頭」によって神意を問うという状況が紹介されており、こうした「迷信」を除くべく白話文の演説が掲載されている。[43] 霊魂の憑依や「看香頭」といった巫術は現代中国の巫にも依然として継承されている儀礼である。

清末に富国強兵や文明化という座標軸において改良の対象とみなされるようになった「迷信」は、県より下の基層社会における在地知識人にどのように認識されるようになっていたのであろうか。ここでは、清末民初に盛んに編集された郷土教育の教科書である郷土志二種の記述を事例として考えてみたい。

一つは一九一三年に江蘇省川沙県で編纂された『川沙郷土志』である。清末の地方自治制度導入に伴い、川沙庁では地方自治制に反対した民衆たちが政府機関や学堂を破壊するいわゆる「自治風潮」が起こり、庁全域に広がった。全七六課のうち、第五五課から第六二課までが地方自治の記述に割《さ》かれている点に『川沙郷土志』編者の立場が端的に示されていよう。この自治風潮の背景や経過については黄東蘭による専論があるので、[44] 以下では事件とシャーマンとの関係を示す記述をみてみよう。[45]

自治は、暴民を排除して良民を安んじ、利を興して弊を改めることを主とする。したがって、胥役《がえき》の狡猾である者や郷民の悪賢い者はみな自治を恨んでいた。また、無知な愚民も往々にして彼らに唆《そそのか》されて虚実を顛倒させている。丁氏という者がおり、巫術を生業としていた。平素は鬼神の名を借りて人々を惑わし、金儲けして満足することがなかった。地方自治が自分に不利であることを危惧し、無業の流民を集めて、兪公廟において自治反対を謀議した。丁氏がひとたび呼びかけると多くの者が雷同し、ついに騒乱が起こってしまったのである。

この記述が端的に示すのは、地方自治の推進にとって障害となったのが、①衙役など行政現場の既得権益層や、②シャーマンや在地の遊民など在地勢力であったことである。①は地方行政の主導権や自治財源との関連で利害が衝突したし、②は学堂や自治公所に寺廟が充当されることが直接の利害対立へと繋がったのである。(46) 地方エリート側が地方自治の推進を「文明事業」や愛国との関連で顕彰したのは、自己の権益を正当化するのと同時に、角度を変えれば「文明」の枠組みに収まらない不穏な勢力に対する危機感を示すものでもあった。

もう一つは、一九一〇年代に江蘇省上海県陳行郷の在地知識人によって編纂された郷土教育の教科書『陳行郷土志』である。清末民初に一千種以上編纂されたとされる郷土志の大多数は県を記述範囲としていたのに対して、『陳行郷土志』は市鎮在住の知識人によって自発的に編纂された郷レベルの郷土志であることが特徴であり、在地知識人の世界観をうかがえるという意味でも貴重な史料である。全六〇課からなる内容のうち、六課分を費やした風俗に関する記述は重要な位置を占めている。第二二課「風俗四賽会」には次のようにある。(47)

清明節の日に、鶴坡廟の城隍神は題橋鎮と陳行両鎮を巡行する。一〇月一日に至ると、鶴坡廟、射猟廟、排馬廟の城隍神はそれぞれの管轄範囲を巡行する。〔城隍神が〕通過する村や鎮では廠を設けて接待し、音楽を奏でて祭祀を行った。飾り提灯が鮮やかに輝き、いけにえや酒がたくさん並ぶ。三、四日連続する活動もあった。参加者は酒食に惚け、浪費ははなはだしいものがある。また、無業遊民が機に乗じて賭博をおこなうことは、地方にとって害である。

江南地域史研究において、廟会の際に村廟の神明が鎮城隍廟などの上位廟に詣でる解銭糧慣行があったことが指摘されているが、ここで興味深いのは城隍神が管轄範囲の村々を巡行し、行き先で接待を受けたという習慣である。この部分における論調は、廟会が金銭浪費であることと遊民が賭博を行うことへの批判であり、一見すると従来の主張と大差はない。

現地のシャーマンについては、第二一課「風俗三迷信」が取り上げている。(48)

男女の巫覡は、二重の瞳があり鬼をみることができると自称している(俗に双仙人と呼ばれる)。香を持って家屋や竈《かまど》を占うことを看仙という。亡くなったものの魂を召喚して体に憑依させ、生きている者とやり取りをすることを扎仙という。人々は疾病にかかるといつも巫覡に禍福を尋ね、道士を招いて厄払いをする。あるいは親族や友人に頼んで神に加護を求める。これを衆保という。金銭を浪費し、医薬には思いが及ばない。労せずして横死しても、やはり鬼神が祟ったのだと自らを咎めるのである。愚の骨頂である。

ここで問題視されているのは、人々が巫覡を信奉して近代的な医療行為を受けないことであり、これを「愚の骨頂」と断罪している。ここに見られるシャーマン観は「淫」に対する批判と共通しつつも、近代的な医療・衛生観が反映している点に清末以降における価値観の変容を確認できよう。

小学校高学年における郷土教育に用いるという郷土志の性質から個別の記述はきわめて簡素であるため、記述の背景にある価値観や教学上における意図を理解するには、課文以外における編者の言論を見る必要がある。編者の一人秦錫田はある小学校に寄せた文章において次のように述べている。(49)

思うに二十世紀の世界では、工業力で戦い、商業力で戦うが、実はそれらは「学」の力で戦うことにほかならない。人と人との戦い、家と家との戦い、国と国との戦い、種と種との戦い、これらはすべて「学」のあるものが生存し、「学」のないものは滅亡し、「学」が盛んであれば強者となり、「学」が廃《すた》れれば弱者となる。優勝劣敗は固《もと》より進化の法則であって自然の趨勢である。

「優勝劣敗」「天演之公理」「自然之趨勢」とあるように、ここにきわめて通俗的な形であれ社会進化論が在地知識人において強い影響力を有していたことを看取するのは容易である。したがって、通俗的社会進化論を中心とする文明観をもとに、文明と対峙する野蛮・迷信として風俗も記述されていたのである。編者の一人孔祥百は序文において「郷土を識らずしてどうして郷土を愛することができようか。郷土を愛することなくしてどうして国を愛することができようか」と記し、愛郷心が愛国心へと直結することを明白に述べる。(50) これも、『陳行郷土志』全体を貫く強い国民の創出の必要性とその阻害要因となっている「迷信」という構図を踏まえなければ真意を読み取ることはできまい。

四 「封建迷信」としての民間信仰

民間信仰に対するもっとも新しい表象の層は、「封建迷信」という言葉に代表されるような、階級闘争史観と「迷信」的風俗とを結びつけた見方である。中国共産党が北伐時期においてすでに農民運動や階級運動と農村文化との関係を階級論の立場から捉えていたことは、農民を縛り付ける荒縄を政権、族権、神権、夫権という四種類の権力とみなし、その根幹に地主政権の存在を見出した毛沢東の「湖南農民運動考察報告」に示された通りである。(51) しかしながら、本稿で取り上げる江南農村において「封建迷信」観が広く普及したのは中華人民共和国成立以降のことである。

黎明期の社会学や優生学を牽引した潘光旦（一八九九—一九六七）は江南の土地改革を参観した経験を『蘇南土地改革訪問記』としてまとめているが、これは純粋なルポルタージュや学術的著作として読むものではなく、共産党政権が行った農村政策の正当性のプロパガンダを担ったものとして捉えるべきものである。潘は蘇南農村の

「封建勢力」の特徴や租佃制度について分析を加えた後、農民の階級的自覚の高まりや土地改革によってもたらされた成果を挙げる。そのうちの一つとして「新生活」と「新思想」について次のように述べる。[52]

> 蘇州専区農会主任孫加諸同志はかつて、「今年の年越しの時は紙銭やろうそくといったおなじみのものは例年に比べて明らかに少なくなった。爆竹や銅鑼《どら》などの商売は却《かえ》ってよいですね」と我々に言った。土地改革はどのようにして農民の根深い迷信思想に対してかくも大きな変化をもたらすことができたのであろうか。
> 農民自身の答えは通常次のようなものである。「我々は神を信じて何世代にもなるが解放されず、毛主席がくるや解放された」「土地改革が実施されるや地主の運のいいものでさえみなだめになった」。

ここでは、中国共産党の到来によって実現された「翻身」(解放)が「迷信思想」を劇的に変化させたことにより、土地改革まで行われてきた打醮のごとき行事を自発的に行わなくなったことが誇らしげに描かれている。新編地方志の社会生活や民俗に関する記述も、中国共産党政権の樹立によって様々な「封建迷信」が克服されたという構図によっている。例えば、新編『青浦県志』において、「歳時、婚姻、祭祀、葬祭など代々受け継がれて習慣となった風俗には封建迷信の観念が少なからず入り交じっており、絶え間ない変革や進歩があったものの、解放時に至ってもいくつかの陋習は依然として広範に存在していた。解放後、社会変革や経済発展、文化水準の向上に伴って、多くの迷信にみちて落後した習俗は次第に除かれ、優良な伝統が継承・発揚された」と述べているのはその典型である。[53]

「封建迷信」の名のもとで伝統文化にまつわる様々な施設や資料を破壊したのが文化大革命時における「破四旧」運動である。このときには寺廟や神像、様々な文献、文書が徹底的に破壊・破棄されてしまったことは周知の事実である。[54]江南地方でフィールドワークをしたことがあるものであれば、地方文書のごとき民間文献が他地域に比してきわめて少ない印象を共有しているであろう（もちろん民間文献が生成・保存される社会組織・慣例は異なるため単純比較をできないことはいうまでもない)。

「封建迷信」という上からのレッテルは、それを貼られた側からみた場合どのような形で人々の生活や意識を一定の型にはめていったのであろうか。喜事や商売繁盛などの願掛けの際に奉納された宣巻の芸人を民国期にしていた胡畹峰氏(一九二四年生まれ)によれば、一九五一年までは人々の要望に応えて上演を続けていたものの、翌年からは「封建迷信の悪性腫瘍」とみなされて上演は許されなくなったという(55)。伝統的な劇目の上演は禁止されたにもかかわらず需要は根強く、文革前に「合同記」をこっそり上演したのを村支部書記に見つかったものの、大隊会計のとりなしによってみのがしてもらったと芮時龍氏(一九四〇年生まれ)は証言している(56)。この段階においては、かつての民俗生活に対する需要が依然として人々の間に根強かったことを示す逸事であり、「封建迷信」という政治的に与えられたレッテルを人々が必ずしも内面的に受けいれてはいなかったといえる。

農村と比して、中国共産党による江南漁民の組織化は遅れていたため、彼らは一九五〇年代に入っても従来の生活様式や独自の文化習慣を保持していた。一九六〇年代末の陸上定居政策に伴って陸上に居を構えるまで、彼らは水上での生活を基本としており、集団の中心には宗教職能者である香頭が君臨していた(57)。香頭を頂点とする進香組織は毎年いくつかの著名な寺廟の廟会に参拝にいくのが恒例であり、この活動は一九六〇年代初めに至ると厳しい弾圧を受けて中断されることとなった(58)。一九九〇年代に入ると廟会は形を変えて復活し、漁民の香会組織も集団で廟会に参加するようになった。筆者が参加した現地調査班ではこうした香会組織の香頭や彼に近い人物を訪問したが、当初はインタビューを受け入れることに躊躇する人々も少なくなかった。そこで聞かれたのは、こうした活動は「封建迷信」であり、インタビューを受けることで活動が公になってしまうことの「後遺症」を恐れるからだという言葉であった(59)。ここに、中華人民共和国建国以降一九八〇年代に至るまでの時期に、「伝統的」民俗文化を捉える際のマスターナラティブであった「封建迷信」という枠組みがもたらした影響力の根強さをみてとることができよう。

おわりに

本稿では、江南地方の民間信仰に対して官、知識人、そして民衆たちが投げかけたまなざしの内容と変遷について分析し、そこに表れる表象の重層性を明らかにした。

まず、フィールドワークによって明らかになるように、村落社会に生きた民衆における神明像には人々が現実社会において取り結ぶ様々な繋がりが直截に反映されており、人々が廟会など廟の運営に関わることは、村民意識や村落外との関係性を再生産ないし確認するという性質を有していた。対照的に、官や知識人は民間信仰に対して異なる見方をしていた。清代においては、国家により異端（邪）とされた神明はしばしば禁圧の対象となったが、その理由はそれらが「淫」であること、すなわち当為としての「礼」から人々を離反させてしまう行為や風習であると考えられていたからであった。清末に至ると、通俗的社会進化論の影響を受け、民間信仰は文明と背馳する「迷信」として認識されるようになり、特に近代学校制度の導入を進めた在地知識人層との間に学校設置の場所や財産をめぐって利害が顕在化することとなった。ここにおいて、民間信仰を「邪」や「淫」の表象とする層は「迷信」とみなす層に完全に置き換えられたというよりも、前者が上側に堆積したことによって、後者が沈殿して重層化したと捉える方が自然であろう。さらに中華人民共和国成立後は、「封建迷信」という言葉に代表されるように、階級闘争史観と「迷信」的風俗とを結びつけた観念の層が堆積し、様々な民俗は時には暴力を伴って破壊されることとなった。

筆者が二〇〇四年に江南民俗調査を開始した当初、廟会や関連する儀礼、シャーマンに関する質問を受けたインフォーマントがしばしば「封建迷信」という言葉を用いて説明をしようとした点に、このマスターナラティブの影響力の強さを物語っている。ところが、二〇〇七年には、劉猛将軍信仰の総本山である浙江省嘉興市王江涇鎮蓮泗蕩の劉王廟において開催される廟会（網船会）は浙江省の非物質文化遺産に認定された。(60) ここにおいて、

「封建迷信」という枠組みの影響力は相当程度退き、民間信仰を捉える多層的な枠組みの最も表層の部分から取り除かれたようにも見える。しかしながら、非物質文化遺産に認定されたのは劉猛将軍信仰の総体ではなく、あくまでも廟会など信仰の一部にすぎなかった。したがって、例えば、密接な関係にあるシャーマンの存在などについては依然として「封建迷信」とされたままであり、保存・研究の対象として見なして、真正面からその内的世界に踏み込んでいこうとする視線は向けられていない。たとえ「封建迷信」の層がほとんどはぎ取られていたとしても、「迷信」として見なす層や正統文化との対比において「邪」とみなす層を通した民間文化像は相当根強いものがある。

民間信仰や廟会は当然のことながらそれを支える信仰組織や人々の信仰心と不可分であり、さらには人々の生活様式からも離れられない。網船会の如き目に見える部分を、民間信仰の総体から切り離して保存や継承が可能であるのか、総体として保存・継承するにはどのようにすればよいのかといった問題に直面しており、この問題を考えるには民間信仰をめぐる重層的な表象の層を一枚一枚はぎ取って内的世界へと分け入ってゆく必要がある。(61)

(1) 山田賢『移住民の秩序——清代四川地域社会史研究』（名古屋大学出版会、一九九五年）一三〇—一四〇頁。

(2) 濱島敦俊『総管信仰——近世江南農村社会と民間信仰』（研文出版、二〇〇一年）一五九—一七五、二〇五—二一九頁。

(3) James L. Watson, "Standardizing the Gods: The Promotion of T'ian Hou ("Empress of Heaven") Along the South China Coast: 960–1960", in David Johnson, Andrew J. Nathan and Evelyn S. Rawski (eds.), *Popular Culture in Late Imperial China*, University of California Press, 1987.

(4) Prasenjit Duara, *Culture, Power, and the State: Rural North China, 1900–1942*, Stanford University Press, 1988, pp. 214–216.

(5) 筆者が参加する太湖流域社会史調査班の成果の一部は次のとおりである。太田出・佐藤仁史編『太湖流域社会の歴

史学的研究――地方文献と現地調査からのアプローチ』（汲古書院、二〇〇七年）、佐藤仁史・太田出・稲田清一・呉滔編『中国農村の信仰と生活――太湖流域社会史口述記録集』（汲古書院、二〇〇八年）、佐藤仁史・太田出・藤野真子・緒方賢一・朱火生編『中国農村の民間藝能――太湖流域社会史口述記録集2』（汲古書院、二〇一一年）。

（6）中国史研究におけるフィールドワークの有効性については、佐藤仁史「歴史学者の行うフィールドワーク――江南地域社会史調査の場合」（西澤治彦・河合洋尚編『中国における人類学的フィールドワークと民族誌』風響社、二〇一六年刊行予定、所収）で詳述した。

（7）費孝通『江村経済――中国農民的生活』（北京、商務印書館、二〇〇一年）九六―一〇一頁、福武直『中国農村社会の構造』（福武直著作集第九巻、東京大学出版会、一九七六年）一四一―一四六、二一六―二二〇頁。

（8）ただし、呉江周辺における調査での感触によれば、さまざまな「総管」の地域分布には相当の差異があるように思われる。前掲濱島『総管信仰』第一章「神々の来歴（一）――蘇州府常熟県」。

（9）窪徳忠『道教の神々』（講談社、一九九六年）二二四―二二六頁、前掲濱島『総管信仰』五三―五五頁。呉滔〔吉田建一郎訳〕「荘家圩劉王廟と村落社会」（太田・佐藤前掲『太湖流域社会の歴史学的研究』所収）。

（10）濱島前掲『総管信仰』二〇五―二一九頁。

（11）劉猛将軍は同治元年に朝廷より「普佑上天王」に封じられたのがその証左である。『聞川志稿』巻二「祠廟」。

（12）呉江市北厙鎮地方志編纂委員会編『北厙鎮志』（上海、文匯出版社、二〇〇三年）第一巻、建置区画。

（13）『北厙鎮志』第四巻、農業、第一章「農業生産関係変革」、及び佐藤・太田ほか前掲『中国農村の信仰と生活』一九七頁。

（14）当該村の廟会組織と村落社会との関係については、佐藤仁史「民国期江南の廟会組織と村落社会――呉江市における口述調査を中心に」（『近きに在りて』五五号、二〇〇九年）を参照。

（15）費前掲書、九六―一〇一頁。蘆墟草里村の荘家圩廟の運営にも「廂屋」という一〇戸から成り立つ下部組織があり、機能は段と類似していた。また、「角」という集落によって村が構成されていたという。『中国農村の信仰と生活』二二〇―二二三頁。

（16）『中国農村の信仰と生活』一五八頁。

（17）『中国農村の信仰と生活』一〇三―一〇四頁。

(18)『中国農村の信仰と生活』一五七頁。
(19) 楊誠氏口述記録(二〇〇八年九月一日採訪、未定稿)。
(20) 大長浜村の南にある新珠行政村新珠港村の出巡でも北厙鎮城隍廟に立ち寄ったという。屠文英氏口述記録(二〇〇五年八月七日、二〇〇六年八月三〇日採訪、未定稿)。
(21) 莊家圩劉王廟の巡行に関する回想でも強調されたのは鎮の有力商店(例えば、陸泰豊米行)を回ったという点である。許桂珍氏口述記録(二〇〇七年八月八日、九月三日採訪、未定稿)。この点は新編鎮志にも記されているから、地域で共有されていた体験とみてよいであろう。蘆墟鎮志編纂委員会編『蘆墟鎮志』(上海、上海社会科学院出版社、二〇〇四年)第一六巻、社会、第二章、風俗習慣、第四節「廟会」。
(22) 同治『蘇州府志』巻四〇、寺観二。
(23) 呉建華「湯斌毀〝淫祠〟事件」(『清史研究』一九九六年一期)、唐力行・王健「多元与差異——蘇州与徽州民信仰比較」(『社会科学』二〇〇五年二期)。
(24) 同治『蘇州府志』巻四〇、寺観二「国朝湯斌奏毀淫祠」。
(25) 横塘鎮志編纂委員会編『横塘鎮志』(上海、上海社会科学院出版社、二〇〇四年)第一五章、民俗、第四節「上方山廟会」。
(26) 丁日昌『撫呉公牘』巻三二、示禁迎神賽会。
(27)『大清律例』巻一六、礼律、祭祀、禁止師巫邪術。
(28) 小島毅によれば、制度としての国家祭祀と知識人における正祠—淫祠の分類基準は一致せず、官と地方知識人の認識とを同一視することはできないという。小島毅『中国近世における礼の言説』(東京大学出版会、一九九六年)第六章「洪武改制と明代の地方志」。
(29) 清末の毀学暴動については、阿部洋『中国近代学校史研究——清末における近代学校制度の成立過程』(福村出版、一九九三年)一六一—二一三頁、に詳しい。
(30)「寺廟管理暫行規則」(『中華民国政府公報』四〇三号、一九一三年六月二〇日)。
(31)「管理寺廟条例」(『中華民国政府公報』一二四九号、一九一五年一〇月二九日)。
(32)「修正管理寺廟条例」(『中華民国政府公報』七六号、一九二一年五月二〇日)。

（33）『大総統修正寺廟管理条例並内務部呈文』一九二一年（鳥居文庫蔵）。
（34）邰爽秋による廟産興学に関する議論は、同『廟産興学問題』（上海、中華書報流通社、一九二九年）に詳しい。
（35）この訳文は藤井静宣『支那最近之宗教迫害事情』（浄円寺、一九三一年）所収「神祠存廃基準」の訳文を参照した。
（36）この訳文は、藤井前掲書、三五―三六頁を参照した。
（37）袁嘉穀撰『浙江風俗改良浅説第一編』（杭州、浙江官報兼印刷局、一九一〇年）。本史料は国立国会図書館および浙江図書館に所蔵されている。
（38）『浙江風俗改良浅説第一編』「戒焼香宿山」。
（39）『浙江風俗改良浅説第一編』「戒迷信僧道女巫」。
（40）例えば清末蘇州城内でも「関亡」と呼ばれる憑依術を行って霊魂と交信したという記事が見られる。「過陰関亡」（『点石斎画報』丁集八期）。
（41）一九世紀末の蘇州では妻を失った生員が扶乩を行って妻の霊魂と交信したという美談が『点石斎画報』に掲載されている。この段階において扶乩の如き憑依術を指弾する論調は見られない。「思妻扶乩」（『点石斎画報』忠集一一期）。
（42）「妖婦宜懲」（『図画日報』八八号、一九一〇年）。
（43）「看香頭邪術之騙人」（『図画日報』五八号、一九一〇年）。
（44）黄東蘭『近代中国の地方自治と明治日本』（汲古書院、二〇〇五年）第九章「清末地方自治制度の導入と地域社会――川沙事件を中心に」。
（45）陸培亮編『川沙郷土志』第三版（一九一八年鉛印本）第五八課「自治風潮之原起」。
（46）『浙江風俗改良浅説第一編』「戒佞仏」という文章でも「菩薩」（神明）に対する焼香が盛んであることが批判され、教育や実業に用いるべきとされている点に自治を推進するエリート層と民衆との利害対立を見て取れる。
（47）沈頌平編『陳行郷土志』（一九二〇年石印本）第二二課「風俗四賽会」。
（48）『陳行郷土志』第二一課「風俗三迷信」。
（49）秦錫田『享帚録』巻一、新建三林陳行楊思郷立第二国民小学校舎記。
（50）『陳行郷土志』孔祥百序。
（51）毛沢東「湖南農民運動考察報告」（『毛沢東選集』第一巻、北京、人民出版社、一九九一年）を参照した。

(52) 潘光旦・全慰天『蘇南土地改革訪問記』(北京、生活・読書・新知三聯書店、一九五二年) 一二七—一二九頁。
(53) 上海市青浦県県志編纂委員会編『上海市青浦県志』(上海、上海人民出版社、一九九〇年) 第三六編「風俗」。
(54)『上海市青浦県志』概述・大事記、一九六六年の条。
(55)『中国農村の信仰と生活』三八五頁。
(56)『中国農村の民間藝能』一〇一頁。
(57) 太湖流域漁民の信仰組織については、太田出「太湖流域漁民の「社」「会」とその共同性——呉江市漁業村の聴取記録をてがかりに」(『中国農村の信仰と生活』所収) を参照。
(58) 朱年・陳俊才『太湖漁俗』(蘇州、蘇州大学出版社、二〇〇六年) 一七一—一七三頁。
(59) 倪春宝氏口述記録 (二〇一〇年一二月二七日採訪、未定稿)。
(60)『江南網船会——流淌着的運河民俗』(パンフレット、二〇〇九年。当該資料は沈小林氏より閲覧させていただいた。蓮泗蕩の劉王廟跡地では一九八〇年代初頭から参拝客が急増し、一九八六年に民主村が「劉承忠紀念公園」として劉王廟の再建を行った。しかしながら、政府はあくまでも信仰活動を黙認したにとどまっていた。
(61) 中国の無形文化財についての議論を行っている民俗学者の菅豊は、無形文化財は人間・生活との関わり合いのなかで価値が生み出されることを看破している。菅豊「何謂非物質文化遺産的価値」(『文化遺産』二〇〇九年二期)。

後記

関根謙

本書は慶應義塾大学東アジア研究所において、高橋産業経済研究財団の研究助成を得て二〇一三年度より二年間行われた共同研究プロジェクト「近代中国の表象とその可能性」の成果をまとめたものである。慶應義塾大学文学部の中国研究分野である東洋史学専攻と中国文学専攻に連なる研究者が、かくも大きな規模で近代中国の真実の姿の追究をテーマに、領域を超えた共同研究を行ったことはかつてなかった。その意味で我々はこの共同研究を画期的な試みだと自負しているのではあるが、逆に言ってこのテーマへのアプローチは、こうしてディシプリンにこだわらずに開拓していく姿勢なしにはなし得ないプロジェクトでもあった。

近代は力ずくで中国に押しつけられた体制であったが、同時に近代は中国に生きる人々が個人の人格に目覚め、より良い共同体を目指す新たな時代でもあった。中国と名づけられる空間において人々が立ち向かわざるを得なかった近代は、中国に関連づけられた伝統も規範も慣習もこれまでにない形で変容させ、ダイナミックな価値転換をあらゆる分野に深めていく過程であった。そうした時代に生まれてきた表象はまさに近代中国の有り様をシンボリックに示すデザインそのものであり、またそれが真実の反映であればあるほど、現代に継続する課題を豊かに内包し、将来にわたる変革の可能性を秘めるパースペクティブとも映るのである。本書においては「女性」「戦争」「民俗文化」という切り口でそれぞれの表象を解析してきたが、これは全く端緒に過ぎず、今後はさらに詳細で網羅的な研究の継続が望まれる。

我々はそれぞれの調査研究の中から、近代中国の実像へ迫り得る表象を抽出し、プロジェクト内での何度もの集中討議を経て、そうした表象のもつ意義を考察してきた。異なる領域の研究者が率直に意見を交換し、粘り強く討論するという共同研究は、実に刺激的で新鮮な発見に満ちた工程だった。本書の最後にあたって、こうした貴重な機会を与えてくれた高橋産業経済研究財団と慶應義塾大学東アジア研究所高橋伸夫所長に、執筆者一同を代表して心から感謝の意を表したい。また本書の刊行にあたって、討議の進展を見守り、丁寧な編集で支えてくれた平凡社保科孝夫氏にも心から感謝する。

現在、大学を中心とする高等教育機関では、グローバリズムの嵐の中で文学部的な学問分野に対して、統廃合も視野に入れた厳しい見直しが要請されている。慶應義塾は日本最古の私学として一貫して文学部の伝統を維持しているのだが、文学部のもとに展開する研究領域が、今次の共同研究のように領域を超えてアプローチを共にすることは、新たな学問研究のステージを構築するために非常に大切な試みだと思える。本共同研究が、そのための第一歩となることを心から祈念したい。

執筆者

山本英史（やまもと えいし）
1950年、滋賀県草津市生まれ。東京大学大学院人文科学研究科博士課程単位取得退学。博士（文学）。慶應義塾大学名誉教授・東洋文庫研究員。専攻、明清史・中国近代史。著書に、『赴任する知県——清代の地方行政官とその人間環境』（研文出版、2016年）、『中国近世の規範と秩序』（編著、公益財団法人東洋文庫、2014年）、『清代中国の地域支配』（慶應義塾大学出版会、2007年）などがある。

櫻庭ゆみ子（さくらば ゆみこ）
1961年、東京都生まれ。東京大学大学院人文科学研究科博士課程中退。現在、慶應義塾大学商学部教授。専攻、中国近現代文学。論文に、「楊絳」（『転形期における中国の知識人』、汲古書院、1999年）、訳書に、洪凌『フーガ 黒い太陽』（あるむ、2013年）、王小波『黄金時代』（勉誠出版、2012年）、楊絳『別れの儀式 楊絳と銭鍾書』（勉誠出版、2011年）などがある。

松倉梨恵（まつくら りえ）
1983年、大阪府生まれ。慶應義塾大学大学院文学研究科博士課程単位取得退学。現在、慶應義塾大学非常勤講師。専攻、中国現代文学。著書に、『新編 台湾映画——社会の変貌を告げる（台湾ニューシネマからの）30年』（共編、晃洋書房、2014年）、論文に、「『莎菲女士の日記』にみる丁玲の恋愛・結婚観——1920年代の中国における知識人女性の生き方をめぐって」（『藝文研究』104号、2013年）、翻訳に、鄭学稼「「反共」の立場で書かれた魯迅論」（小山三郎・鮑耀明監修『魯迅 海外の中国人研究者が語った人間像』、明石書店、2011年）などがある。

杉野元子（すぎの もとこ）
1962年、北海道生まれ。慶應義塾大学大学院文学研究科博士課程単位取得退学。現在、慶應義塾大学文学部教授。専攻、中国近現代文学。論文に、「漱石と老舎——二人の文学者の英国体験をめぐって」（『滅びと異郷の比較文化』、思文閣出版、1994年）、「柳雨生と日本——太平洋戦争時期上海における「親日」派文人の足跡」（『日本中国学会報』55集、2003年）、「路易士と日本——戦時上海における路易士の文学活動をめぐって」（『比較文学』52巻、2010年）などがある。

山本真（やまもと しん）
1969年、京都市生まれ。一橋大学大学院社会学研究科博士後期課程中退。博士（社会学）。現在、筑波大学人文社会系准教授。専攻、中国近現代史、社会史。著書に、『近現代中国における社会と国家——福建省での革命、行政の制度化、戦時動員』（創土社、2016年）、『憲政と近現代中国』（共編著、現代人文社、2010年）、論文に、「晏陽初と陶行知——平民教育から農村改良へ」（『講座 東アジアの知識人 4 戦争と向き合って』（有志舎、2014年）などがある。

吉川龍生（よしかわ たつお）
1976年、神奈川県生まれ。慶應義塾大学大学院文学研究科博士後期課程単位取得退学。現在、慶應義塾大学経済学部准教授。専攻、中国映画史・中国近現代文学。論文に、「孫瑜映画の脚——脚の表象にみる1930年代の孫瑜映画」（『日吉紀要 中国研究』3号、2010年）、訳書に、廉思編『蟻族——高学歴ワーキングプアたちの群れ』（共訳、勉誠出版、2010年）などがある。

長堀祐造（ながほり ゆうぞう）
1955年、埼玉県生まれ。早稲田大学大学院文学研究科博士課程中退。博士（文学）。現在、慶應義塾大学経済学部教授。専攻、中国近現代文学・思想。著書に、『魯迅とトロツキー』（平凡社、2011年）、『陳独秀』（世界史リブレット 人、山川出版社、2015年）、訳書に、莫言『変』（明石書店、2013年）、『陳独秀文集』第1巻（共編訳、平凡社東洋文庫、2016年）などがある。

橋本陽介（はしもと ようすけ）
1982年、埼玉県生まれ。慶應義塾大学大学院文学研究科博士課程単位取得退学。博士（文学）。現在、慶應義塾大学非常勤講師。専門は中国語を中心とした小説言語の研究、比較詩学。著書に、『日本語の謎を解く——最新言語学Q＆A』（新潮社、2016年）、『物語における時間と話法の比較詩学』『ナラトロジー入門』（以上、水声社、2014年）などがある。

岩間一弘（いわま かずひろ）
1972年、神奈川県生まれ。東京大学大学院総合文化研究科博士課程修了。博士（学術）。現在、慶應義塾大学文学部教授。専攻、近現代東アジア交流史・食文化史・中国都市史。著書に、『上海 大衆の誕生と変貌——近代新中間層の消費・動員・イベント』（東京大学出版会、2012年）、『上海 近代のホワイトカラー——揺れる新中間層の形成』（研文出版、2011年）、『上海——都市生活の現代史』（共編著、風響社、2012年）などがある。

佐藤仁史（さとう よしふみ）
1971年、愛知県生まれ。慶應義塾大学大学院文学研究科博士後期課程修了。博士（史学）。現在、一橋大学大学院社会学研究科教授。専攻、中国近現代史。著書に、『近代中国の郷土意識——清末民初江南の在地指導層と地域社会』（研文出版、2013年。第1回井筒俊彦学術賞受賞）、『嘉定県事——14至20世紀初江南地域社会史研究』（共著、広東人民出版社、2014年）、『太湖流域社会の歴史学的研究——地方文献と現地調査からのアプローチ』（共編著、汲古書院、2007年）などがある。

編者

関根謙（せきね けん）
1951年、福島県郡山市生まれ。慶應義塾大学大学院文学研究科修士課程修了、博士（文学）学位取得。現在、慶應義塾大学文学部教授。専攻、中国現代文学。著書に、『抵抗の文学――国民革命軍将校阿壠の文学と生涯』（慶應義塾大学出版会、2016年）、訳書に、李鋭『旧跡――血と塩の記憶』（勉誠出版、2012年）、虹影『飢餓の娘』（集英社、2004年）などがある。

近代中国 その表象と現実
女性・戦争・民俗文化

2016年12月7日 初版第1刷発行

編者	関根謙
発行者	西田裕一
発行所	株式会社平凡社 〒101-0051 東京都千代田区神田神保町3-29 電話 03-3230-6580（編集） 03-3230-6573（営業） 振替 00180-0-29639
装丁	中山銀士
DTP	平凡社制作
印刷	明和印刷株式会社
製本	大口製本印刷株式会社

ISBN978-4-582-45450-5
NDC 分類番号222.06 A5判（21.6cm） 総ページ344

平凡社ホームページ http://www.heibonsha.co.jp/

落丁・乱丁本のお取り替えは直接小社読者サービス係までお送りください（送料は小社で負担します）。